기회를 살리라

기회를 살리라

1판 1쇄 인쇄 2015년 12월 10일
1판 2쇄 발행 2017년 11월 10일

지은이 김서택
발행인 한동인
펴낸곳 (주)씨뿌리는 사람

등록번호 제2006-4호
주　　소 경기도 이천시 경충대로 2096-4
　　　　　 (서울사무소) T. 741-5181, 4 F. 744-1634

책값은 뒤표지에 있습니다.
ISBN 978-89-90342-34-8 93230

Web www.kclp.co.kr

"천국은 마치 사람이 자기 밭에 갖다 심은 겨자씨 한 알 같으니
이는 모든 씨보다 작은 것이로되 자란 후에는 나물보다 커서 나무가 되매
공중의 새들이 와서 그 가지에 깃들이느니라"(마 13:31-32).

공급처 기독교문사 도매부 T. 741-5181~3 F. 762-2234

기회를 살리라

김서택

씨뿌리는 사람

Prologue

프롤로그

성공하는 사람들은 모두 자기에게 주어진 기회를 십분 활용할 수 있는 사람들입니다. 그러나 사람들은 평소에는 만일 위기에 처하면 얼마든지 헤쳐 나올 수 있을 것이라고 생각하지만 막상 어려운 일이 닥쳤을 때에는 우왕좌왕하다가 기회를 놓치고 맙니다. 오늘 우리는 모두 하나님 앞에서 황금과 같은 귀한 기회를 얻은 사람들입니다. 우리가 이 기회에 자기 영혼을 살리면 영원한 생명을 얻을 수 있지만, 눈에 보이는 세상 영광에 속아서 기회를 놓치면 영원한 멸망에 빠지게 됩니다.

보통 사고나 사건에서 인명을 구조하기 위한 초반의 금쪽같은 시간을 '골든타임' 이라고 합니다. 예를 들어 지진으로 건물이 무너져서 사람들이 깔렸거나 배가 침몰 위기에 놓여 있을 때 사람을 살릴 수 있는 시간을 '골든타임' 이라고 합니다. 위기에 빠진 사람들이 골든타임에 구조를 받으면 살아날 수 있지만 이 시간을 놓치면 목숨을 잃게 됩니다.

오늘 우리는 모두 정상적인 인생을 사는 것 같지만 하나님의 눈에는 모두 침몰하는 배 안에 갇혀 있거나 무너지는 건물에 갇힌 자와 같습니다. 지금 우리는 모두 골든타임을 살아가고 있는 것입니다. 이때 하나님이 우리를 건지기 위하여 긴급하게 주신 말씀이 베드로 사도가 쓴 베드로전후서입니다. 우리는 우리에게 주어진 기회를 살려야 합니다. 그래서 이 책 제목이 "기회를 살리라" 입니다.

저는 개인적으로 이 말씀을 설교할 때 생각지도 않은 질병이 생겨서 많은 고통 가운데 설교를 했습니다. 그런데 놀랍게도 이 베드로전후서 말씀이 엄청난 힘이 되었고, 이 말씀을 붙들고 기도하는 가운데 교인들 사이에 더 뜨거운 부흥이 일어났습니다. 그래서 이 말씀이 우리 모든 목회자들과 교인들에게 큰 힘이 되리라고 믿습니다.

먼저 이 말씀을 통하여 함께 큰 부흥의 기쁨과 축복을 나눈 대구동부교회 성도들에게 감사를 드립니다. 그리고 이 부족한 책을 통하여 많은 분들에게 하나님의 뜻을 전하는 뜨거운 열망을 가지신 기독교문사 한동인 사장님께 감사드립니다.

위기의 시대를 살아가고 있는 이 땅의 모든 동역자들과 성도들에게 세상을 능히 이길 수 있는 지혜와 용기를 주시기를 바랍니다.

대구 수성교 옆에서
김서택 목사

Contents 차례

프롤로그 04

기회 01	벧전 1:1-5	희망을 가진 사람	09
기회 02	벧전 1:6-9	혹독한 시련을 통과하기	25
기회 03	벧전 1:10-16	더 강해진 사람들	40
기회 04	벧전 1:17-21	새로운 혈액형	54
기회 05	벧전 1:22-25	새 생명으로 살아가기	68
기회 06	벧전 2:1-3	꼭 먹어야 할 양식	82
기회 07	벧전 2:4-8	생명을 살리는 집	96
기회 08	벧전 2:9-10	새로운 사명	109
기회 09	벧전 2:11-12	적응하지 못하는 사람들	123
기회 10	벧전 2:13-17	훈련받는 사람들	135
기회 11	벧전 2:18-25	현실을 바로 보기	147
기회 12	벧전 3:1-7	연약한 그릇	160
기회 13	벧전 3:8-12	축복의 테스트	176
기회 14	벧전 3:13-17	소망이 있는 이유	189
기회 15	벧전 3:18-22	위기에서 사는 법	201
기회 16	벧전 4:1-6	아름다운 인생	212
기회 17	벧전 4:7-11	인생의 조건	223

기회 18	벧전 4:12-19	불같은 시련	235
기회 19	벧전 5:1-7	위대한 지도력	246
기회 20	벧전 5:7-14	승리를 위한 결단	260
기회 21	벧후 1:1-3	아무도 모르는 보물	273
기회 22	벧후 1:4-7	최고의 지혜	286
기회 23	벧후 1:8-11	멀리 보는 능력	299
기회 24	벧후 1:12-21	행복한 삶의 비결	312
기회 25	벧후 2:1-9	거짓에 속으면 안 된다	323
기회 26	벧후 2:10-16	정욕대로 산 인생	335
기회 27	벧후 2:17-22	함정에 빠지는 자	347
기회 28	벧후 3:1-7	최후에 일어날 일들	360
기회 29	벧후 3:8-18	최후의 영광	372

기회 01 Chance

벧전 1:1-5

희망을 가진 사람

　동물원에 갇혀 있는 사자나 호랑이들은 야생 상태의 맹수들과 다르게 행동이 재빠르지 않고, 공격적이지도 않으며, 사람들이 던져 주는 먹이나 먹으면서 늘 하는 일 없이 낮잠이나 잡니다. 이 사자나 호랑이들이 이렇게 된 것은 우리에 갇혀 있는 처지에 날뛰어 봐야 달라질 것이 아무것도 없다는 것을 알고 자포자기했기 때문입니다. 아마 이런 사자나 호랑이를 대자연 가운데에 풀어 놓으면 성큼성큼 뛰어다니고 사냥도 하면서 자유롭게 살 수 있을 것입니다.

　사람은 위기에 처했을 때에 희망을 가지고 있느냐 혹은 희망을 가지고 있지 않느냐에 따라서 위기에 대처하는 방법이 달라집니다. 예를 들어 어떤 사람이 무너진 굴에 갇혀 있거나 혹은 얼어붙은 산에서 조난을 당했을 때 틀림없이 구조대가 올 것이라는 확신을 가지고 있으면 아무리 상황이 어려워도 끝까지 견뎌서 생명을 건질 것입니다. 그러나 마음속에 희망이 없는 사람들은 아직 비관할 만한 상황이 아닌데도 미리 포기해 버려서 살 수 있는 기회를 살리지 못합니다.

또 사람이 희망을 가진다 하더라도 그 희망이 장기적인 것이냐 단기적인 것이냐에 따라서 위기에 대처하는 방법이 달라질 것입니다. 예를 들어 당장 형편이 좋아지기를 바라는 사람은 조금 견디다가 어려움이 계속되면 포기해 버립니다. 그러나 먼 미래의 희망을 가지고 있는 사람은 아무리 고난이 오래가고 소망을 가질 수 없는 상황 속에서도 끝까지 어려움을 견디어 낼 것입니다.

요즘 우리나라의 청년들에게는 희망이 없습니다. 옛날에는 대학을 졸업하고 난 후에 대기업에 취직해서 열심히 일을 하여 과장이 되고 부장이 되고자 하는 꿈이 있었습니다. 그러나 어느 나라를 막론하고 요즘 청년들은 미래에 대한 희망을 논할 수 없게 되었습니다. 이처럼 모든 사람들이 희망이 없다고 포기할 때가 사실은 진정한 희망을 찾을 때인 것입니다.

사람들은 미래가 보장되어 있으면 희망을 가지고 자신감 있게 살 것입니다. 예를 들어 누군가가 미국의 좋은 대학에 전액 장학금을 받고 입학하기로 했다면 희망에 차서 친구들에게 자랑을 할 것입니다. 또 누군가가 모두 부러워하는 직장에 합격해서 이제 곧 출근을 하게 되었다면 그는 친구나 친척들에게 자기가 어느 회사에 다니게 될 것이라고 자랑을 할 것입니다. 거기에 비해서 미래에 대하여 뚜렷한 계획이 없는 사람은 아무래도 자신감이 없을 것이며, 앞의로의 일에 대하여 아무것도 분명하게 말할 수가 없을 것입니다.

이런 것을 보면 사람들은 모두 자신이 변화하는 것이나 발전하는 것을 얼마나 좋아하는지 알 수 있습니다. 그러나 아무리 노력을 해도 현재의 상황이나 미래가 조금도 나아질 기미가 보이지 않을 때 사람들은 침체되고 자신감을 잃게 됩니다.

오래 전부터 교회에서는 야고보서, 베드로전후서, 요한일이삼서 그리고 유다서를 공동서신이라고 불러왔습니다. 공동서신은 어느 특정 개인이나 교회가 아니라 모든 교회가 다 읽을 수 있도록 쓴 공적인 편지를 말합니다. 그런데 이 공동서신에는 중요한 내용이 많은데, 그동안 바울서신에 매우 좋은 내용이 많아서 상대적으로 공동서신이 바울서신보다 덜 읽히고 덜 연구된 것이 사실입니다. 특히 베드로전후서는 예수님의 신임을 가장 많이 받은 제자인 베드로가 기록한 것인데, 사실 처음에는 베드로를 비롯한 열한 제자는 사람들에게 예수님의 말씀과 예수님의 죽으심과 부활을 전하는 것으로 충분했습니다. 즉 예수님의 산상설교의 가르침이나 비유의 가르침 그리고 종말에 대한 가르침이나 예수님이 행하신 기적과 죽으심과 부활 자체가 매우 강력한 천국 복음이기 때문에 이것만 전해도 충분했습니다.

그러나 세월이 많이 흐르고, 이방 지역에도 예수 믿는 사람들이 많아지면서 예수님의 생애나 가르침 외에도 교인들이 알고 싶어 하는 것이 많아지게 되었습니다. 그 중에 하나가 예수님이 죽음에서 부활하시고 천국이 임했는데도 왜 믿지 않는 이방인들이 세상을 다스리는가 하는 것이었습니다. 그리고 왜 하나님을 믿지 않는 자들이나 악한 자들은 잘살고 부귀영화를 누리는데, 예수 믿는 자들에게는 환난이나 고난이 오는가 하는 것입니다. 심지어 어떤 사람은 정말 천국이 있느냐고 하면서 의심을 했고, 우리가 구원받은 증거가 무엇이냐며 의심을 하는 자들도 있었습니다. 그리고 이 세상은 나중에 어떻게 될 것인지에 대해서도 궁금해하는 사람들이 많이 있었습니다. 그래서 베드로 사도는 예수님의 생애와 가르침 외에 우리가 믿는 진리에 대하여 별도로 글을 써서 보내야 할 필요를 느끼게 되었던 것입니다.

베드로 사도는 편지의 첫 부분에서 우리의 소망에 대하여 말하고 있습니다. 우리는 지금 어떤 희망을 가지고 있습니까? 대기업 입사시험에 합격해서 희망에 부풀어 있습니까? 아니면 좋은 대학에 합격해서 희망에 부풀어 있습니까? 아니면 지금 자신이 하려고 하는 일이 크게 인기를 끌어 돈을 많이 모을 수 있을 것 같아서 희망에 부풀어 있습니까? 베드로 사도는 3절 하반절에서 "우리를 거듭나게 하사 산 소망이 있게 하시며"라고 했습니다. 여기서 '산 소망'은 반드시 이루어지는 틀림없는 소망을 말합니다. 아마 '산 소망'의 반대되는 말은 '헛된 소망'일 것입니다. 즉 우리가 가지고 있는 소망은 헛된 소망이 아니라 미래가 확실하고 수익이 확실한 틀림없는 소망인 것입니다.

그런데 바로 여기에 어려움이 있습니다. 즉 우리가 가지고 있는 소망은 대개 아주 작은 것으로, 우리가 기뻐하고 좋아하고 미래에 대하여 자신감을 가지게 하는 것들은 너무나도 작은 것들인 것입니다. 예를 들어 부모나 어떤 큰 부자가 어린 아이에게 어마어마하게 큰 기업체를 물려주거나, 아니면 엄청나게 큰 땅이나 건물을 준다고 해도 그 아이는 전혀 기뻐하지 않을 것입니다. 왜냐하면 그 아이는 땅이나 재산이나 사회적 지위에 대해 전혀 관심이 없고, 받아들일 준비가 되어 있지 않기 때문입니다. 아마도 그 아이가 원하는 것은 약간의 과자나 친구들과 함께 재미있게 노는 것 혹은 이성 친구일 것입니다.

마찬가지로 우리는 때때로 하나님이 너무 큰 은혜를 주시거나 축복을 주시면 실감이 나지 않아서 마음에 감동이 느껴지지 않습니다. 그러나 하나님이 나에게 필요한 돈을 주시거나 남자 친구나 여자 친구를 주실 때 혹은 장학금으로 유학을 가게 되었을 때 우리는 눈물이 날 정도로 기뻐하고 감사하고 감격합니다.

그러나 대부분 하나님이 우리에게 주시는 축복은 우리의 분량을 넘어 버리기 때문에 우리는 그것이 얼마나 대단한 것인지 느끼지 못할 때가 많습니다. 그렇다고 해서 하나님이 믿지 않는 사람들이나 바라고 좋아하는 것들만 주실 수는 없는 것입니다. 그러므로 우리가 진정으로 우리의 가치를 깨닫고 영적으로 부요한 자가 되기 위해서는 우리 믿음의 눈이 열리고 우리 믿음의 분량이 커지는 수밖에 없습니다. 그렇지 않으면 우리는 하나님이 아무리 은혜를 주시고 축복을 주셔도 모두 흘려 버리고 늘 빈털터리로 있게 될 것입니다.

1. 나그네와 같은 인생

우리는 때로 지금까지 살던 집이나 고향을 떠나서 한 번도 가 보지 않은 곳으로 이사를 하거나, 여행을 하거나 혹은 이민을 떠나야 할 때가 있습니다. 그러한 때에 우리는 생활 풍습과 언어가 다르고 아는 사람도 없기 때문에 집이나 직장을 구하지 못하고 친구를 만들지 못하면 살아가는 데 큰 어려움을 겪을 것입니다.

더욱이 옛날에는 요즘처럼 돈을 주고 집을 구하는 것이 쉽지 않아서 잘못하면 들판 같은 곳에서 텐트를 치고 살아야 했는데, 그러면 밤에 도둑이 들어와서 물건을 훔쳐 가기도 하고, 강도가 와서 사람들을 해치기도 하고, 심지어는 그 동네 사람들이나 관리들이 와서 빨리 이곳을 떠나지 않으면 천막을 불질러 버리겠다고 위협을 하기도 했습니다. 그래서 사람들은 어느 곳에 가든지 빨리 그곳에 정착해서 자기 집을 가지고, 직장을 가지고, 사람들에게 인정을 받아야 그곳에서 쫓겨나지 않지 그렇지 않으면 두들겨 맞거나 바로 쫓겨났을 것입니다.

그런데 베드로 사도는 소아시아에 흩어진 성도들에게 편지하면서 그들을 가리켜 '나그네'라고 부르고 있습니다.

"예수 그리스도의 사도 베드로는 본도, 갈라디아, 갑바도기아, 아시아와 비두니아에 흩어진 나그네"_벧전 1:1

본문에서 베드로 사도는 "본도, 갈라디아, 갑바도기아, 아시아와 비두니아에 흩어진 나그네"에게 편지한다고 말하고 있습니다. 여기서 본도나 갈라디아나 갑바도기아는 지금의 터키 북부 지방을 말합니다. 즉 사도 요한이 요한계시록에서 편지를 한 에베소나 버가모나 두아디라 같은 도시가 터키의 남서쪽이나 중부 지방에 해당한다면, 본도나 갑바도기아나 비두니아는 터키 북부 지방에 해당하는 것입니다.

베드로 사도는 예루살렘을 중심으로 교회를 보살피다가 나중에 이방 지역인 로마로 간 것으로 알려져 있는데, 어떻게 한 번도 가 보지 않은 터키 북부 지역에 있는 교인들에게 편지를 했을까요? 그 이유는 그곳에 기독교인이 아주 많았기 때문입니다.

당시에 소아시아라고 불리던 터키는 지금의 우리나라와 같았습니다. 즉 터키의 지방 각 도시마다 기독교인이 없는 곳이 없었고, 교회가 없는 곳이 없었던 것입니다. 지금의 우리나라도 동네마다 교회가 없는 곳이 없고, 기독교인이 없는 곳이 없는데, 이러한 곳이 하나님 앞에서는 아주 중요한 곳인 것입니다.

그런데 본도, 갈라디아, 갑바도기아에 있는 기독교인들이 전부 나그네는 아니었습니다. 그들 중 많은 사람들이 그곳에서 태어나고 자랐으며, 직업을 가지고 살아가고 있었습니다. 그런데 왜 베드로 사도는 "흩어진 나그네"라고 하였을까요? 우리는 예수 믿는 그 순간에 자기가 살고 있던 동네나 친구들, 심지어는 가족까지도 다 버려두고 먼 천국을 향해서 순례의 길을 떠나는 나그네로 변하기 때문입니다. 즉 우리는 예수 믿기 전까지는 이 세상에 속한 사람들이었고, 친구나 친척이나 가족과 다른 것이 아무것도 없는 사람들이었던 것입니다.

우리에게는 세상에서 인정을 받는 것이 중요하고, 친구와 의리를 지키는 것이 중요합니다. 그래서 우리는 때때로 친구들과의 우정이나 의리를 너무 중요하게 생각한 나머지 친구와의 의리를 지키기 위해 죽을 각오도 합니다. 또한 우리는 이 세상에서 가족을 가장 중요하게 생각하고, 세상에서 인정받는 것을 최고의 목표로 삼고 살아갑니다. 그래서 우리는 이 세상에서 사람들에게 인정받고 칭찬받는 것이나 가족이나 친구들과 사이좋게 지내는 것을 최우선으로 생각하고 살아갑니다. 그러나 우리는 예수를 믿는 그 순간 모든 것이 달라집니다.

하나님께서는 아브라함을 부르시면서, "너는 너의 고향과 친척과 아버지의 집을 떠나 내가 네게 보여 줄 땅으로 가라"(창 12:1)라고 말씀하셨습니다. 그래서 아브라함은 하나님의 부르심에 순종하여 그동안 그에게 익숙하고 의지가 되었던 모든 것을 다 버리고 나그네가 되었습니다. 이와 마찬가지로 우리는 예수를 믿는 그 순간, 이 세상과 친구와 가족들은 낯선 사람이 되어 버리고 하나님의 나라를 향하여 길을 떠나는 나그네가 됩니다. 굳이 짐을 챙겨서 이사하지 않아도 우리는 이미 주위 사람들에게 낯선 사람이 되고 마는 것입니다. 우리는 자신이 살던 세상이나 사람들과 서로 이방인이 되어 버리는 것입니다.

도대체 어떻게 해서 이런 일이 일어나는 것일까요? 그것은 사람들이 하나님을 알게 되면서 눈이 열리기 때문입니다. 즉 우리는 예수 믿기 전에는 부모님이나 세상 사람들이 가르쳐 주는 것을 절대적인 것이라고 믿고 열심히 그 길을 따라서 갔습니다. 그래서 이 세상에 충성되려고 했고, 부모님과 가족을 위해서 돈을 열심히 벌었습니다. 그런데 예수를 믿고 나니까 우리가 지금까지 믿었던 것이 사실이 아닌 것입니다. 이 세상이 전부인 줄 알았는데 세상보다 더 크신 하나님이 계시고, 부모님께 효도하는 것이나 친구들과의 의리가 가장 중요한 줄 알았는데 알고 보니까 하나님의 말씀이 더 중요한 것입니다. 우리는 이 세상에서 모든 것을 다 가지면 행복할 줄 알았는데 하나님 앞에 더 큰 상급이 있는 것입니다.

그래서 사람들은 예수를 믿고 난 후에 엄청난 가치관의 혼란을 겪습니다. 우리는 여전히 이 세상에 살기 때문에 세상에 있는 것들이 필요하고, 세상에서 인정받기를 원합니다. 그러나 우리에게는 더 큰 가치가 있고, 우리는 하나님의 뜻을 따라야 하는 것입니다. 그래서 어떻게 보면 우리 예수 믿는 사람들은 정신분열증 환자와 같습니다. 즉 우리에게는 두 가지 가치가 함께 있는 것입니다. 그러면 우리는 이 세상에 있는 것은 모두 필요 없는 것이라고 생각해서 전부 포기하고 천국만 바라보고 가야 할까요? 아니면 예수를 믿으면서 여전히 이 세상에서 성공적이고 인정받는 삶을 살아야 할까요?

1180년대 초 이탈리아의 아시시에서 부유한 포목상의 맏아들로 태어난 프란치스코는 이 세상이 전부 썩고 타락했다는 것을 알고는 모든 것을 다 버리고 입고 있던 옷 한 벌만 가지고 종교 생활에 귀의했습니다. 그는 가장 먼저 동료들과 함께 벽돌을 나르고 쌓아 올려 버려진 성당을 수리했는데, 누군가가 돈을 주면 더럽다고 하면서 손으로 받지 않고 이로 물어서 밖에 갖다 버리곤 했습니다. 이러한 프란치스코의 경건한 생활을 본 몇몇 사람들이 그와 함께 살기 시작했고, 그 무리가 늘어나자 프란치스코는 교황을 찾아가서 수도원 승인을 받았습니다. 그런데 그 수도원에 들어오려면 한 가지 조건이 있었는데, 그것은 옷 한 벌 외에는 아무것도 가지지 않는다는 조건이었습니다.

존 번연이 쓴 『천로역정』을 보면 '크리스천'이라는 사람이 작은 성경책을 읽고 나서 자기가 살고 있는 도시가 망할 것이라는 사실을 알고 고민하다가 결국 집을 떠나 천성을 향해서 갑니다. 아내와 아이들이 돌아오라고 소리지르지만 크리스천은 귀를 틀어막고, "생명, 생명, 영원한 생명!"이라고 외치며 좁은 문을 향해서 달려갑니다.

크리스천은 집을 떠난 지 얼마 되지 않아서 '절망의 늪'에 빠지기도 하고, 사슬에 묶여 있는 두 마리의 사자 사이를 지나가기도 하고, 아볼루온이라고 하는 마귀와 치열한 싸움을 하기도 합니다. 그리고 '사망의 음침한 골짜기'를 지나가기도 했는데, 한쪽은 대단히 위험한 수렁이고, 다른 한쪽은 엄청나게 깊은 도랑이었습니다. 그런데 정말 무서운 곳은 '허영의 도시'였습니다. 크리스천은 '사망의 음침한 골짜기'를 지난 후에 '믿음'이라는 신앙이 좋은 사람과 동행하다가 '허영의 도시'에 들어가는데 그곳에서 믿음이 순교를 당합니다.

우리는 예수를 믿는 그 순간부터 저 영원한 천국을 향하여 길을 떠나는 순례자가 됩니다. 그러한 우리에게 가장 위험한 것이 바로 이 허영의 도시입니다. 이 세상은 우리가 원하는 것을 다 해 줄 수 있기 때문에 우리는 이 도시를 떠나고 싶지 않은 것입니다. 여기에는 우리를 똑똑하게 만들어 주는 대학이 있고, 돈을 벌게 해 주는 직장이 있고, 살기에 조금도 불편하지 않은 최첨단 아파트가 있고, 자가용이 있고, 백화점이 있습니다. 그 대신 이 세상은 직장이 없거나 돈이 없는 사람은 사람으로 취급하지 않거나 실패한 자라고 해서 그만큼 비참하게 만들어 버립니다. 그래서 우리는 죽어라고 이 세상에서 성공하려고 하고, 이 세상에서 인정받으려고 하는 것입니다. 그러나 우리는 예수를 믿는 순간 이미 이 세상에 속한 자가 아닙니다. 우리는 이미 하나님께 속한 자이고, 하나님이 주시는 능력으로 살아가는 것입니다.

예수님은 우리에게 기도를 가르치시면서, "우리에게 일용할 양식을 주옵시고"라고 기도하라고 하셨습니다. 또 예수님은 사람이 떡으로만 사는 것이 아니라 하나님의 입에서 나오는 말씀으로 산다고 하셨습니다. 우리는 이 세상에 살지만 이미 하나님의 능력으로 살아가고 있고, 하늘의 양식으로 살고 있는 사람들인 것입니다. 우리는 모두 이 세상에 살지만 이 세상에서는 이상한 사람들인 것입니다.

그러면 우리는 무엇 때문에 이 세상에 사는 사람들일까요? 우리는 이 세상에 여행을 하러 온 것일까요? 아니면 단지 일자리를 찾기 위해 사는 사람들일까요? 그것도 아니면 공부하기 위해 사는 사람들일까요? 우리는 이 세상에서 나그네인데 이 세상 사람들은 웬만해서는 외국인이나 나그네에게 영웅 칭호를 주지 않습니다. 그러나 우리는 이 세상에 하나님의 천사로 와 있는 것입니다. 어떻게 보면 우리는 이 세상에 기생해서 사는 것 같지만 실제로는 사람들에게 하나님의 사랑을 주고 하나님의 축복을 주기 위해 와 있는 것입니다.

2. 이미 우리에게 일어난 일

우리는 예수 믿는 것을 별것 아닌 것으로 생각하기 쉽습니다. 예수 믿기 위해서 우리가 한 것이 아무것도 없기 때문입니다. 그러나 하나님은 우리를 위해 어마어마한 일을 하셨습니다. 그렇기 때문에 우리 한 사람 한 사람은 모두 하나님 앞에서 아주 특별한 사람들이라는 것을 알아야 합니다.

"곧 하나님 아버지의 미리 아심을 따라 성령이 거룩하게 하심으로 순종함과 예수 그리스도의 피 뿌림을 얻기 위하여 택하심을 받은 자들에게 편지하노니 은혜와 평강이 너희에게 더욱 많을지어다"_벧전 1:2

이 세상에는 정말 많은 사람들이 있는데 우리는 주로 사람들을 돈이 많은 사람과 돈이 없는 사람 혹은 성공한 사람과 실패한 사람 등으로 분류합니다. 돈을 가지고 사람을 가장 심하게 차별하는 곳이 바로 비행기입니다. 똑같은 비행기에서도 돈을 많이 낸 사람은 일등석에 앉게 해서 땅콩을 주고, 돈을 적게 낸 사람은 이코노미석에 앉게 해서 땅콩을 주지 않는 것입니다. 그리고 우리는 사람들을 볼 때 그 사람이 어느 학교를 나왔는지, 어느 직장에서 어떤 직책을 가지고 있는지, 돈이 얼마나 많은지로 판단을 합니다. 그런데 하나님 앞에서는 그런 것이 전혀 중요하지 않습니다. 하나님 앞에서 중요한 것은 하나님이 그 사람을 아느냐 모르느냐입니다.

아마 다른 사람들에게 우리 예수 믿는 형제와 자매들을 잘 아느냐고 물어보면 사람들은 대개 잘 모른다고 대답할 것입니다. 왜냐하면 예수 믿는 사람들이 특별한 재주를 가진 것도 아니고, 그렇다고 해서 유명한 것도 아니기 때문입니다. 우리 예수 믿는 사람들은 대개 평범한 사람들이고 특출한 데가 없습니다. 그런데 만약 누군가가 하나님께 예수 믿는 사람을 가리키며, "이 사람을 아십니까?"라고 물어보면 하나님은 그 사람을 아주 옛날부터 잘 알고 있었다고 말씀하실 것입니다. 특히 하나님은 그를 태초부터 내 사람으로 예정했던 사람이라고 대답하실 것입니다. 이것이 바로 우리의 정체성입니다. 이 세상에서는 우리를 알아주지 않습니다. 그러나 하나님은 나를 아주 잘 알고 계시는 것입니다. 하나님은 나의 모든 것을 다 알고 계시며, 나의 미래도 다 알고 계십니다.

사람들 중에는 우리나라에서는 유명하지만 외국에서는 전혀 인정을 받지 못하는 사람이 있는가 하면, 어떤 사람은 우리나라보다 오히려 외국에서 인기를 끄는 사람도 있습니다. 우리나라에서만 유명한 사람은 외국에 가면 맥도 추지 못할 것입니다. 그러나 이미 외국에서 유명세를 타고 있는 사람은 언젠가는 국내에서도 유명해지게 되어 있습니다. 그런데 우리는 이 세상에서 유명한 사람들이 아니라 하나님 나라에서 유명한 사람들인 것입니다.

아브라함은 그야말로 떠돌이 목자였습니다. 오히려 아브라함 당시에는 아브라함보다 더 유명한 왕이나 귀족이 많이 있었습니다. 그러나 아브라함은 하나님 앞에서 유명했기 때문에 아직도 그 이름이 유명합니다. 아마 천국에 가 보면 아브라함을 모르는 사람은 한 명도 없을 것입니다.

그런데 하나님에게 중요한 것은 "순종함과 예수 그리스도의 피 뿌림"입니다. 하나님께서 가치 있다고 생각하는 사람들은 그 마음에 예수 그리스도의 피 뿌림이 있는 사람들이고, 그 복음을 믿는 사람들입니다. 즉 이 세상에서는 사람을 볼 때 그의 가문이나 출신이나 권력을 가지고 보지만 하나님 앞에서 이런 사람들은 모두 가치가 없는 죽은 사람들입니다. 하나님 앞에서 가치 있는 사람은 그 마음에 예수 그리스도의 피 뿌림이 있고, 이 복음을 믿고 순종하는 믿음이 있는 사람입니다. 사람이 아무리 잘생겼다고 하더라도 죽은 사람은 가치가 없습니다. 우리는 모두 예수 믿고 살아 있는 사람이 되었습니다.

그래서 본문에서 베드로 사도는 아주 중요한 말씀을 하고 있습니다. 2절에서 "곧 하나님 아버지의 미리 아심을 따라 성령이 거룩하게 하심으로 순종함과 예수 그리스도의 피 뿌림을 얻기 위하여 택하심을 받은 자들에게 편지하노니"라고 한 것입니다. 즉 우리는 예수 그리스도의 그 거룩하신 피 뿌림을 얻기 위하여 택하심을 받은 자들이고, 드디어 예수를 믿는 데 성공한 사람들입니다. 즉 우리는 모두 야생동물이 사람을 피하는 것처럼 하나님을 싫어하고 피하는 본성을 가지고 있습니다. 그렇기 때문에 이 세상에서 자발적으로 예수를 믿고 하나님을 믿을 사람은 단 한 명도 없습니다. 그런데 야생동물 중에서 보호가 필요하고 치료가 필요한 짐승이나 새는 수의사나 동물학자가 그것들을 몰아서 다른 곳으로 옮겨 치료를 한 후에 야생의 세계에 풀어 주는 것처럼 하나님은 우리 인생을 몰아오시고 우리 마음에 예수 그리스도의 피를 뿌려서 믿게 하는 데 성공하신 것입니다. 그래서 우리 인생에서 가장 엄청난 일은 예수를 믿게 된 것이고, 하나님의 손에 붙들린 것입니다.

그러면 우리가 하나님의 손에 붙들린 후에 어떤 일이 일어날까요? 우리가 하나님의 손에 붙들린 후에 두 가지 일이 일어납니다. 그 하나는 우리가 성령으로 거룩하게 하심을 받는 것입니다. 즉 우리가 이 세상에 사는 전 과정은 하나님의 보석으로 만들어지는 과정인 것입니다. 우리는 여전히 이 세상에서 무엇인가를 해서 유명해지기를 원하는데 하나님은 우리를 연단하셔서 우리를 거룩하게 하기를 원하시는 것입니다. 즉 우리는 아직도 이 세상에서 적극적으로 움직여서 어떤 일을 성취하기를 원하는데 하나님은 우리를 꼼짝 못 하게 하셔서 우리를 보석으로 만들기를 원하시는 것입니다.

예를 들어 화가가 인물화를 그릴 때는 모델을 앉혀 놓거나 세워 놓고 그림을 그립니다. 인물화를 그릴 때는 살아 있는 모델의 근육이나 표정을 보면서 그려야 생생한 느낌을 표현할 수가 있는 것입니다. 그런데 모델이 되는 것이 쉽지 않습니다. 왜냐하면 모델은 화가가 그림을 그리기 쉽도록 포즈를 취해 주어야 할 뿐 아니라 몇십 분 혹은 몇 시간 동안 움직이지 말아야 하기 때문입니다. 모델이 몇 시간 동안 움직이지 않고 똑같은 포즈를 취하고 있어야 한다면 죽을 지경일 것입니다. 그런데 하나님은 우리를 모델로 쓰시는 것이 아니라 아예 도화지나 대리석으로 사용하셔서 우리를 가지고 직접 작품을 만드십니다. 그래서 하나님은 우리를 아무것도 하지 못하게 하시고, 말씀만 듣고 기도만 하게 하실 때가 많습니다. 그 결과 우리는 깨끗해지고 겸손해지는데, 특히 하나님의 말씀으로 하나가 될수록 성공적인 인생이 됩니다.

우리가 이 세상에서 성공하려면 거짓말도 많이 하고 양심도 속여야 하지만 하나님 앞에서 그것은 실패한 인생입니다. 하나님 앞에서 많이 울고, 오랜 시간 동안 말씀을 듣고 자기를 부정하다가 마지막에 아예 자기가 없어져 버렸을 때 우리는 성공적인 작품이 되는 것입니다.

3. 하나님 앞에 있는 우리의 재산

"우리 주 예수 그리스도의 아버지 하나님을 찬송하리로다 그의 많으신 긍휼대로 예수 그리스도를 죽은 자 가운데서 부활하게 하심으로 말미암아 우리를 거듭나게 하사 산 소망이 있게 하시며"_벧전 1:3

하나님이 하신 일 중에서 가장 위대한 일은 우주를 창조하시고 세상이나 우리 인간을 만드신 것이 아닙니다. 하나님이 하신 일 중에서 가장 위대한 일은 하나님의 아들을 죽은 자 가운데서 다시 살리신 것입니다. 하나님이 예수 그리스도를 죽은 자 가운데서 다시 살리셨다는 것은 예수님이 하나님의 말씀에 1퍼센트도 어김없이 순종하셨으며, 사망의 법칙이 깨어진 것을 의미합니다.

사실 우리 모든 인간이나 피조물에게 가장 무서운 것은 사망의 법칙이었습니다. 즉 모든 피조물은 죄로 인하여 점점 망가지다가 나중에는 영원히 죽고 버림받게 되어 있었습니다. 그래서 죄가 있는 우리 인간은 모두 죽게 되어 있습니다. 우리는 어떤 지식을 가지고 있든지, 어떤 권력의 자리에 있든지 때가 되면 다 죽어야 합니다. 그러나 예수님은 이 사망의 법칙을 깨고 부활하셨습니다. 하나님은 그 능력으로 우리 모두를 예수님과 함께 거듭나게 하셨습니다.

"거듭나게 하사 산 소망이 있게 하시며"

이제 그동안 막혀 있던 하나님과의 관계가 활짝 열렸습니다. 그러므로 우리의 모든 능력과 축복은 우리가 이 세상에서 얼마나 가지고 있느냐가 아니라 하나님의 것을 얼마나 이 세상에 가져오느냐에 달려 있습니다.

물론 우리는 인간이기 때문에 집이 있어야 하고, 직장도 필요하고, 학교도 다녀야 합니다. 그렇지만 이 모든 것은 우리의 불편을 줄여 주고 다른 사람들을 사랑하고 섬길 수 있도록 주신 것이지 이것이 중요한 축복이 아닙니다. 그러나 한편으로 생각해 보면, 이 세상에서 그나마 최소한도로 인간답게 살려면 죽어라고 공부하고 일을 해야 하는데 나그네라고 해서 소극적으로 살면 너무 비참해지지 않을까요?

여기에 우리의 믿음이 필요합니다. 하나님은 우리가 이 세상에서 나그네이기 때문에 게으름을 피우라고 말씀하지 않으셨습니다. 오히려 우리는 나그네이기 때문에 다른 사람들보다 배나 더 노력을 해야 합니다. 그리고 마음에 여유를 가져야 합니다. 사실 어떤 일에 지나치게 집착하는 것보다는 여유를 가지고 열심히 하는 것이 전체적으로 보는 안목도 생기면서 더 좋은 결과를 얻는 경우가 많이 있습니다.

그러나 우리의 모든 소망은 하나님께 있습니다. 그러므로 우리는 이 세상에 있는 것을 더 많이 가지기 위해서 몸부림칠 것이 아니라 하나님에게 길이 열려 있는 것을 알고 할 수 있는 대로 하나님의 보물과 지혜와 능력과 축복을 달라고 기도해야 합니다. 왜냐하면 그것이 바로 우리의 재산이기 때문입니다.

하나님은 우리를 위해서 물질적인 복도 많이 주려고 준비해 놓고 계십니다. 그러나 적어도 우리가 이 세상에 있는 동안에는 물질적인 복을 다른 사람들과 나누어 가지게 하십니다. 왜냐하면 하나님이 하늘의 복을 이 세상에 부어 주시면 세상이 가득 차 버릴 것이기 때문입니다. 이 세상은 우리의 복을 감당하지 못합니다. 그러나 사람들은 어떻게 해서든지 이 세상에서 땅 부자가 되고, 돈 부자가 되려고 몸부림을 칩니다.

아마 청년 때에는 돈이 많이 필요할 것입니다. 돈이 있어야 공부를 더 할 수 있고, 어학연수도 하고, 연애도 하고, 결혼도 할 텐데 돈이 가장 필요할 때 돈이 없으면 한이 될 것입니다. 그러나 청년 때에는 열정이 있고 힘이 있기 때문에 돈이 없어야 합니다. 젊은 사람이 돈까지 있으면 그야말로 썩은 인생이 되고 마는 것입니다. 인생은 결코 돈으로 사는 것이 아닙니다. 우리 인생은 열정으로 사는 것이며, 진리로 사는 것입니다. 진리가 있고 열정이 있으면 가장 부요한 사람인 것입니다.

우리 모든 사람들은 이 세상에서 원하든 원하지 않든 나그네로 살다가 죽습니다. 그런데 이 세상만 목표로 해서 산 사람은 하나님 앞에 저축된 것이 아무것도 없을 것입니다. 그리고 그들의 인생 자체도 탐욕을 채우기 위해 거짓으로 점철된 삶을 산 인생이기 때문에 하나님이 받으실 수가 없습니다. 그래서 이 세상만 목표로 하고 산 사람은 더러운 쓰레기장인 지옥에서 영원히 폐기 처분당하게 됩니다. 그러나 이 세상에서 욕심을 부리지 않고 오직 하나님 나라를 소망하면서 산 사람에게는 썩지 않는 영원한 상급과 기업이 기다리고 있습니다.

"썩지 않고 더럽지 않고 쇠하지 아니하는 유업을 잇게 하시나니 곧 너희를 위하여 하늘에 간직하신 것이라"_벧전 1:4

우리는 하나님 앞에 이 세상의 부귀영화와 비교할 수 없는 어마어마한 복이 준비되어 있다는 것을 믿어야 합니다. 우리가 이 세상에 썩어질 것을 아무리 많이 쌓아 놓고 있어도 그것은 영원히 내 것이 되지 않습니다. 우리는 어차피 이 세상에서 굶어 죽지 않고 어느 정도 멋있게 살려면 돈이 있어야 합니다. 그리고 돈은 그냥 생기는 것이 아니라 모아야 합니다. 우리는 이 세상에 살면서 아마 절약하는 것에 훈련이 되었을 것입니다. 그러나 꼭 필요한 때에는 돈을 조금씩 쓰는 것이 좋습니다. 우리는 할 수 있는 한 이 세상에서 많이 가지지 말고 꼭 필요한 것만 가지는 훈련을 해야 합니다. 그래야 하나님 앞에서 엄청난 상과 재산을 받게 됩니다. 그것은 이 세상의 돈이나 명예와는 비교가 되지 않는 것입니다.

그런데 하나님은 이런 우리를 이 세상에서도 끝까지 지켜 주겠다고 약속하셨습니다.

"너희는 말세에 나타내기로 예비하신 구원을 얻기 위하여 믿음으로 말미암아 하나님의 능력으로 보호하심을 받았느니라"_벧전 1:5

우리는 이것을 위해서 특별한 능력으로 보호되고 있습니다. 오늘 많은 사람들은 우리의 미래에 대하여 걱정을 하고 있습니다. 혹시 북한이 핵무기를 터뜨리지는 않을까? 지구 온난화로 인류가 멸망하는 것은 아닐까? 혹은 앞으로 직장을 잃고 가난하게 되지는 않을까 하는 것입니다. 그러나 우리가 하나님의 말씀으로 성전을 이루고 있는 이상 사탄의 세력은 절대로 우리를 파괴하지 못할 것입니다. 우리는 하나님 앞에서 가장 중요한 사람들이며, 하나님께서는 우리의 삶을 끝까지 지켜 주셔서 이 세상에서도 아름답게 하실 것입니다.

  우리에게는 놀라운 소망이 있습니다. 우리가 살아 있는 것 자체가 기적이고, 예수 믿는 것 자체가 기적입니다. 그리고 이렇게 어려운 세상 가운데서도 하나님께서는 우리를 멋있게 살게 하실 계획을 가지고 계십니다. 그러므로 우리에게는 산 소망이 있습니다. 우리가 고생한 것을 하나님은 다 갚아 주실 것이기 때문입니다.

기회 02

벧전 1:6-9

혹독한 시련을 통과하기

우리는 가끔 어떤 큰 사고를 당하는 바람에 고통 속에서 살아가는 사람들을 봅니다. 예를 들어 어떤 사람은 비행기가 산에 추락하는 바람에 극한적인 상황 속에서 며칠 동안 견디다가 기적적으로 구조되는 사람도 있고, 어떤 사람은 무너진 건물에 깔렸다가 며칠 동안 물 한 모금 마시지 못한 상태에서 구출되는 사람도 있습니다.

만일 우리가 이런 극한적인 위기에 처하면 살 소망이 없을 것 같습니다. 그런데 이런 위기 가운데서 믿음은 우리에게 큰 힘이 될 때가 많습니다. 예를 들어 어떤 분들은 무너진 굴속에서 사랑하는 가족들과 기쁨으로 만날 것을 생각하면서 구조대가 올 때까지 참고 견디다가 구출되었습니다. 그러나 만일 이런 위기 가운데서 남을 원망하고 불평이나 하면 에너지가 소진되어서 오래 견디지 못할 것입니다. 이런 때는 에너지를 절약해서 살아남는 데에만 집중해야 하는 것입니다.

사람들 중에는 남들이 보지 못하는 것을 보는 눈을 가진 덕분에 성공한 사람들이 있습니다. 옛날에는 사람들이 IT가 무엇인지도 몰랐습니다. 그때 어떤 사람들은 컴퓨터의 무한한 능력을 깨닫고 거기에 자신의 인생을 투자해서 세계적인 부자가 되었습니다.

그러나 우리 크리스천은 남들이 모르는 세계를 알고 있는 사람들입니다. 그 세계는 바로 영원히 낡지도 않고 없어지지도 않는 하나님의 축복의 세계입니다. 하나님의 세계와 이 세상 사이에는 반투명 유리가 있는데 대다수의 사람들은 이 세상만 보기 때문에 세상에서 돈을 모으고 세상에서 성공하는 것이 최고라고 생각합니다. 그러나 우리 믿음의 사람들은 이 유리벽을 통해서 하나님 나라의 영광과 축복을 보고 있습니다. 그래서 할 수만 있으면 하나님 나라에 보물을 쌓으려고 하고, 할 수만 있으면 하나님 나라의 축복을 이 세상에 가져오려고 애를 쓰는 것입니다.

사실 우리가 하나님의 나라에 보물을 쌓을 수만 있다면 거기에 보물을 쌓는 것이 안전할 것입니다. 그리고 만일 우리가 하나님 나라에서 복을 가져올 수만 있으면 그 복을 가져오는 것이 진짜 성공일 것입니다. 예를 들어 우리나라 사람들이 외국에 갔다 올 때마다 선물을 사 가지고 와서 가족이나 지인들에게 주는데 그것을 받는 사람들은 아주 좋아하는 것입니다. 그런데 이것이 예수 그리스도로 말미암아 가능하게 되었습니다. 즉 우리는 하나님 나라에 복을 쌓을 수도 있고, 또 하나님 나라의 복을 이 세상에 가져올 수도 있게 된 것입니다. 단지 사람들이 그것이 무엇인지 알지 못하는 것이 문제인 것입니다.

아이들이 어렸을 때에는 엄마가 자기를 때리고 야단치는 것을 이해하지 못합니다. 왜 부모님은 나를 사랑한다고 하면서 야단을 치고 때리는지 이해가 되지 않는 것입니다. 그런데 우리 예수 믿는 사람들도 이와 똑같은 현상을 경험하고 있습니다. 하나님은 분명히 나를 사랑하시고 나에게 좋은 것을 주시는 줄 알았는데 때때로 하나님은 우리에게 말할 수 없는 고통을 주시고, 수치를 주시고, 어떤 때는 정말 엄청난 비극이 일어나게 하시는 것입니다.

이때 우리는 왜 하나님은 우리를 사랑한다고 하면서, 우리가 기도하기만 하면 다 들어주신다고 하면서 내 가장 소중한 것을 빼앗아 가시고 나를 가장 비참한 자리로 떨어지게 해서 수치와 욕과 멸시를 당하게 하시는지 이해하지 못합니다. 나중에 그 모든 고통이 지나간 후에야 이 모든 것이 나에게 유익이 되었다는 것을 알고 기뻐하고 감사하지만 적어도 고난당하는 그 순간에는 이해하지 못합니다. 그 순간에는 단지 하나님이 원망스럽고 자기 자신이 미울 뿐입니다.

우리는 예수 믿고 하나님의 말씀을 들으면 금 성분이 있는 원석이 됩니다. 그러나 금 원석은 돌이 너무 많이 섞여 있어서 목걸이나 반지 같은 보석을 만들 수가 없습니다. 결국 금 원석은 깨어지고, 불에 녹고, 더욱이 독극물에 가까운 약품 처리를 해서 불순물을 완전히 제거한 뒤에야 순금이 됩니다. 우리는 처음에 하나님 앞에서 깨어지고 용광로의 불에 녹을 때에는 하나님이 이해가 되지 않고 그렇게 원망스러울 수가 없지만 나중에 찬란하고 순수한 보석이 되고 나면 자기 자신도 감탄하게 되는 것입니다.

여기서 우리가 알 수 있는 것은, 하나님은 우리로 하여금 하나님 나라의 복을 기대하게 하시고 산 소망이 있게 하시지만, 또한 우리 자신을 하나님 앞에서 가장 값진 보석으로 만드신다는 사실입니다. 따라서 이 세상에서 가장 성공한 사람은 대통령이나 총리나 대기업 회장이 아니라 자기 자신이 하나님 앞에서 최고의 보석이 된 사람입니다.

1. 현실적인 어려움

이 세상에는 여러 가지 이유로 비참하게 사는 사람들이 있습니다. 그 중에는 노숙자도 있고, 감옥에 갇힌 사람도 있으며, 암 병동에서 투병하고 있는 환자들도 있습니다. 그런데 놀라운 것이, 그 어떤 곳에 가더라도 그 중에는 반드시 예수 믿는 사람들이 있기 마련인데 가난한 자들이나 병든 자들이나 비참하게 살고 있는 사람들 중에는 예수 믿는 사람이 많지 않다는 것입니다.

사람들은 자신의 기대와 현실을 비교할 때 더 비참한 마음이 커지고 더 상실감이 커집니다. 예를 들어 어떤 사람이 늘 술을 마시고 노름을 하고 방탕하게 살다가 가난하게 되었다면 그는 그다지 비참함을 느끼지 않을 것입니다. 왜냐하면 그것은 너무나도 당연한 결과이기 때문입니다. 그런데 만일 어떤 사람이 정말 깨끗하게 살고 하나님 앞에서 열심히 신앙생활을 했음에도 재산을 몰수당하고 병을 얻어서 비참하게 되었다면 그는 견딜 수 없는 수치와 마음의 고통을 느낄 것입니다. 그리고 하나님은 나를 사랑한다고 하셨는데 왜 이런 환난을 당하게 하셔서 비참해지게 하셨을까 하는 마음이 생길 것입니다.

그래서 베드로 사도는 이렇게 말하고 있습니다.

"그러므로 너희가 이제 여러 가지 시험으로 말미암아 잠깐 근심하게 되지 않을 수 없으나 오히려 크게 기뻐하는도다"_벧전 1:6

먼저 성경은 우리가 예수를 믿는다고 해서 하나님께서 우리에게 무조건 좋은 것만 주시지는 않는다고 말씀하고 있습니다. 오히려 하나님께서는 우리 예수 믿는 사람들에게 여러 가지 시험을 당하게 해서 잠깐 근심하게 하십니다. 여기서 근심한다는 것은 자신의 처지가 도무지 이해가 되지 않아서 신앙적으로 혼란에 빠지고, 침체되고, 심지어는 모든 의욕을 상실하는 것을 말합니다. 이것은 앞에서 하나님이 우리에게 말씀하신 것과는 정반대되는 일입니다. 즉 3절에서는 '우리를 거듭나게 하사 산 소망이 있게 하셨다'고 말씀하셨습니다. 그런데 이번에는 하나님이 우리 예수 믿는 사람들에게 여러 가지 시험을 주셔서 잠깐 동안 근심하게 하신다는 것입니다.

여기의 '시험'은 그리스도인들이 당하는 모든 고통을 말합니다. 이 시험에는 경제적인 가난이나 궁핍함도 있고, 권력을 가진 자들에게 압제나 박해를 당하는 것도 있으며, 육체적인 질병도 있을 것입니다. 그리고 있을 곳을 구하지 못해서 여기저기를 전전해야 하는 일도 있을 것입니다.

이것은 오늘 우리도 마찬가지입니다. 우리는 처음에는 예수 믿고 영혼을 구원받는 것이 너무 기뻐서 찬송하고 감사하면서 하루하루를 살아갑니다.

그러다가 어느 정도 신앙생활을 하다 보면 우리 그리스도인들에게 두 가지 종류의 고난이 온다는 것을 발견하게 됩니다. 그 하나는 세상 사람들이 당하는 고난을 우리도 다 당하는 것입니다. 신앙에는 공짜가 없다는 말이 있듯이 우리가 이 세상을 살아가는 데 저절로 되는 것은 아무것도 없는 것입니다. 그래서 우리 예수 믿는 사람들의 자녀들도 대학에 들어가려면 죽어라고 공부를 해야 하고, 대학을 졸업해도 다른 청년들과 똑같이 취업이 되지 않고, 군대에 가서도 똑같이 고생을 해야 합니다. 그리고 우리도 믿지 않는 사람들과 똑같이 병에 걸리고, 교통사고로 다치거나 죽고, 암에 걸리기도 합니다.

그런데 우리 예수 믿는 사람들은 여기에다가 세상 사람들은 당하지 않는 고난까지 더 겪어야 합니다. 우리는 진로 문제로 고민을 하기도 하고, 남들은 느끼지 않는 죄의식으로 괴로워하기도 합니다. 심지어 믿지 않는 사람들은 겪지 않는 오랜 실업자 생활이나 질병으로 고통을 당해야 합니다. 모세 같은 경우에는 애굽 병사가 자기의 동족인 이스라엘 사람을 치는 것을 보고 애굽 병사를 죽여 살인자 신세가 되어서 무려 40년 동안이나 도망자 생활을 했습니다. 그리고 다윗은 골리앗을 죽이고 이스라엘의 영웅이 된 것까지는 좋았는데 사울 왕이 시기하는 바람에 수년 동안 도망자 생활을 했습니다. 또한 사도 바울은 열심이 특심해서 예수 믿는 사람들을 체포하기 위해 다메섹으로 가다가 예수님을 만난 후 눈이 멀어 버렸고, 그 후에 눈이 다시 열리기는 했지만 한평생 시력 때문에 고통을 당한 것 같습니다. 그리고 사도 바울은 아무도 불러 주는 사람이 없어서 고향 다소에 가서 무려 14년 동안 대기하고 있어야만 했습니다.

이런 것을 보면 예수 믿는 것은 엄청난 손해요, 인생에 있어서 마이너스인 것 같습니다. 즉 우리는 예수를 믿기 때문에 남들이 당하는 고난도 받아야 하지만 남들은 겪지 않는 고난까지 받아야 하는 것입니다. 더욱이 우리는 예수 믿고 난 후에 기대치가 아주 높아집니다. 우리가 하나님의 말씀을 듣고 성령의 은혜를 받는다는 것은 이 세상에서 최고의 가치를 경험한다는 것을 의미합니다. 그러나 우리의 실제 생활은 너무나도 비참합니다. 가난과 압제와 고통 가운데 있을 때의 비참함은 말로 표현할 수가 없는 것입니다.

특히 우리 크리스천은 하나님에 대한 소망을 가지고 사는 사람들입니다. 즉 우리는 하나님은 우리의 기도를 들어주시며 우리의 삶을 아름답고 행복하게 하실 것이라는 확신을 가지고 있습니다. 그러나 아무리 기다리고 아무리 기도를 해도 여전히 가난하고 여전히 비참할 때 우리는 마음속으로 신앙이라는 것은 나 혼자 하나님을 짝사랑하는 것인가 하는 의심이 생깁니다. 사람이 짝사랑하는 것만큼 답답한 것은 없을 것입니다. 우리가 좋아하는 사람에게 아무리 전화를 걸어도 응답이 없을 때 우리는 결국 포기할 수밖에 없을 것입니다.

우리는 지금 당장은 어려운 가운데 있다 하더라도 하나님의 축복이 보장되어 있다면 얼마든지 참을 수가 있습니다. 그런데 나름대로 아무리 기다리고 기도해도 하나님이 응답하시지 않고 축복하시지 않으면 우리는 말할 수 없는 혼란과 침체에 빠집니다.

이때 마귀는 우리에게 속삭이기를, "지금도 늦지 않다. 하나님을 기다려 봐야 아무 소용이 없다. 더 늦기 전에 인간적인 방법을 써라"라고 합니다.

우리가 인간적인 방법을 썼을 때 위로가 되는 것은, 그래도 내가 해볼 만큼은 해봤다는 것입니다. 그런데 그런 인간적인 방법조차 써 보지도 않고 하나님만 의지했다가 나쁜 결과가 나오면 하나님을 원망하게 됩니다. 이것이 바로 우리가 잠시 근심하는 것입니다. 그러나 하나님을 의지하는 것은 결코 망하는 것이 아닙니다.

그런데 본문 말씀에서 우리가 '잠시' 근심한다고 했는데 '잠시'는 어느 정도의 기간을 말하는 것일까요? 즉 잠시 근심한다는 것이 한 두 달이냐, 아니면 10년이냐, 20년이냐 하는 것입니다. 물론 하나님이 보시기에는 잠깐인 것이 우리에게는 잠깐이 아닐 수도 있습니다. 예를 들어 어떤 사람이 물에 빠졌는데 그를 구하기 위해 밧줄을 찾는 사이에 그 사람이 죽어 버렸습니다. 사람이 물속에서 숨을 쉬지 않고 견딜 수 있는 시간은 아주 잠깐, 즉 몇 분도 되지 않기 때문입니다. 그러나 하나님께서 '잠깐'이라고 하신 것은 우리의 기준에서 잠깐이 아닙니다. 그러면 우리는 모두 죽을 것입니다.

　사실 우리는 알지 못하지만 우리가 어려운 가운데 있을 때 즉시 우리 안에 있는 천국 문이 열려서 은혜가 우리 안에 들어오기 시작합니다. 우리는 고난을 당하고 시험을 당할 때 외부적인 변화를 기대합니다. 즉 고난이 그치고 하나님께서 축복을 내려 주시기를 원하는 것입니다. 그러나 하나님은 이미 우리가 모르는 가운데 우리 내면에 하나님의 복이 흘러 들어오게 하십니다. 그것이 무엇입니까? 하나님이 본격적으로 우리의 속사람을 변화시키기 시작하시는 것입니다. 우리가 고난을 당한 후에 생각해 보면 역시 내가 오만했고, 정직하지 못했으며, 하나님 앞에서 깨끗하지 못했다는 것을 알게 됩니다. 즉 우리는 고난이 없었더라면 절대로 알 수 없었던 내 속 깊은 곳에 있는 교만과 음란과 불신앙을 보게 되는 것입니다. 그리고 우리는 그것을 가지고 회개하게 됩니다.

　요즘은 사람의 소변에서 일정 성분을 추출하여 약을 만들거나 의료에 이용합니다. 그런데 소량의 약품을 제조하기 위해서는 엄청난 양의 소변을 정제해야 한다고 합니다. 마찬가지로 우리 안에 겸손과 정직이라는 하나님의 축복을 정제해 내려면 엄청나게 많은 시간 동안 낮아져 있어야 하고, 고민해야 하고, 답답해해야 하고, 눈물을 흘려야 합니다. 그런데 이것도 아주 잠깐 근심한 것밖에 되지 않습니다. 왜냐하면 하나님께서는 우리를 영원히 연단하지는 않으시기 때문입니다. 사실 우리는 엄청나게 근심을 해야 하지만 하나님께서 우리를 긍휼히 여기셔서 잠깐 근심하게 하시는 것입니다. 그리고 우리는 말할 수 없이 기뻐하게 됩니다. 왜냐하면 우리는 어느 순간 나 자신이 정말 가치 있게 변했다는 것을 깨닫게 되기 때문입니다. 즉 전에는 나의 외적인 조건 때문에 교만했는데 이제는 내 속사람이 가치 있게 변한 것을 알게 되는 것입니다.

2. 하나님의 용광로

금이나 은이나 쇠를 정련하려면 1,500도가 넘는 용광로에 원석을 넣어서 녹여야 합니다. 이런 원석들을 불에 녹이면 금이나 은이 불순물과 분리되면서 액체가 되어 흐르는데 그것이 진짜 금이 되고, 은이 되고, 철이 되는 것입니다.

"너희 믿음의 확실함은 불로 연단하여도 없어질 금보다 더 귀하여 예수 그리스도께서 나타나실 때에 칭찬과 영광과 존귀를 얻게 할 것이니라"_벧전 1:7

우리는 가끔 하나님이 나를 사랑하신다면 왜 물질적으로 많은 축복을 주셔서 다른 사람들에게 자랑하게 하시지 않고 이렇게 가난하게 하시고 비참하게 해서 고개를 들지 못하게 하실까 하고 생각합니다. 그 이유는 바로 그러한 시간들이 하나님이 우리를 정금으로 만드시는 과정이기 때문입니다. 본문 말씀은 우리의 신앙이 보석이 되는 과정을 금을 정련하는 것에 비유하고 있습니다.

금맥 광산에서 금을 캔다고 해서 무조건 순수한 금덩이가 나오는 것이 아닙니다. 광부들은 금맥 광산에서 약간의 금 성분이 들어 있는 금 원석을 캐냅니다. 이런 원석들은 그 안에 금 성분이 들어 있기는 하지만 돌 성분이 많아서 목걸이나 반지 같은 장신구를 만들 수 없습니다. 금 원석으로 순금을 만들려면 우선 원석을 부수어서 용광로에 넣고 불을 때서 완전히 액체가 되게 해야 합니다. 그리고 그 안에 들어 있는 불순물을 제거하기 위해서 독성이 강한 약품을 사용하는데 그 때문에 금을 제련하는 공장 주변에는 어떤 식물도 살 수가 없고, 근로자들은 이틀간 연달아서 일을 할 수 없다고 합니다. 그렇게 불순물을 제거한 액체를 틀에 붓고 식히면 금이 되는데 엄청나게 많은 원석이나 사금을 깨고 부수고 제련해야 아주 소량의 금이 만들어집니다.

우리가 예수를 믿으면서 여러 가지로 근심하는 이유는 미래가 불투명하고, 또 다른 사람들 앞에서 무엇인가 내어 놓을 만한 것이 없기 때문입니다. 우리는 예수를 믿으면 가까운 사람들이나, 심지어 나를 모르는 사람들 앞에서도 내가 이런 사람이라는 것을 자랑할 만한 것이 있어야 하는데 하나님은 그와 정반대로 우리를 어느 누구 앞에서도 내어 놓을 것이 없는 초라한 모습으로 만들 때가 많습니다.

이때 하나님은 우리를 완전히 부수어 버리십니다. 하나님은 그것도 부족해서 형체도 알아볼 수 없을 정도로 완전히 녹여 버리십니다. 그러고 난 후에 하나님은 거의 극약에 가까운 약품으로 불순물을 제거하십니다. 그런 후에야 우리는 조금씩 보석으로 변하는 것입니다.

토기장이가 도자기를 굽는 것을 보면, 먼저 흙에 물을 부어서 짓이깁니다. 그리고 나서 상당 시간 반죽을 한 후에 틀 위에 올려놓고 돌리면서 도자기의 모양을 만듭니다. 도자기 모양이 만들어진 후에는 1차 건조를 하고, 완전히 건조하기 전에 손으로 조각을 합니다. 그 후에 초벌구이를 하고 유약을 입힌 뒤 다시 한 번 건조 과정을 거칩니다. 마지막으로 도자기를 가마에 넣고 2차로 구워 내는데 1,200도가 넘는 뜨거운 불가마에 넣어서 굽습니다. 이 굽는 과정에서 잘못하면 그릇이 터지는데 그러한 도자기들은 사용할 수 없게 됩니다.

우리는 믿는다고 하지만 우리의 마음속에는 변하기 싫어하는 강한 고집이 있습니다. 그래서 하나님께서는 우리의 속사람을 다시 만들기 위해서 우리를 깨뜨리시는 것입니다. 하나님께서 우리를 깨뜨리실 때에는 완전히 박살을 내서서 도저히 회복이 불가능하게 보이도록 만드십니다. 이때 우리는 전적으로 하나님의 말씀을 붙들 수밖에 없습니다. 왜냐하면 말씀 외에는 길이 없기 때문입니다.

그러나 하나님이 연단하신 우리의 믿음은 불로 연단한 금보다 더 귀하다고 하셨습니다. 우리가 여러 가지 시험을 통과했을 때 모든 찌꺼기가 제거되면서 번쩍거리는 정금이 되는 것입니다. 우리가 이런 모습을 가지게 되었을 때 세상 사람들도 그것을 느낍니다. 왜냐하면 하나님의 시험을 통과한 사람은 매우 겸손하면서도 정직하고 지혜롭기 때문입니다. 하나님께서는 이런 사람 한 사람을 다른 사람 몇천 명, 몇만 명보다 더 귀하게 생각하십니다.

세상 사람들이 소위 '엘리트'라고 말하는 사람들 중에는 오만한 사람들이 많습니다. 그런 사람들은 자기가 최고인 줄 알고 거기에 맞는 대우를 해 주지 않으면 욕을 하면서 자기를 알아주는 회사로 옮겨 버립니다. 그리고 얼마 있지 않아서 돈이나 이성 문제나 술이나 도박으로 타락하고 맙니다.

이 세상의 성공에는 중독성이 있습니다. 사람들은 그것도 모르고 성공하려고 덤벼들다가 결국 중독이 되어서 인생을 망칩니다. 그러나 하나님의 백성은 시련 중에 하나님 앞에서 부르짖으며 매달리게 됩니다. 왜냐하면 그런 현실이 이해가 되지 않기 때문입니다. 그래서 하나님의 뜻이 무엇이냐고 묻기도 하고, 나는 어떻게 해야 살아갈 수 있느냐고 부르짖기도 합니다. 그러다가 어느 날 하나님의 말씀으로 현실을 보게 되는데 그때 모든 것이 달라 보입니다. 즉 내가 믿는다고 하면서도 세상 사람들과 별로 다른 것이 없음을 알게 되고, 나에게 이 시련이 꼭 필요했다는 것을 알게 됩니다. 즉 이제는 하나님의 모든 것을 볼 수 있는 눈이 생긴 것입니다. 그때 우리는 새로운 믿음의 안경으로 인해 기뻐하고 감사하게 됩니다.

결국 우리는 나에게 어려움이 찾아오는 이유가 나를 정금과 같은 인격으로 만들기 위해서라는 것을 알아야 합니다. 물론 시련과 고난을 좋아하는 사람은 아무도 없습니다. 그러나 우리는 너무나도 미련해서 이런 불같은 시련이 오지 않으면 계속 원석으로 남아서 하나님이 쓰실 수 없게 됩니다. 그래서 정금이 되는 데 가장 중요한 것은 좋은 말씀을 듣고 변화되는 것입니다. 왜냐하면 말씀 속에도 불이 있기 때문입니다.

3. 말할 수 없는 기쁨

우리는 너무 기쁘거나 슬플 때 종종 감정을 통제할 수 없게 됩니다. 미스

코리아나 미스 유니버스 대회에서 입선한 사람들은 기쁨의 눈물을 흘릴 것입니다. 그리고 어떤 사람은 너무 슬픈 일을 당했을 때 말을 하지 못하거나 기절을 하기도 합니다. 이러한 현상은 감정이 우리가 통제할 수 있는 범위를 넘어서기 때문에 생기는 현상입니다.

예를 들어 그릇에 물을 부을 때 그 그릇 높이까지는 얼마든지 물을 부을 수 있지만 그릇에 넘치게 물을 부으면 그때는 수습이 안 됩니다. 그런데 하나님께서는 고난당하는 성도들에게 가끔씩 우리가 감당할 수 있는 범위를 넘어서는 영광과 축복을 주실 때가 있습니다. 그것을 베드로 사도는 '말할 수 없는 기쁨'이라고 말하고 있습니다.

"예수를 너희가 보지 못하였으나 사랑하는도다 이제도 보지 못하나 믿고 말할 수 없는 영광스러운 즐거움으로 기뻐하니"_벧전 1:8

하나님께서는 우리 성도들이 고난을 당할 때 멀리서 구경만 하시는 것이 아니라 가까이 찾아오셔서 본인만 느낄 수 있는 방법으로 하나님이 함께하시는 것을 체험하게 하십니다. 즉 우리는 잃어버렸던 것을 다시 찾으면 말할 수 없이 기쁩니다. 예를 들어 잃어버린 지갑을 고스란히 찾으면 말할 수 없이 기쁘고, 또 잃어버렸던 애완견을 찾으면 매우 기쁠 것입니다. 더욱이 부모가 잃어버린 아이를 다시 찾았을 때는 아이를 끌어안고 눈물을 펑펑 흘리면서 감격해할 것입니다.

얼마 전 신문을 보니까 어떤 어머니가 생활고 때문에 큰집에 맡겼다가 잃어버린 딸을 40년 만에 '초록우산'이라는 단체를 통해서 다시 만난 이야기가 실려 있었습니다. 어린 딸은 이미 한 아이의 어머니가 되어 있었고, 어머니는 할머니가 되어 있었지만 서로 끌어안고 한없이 울었다고 했습니다.

그런데 우리는 고난 속에서 하나님의 말씀을 붙드는 중에 그동안 잃어버렸던 말씀을 도로 찾게 됩니다. 즉 우리가 세상에 빠져서 정신없이 살 때에 하나님의 말씀은 죽은 말씀입니다. 이때 하나님의 말씀은 매우 건조하고 딱딱해서 아무 재미가 없습니다. 그리고 그런 말씀을 설교로 듣는 것은 고통이고 지겨운 일입니다. 그러나 환난 중에 송이꿀보다 더 단 하나님의 말씀을 도로 찾게 되는데 이때 하나님의 말씀은 죽은 말씀이 아니라 살아 있는 말씀인 것입니다.

그리고 고난 중에 우리는 기도의 능력을 되찾게 됩니다. 그전에는 기도를 해도 응답이 되지 않았는데 어느 순간 기도가 응답되면서 하나님과 달콤한 밀어를 나누게 됩니다. 하나님은 나의 세미한 음성을 듣고 계시며, 내 신음하는 소리도 다 듣고 계시는 것입니다. 우리 성도들은 이처럼 고난을 통해서 엄청난 노다지를 캐냅니다. 그리고 드디어 하나님은 우리에게 성령을 부으셔서 하늘의 기쁨으로 충만하게 하십니다.

'충만하다' 라는 말은 한껏 차서 가득하다는 것입니다. 그런데 이것이 지나쳐서 흘러넘치면 이때는 감정을 통제할 수 없게 됩니다. 하나님이 우리 안에 천국의 기쁨과 사랑을 넘치게 부어 주실 때 우리는 너무 기뻐서 울기도 하고, 웃기도 하고, 미친 사람처럼 되는데 이것은 우리가 이 세상에서 천국을 체험하는 것이며, 하나님과 내가 하나가 되는 것입니다. 이것은 인간의 말로는 도저히 표현할 수 없는 영광스러운 하나님의 기쁨입니다.

우선 고난당하는 성도들이 어떻게 기뻐하게 되는지 생각해 봅시다. 우리 성도들이 고난 가운데 근심하는 가장 큰 이유는 고난이 찾아오는 이유가 자신이 신앙생활을 잘 하지 못해서 그런 것이라고 생각하기 때문입니다. 이때는 아무리 믿음이 좋은 성도들도 '내가 그동안 믿음 생활을 잘 하지 못했더니 하나님께서 나를 이렇게 치시는구나' 라고 생각합니다. 그리고 그동안 열심히 믿었던 것이 아무 소용이 없는 것 같이 생각됩니다. 어떤 사람은 "네 하나님이 어디 있느냐"(시 42:10)라고 비웃는 소리를 날마다 들으며, 밤낮으로 흘리는 눈물이 양식이 될 때도 있습니다. 또 어떤 사람은 "네가 그렇게 믿는다고 난리를 치더니 그 믿음의 결과가 겨우 이것이냐?" 하는 식으로 대적하기도 합니다. 그래서 어떤 때는 다른 사람들의 구경거리가 된 것 같은 기분이 들기도 합니다. 이것이 바로 '도살당할 양의 신세' 인 것입니다. 그런데 하나님의 말씀을 들어보면 다른 것은 몰라도 신앙만큼은 바른길을 가고 있다는 것이 확인됩니다. 그때 우리는 완전한 기쁨을 되찾게 됩니다.

예를 들어 어떤 사람이 생전 가 보지 않은 길을 운전을 해서 찾아가는데 아무리 가도 목적지가 나오지 않으면 불안해질 것입니다. 그때 옆 좌석에 앉은 사람이 뭐라고 말을 하면 예민해져서 언성을 높일 것입니다. 그러다가 한참 후에 이정표가 나와서 목적지를 향해 제대로 가고 있다는 것을 확인하는 순간 안도하면서 차에 타고 있던 사람들이 모두 기뻐할 것입니다. 하나님께서는 우리가 연단을 받고 있는 중에도 바른길을 가고 있다는 확신을 주십니다. 그리고 우리는 이 확신으로 인해 기뻐하는 것입니다.

대개 성도들은 이것이 말씀 가운데 확인될 때 눈이 붓도록 웁니다. 그것은 슬퍼서 우는 것도 아니고, 비참해서 우는 것도 아닙니다. 내 신앙이 하나님 앞에서 인정을 받고 있고, 바른길을 가고 있다는 것이 확인되어서 너무 좋아서 우는 것입니다. 이때 우리는 우리가 가진 것을 다른 사람들에게 나누어 주고 싶어집니다.

더욱이 우리 그리스도인들은 자기 혼자 고난의 길을 가야 한다는 것에 두려움을 느낍니다. '하나님께서 나를 허허벌판에 던져 놓고 알아서 살아가라고 하시는구나' 하는 생각이 들 때 얼마나 두렵고 답답한지 모릅니다. 그런데 그 가운데서 하나님께서 나를 어루만져 주시고 꼭 껴안아 주시는 것입니다. 어떤 때에는 다른 사람이 하는 말 속에서 그것을 느낄 때도 있고, 어떤 때에는 돈이 생기는 것이나 혹은 기도가 응답되는 것이나 병이 낫는 것을 통해서 하나님이 나를 어루만져 주시는 것을 깨닫습니다. 그때 우리는 하나님이 나와 함께하시는 것에 안심을 하게 됩니다.

그러나 베드로가 말한 "말할 수 없는 영광스러운 즐거움"은 그와는 다른 즐거움입니다. 그것은 갑자기 하나님의 성령이 강권적으로 내 안에 부어지는 체험입니다. 이때는 갑자기 눈앞이 환해지는 것 같으면서 감정이 극도로 흥분되고, 하나님이 정말 좋아서 그 자리에서 그냥 죽었으면 좋겠다는 생각이 들 정도로 기쁩니다. 그리고 그 순간 세상의 모든 고생과 욕심들은 멀리 사라져 버리고 하나님의 영광과 사랑 안에서 무조건 기뻐하고, 무조건 좋아하고, 무조건 행복해집니다. 이것은 마치 예수님이 예루살렘에 올라가시기 전에 변화산에서 갑자기 변화되신 것과 같습니다. 하나님은 이런 체험을 통해서 절대로 십자가가 비참한 것이 아니라는 것을 깨닫게 하시는 것입니다.

이 세상에서 우리에게 가장 놀랍고 황홀한 것은 살아 계신 하나님을 새롭게 체험하는 것입니다. 그때는 우리 눈앞에 있는 모든 것이 황금색으로 보입니다. 예배를 드리는 중에도 예배당 분위기가 황금색으로 변합니다.

사도 바울과 실라가 빌립보에서 전도하다가 점을 치는 귀신 들린 여종을 고치고는 여종의 주인들에게 고소를 당해서 감옥에 갇혀 채찍에 맞고 쇠사슬에 매여 있었습니다. 그들은 자기들이 무엇 때문에 매를 맞고 감옥에 갇혀야 했는지 알 수가 없었습니다. 하나님께서 자신들을 빌립보로 인도하셨다고 믿고 최선을 다했는데 결과는 최악이었습니다. 그러나 그들은 낙심하지 않고 기도하고 찬송했는데, 그때 성령이 역사하기 시작했습니다. 옥에 지진이 일어나서 옥문이 다 열리고 모든 죄수들의 수갑과 차꼬가 다 풀어진 것입니다. 그리고 간수장은 죄수들이 모두 도망한 줄 알고 자살을 하려고 하다가 바울과 실라가 있는 것을 보고 그 앞에 엎드려 예수를 믿게 되었습니다. 이것이 말할 수 없는 기쁨의 체험인 것입니다.

이러한 체험은 때로 밤에 혼자 하나님의 말씀을 읽고 묵상하는 가운데 경험하기도 하고, 기도하는 가운데 경험하기도 하고, 찬송을 부르는 가운데 경험하기도 합니다. 그리고 성도들과 함께 예배를 드리는 가운데 경험하기도 하고, 성찬식을 하는 중에 경험하기도 합니다. 이것은 하나님께서 우리에게 주시는 최고의 선물인 것입니다.

그리고 하나님께서는 실제로 우리의 믿음이 이 세상에서 축복으로 나타나게 하십니다. 하나님께서 우리를 고난 가운데 정금 같은 믿음으로 연단하신 후에는 우리의 삶을 통하여 하나님의 능력이 나타나게 하십니다. 강물 같은 성령의 능력이 나타나게 하십니다. 그래서 어느 날 갑자기 유명해지기도 하고, 많은 사람들로부터 존경을 받기도 합니다. 그때부터는 급물살을 탄 것처럼 능력 있는 삶을 살게 됩니다.

우리에게 고통이 오는 것은 하나님이 우리를 공연히 괴롭히려고 그렇게 하시는 것이 아닙니다. 그런 고통을 통하여 하나님의 가장 귀한 선물을 받게 하려는 것입니다. 우리 그리스도인들은 기쁨이 힘입니다. 우리에게 기쁨이 없으면 우리는 전혀 힘을 낼 수가 없습니다. 그래서 모든 일들을 노예처럼 억지로 할 것입니다. 그러나 말할 수 없는 기쁨이 올 때 우리의 능력은 백배나 커집니다. 우리를 걸고넘어지는 모든 시험을 다 이기게 되는 것입니다.

기회 03

벧전 1:10-16

더 강해진 사람들

　요즘 우리나라 청소년들은 키나 여러 가지 신체적인 조건이 옛날에 비해서 월등해졌습니다. 옛날에는 제 키가 큰 편에 속했는데 이제는 중간에 속할 정도로 청소년과 청년들의 키가 커졌고, 발 크기도 커졌습니다. 이는 아마도 서구화된 식단으로 인해 영양 상태가 좋아졌기 때문인 것 같습니다.

　요즘 세계적인 육상선수 중에서 가장 빠르고 가장 인기 있는 선수는 단연 우사인 볼트라고 할 수 있습니다. 그런데 그가 그렇게 잘 달리게 된 것은 백인 때문이라는 말이 있습니다. 즉 백인들이 아프리카에서 흑인들을 노예로 잡아왔을 때 일부러 강한 흑인들만 골라내기 위해서 물도 주지 않고 음식도 주지 않았다고 합니다. 그 결과 약한 사람들은 다 죽고 강한 자들만 남았는데 그들을 아주 튼튼한 흑인 여자와 결혼을 시켜서 우사인 볼트 같은 강한 흑인이 생겨났다는 것입니다. 요즘 우리는 자신도 모르는 가운데 지독한 바이러스에 대하여 면역력이 아주 강해졌습니다.

　1492년 콜럼버스가 아메리카 대륙에 상륙하여 외부 세계에 알려지기 전까지만 해도 아마존 유역에는 1천만 명이 넘는 원주민들이 살고 있었습니다. 그러나 백인들이 상륙하면서 무차별한 살육과 전염병의 전파로 그 수가 줄어들어 지금은 약 사오십만 명 정도가 페루와 브라질의 문명의 손길이 닿지 않는 곳에서 숨어서 살고 있다고 합니다.

하나님의 선지자들은 앞으로 우리 인간들 중에서 아주 강한 능력을 가진 자들이 나타날 것이라고 예언을 했습니다. 여기서 '강한 능력을 가진 자'란 우사인 볼트같이 체력이 뛰어난 사람도 아니고, 독감이나 에볼라 같은 바이러스에 강한 사람도 아닙니다. 앞으로 나타날 새로운 인류는 하나님의 말씀에 대하여 아주 깊은 이해를 가지고, 죄에 대하여 아주 강한 면역성을 가진 최고로 아름답고 멋진 인간들인 것입니다.

오늘날 최고로 멋진 사람이라고 하면 우리는 큰 경기에서 멋진 경기를 펼쳐서 승리하거나 혹은 인류의 역사에 남을 만한 뛰어난 연구를 해서 노벨상 같은 최고의 상을 받은 사람을 생각할 것입니다. 그러나 본문을 보면 결코 그런 것이 멋진 것이 아니라고 말씀하고 있습니다.

우리가 수준이 아주 높은 학술대회에 참석해서 거기서 발표되는 내용을 알아들으려면 수년간 공부를 해서 전문적인 지식을 쌓아야 할 것입니다. 예를 들어 공학이나 수학이나 유전학회 같은 데서 새로 발견한 전문지식을 알아들으려면 적어도 석사학위 이상의 지식은 가지고 있어야 겨우 알아들을 수 있을 것입니다. 그러나 이 세상에서 가장 이해하기 어려운 지식은 하나님의 말씀, 즉 성경 말씀입니다. 이 구원의 지식이 얼마나 어렵고 수준이 높은가 하면, 천사들도 마음대로 해석하거나 적용할 수가 없다고 했습니다. 그리고 구약의 선지자들조차도 자기들이 예언하는 하나님의 말씀을 잘 이해하지 못해서 한평생에 걸쳐서 연구하고 파헤쳤다고 하였습니다. 그런데 앞으로 이 어려운 하나님의 말씀을 자유자재로 해석하고 적용할 뿐 아니라 그 무서운 죄라는 바이러스와 정욕이라는 바이러스를 이기고 하나님처럼 거룩하게 하는 지각에 뛰어난 사람들이 나타날 것이라고 말씀하고 있습니다.

베드로전서의 서두를 보면 이 세상에서 살아가고 있는 모든 성도들을 나그네라고 말하면서 하나님께 산 소망이 있다고 말씀하고 있습니다. 우리는 예수를 믿는 순간 고향을 떠나서 천국을 향하여 여행하는 순례자들이 되는 것입니다. 그래서 우리는 이 세상일에 너무 깊이 관여할 수도 없고, 때로는 이 세상일에 대하여 발언권이 없을 때도 많이 있습니다. 그러나 하나님에게는 무지무지한 소망이 있다고 말씀하고 있습니다. 우리는 그것을 캐내어야 우리도 살 수 있고, 다른 사람들도 복되게 할 수 있습니다.

그뿐만 아니라 하나님은 우리에게 불같은 연단을 주셔서 우리를 보석으로 만드신다고 말씀하고 있습니다. 하나님은 우리를 이 세상에서 많은 것을 가짐으로 잘난 체하게 하시는 것이 아니라 묵직한 보석으로 만드시는 것입니다. 그리고 본문에서 우리는 이 세상에서 완전히 새로운 인종으로 만들어진다고 말씀하고 있습니다.

1. 하나님의 말씀 속에 있는 보물

우리는 갑자기 부자가 된 사람들을 가리켜 '벼락부자'라고 말을 합니다. 즉 도시 개발이나 복권 당첨, 유산 상속 등으로 엄청난 돈이 생기거나 혹은 감추어진 보물을 발견해서 부자가 된 경우, 우리는 벼락부자가 되었다고 말을 합니다.

그러나 구원과 벼락부자는 다른 개념입니다. 구원은 어떤 위기에서 건짐을 받는 것을 말합니다. 즉 무너진 건물에 깔렸다가 구사일생으로 살아났거나 혹은 밤에 길을 가다가 강도를 만나서 죽을 뻔했는데 경찰의 도움을 받아서 살게 된 것이 구원입니다. 혹은 불치병에 걸려 죽을 날만 기다리고 있다가 아주 유능한 의사를 만나서 살게 되었다면 그는 병으로부터 건짐을 받은 것이고, 구원을 받은 것입니다. 그렇지만 우리는 이런 위기에서 목숨을 건졌다고 해서 바로 벼락부자가 되는 것은 아닙니다.

그런데 하나님의 구원은 다릅니다. 하나님께서는 우리를 죄라고 하는 무시무시한 바이러스에서 구원하심과 동시에 어느 누구도 알지 못하는 엄청난 보물의 세계로 인도하시는 것입니다.

"이 구원에 대하여는 너희에게 임할 은혜를 예언하던 선지자들이 연구하고 부지런히 살펴서"_벧전 1:10

사람들은 모두 나름대로 이 세상에서 보물을 캐내기 위해서 애를 쓰고 있습니다. 어떤 사람은 사업이라는 보물을 캐내고, 어떤 사람은 지식이라는 보물을 캐내고, 어떤 사람은 권력이라는 보물을 캐내고 있습니다.

그런데 우리가 알아야 할 것은, 이 세상의 모든 보물을 만드신 분은 하나님이라는 것입니다. 하나님께서는 땅속에 많은 보물을 감추어 두셨습니다. 하나님은 땅속에 금도 감추시고, 석유도 감추시고, 철도 감추셨습니다. 그래서 이 보물을 많이 찾아낸 사람은 부자가 되는 것입니다.

그리고 하나님은 또 다른 보물을 이 세상에 주셨습니다. 그것은 바로 오래된 하나님의 말씀인데 사람들은 설마 하나님이 그 엄청난 보물을 거기에 감추어 놓으셨으리라고는 꿈에도 생각하지 못할 것입니다. 하나님은 구약시대의 이스라엘 백성에게 큰 땅이나 군사력이나 돈도 주지 않으시고 오직 두루마리 책만 선물로 주셨습니다. 그리고 하나님은 이스라엘 백성에게 말씀하시기를, 다른 민족들이 아무리 재물이 많고 군사력이 강하다 하더라도 두려워하지 말라고 하셨습니다. 왜냐하면 이스라엘 백성이 가진 두루마리 책의 효과는 이 세상의 어떤 군사력이나 돈과도 비교되지 않는 것이기 때문입니다. 이스라엘 백성이 하나님의 말씀을 가지는 것은 하나님 자신을 가지는 것과 똑같은 것입니다. 즉 우리가 하나님을 가지는 것은 우주보다 더 큰 것을 가지는 것이고, 이 세상의 모든 권력이나 보물보다 더 큰 것을 가지는 것입니다.

옛날에 스페인 사람들이 잉카 제국을 멸망시킬 때 잉카 제국의 황제를 사로잡고 인질극을 벌였는데 이에 잉카 제국의 황제는 자신이 갇힌 방 전체를 황금으로 가득 채워 줄 것을 약속하고 풀어 줄 것을 요구합니다. 그러나 황제를 풀어 주면 역습을 당할 것이라고 생각해서 스페인 사람들은 황제를 교수형에 처합니다. 그만큼 잉카 제국에 금이 많았던 것입니다.

  하나님께서는 이스라엘 백성을 매우 사랑하셔서 이스라엘 백성에게는 황금이나 군사력이나 무기를 주지 아니하시고 하나님의 말씀을 주셨습니다. 이스라엘 백성이 하나님의 말씀을 읽는 것은 그들의 마음이 거의 하나님과 같아지는 것을 의미합니다. 예를 들어 이 세상에 많은 짐승이 있지만 그 중에서 마음이나 생각하는 것이 거의 사람 수준에 이르는 짐승이 있다면 그 짐승은 최고의 자리까지 올라갔다고 보아야 할 것입니다. 이처럼 인간의 마음이 하나님 수준이 될 수 있다면 그것은 최고의 경지까지 올라간 것입니다. 하나님은 그런 사람이 요구하는 것은 무엇이든지 들어주실 것입니다.

  그러나 이스라엘 백성은 이러한 사실을 믿기가 너무나도 어려웠습니다. 왜냐하면 세상 나라의 보물들은 모두 눈에 보이는 것들인데 이스라엘 백성의 하나님은 아무것도 아닌 것 같았기 때문입니다. 그래서 이스라엘 백성은 하나님의 말씀을 버리고 눈에 보이는 보물들을 따라가는 바람에 망하고 말았습니다.

  그러면 우리가 하나님을 아는 것이 무슨 유익이 있을까요? 우리는 하나님을 알면 자기 자신을 찾게 됩니다. 이 세상에 자기 자신보다 더 소중한 것은 없습니다. 그러나 사람들은 모두 자기가 누구인지 모르고 살아가고 있습니다. 하지만 우리는 하나님의 말씀을 통해서 잃어버렸던 자기 자신을 되찾을 수 있는 것입니다. 우리 인간은 아무리 잘생기고 아무리 똑똑해도 모두 기억상실증에 걸린 환자와 같습니다. 우리는 하나님의 말씀으로 돌아오지 않으면 절대로 자기 자신을 찾을 수가 없습니다. 우리가 하나님의 말씀으로 돌아올 때 가장 먼저 만나는 것이 하나님의 사랑을 받는 나 자신입니다. 하나님께서 독생자를 내어 주실 정도로 사랑하는 나 자신을 찾게 되는 것입니다. 즉 우리의 가치는 하나님의 아들의 가치와 같은 것입니다.

  그런데 본문을 보면 구약의 선지자들이 하나님의 말씀을 기계적으로 예언하기만 한 것이 아니라 '연구하고 부지런히 살폈다'고 말씀하고 있습니다. 왜냐하면 아무리 선지자라고 해도 자기가 예언하는 말씀의 의미를 다 알지 못하기 때문입니다. 그래서 구약 시대의 선지자들은 자기가 예언한 하나님의 말씀을 열심히 연구하고 파헤쳤습니다. 왜냐하면 누구든지 하나님의 말씀을 연구해서 자기 것으로 만들면 하나님의 능력이 임하고, 자신의 가치가 천사 이상으로 높아지기 때문입니다.

우리가 예배드리는 중에 말씀을 듣는 시간은 하나님의 보물을 캐내어서 자신의 것으로 만드는 시간입니다. 우리는 하나님의 말씀을 통해서 매우 소중한 자기 자신을 찾고, 이 세상을 살아가야 할 이유를 찾게 됩니다. 하나님의 말씀 속에는 무궁무진한 보물이 들어 있는데 우리가 이것을 듣고 내 것으로 만들기만 하면 어마어마한 믿음의 부자가 됩니다.

하나님께서 우리에게 어려운 시련과 고난을 주시는 이유가 무엇입니까? 하나님께서 이미 우리에게 엄청난 축복을 주셨는데 우리가 그것을 찾지 않고 여전히 세상에서 쓰레기 더미나 뒤지고 있기 때문입니다. 세상 사람들이 생각하는 축복은 쓰레기 더미에서 좀 더 좋은 것을 발견하는 것입니다. 물론 우리도 이 세상에서 열심히 일을 하면서 살아가야 합니다. 그러나 우리가 살아가는 원리는 결코 쓰레기 더미를 뒤지는 것이 아닙니다. 우리가 살아가는 것은 믿음으로 하나님의 복을 받는 것입니다.

우리는 모두 이 세상에서 보물을 찾고 있고, 행복을 찾고 있습니다. 그러나 진짜 축복은 아주 가까운 데 있습니다. 즉 최고의 축복은 하나님의 말씀 안에 있고, 내 안에 있고, 내 주위에 있는 사람들 안에 있습니다. 누구든지 하나님의 말씀으로 내면을 채우면 그의 인생은 보물로 변하는 것입니다.

그런데 우리는 그것을 좀처럼 믿으려고 하지 않습니다. 그리고 어떻게 해서든지 세상의 쓰레기 더미에서 보석을 찾으려고 합니다. 그래서 하나님께서는 우리에게 고난을 주셔서 우리로 하여금 강제로 하나님의 말씀을 듣게 하시고, 감춰진 보물을 찾게 하시는 것입니다.

2. 하나님의 축복의 가치

우리는 이 세상에서 노력을 하지 않고는 부자가 되거나 출세할 수 없습니다. 무엇인가 소중한 것을 얻기 위해서는 남들보다 더 노력해야 하고, 남들보다 더 많은 고생을 해야 합니다. 그런데 하나님이 우리에게 주시는 축복은 너무 엄청나서 인간의 힘으로는 절대로 얻을 수 없습니다. 즉 하나님이 우리 인간에게 주시려는 보물은 하나님의 아름다운 성품과 하나님을 아는 지식과 영원한 생명인 것입니다.

선지자들이 하나님의 말씀을 연구하면서 가장 이해할 수 없었던 부분은 우리가 하나님의 복을 받기 위해서는 하나님의 종이 엄청난 고통을 받아야 한다는 것이었습니다. 그런데 선지자들은 이 종이 오시기 전부터 자기 안에서 하나님의 성령이 고통받으시는 것을 느낄 수 있었습니다. 그래서 선지자들은 이 고난의 종이 누구며, 언제 이런 일이 일어나는지를 연구했던 것입니다.

"자기 속에 계신 그리스도의 영이 그 받으실 고난과 후에 받으실 영광을 미리 증언하여 누구를 또는 어떠한 때를 지시하시는지 상고하니라"_벧전 1:11

선지자들은 자기들이 전하는 하나님의 말씀이 엄청난 축복인데 이것이 그냥 주어지는 것이 아니라 하나님의 종이 엄청난 고통을 받고, 즉 그의 육신이 만신창이가 되고 큰 고통을 겪은 후에 우리 인간에게 주어진다는 것을 알았습니다. 그때 하나님의 종은 말할 수 없는 영광과 존귀와 능력을 가지며, 이것을 우리에게 준다는 것입니다. 그런데 하나님의 선지자들도 이 예언을 할 때에는 그들 자신의 영혼도 엄청난 고통을 겪으면서 예언을 했던 것입니다.

즉 이 세상에는 하나님이 주신 많은 복들이 있지만 이것은 모두 우리의 육신을 편하게 할 뿐 우리 자신을 존귀하게 만들어 주거나, 영생을 얻게 하거나, 하나님의 말씀을 이해하게 하지 못합니다. 그런데 하나님은 최고의 축복을 하나님의 종 메시아 안에 다 주셨는데 하나님의 종이 이것을 그냥 우리에게 주시지 못합니다. 왜냐하면 하나님의 능력이 그냥 우리에게 주어지면 우리의 육체가 찢어져 버리거나 감정이 폭발해서 미쳐 버리기 때문입니다. 그래서 하나님의 종은 자기 자신이 우리 죄를 대신해서 모든 고통을 당하시고, 그의 육신이 다 찢어지고, 최후로 십자가 위에서 죽으심으로 하나님의 성령을 우리에게 주실 수 있게 되었습니다. 이것은 마치 병원균을 우리 몸에 그냥 주입하면 병에 걸려서 다 죽을 수밖에 없지만, 소나 다른 짐승에게 주사를 놓아서 우리 인간에게 혈청을 주사하면 병을 이길 수 있는 면역이 생기는 것과 같은 것입니다. 즉 하나님의 아들은 자기 자신이 인간이 되셔서 그 살이 찢기고 터지고 찔리고 죽으심으로 하나님의 성령의 능력을 우리에게 주실 수 있게 되었습니다. 그런데 이것이야말로 우리 인간이 하나님으로부터 받은 최고의 축복인 것입니다.

우리가 이 축복을 받는 비결은 예수가 하나님의 아들이라는 것을 믿는 것밖에 없습니다. 왜냐하면 하나님의 이 축복의 가치는 매우 엄청나서 돈이나 노력으로는 교환이 불가능하기 때문입니다. 우리는 오직 하나님의 아들이신 예수님에 대하여 하나님께 감사하고 믿기만 하면 하나님의 자녀가 되는 것입니다. 물론 우리는 예수를 믿으면서 하나님의 자녀가 되지 못하고 종이나 손님이 될 수도 있습니다. 그리고 인간적으로 보기에는 종이나 손님이 되는 것이 아들이 되는 것보다 더 멋있어 보일 수도 있습니다. 그러나 우리가 아들이 되지 못하면 그 진귀한 하나님의 축복의 세계를 가질 수 없습니다.

"이 섬긴 바가 자기를 위한 것이 아니요 너희를 위한 것임이 계시로 알게 되었으니 이것은 하늘로부터 보내신 성령을 힘입어 복음을 전하는 자들로 이제 너희에게 알린 것이요 천사들도 살펴 보기를 원하는 것이니라"_벧전 1:12

여기에 보면 놀라운 이야기가 적혀 있는데, 그 첫째는 선지자들이 예언한 축복의 주인공이 이 세상을 나그네같이 살아가고 있는 우리라는 것입니다. 선지자들이 그렇게 열심히 예언하고 그것을 책으로 남긴 것은 자기 자신을 위한 것이 아니고 오늘 우리를 위한 것입니다. 그런데 그들은 예언을 그냥 하고 싶어서 한 것이 아니고 하늘에서 내리신 성령의 힘을 입어서 우리에게 복음으로 전했습니다.

복음의 사전적인 의미는 기쁜 소식입니다. 옛날에는 빚을 지고 종으로 팔려간 자들이 있었는데 이러한 사람들을 위해 정부나 누군가가 빚을 대신 갚아 주었다는 소식을 전해 주는 것이 복음인 것입니다. 이 복음을 들으면 종으로 팔려갔던 자들이 고향이나 가족의 품으로 돌아올 수 있었습니다. 이처럼 우리는 복음을 듣고 하나님께로 돌아오게 되는 것입니다. 우리는 탕자처럼 하나님의 종이 될 자격도 없는 자들이고, 하나님을 잘 알지도 못했습니다. 그러나 하나님은 우리를 품에 안으시면서 이 아들은 죽었다가 다시 살아서 온 아들이고, 잃어버렸다가 다시 찾은 아들이라고 하시면서 송아지를 잡아서 잔치하게 하시는 것입니다.

그래서 우리 가운데 하나님의 말씀이 선포될수록 더 많은 사람들이 자기 자신을 되찾게 되고, 더 많은 하나님의 축복이 우리에게 부어지는데 그것이 바로 지혜와 능력입니다.

그러나 중세 천 년 동안 사람들은 하나님의 복음을 연구하지 않고 설교하지 않았습니다. 그래서 복음은 오랫동안 갇혀 있었습니다. 그러자 사탄이 온 세상을 미신과 억압으로 지배했습니다. 그러나 마틴 루터가 하나님의 말씀을 연구해서 "오직 믿음으로 의롭다 함을 받는다"라는 진리를 드러내었을 때 온 세상이 변하게 되었습니다. 이것은 돈으로도 안 되고, 지식으로도 안 되고, 권력으로도 안 되는 것입니다.

우리가 예배를 드릴 때에 성경을 연구해서 선포하면 은혜의 원자폭탄의 위력이 나타납니다. 우리 사회를 어둡게 하고, 병들게 하고, 망하게 만드는 사탄의 세력이 힘을 잃게 되는 것입니다.

천사들이 우리를 가장 부러워하는 것은 우리가 하나님의 말씀을 가지고 마음껏 해석하고 적용하고 가르치는 것입니다. 천사들은 하나님의 말씀을 해석할 권리가 없습니다. 그래서 천사들은 우리가 마음껏 하나님의 말씀을 가지고 설교하고 은혜를 받을 때마다 우리를 부러워합니다.

사람은 그릇과 같아서 그 안에 담기는 것에 따라서 가치가 달라집니다. 병에 간장을 넣으면 간장병이 되고, 참기름을 넣으면 참기름병이 되듯이 우리 인간에게 욕심이 들어오면 더러운 죄인이 됩니다. 그러나 우리 안에 하나님의 말씀이 담기면 우리는 모두 하나님의 천사로 변합니다.

3. 순종하는 자식

야생동물은 선천적으로 매이는 것을 싫어하고 사람 냄새나 사람 소리를 싫어하기 때문에 가두어 놓고 키울 수가 없습니다. 그러나 야생동물을 아주 어렸을 때부터 키우거나 혹은 병이 들거나 크게 다친 것을 돌보아주고 치료해 주면 믿고 따라옵니다. 어느 텔레비전 프로에 조련사가 새끼 때부터 키워서 이제는 다 자란 하이에나와 함께 출연을 했는데 서로 얼마나 좋아하는지 입을 맞추고 껴안는 등 난리가 났습니다. 마찬가지로 우리 인간은 하나님을 싫어하고 절대로 하나님을 믿지 않습니다. 우리는 모두 야생의 습성을 가지고 있는 것입니다. 그래서 강한 자가 약한 자를 억압하고, 힘이 센 자가 약한 자를 잡아먹습니다.

우리 사회에서는 힘을 가진 자들이 약한 자들을 상대로 성추행을 하고, 모욕을 주고, 자기 욕심을 챙깁니다. 그런데 우리가 큰 질병으로 인해 고통을 당하거나 혹은 인생의 위기에 처하면 우리는 기적적으로 하나님을 믿게 됩니다. 이때 하나님은 우리를 놀랍게 변화시키시는데 이리 같은 우리를 양으로 바꾸십니다. 그래서 우리가 예수 믿고 난 후에 가장 위대한 변화는 죄를 싫어하거나 이길 뿐 아니라 하나님의 말씀을 찾아서 스스로 순종하는 것입니다.

물론 이것은 한순간에 갑자기 되는 것이 아닙니다. 그러나 우리가 예수를 믿으면 우리 안에 죄짓고 싶은 욕망은 남아 있지만 더 이상 죄가 우리를 지배하지 못하게 됩니다. 즉 옛날부터 죄짓던 습관이 남아 있기는 하지만 죄의 종이나 노예는 아닌 것입니다. 그래서 우리는 예수를 믿을수록 우리 안에 있는 죄의 욕망은 줄어들고 점점 더 선을 사모하고 의를 사랑하는 사람으로 변합니다.

"그러므로 너희 마음의 허리를 동이고 근신하여 예수 그리스도께서 나타나실 때에 너희에게 가져다주실 은혜를 온전히 바랄지어다 너희가 순종하는 자식처럼 전에 알지 못할 때에 따르던 너희 사욕을 본받지 말고"_벧전 1:13-14

여기서 '허리를 동인다'는 것은 이제 막 결단을 내리고 어떤 일을 시작하는 사람의 자세입니다. 우리가 하나님의 말씀을 듣기 전에는 우리의 신분을 망각하고 믿지 않는 사람들처럼 허리띠를 풀고 놀고먹으려고 했습니다. 그런데 만약에 경기를 해야 하는 선수가 경기 시간이 임박할 때까지 놀고 있다가 갑자기 호명되어서 경기에 나간다면 얼마나 당황하겠습니까? 또 연주자가 연주를 해야 할 순서인데도 친구와 잡담을 하고 있다가 갑자기 방송에서 자기 이름을 부른다면 그는 매우 당황할 것입니다. 그러나 충분히 준비가 되어 있는 사람이라면 방송에서 자기 이름을 불러도 당황하지 않고 당장 허리띠를 동이고 나가서 힘차게 경기를 하든지 연주를 할 것입니다.

이것이 하나님의 백성과 믿지 않는 사람들의 차이입니다. 즉 하나님을 믿지 않는 사람들은 언제나 이 세상을 관중의 자세로 살아가기 때문에 특별히 연단을 받을 필요도, 훈련을 받을 필요도 없습니다. 그러나 국가대표선수나 세계적인 연주회에 나갈 사람들은 거의 사생활을 할 수가 없습니다. 대표선수나 연주자들은 친구도 마음대로 만나지 못하고, 술도 마시지 못하고, 오직 철저하게 자신을 훈련시켜서 기량을 연마해 나가야 하는 것입니다. 그래서 그리스도인들에게 중요한 것은, 자기 자신이 무엇을 하는 사람인지를 깨닫는 것입니다. 우리는 결코 객석에 앉아서 편안하게 구경하는 사람이 아닌 것입니다.

그러면 우리의 경기는 무엇이며, 우리의 연주는 무엇일까요? 그것은 우리에게 무수히 닥쳐오는 죄의 유혹을 물리치고 누가 가르쳐 주지도 않는 하나님의 뜻을 찾아서 죽자 살자 이를 악물고 이루어 드리는 경기인 것입니다.

전에 아주 유명한 학자이자 의사가 직장에 사표를 내고 어려운 사람들을 찾아가서 도와주는 것을 보고 어떤 기자가, "당신 같은 사람이 이런 구석에서 썩고 있는 것이 이해가 되지 않습니다"라고 했습니다. 그랬더니 그 사람이, "나는 내 인생을 돈이나 벌면서 지내기에는 너무 아까워서 여기에 와 있습니다"라고 대답을 했다고 합니다.

사람들은 돈이나 벌면서 남보다 나은 삶을 사는 것이 행복이라고 생각하지만 우리 인생의 가치는 그렇게 돈이나 벌고 편한 자리에만 있기에는 너무 아까운 것입니다. 그래서 우리는 이 세상에 사는 동안에 누구도 가르쳐 주지 않지만 죄를 이기는 바이러스를 찾고, 또 하나님이 기뻐하시는 일을 찾아서 행하기 위해서는 다른 사람들과는 다르게 살 각오를 해야 합니다. 그래서 베드로 사도는 마음의 허리띠를 동이라고 말하고 있습니다. 즉 하나님은 지금 나를 필요로 하고 있고, 지금이 내가 나서서 연주할 시간이라는 것을 알고 있어야 하는 것입니다.

그러면서 무엇이라고 말씀하고 있습니까? 더 이상 옛날에 하나님을 모르고 내 욕심만을 위해서 살던 때를 본받지 말라고 했습니다. 우리가 하나님을 모를 때에는 세상에서 성공해서 좋은 자리에 앉아 요즘 말로 '갑질'을 하는 것이 인생의 성공인 줄 알았다면 이제 우리는 다른 태도로 살아야 하는 것입니다.

이 세상에서 잘살고 성공한 사람들은 대개 거만합니다. 왜냐하면 자기가 그만큼 똑똑하고 유능하다고 생각하기 때문입니다. 그런데 사람이 거만하고 겸손하지 못하다는 것은 다른 말로 해서 그만큼 불순물이 많이 들어 있다는 것입니다. 하나님의 자녀들은 절대로 오만하지 않습니다. 왜냐하면 오만한 것보다 더 하나님을 닮지 않은 모습이 없기 때문입니다. 우리는 하나님께 가까워질수록 자기 자랑을 하지 않습니다. 자신을 나타내려고 하지 않습니다. 그 대신 모든 열정과 힘을 모아 하나님의 말씀을 파고들어서 그 말씀으로 내 속을 채우려고 합니다. 왜냐하면 우리는 과거에 나의 정욕과 열정으로 많은 일을 하려고 했지만 실패했기 때문입니다. 우리는 우리가 결국 미친 사람이었다는 것을 깨달은 것입니다. 막달라 마리아만 일곱 귀신이 들려서 미친 것이 아니라 우리도 돈에 미치고, 야망에 미치고, 육체의 정욕에 미치고, 사람들의 인기에 미쳤던 것입니다.

그런데 이제 우리가 예수 믿고 정신을 차리게 되었습니다. 그러므로 이제 우리는 먹고사는 것을 하나님께 맡겨야 합니다. 예수님은 분명히 말씀하시기를, "사람이 떡으로만 살 것이 아니요 하나님의 입으로부터 나오는 모든 말씀으로 살 것이라"(마 4:4)라고 하셨기 때문입니다. 우리가 하나님의 말씀으로 산다는 것은 최소 생계비로 살 수 있어야 한다는 것입니다. 그리고 우리는 하나님의 말씀을 먹는 것입니다.

사실 인간은 이 세상에 살면서 늘 음탕한 생각을 가지고 살아갑니다. 그리고 우리 인간의 마음속에는 늘 분노가 잠재되어 있습니다. 우리는 누구에겐가 무시를 당하면 복수를 하려고 생각합니다. 그런데 어느 날 이상하게 이런 마음들이 사라집니다.

본문 말씀에 보면 "예수 그리스도께서 나타나실 때에 너희에게 가져다 주실 은혜를 온전히 바랄지어다"라고 했습니다. 물론 예수님께서는 최종적으로 육신으로 오셔서 우리에게 말할 수 없는 천국의 상급을 주실 것입니다. 그러나 때로 우리가 하나님의 말씀을 들으면서 큰 부흥을 체험할 때가 있는데 그때도 주님이 우리에게 오시는 것입니다. 주님은 우리에게 부흥을 주시면서 모든 복을 우리와 세상에 다 내려주십니다. 그래서 우리는 이 세상의 성공이라는 보물보다는 영적인 부흥이라는 보물을 더 사모해야 합니다. 우리는 옛날에 하나님을 믿지 않던 불순종의 자식들이었습니다. 우리는 야생동물과 같았고, 이리와 같았습니다. 그러나 이제 우리는 하나님의 양으로 변했습니다. 이제 우리가 해야 할 것은 하나님과 더 같아지는 것입니다.

> "오직 너희를 부르신 거룩한 이처럼 너희도 모든 행실에 거룩한 자가 되라"_벧전 1:15

우리는 어떻게 해야 하나님처럼 거룩해질 수 있을까요? 이것은 불가능한 일이 아닐까요? 사실 우리가 모든 행실에 거룩해진다는 것은 불가능한 일일 것입니다. 그런데 우리는 마음먹기에 따라서 추악한 짐승도 될 수 있고, 아름다운 천사가 될 수도 있습니다. 사람들이 자기 욕심을 채우려고 하면 돼지 같은 더러운 짐승이 될 수 있고, 사자 같은 맹수가 될 수 있습니다. 그러나 우리가 다른 사람의 행복을 지켜 주려고 하면 천사가 될 수 있습니다. 물론 우리 마음속에는 미쳐 날뛰는 짐승의 마음과 천사의 마음이 있어서 항상 충돌합니다. 그런데 이제 우리는 결단을 내려야 합니다. 즉 '아, 나는 천사구나. 하나님은 나를 천사로 부르셨구나. 천사는 돈도 필요 없고, 지식도 필요 없고, 사랑만 있으면 되는구나' 라는 생각을 해야 하는 것입니다.

우리는 이 세상에서 큰 권력이나 재산을 가진 사람들을 부러워하거나 시기할 필요가 없습니다. 왜냐하면 우리는 천사이기 때문입니다. 그래서 우리에게는 다른 사람들과 다르게 살아갈 수 있는 용기가 필요합니다. 그리고 우리는, "저는 올해에 천사로 살아가겠습니다. 하나님, 제가 천사가 될 수 있도록 힘을 주시고 용기를 주세요. 그리고 다른 사람을 부러워하지 않게 하시고, 열등감을 가지지 않게 하시고, 다른 사람들을 축복할 수 있게 해 주세요"라고 결심하고 기도해야 합니다. 그러면 하나님이 우리를 천사로 만들어 주실 것입니다.

기회 04
Chance

벧전 1:17-21

새로운 혈액형

사람의 혈액은 생명을 유지하는 데 있어서 매우 중요한 역할을 합니다. 예를 들어 심한 외상을 입어서 피를 많이 흘리면 그 사람은 결국 죽게 됩니다. 또 만일 사람의 혈액 속에 필요 이상으로 지방이나 단백질이 많으면 병이 됩니다. 어떤 분들은 평소에 건강을 자신하고 열심히 돈을 벌다가 어느 날 백혈병에 걸려 돌아가시거나 힘들게 치료를 받는 분들이 있습니다. 그리고 어떤 머리도 좋고 공부도 많이 한 박사님은 갑자기 어지러워서 병원에 갔는데 의사가 감기 몸살이라고 진단을 내리고 약 처방을 해 주어서 며칠간 계속 약을 복용했는데도 증세가 가라앉지 않아 정밀검사를 해 본 결과 조혈 모세포가 나쁜 피를 만들어 내는 병에 걸려 생명이 위험하다는 것을 알게 되었습니다. 그러나 이분은 열심히 기도하면서 자신의 몸에 있는 피를 다 걸러서 이식하는 데 성공하여 병을 이겨냈습니다. 이분은 환자인데도 불구하고 한두 시간 동안 자신의 이야기를 할 정도로 건강이 좋아졌습니다.

이런 것을 보면 우리의 생명과 피가 얼마나 중요한지 알 수 있습니다. 만약 우리 몸에서 새롭고 깨끗한 피가 계속 만들어질 수만 있다면 어쩌면 우리는 늙지 않고 계속 젊고 건강하게 살 수 있을지도 모릅니다.

BC 4세기경 그리스 의학자 히포크라테스는 혈액을 통해 인류 최초의 4가지 성격 분류 체계를 만들었습니다. 아주 혈기가 왕성한 분들은 쉽게 흥분을 하는데, 이런 분들이 화가 났을 때에는 얼굴이 벌겋게 됩니다. 히포크라테스는 이런 부류의 사람들을 다혈질이라고 해서 피가 뜨겁고 많다고 했습니다. 또 침착하고 화해적이며 사교적인 사람들은 피가 좀 끈끈하다고 해서 점액질이라는 말로 표현하기도 했습니다. 형법에서도 사람을 아주 잔인하게 죽인 자를 '냉혈한'(cold-blooded)이라고 해서 더 무거운 형을 내립니다. 이런 것을 보면 우리가 이 세상을 사는 데도 건강하고 깨끗한 피를 가지는 것이 참으로 중요한 것을 알 수 있습니다.

하물며 하나님 앞에서 영생을 얻는 데 있어서 이 피보다 더 중요한 것은 없습니다. 성경은 자기가 남보다 좀 우월하면 지배하고 군림하려고 하며, 또 자기가 남보다 못하면 비굴해지거나 혹은 숨어서 죄를 짓고 못된 짓을 하는 이 모든 것들이 죄 때문에 피가 더러워져서 그런 것이라고 말씀하고 있습니다. 결국 사람들이 하나님의 말씀을 사랑하고 깨끗하고 아름답게 사는 것은 조심을 하거나 혹은 좋은 교육을 받는다고 해서 되는 것이 아니라 근본적으로 피 자체를 갈아야 하는 것입니다.

그런데 수술을 하거나 사고를 당해서 피가 모자라는 사람들은 다른 사람의 피를 수혈받아서 건강해질 수 있습니다. 그렇다면 우리 인간이 죄나 정욕으로 오염되지 않은 깨끗한 피를 수혈받는 것도 가능한 일일까요? 성경은 그것이 가능하다고 말씀하고 있습니다. 특히 본문은 이런 식으로 새로운 피를 수혈받지 아니한 사람, 즉 피가 완전히 깨끗해지지 않은 사람은 하나님 앞에서 아무 소망이 없다고 말씀하고 있습니다. 그러므로 이런 사람은 절망적인 삶을 살다가 죽을 수밖에 없는 것입니다.

1. 외모와 행실의 차이

우리는 옛날부터 사람의 외모와 행실은 연관이 깊다고 생각해 왔습니다. 즉 겉으로 보기에 깔끔하고 단정한 사람은 행실도 단정하고 깨끗하고 정의로우며, 외모가 누추하고 깨끗하지 못한 사람은 행실도 단정하지 못하고 부도덕하다고 생각한 것입니다.

그런데 사실 옛날에는 그런 가능성이 있었습니다. 즉 외모가 준수하고 잘사는 사람들은 자존심이 강해서 남들이 보는 앞에서는 어떻게 해서든지 도덕성이 높은 사람으로 인정받고 싶어 했습니다. 그래서 죄를 짓고 싶어 하는 마음이나 천박하게 행동하고 싶어 하는 욕망을 많이 억제했습니다. 거기에 비해서 가난하고 비천한 신분의 사람들은 자포자기하는 심정으로 자기가 하고 싶은 대로 다 하면서 사는 경향이 있었습니다. 그래서 옛날에 훌륭한 외모를 가진 사람은 도덕성이 높고, 천한 외모를 가진 사람은 비도덕적이라고 생각하던 것은 자존심이 이기느냐, 아니면 자신에 대하여 자포자기하느냐의 차이였던 것입니다.

그런데 최근에 와서 사람들이 다른 사람의 생각이나 사회적인 판단 등을 생각하지 않게 되면서 돈이 있든 없든, 외모가 어떻든 간에 자기 욕망대로 사는 세상이 되어 버렸습니다. 그러나 본문 말씀을 보면 하나님께서는 처음부터 사람의 외모와 행실이 다르다는 것을 알고 계셨습니다.

"외모로 보시지 않고 각 사람의 행위대로 심판하시는 이를 너희가 아버지라 부른즉 너희가 나그네로 있을 때를 두려움으로 지내라"_벧전 1:17

우선 우리는 본문에서 어려운 말씀을 대하게 됩니다. 그것은 하나님은 사람을 외모로 판단하시지 않고 각 사람의 행위대로 판단하신다는 것입니다. 여기서 "외모"는 사회적인 신분이나 그가 가진 재산이나 지위가 높은 것을 가지고 성공 여부를 판단하는 것을 말합니다. 우리는 다른 사람을 판단할 때 그 사람이 얼마나 높은 자리에 있는지, 얼마나 많은 회사를 가지고 있는지, 또 그가 얼마나 유명한 사람인지를 가지고 판단하지 그 사람이 다른 사람들이 보지 않을 때 어떤 행실을 하느냐 하는 것으로 판단하지 않습니다. 왜냐하면 그런 것은 우리가 알 수도 없고, 세상에서 살아가는 데 중요하지도 않기 때문입니다. 그런데 하나님은 우리 인간을 그런 외모를 가지고 판단하지 않는다고 말씀하십니다. 즉 하나님은 사람을 판단하실 때 아무도 보지 않는 시간에 그 사람이 어떤 행동을 하느냐를 가지고 판단하시는 것입니다.

그러면 여기서 우리는 몇 가지를 생각해 보지 않을 수가 없습니다. 그 중의 하나가 사람들의 판단이 중요한가, 아니면 하나님의 판단이 중요한가 하는 것입니다. 우리가 다른 사람을 판단할 때에는 그가 어느 대학을 졸업했으며, 어떤 시험에 합격했고, 얼마나 높은 자리까지 올라갔는지를 가지고 그 사람의 가치를 판단합니다. 사회에서 높은 위치에 있는 사람은 연봉이 높고, 대우가 다르고, 교제하는 사람들이 다릅니다. 그러나 하나님에게는 그런 것이 하나도 중요하지 않습니다. 하나님은 그 사람이 남들이 보지 않는 곳에서 어떤 행실을 하는가, 즉 그 사람의 속사람을 가지고 판단하시는 것입니다.

그러면 오늘 우리에게 중요한 것은 사람들의 판단일까요, 아니면 하나님의 판단일까요? 물론 하나님을 믿지 않는 사람들은 하나님이 존재하지 않는다고 생각하니까 사람들의 판단이 중요하다고 생각할 것입니다. 그러면 하나님을 믿는 우리에게는 사람들의 판단이 중요할까요, 아니면 하나님의 판단이 중요할까요? 솔직하게 말하면 하나님을 믿는 우리에게도 사람의 판단이 중요합니다.

여기에서 우리는 갈등을 하게 됩니다. 우리가 사람의 판단을 중요하게 생각하지 않고 하나님 앞에서 바른 사람이 되고자 하는 마음만 확고하다면 우리는 세상 사람들의 성공을 부러워하거나 열등감 같은 것을 가질 필요가 없는데, 사실 우리도 마음속으로는 세상적으로 성공하고 싶은 것을 부인할 수가 없는 것입니다. 그리고 또 하나는 우리가 세상적으로 성공하지 못하고 학벌도 변변치 않고 좋은 직장도 없을 때 우리의 삶은 사실 굉장히 불편한 것입니다. 즉 돈이 없기 때문에 우리는 좋은 차를 타지 못하고, 좋은 집에서 살지도 못하고, 사고 싶은 것도 사지 못합니다. 그뿐만 아니라 다른 사람들도 우리를 하찮게 보고 무시하고 업신여기는데, 그런 것이 솔직히 기분이 나쁜 것입니다.

전에 어느 백화점의 고객이 주차 안내 아르바이트를 하던 학생을 무릎 꿇게 하고 폭언을 해서 사회적으로 물의를 일으킨 적이 있습니다. 사실 겨울에 그 추울 때 자동차 가스를 마셔 가면서 주차 안내를 하는 것은 매우 힘든 일인데 사람들은 이런 일을 하는 사람들을 마치 하인처럼 부리는 것입니다. 그래서 옛날에 어떤 현자는 가난은 단지 불편한 것일 뿐 부끄러운 것이 아니라고 했는데 이제는 가난이 불편을 넘어서 인격적인 무시나 불쾌감으로, 나아가서는 자존감의 상실로 나타나고 있는 것입니다.

그럼에도 우리는 사람들의 평가보다 하나님의 평가가 더 중요하다고 생각해야 할까요? 그리고 여기서 한 걸음 더 나아가서 만약 우리가 사람들의 평가보다 하나님의 평가가 더 옳다고 믿을 때 과연 우리가 도덕적으로 완전하게 숭고할 수 있겠느냐는 것입니다. 즉 우리가 하나님을 믿고, 하나님은 내 속사람을 더 중요하게 생각하신다는 것을 믿기 때문에 우리가 사람의 평가를 따라가지 않는다고 할 때, 과연 내가 정말 한 번도 더러운 생각을 하지 않고, 한 번도 나쁜 욕망을 가지지 않고, 하나님 앞에서 흰 눈이나 흰 양털보다 더 깨끗하다고 장담할 수 있을까 하는 것입니다.

사실 그것은 불가능한 것입니다. 요셉의 경우를 예로 들어 보겠습니다. 요셉은 하나님을 믿었고 하나님을 두려워했기 때문에 자기 주인 보디발의 아내가 성적으로 유혹할 때 거부하고 도망쳤습니다. 그러나 요셉이 하나님 앞에서 순결을 지켰다고 해서 알아주는 사람은 아무도 없었습니다. 오히려 요셉은 강간미수 혐의를 받고 파렴치한이 되어서 감옥에 들어갔습니다. 우리는 과연 이러한 요셉의 인생을 성공적인 인생이라고 말할 수 있겠느냐는 것입니다.

약 10년 전에 미국 월로우크릭 교회 목사인 빌 하이벨스라는 사람이 『아무도 보는 이 없을 때 당신은 누구인가?』라는 제목의 책을 썼습니다. 즉 사람은 누군가 보는 사람이 있을 때에는 체면을 지키기 위해서 도덕적인 체하지만 아무도 보는 사람이 없을 때 과연 양심을 지키고 깨끗하게 행동할 사람이 있느냐는 것입니다.

우리는 이런 것을 볼 때 "외모를 보고 판단한다"라는 말 속에는 사람은 누구나 다 위선의 탈을 쓰고 있으며, 힘을 가지고 있는 자는 약한 자를 억압하고, 그렇지 못하면 거짓말을 하는 습성을 가지고 있다는 것을 알 수 있습니다. 그런데 하나님은 그런 위선의 탈을 쓴 모습을 보고 판단하시지 않고 그 사람의 참된 모습을 보고 판단하신다고 말씀하고 있습니다.

여기서 우리는 왜 사람은 외모와 행실이 다를 수밖에 없는지를 생각하게 됩니다. 그것은 모두 피 때문입니다. 즉 우리 인간의 피는 죄로 오염되어 있어서 어떻게 해서든지 죄를 짓게 되어 있는 것입니다. 그렇기 때문에 우리 인간들 중에는 하나님 앞에서 깨끗하다고 인정받을 자가 아무도 없습니다. 즉 우리 모든 인간은 겉으로 보기에는 건강하게 보여도 하나님 앞에서 피검사를 해 보면 백혈병 환자나 패혈증 환자 같이 깨끗하지 않은 피를 가지고 있어서 얼마 가지 않아서 모두 죄로 죽을 수밖에 없는 처지인 것입니다. 즉 우리는 모두 혈액암에 걸린 암 환자인 것입니다.

그러면 우리가 이 무서운 병에서 살 수 있는 방법이 있을까요? 그것은 바로 깨끗한 피를 수혈받는 것입니다. 혈액암에 걸린 사람이 깨끗한 피를 만들어 내는 모세포를 이식받으면 살 수 있는 것처럼 우리도 깨끗한 피를 수혈받으면 외모가 아니라 행실 자체가 달라질 수 있는 것입니다. 그래서 결국 인간이 사느냐 죽느냐 하는 것은 피에 달려 있습니다. 즉 어떤 사람이 아무리 머리가 좋아서 좋은 학교를 나오고, 박사학위를 가지고 있고, 우리나라 최고의 부자라 하더라도 피가 더러우면 그는 얼마 못 살고 죽을 수밖에 없는 것입니다.

그런데 우리가 예수를 믿는 것은 새로운 피를 만들어 내는 모세포를 이식받는 것입니다. 그래서 우리는 예수 믿고 난 후에도 정욕적인 생각을 하기도 하고, 위선적인 행동을 할 때도 있지만 점점 새 피가 만들어지면서 행실이 달라집니다. 무엇보다도 가장 큰 변화는 나의 숨은 행동이나 동기를 하나님이 보신다는 것을 알게 되는 것입니다. 즉 예수 믿는 사람이라고 해서 백 퍼센트 정직하거나 도덕적인 것은 아니지만 적어도 하나님을 두려워하는 마음을 가지게 되는 것입니다. 이것이 우리에게 가장 먼저 나타나는 현상입니다. 즉 나의 잘못된 행동을 다른 사람이 알게 되는 것도 두려운 일이지만, 하나님이 나의 행동을 보고 기뻐하시지 않는 것이 더 양심을 괴롭게 합니다. 그러고 난 후에 조금씩 성향이 달라지는데, 그것은 몰래 죄를 짓는 것이 기쁘지 않은 것입니다.

예수 믿지 않는 사람에게는 사람들 몰래 죄를 짓는 것이 그렇게 짜릿하고 기분이 좋을 수가 없습니다. 그러나 예수 믿는 사람에게는 사람들 몰래 죄를 짓는 것이 마치 독약을 마시는 것처럼 고통스럽습니다. 그래서 예수 믿는 사람이 다른 사람들 몰래 죄를 지었다면 하나님 앞에서 회개하지 않으면 견딜 수 없게 됩니다. 그뿐만 아니라 예수 믿는 사람은 내 속을 하나님의 은혜로 채우고 내 속을 하나님의 말씀으로 채우는 것이 가장 기쁜 일이 됩니다. 그래서 이런 사람들은 외모가 변하기 전에 행실, 즉 그 사람의 존재 자체가 변하게 됩니다.

그런데 본문에 보면 하나님이 각 사람의 행위대로 심판하신다고 말씀하고 있습니다. 이것이 개역한글 성경에는 '각 사람의 행위대로 판단하신다' 고 되어 있습니다. 즉 하나님은 모든 사람들을 심판하기도 하시지만 가치를 판단하시는 것입니다. 즉 세상 사람들은 그의 외모나 세상적인 성공을 가지고 가치를 판단하지만 하나님은 그 사람의 됨됨이, 즉 그 사람 자체를 보고 가치를 판단하시는 것입니다.

그래서 앞에서 예를 든 요셉의 경우를 보면, 세상적으로 볼 때 그는 가장 가치 없는 자이고 비열한 사람이었지만 하나님 앞에서는 가장 가치 있는 사람이고, 가장 존귀한 사람이었습니다. 그래서 하나님은 모든 인간의 미래를 요셉 한 사람에게 맡겨서 살리기도 하시고 죽이기도 하신 것입니다. 그러므로 모든 인류의 미래는 세상에서 잘나고 성공한 사람에게 달려 있는 것이 아니라 예수님의 보혈로 피가 새롭게 된 사람들, 즉 성품 자체가 변하여 말씀대로 살려고 애쓰는 사람들에게 달려 있는 것입니다.

사실 경제적인 위기나 자연재해가 닥쳤을 때 정부나 학식이 높은 사람들이 할 수 있는 것은 아무것도 없습니다. 인간이 사느냐 죽느냐 하는 위급한 상황에 처하게 되었을 때에는 하나님 앞에서 가치 있다고 판단되는 한 사람에 의해서 생사가 갈라지는 것입니다.

그런데 본문을 보면 그분을 '너희가 아버지라고 부른다' 고 말씀하고 있습니다. 예를 들어 고아가 아주 훌륭한 분을 만나서 아들로 입양되었다면 그것보다 더 다행스러운 일은 없을 것입니다. 스티브 잡스는 태어나자마자 고아가 되어 양아버지에게 입양되었는데 양아버지가 그를 입양할 때 생모에게 대학까지 공부를 시키겠다고 약속을 하고 그를 입양했다고 합니다. 그래서 스티브 잡스가 학교에 적응하지 못해서 그렇게 사고를 치고 시애틀 최고의 명문 학교에 가겠다고 했을 때에도 입학을 시켰고, 스티브 잡스를 사립 대학에 보내기 위해 10년 넘게 모아둔 적금통장을 깼습니다. 그러나 스티브 잡스는 대학을 중퇴하고 차고에서 회사를 차리겠다고 했고, 그때에도 양부는 기꺼이 자신의 차고를 비워 주어서 애플사를 시작하게 했습니다. 그리고 스티브 잡스는 친부가 자신이 암에 걸린 사실을 밝히며 전 세계 언론을 통해 그를 만나고 싶다는 소망을 전했지만 끝까지 만나지 않았다고 합니다.

다행스럽게도 우리에게는 우리를 사랑하는 부모님이 계십니다. 그러나 사실은 우리 부모님도 어쩔 수 없이 우리에게 더러운 피를 물려줄 수밖에 없었고, 더욱이 우리의 한평생을 책임질 수가 없습니다. 그런데 온 천지를 창조하시고 모든 피조물을 만드신 하나님이 우리의 새아버지가 되셨습니다. 얼마나 놀라운 일이며, 얼마나 다행스러운 일입니까? 본문을 보면, "너희가 아버지라 부른즉"이라고 말씀하고 있습니다. 이것은 다른 말로 해서 자꾸 아버지라고 부르라는 것입니다. 우리는 하나님을 아버지라고 불러야 하고, 우리의 필요한 모든 것을 달라고 이야기해야 하는 것입니다.

2. 나그네 인생

오늘 본문은 우리가 이 세상에서 예수를 믿는 순간 우리의 신분은 나그네로 변한다고 말씀하고 있습니다. 사실 세상에서 나그네보다 더 속 편한 사람은 없을 것입니다. 왜냐하면 나그네는 이 세상을 구경만 하면서 지나가면 끝이기 때문에 굳이 어떤 큰 불의에 관여할 필요도 없고, 개입해서도 안 되기 때문입니다. 우리는 이 세상일들을 구경하듯이 보고 지나가면서 나중에 기행문을 쓰든지, 아니면 사진으로 찍어서 다른 사람들에게 보여주면 될 것 같습니다. 그러나 본문은 나그네 인생이 그렇게 간단한 것이 아니라고 말씀하고 있습니다.

17절 끝에 보면 "너희가 나그네로 있을 때를 두려움으로 지내라"라고 하였습니다. 나그네가 무엇을 잘못했다고 벌벌 떨면서 살아가야 할까요? 물론 북한 같은 곳에서는 행동을 조심해야 할 것입니다. 왜냐하면 만일 북한 체제에 반대하는 말을 하거나 행동을 하면 당장 체포되어 종신 강제노동을 할 가능성이 많기 때문입니다. 그렇다고 해서 성미가 까다로운 사람을 보거나 불의를 보더라도 모두 못 본 체하고 무조건 객관적인 자세를 가지고 천국만 향해서 가라는 것도 아닙니다. 왜냐하면 예수의 피로 거듭난 사람들은 불의를 보면 견디지 못하는 성품을 가지고 있어서 이 세상일에 완전히 초탈한 자세로 살아갈 수 없기 때문입니다.

그렇다면 하나님께서 나그네로 세상을 살아갈 때 두려움으로 지내라고 말씀하시는 이유는 무엇일까요? 그것은 우리가 이 세상을 살아가는 것에 대하여 점수가 기록되고 있기 때문입니다. 즉 우리는 이 세상에 속한 사람이 아닐뿐더러 하나님으로부터 이 세상에 천사의 자격으로 파송된 사람들이기 때문에 우리의 모든 행동이 하나님 앞에서 기록되고 있다는 것을 알아야 한다는 뜻인 것입니다.

사실 대다수의 사람들이 어떤 일을 하고 난 후에 시간이 모자랐다고 이야기합니다. 시험을 치르는 학생은 시간이 모자라서 문제를 다 풀지 못했다고 하고, 운동선수들은 시간이 모자라서 연습을 충분히 하지 못했기 때문에 시합에서 이기지 못했다고 말을 합니다. 즉 사람들은 시간이 모자라서 실수를 만회하지 못했고, 시간이 부족해서 더 많은 것을 하지 못했다고 말을 하는 것입니다. 그러므로 운동선수는 경기를 할 때 유니폼 외에는 아무것도 가져서는 안 됩니다. 선수는 거추장스러운 것을 모두 벗어버리고 경기에만 전념해야 이길 수 있고, 연주자는 연주복만 입고 악기를 연주하는 데 몰두해야 합니다.

오늘 사람들은 많은 것을 주렁주렁 걸치는 것을 성공이라고 생각하지만 그런 것을 장만하는 동안 시간이 흘러가기 때문에, 나중에는 시간이 없어서 아무것도 못 했다고 말을 하게 됩니다. 그러나 천사는 학벌도 필요 없고, 돈도 필요 없고, 성추행을 해야 할 이유가 없는 것입니다.

하나님께서는 본문에서 우리가 조상에게 물려받은 것과 우리가 예수 믿고 변한 것을 비교해서 말씀하고 있습니다.

"너희가 알거니와 너희 조상이 물려준 헛된 행실에서 대속함을 받은 것은 은이나 금 같이 없어질 것으로 된 것이 아니요"_벧전 1:18

조상들이 우리에게 물려준 것은 오염된 피와 헛된 행실입니다. 즉 우리 인간이 도덕적으로 행동하는 것은 오직 체면이나 자존심 때문이지 실제로 우리 안에 있는 본성은 언제나 남의 것을 빼앗고, 억압하고, 성적으로 욕망을 채우는 위선인 것입니다. 그런데 만일 우리 인간에게 이런 자존심이나 체면마저도 없어진다면 어떻게 될까요? 그때는 그야말로 짐승이 되는 것입니다. 그래서 사람들이 나쁜 짓을 할 때 얼굴에 수건을 덮어쓰는 이유는 체면 때문에 그런 것이 아니라 짐승이 되려고 하는 것입니다. 우리는 이런 현상을 나치 독일이나 일제 강점기 때 양민을 약탈하고 여성들을 겁탈한 일본군에게서 볼 수 있습니다. 사람들이 그나마 조금이라도 질서를 지키고 욕망을 절제하는 것은 자존심이 있고 체면이 있기 때문입니다.

그러나 우리 인간은 불행히도 본성이 타락해서 우리 안의 나쁜 혈기와 나쁜 충동과 나쁜 정욕 때문에 하나님 앞에서 영원히 죽어 가는 암 환자들이고 멸망당할 맹수요, 짐승들입니다. 그런데 하나님은 이런 우리를 살려 주셨는데, 그것은 바로 우리 안에 천사 같은 새 피를 만들 수 있는 보배로운 피의 모세포를 이식해 주신 것입니다. 성경은 이것이 은이나 금과 같이 없어질 것으로 된 것이 아니라고 했습니다. 즉 돈이나 이 세상의 성공은 하나님 앞에서 아무 소용이 없습니다. 오직 우리에게 필요한 것은 단 한 방울도 오염되지 않고 죄가 없는 완전한 새 피인 것입니다. 그런데 이 피는 단순히 수혈을 하는 것이 아니라 우리 안에서 만들어 내야 하는 것입니다.

"오직 흠 없고 점 없는 어린 양 같은 그리스도의 보배로운 피로 된 것이니라"_벧전 1:19

이것은 비유의 말씀입니다. 어린 양은 정말 흠도 없고 점도 없어서 흰 눈같이 깨끗합니다. 마찬가지로 우리를 살릴 수 있는 피는 한 번도 분노해 본 적이 없고, 한 번도 음탕한 정욕을 생각해 본 적이 없고, 한 번도 남을 미워해 본 적이 없는 깨끗한 피입니다. 사람들 중에는 이런 피를 가진 자가 한 명도 없습니다. 오직 하나님의 아들 그리스도만이 하실 수 있는 것입니다.

본문에 보면 '대속함을 받았다' 고 했는데 이것은 죽어 가는 우리를 살려내신 것을 말합니다. 그런데 그냥 살려내신 것이 아니라 하나님의 아들이 죽으시고 대신 우리를 살려내신 것입니다. 예수님의 인생도 중요하지 않은 것이 아닙니다. 예수님도 이 세상에서 멋있게 살고 싶으셨을 것입니다. 그러나 예수님은 자신의 행복을 취하지 아니하셨습니다. 예수님은 우리를 위해서 자신의 행복을 완전히 버리셨습니다.

10여 년 전에 교사 출신의 미국 작가 댄 브라운이 『다빈치 코드』라는 소설을 썼는데 10여 개국에서 출간하여 모두 베스트셀러가 되었습니다. 몇 년 후에 이 소설은 영화로 제작되어서 엄청나게 인기를 끌고 어마어마한 수입을 올렸습니다. 그런데 이 영화에서 댄 브라운은 "최후의 만찬"이라는 그림에서 예수님의 옆자리에 앉은 이가 사도 요한이 아니라 막달라 마리아라고 하면서 예수님이 그녀와 결혼을 했다고 주장했습니다. 그는 예수님의 피가 어떤 피인지 전혀 모르는 사람이었던 것입니다. 예수님의 피는 단 한 방울의 미움이나 육체적인 정욕이나 분노가 섞여 있지 않았기 때문에 우리를 살릴 수 있었던 것입니다.

3. 매우 위대한 복음

우리는 대부분 자기가 돈을 주고 산 것은 아까워하고 가치 있게 생각하지만 다른 사람이 선물로 준 것은 자신이 대가를 치르고 산 것이 아니기 때문에 중요하지 않게 생각합니다. 그 중에 하나가 이 복음입니다. 우리는 세상의 영광과 성공을 너무 대단하게 생각한 나머지 예수 그리스도의 보혈과 복음을 덜 중요하게 생각합니다.

그리고 우리는 세계적으로 권위가 있는 상인 노벨상을 받거나 혹은 올림픽에서 금메달을 따는 것은 대단하게 생각하면서도 우리가 믿는 복음은 덜 중요하게 생각합니다. 그러나 불치병에 걸려 생사의 기로에서 헤매다가 기적적으로 살아난 경험이 있는 분들은 생명이 얼마나 소중하며, 의사의 치료가 얼마나 중요한지 잘 알 것입니다.

사실 이 복음은 영원 전부터 있었으나 감추어져 있던 진리입니다.

> "그는 창세전부터 미리 알린 바 되신 이나 이 말세에 너희를 위하여 나타내신 바 되었으니"_벧전 1:20

우리가 학문적으로 새로운 사실을 발견했다고 떠들고 흥분하는 것들은 모두 하나님이 만들어 놓으신 것을 재발견한 것이고 재활용한 것입니다. 그래서 솔로몬은 "해 아래에는 새 것이 없나니"(전 1:9)라고 말을 했습니다. 그런데 우리 인간을 영원히 살릴 수 있는 이 엄청난 진리는 사실 아무도 모르게 감추어진 것이었습니다. 이것은 어느 누구도 모르는 하나님의 가장 큰 비밀이었습니다. 그런데 드디어 하나님이 이 엄청난 진리를 드러내셨습니다. 본문에서 '나타내셨다'는 것은 단순히 공개하셨다는 뜻이 아니라 실현시키셨다는 뜻입니다. 즉 우리가 살기 위해서는 하나님의 아들이 인간이 되셔야 하고, 그의 피가 한 방울도 남김없이 다 흘러야 하는데 하나님은 드디어 우리를 위해서 그 일을 행하신 것입니다.

하나님은 이제 우리의 달라진 신분을 이렇게 말씀하고 있습니다.

*"너희는 그를 죽은 자 가운데서 살리시고 영광을 주신 하나님을 그리스도로 말미암아 믿는 자니 너희 믿음과 소망이 하나님께 있게 하셨느니라"*_벧전 1:21

하나님은 우리를 위해서 예수 그리스도를 죽은 자 가운데서 살리셨습니다. 이것은 예수님이 말씀하신 것이 전부 진실하며, 그의 피가 한 방울도 오염되거나 더럽혀지지 않았다는 것을 증명하는 것입니다. 그리고 우리 주님은 영화롭게 되었습니다. 예수님은 이 세상에서 왕 중의 왕이 되셨고, 모든 인간과 천사들을 심판하는 주가 되셨습니다. 주님은 우리와 한 몸이 되셔서 하나님의 보좌 우편으로부터 전혀 오염되지 않고 더럽혀지지 않은 은혜와 축복을 우리에게 주고 계십니다.

그래서 성경은 우리의 모든 믿음과 소망이 하나님께 있다고 말씀하고 있습니다. 즉 우리는 사람이나 이 세상을 믿는 것이 아니라 하나님을 믿는 믿음으로 살고 있습니다. 하나님은 우리에게 좋은 것을 다 주시는 것입니다. 우리는 하나님을 믿기 때문에 세상 끝까지 살아갈 것이며, 하나님을 믿기 때문에 모든 어려움을 견딜 수 있습니다. 모든 것은 사람의 뜻대로 되지 않고 하나님의 뜻대로 될 것입니다. 그러므로 우리는 하나님에게 소망을 두어야 합니다. 우리는 하나님만 기대해야 합니다. 사람은 우리를 속이기도 하고, 우리를 절망하게 하고, 세상을 비관하게 할 때도 있습니다. 그러나 하나님은 언제나 우리에게 더 좋은 것을 주실 것입니다. 지금 우리가 가진 모든 것은 하나님이 주신 것이고, 앞으로도 우리는 하나님이 주신 것만 가지면 됩니다. 우리는 많은 것을 가질 것이 아니라 하나님이 주시지 않는 것을 가질까 봐 걱정해야 합니다. 우리는 하나님이 주신 것만 가지면 부족할 것이 없습니다. 우리는 사람의 눈치를 볼 필요도 없고, 사람을 두려워할 필요도 없습니다. 하나님은 구하는 자들에게 최고로 아름답고 좋은 선물을 주실 줄 믿습니다.

기회 05 Chance

벧전 1:22-25

새 생명으로 살아가기

예전에 제 친구가 간경화로 고생을 했는데 나중에 다른 사람의 간을 이식받아서 건강을 되찾았습니다. 그 친구는 저와 전화 통화를 하는 중에 간 이식 수술을 받고 나서 완전히 새 생명으로 살아가고 있다고 말을 했습니다. 그전에는 사업을 하면서 자기 뜻대로 되지 않으면 사람들과 싸워 가면서 돈 버는 것을 목적으로 살았는데 이제는 하루하루 살아가는 것 자체가 매우 감격스럽다고 했습니다. 우리는 큰 병을 앓아서 죽을 뻔하거나 큰 사고를 당했다가 기적적으로 살아났을 때 자기 자신이나 인생을 보는 눈이 달라집니다.

몇 년 전에 우리 교회에 다니는 성도들의 아기가 큰 병에 걸려서 죽어 가고 있었습니다. 그러나 지방에 있는 병원에는 그 아이를 치료할 만한 의료진이나 장비가 없어서 모두 절망하고 있었는데 병원에서 헬기로 그 아기를 서울에 있는 큰 병원으로 이송해 주어서 무사히 치료를 받을 수 있었습니다.

세월이 어느 정도 지난 후 그 아이의 부모는 그 아이가 유아세례를 받게 해 달라고 요청했습니다. 그러나 그 아이는 아직 면역력이 없었기 때문에 예배를 드리는 것이나 다른 사람들과 함께 세례를 받는 것을 감당할 수가 없었습니다. 그래서 저는 예배드리기 몇 시간 전에 그 아이에게 별도로 유아세례를 베풀었습니다. 그런데 그 후에 그 아이는 어느 정도 병을 이겨서 입에 마스크를 쓰고 아버지의 손을 잡고 예배당 한가운데로 당당히 걸어 들어왔습니다.

어린아이들이 받는 유아세례는 결코 시시한 것이 아닙니다. 어떤 아기는 조산을 해서 인큐베이터에 있었는데 폐가 완전히 생성되지 않아서 제대로 숨을 쉴 수 없었습니다. 그러나 그 아기는 인큐베이터 안에서 잘 자라서 나중에 엄마 품에 안겨 유아세례를 받았습니다.

이런 것을 보면 어른들만 사는 것이 힘든 것이 아니라 어린 아기들도 많은 고통 가운데 병을 이기고 하나님 앞에 나와서 세례를 받고 새로운 생명으로 태어난다는 것을 알 수 있습니다.

우리는 나의 의지와 상관없이 이 세상에 태어나서 살아간다고 생각하기 때문에 내가 살아야 하는 이유나 삶의 의미를 모를 때가 많이 있습니다. 그런데 만일 병이나 사고로 죽어 가고 있다가 유능한 의사를 만나서 치료를 받고 주위 사람들의 기도로 기적적으로 다시 살게 되었다면 자신의 인생을 보는 눈이 달라질 것입니다.

가끔 임종을 앞둔 환우들에게 문병을 가는데 그때 환우에게 다시 살고 싶으냐고 물으면 대부분 다시 한 번 살고 싶다고 말씀하십니다. 그러면서 만일 다시 살 수만 있다면 이제는 옛날같이 시시하게 살지 않고 다른 사람들을 도우면서 멋지게 살겠다고 말씀하십니다.

특히 나이 드신 분들은 만일 자신이 10년만 젊어질 수 있다면 혹은 다시 태어날 수만 있다면 지금보다 훨씬 멋진 인생을 살 것이라고 말씀하십니다. 그러나 대다수의 사람들은 그들의 말대로 10년 더 젊어지게 하거나 혹은 다시 한 번 태어나게 한다 하더라도 처음에 얼마 동안은 감격해하지만 얼마 지나지 않아서 옛날 생활로 다시 돌아갈 것입니다. 그 이유는 우리 모든 인간에게는 근본적인 결함이 있기 때문입니다.

예를 들어 자동차나 기계에 근본적인 결함이 있다면 아무리 운전을 잘하고 기계를 잘 사용한다고 하더라도 근본적인 결함을 고치지 않는 이상 고장이 날 수밖에 없을 것입니다. 마찬가지로 우리 인간은 멋지고 훌륭하게 만들어졌지만 모두 근본적인 결함을 가지고 태어났기 때문에 아무리 멋지게 살고 아무리 성공적인 삶을 산다고 해도 결국 큰 사고나 고장이 날 수밖에 없습니다.

저는 성형수술이 꼭 필요한 때는 해야 한다고 생각합니다. 지금은 구순구개열(속칭 언청이) 환자가 많지 않지만 10여 년 전만 해도 500명당 한 명 꼴로 구순구개열 환자가 발생했습니다. 그런데 베트남 같은 나라에는 아직 구순구개열 환자가 많지만 성형외과 의사가 턱없이 부족해 우리나라의 성형외과 의사들이 베트남 같은 나라에 가서 구순구개열 환자로 태어난 아이들에게 수술을 해 줍니다. 그런 아이들은 수술만으로도 자신감을 얻고 아름다운 모습을 되찾을 수 있는 것입니다.

이렇게 인간들은 외모에 조금만 문제가 있어도 마음에 고통을 받으면서 살지만 우리가 알지 못하는 사이에 이미 우리 안에 죽음에 이르는 병이 들어와 있어서 우리는 모두 죽어 가고 있습니다. 즉 우리의 삶은 아무리 좋은 집에서 살고, 아무리 좋은 환경에서 살아도 정상적이지 않은 것입니다. 우리가 완전히 행복하려면 우리 안에 있는 이 죽음에 이르는 병이 치료되어야 하는데 이것이 결코 쉬운 수술이 아닙니다. 어떤 의미에서 우리 인간이 자신의 인생의 의미를 되찾고 자신의 가치를 되찾는 수술이야말로 이 세상의 모든 수술 중에서 가장 어려운 수술에 속하는 것입니다. 우리는 그 과정을 잘 알지 못하지만 우리가 이 비참한 병에서 벗어나기 위해서는 영원하신 하나님의 아들이 인간이 되어야 하고, 그 피를 한 방울도 남김없이 우리를 위해 흘리셔야 하고, 우리가 그 피를 받아야 하는 것입니다. 예수님의 피는 아주 강력해서 단 한 방울만 우리 혈관 속에 들어와도 우리는 살 수 있습니다. 그런데 우리가 하나님의 아들의 피를 받을 때 믿음으로써 하나님의 말씀과 함께, 내 속에 주입됩니다.

우리는 앞에서 우리 인간이 사는 데 피가 얼마나 중요한지를 살펴보았습니다. 피가 더럽혀지거나 병균으로 오염되면 인간은 바로 죽을 수밖에 없습니다. 본문은 예수 그리스도의 피 한 방울이 우리를 얼마나 건강하게 하고, 얼마나 멋지게 하는지를 말씀하고 있습니다.

1. 우리를 치료한 것

만약 어떤 사람이 병에 걸려서 몇 년간 병실에서 한 발자국도 나오지 못하다가 드디어 완쾌해서 외출을 하게 되었다면, 그에게는 파란 하늘과 사람들이 걸어가는 모습과 눈에 들어오는 것 하나하나가 반갑고 신기해 보일 것입니다. 또 어떤 분이 불치병에 걸려 병상에 누워 있다가 수술이 잘 되어서 기적적으로 다시 살게 되었다면 매우 감격스러울 것입니다. 이렇게 의사로부터 완치 판정을 받은 사람들은 모두 생명의 소중함을 깨닫게 될 것입니다. 그래서 다른 어떤 것보다 자기 자신을 사랑할 것이며, 별것 아닌 것으로 속상해하거나 혹은 다른 사람들과 사소한 것으로 싸우면서 허비하기에는 내 생명이 너무나도 소중하고 아깝다는 것을 깨달을 것입니다.

그런데 사실 아무리 유능한 의사라 하더라도 병의 원인을 바로 알고 제대로 수술하는 것은 쉽지 않습니다. 어떤 때에는 막힌 곳을 뚫고 관을 연결했는데 환자가 사는 경우도 있고, 어떤 때에는 다른 사람의 장기를 이식했는데 죽어 가던 환자가 사는 경우도 있습니다. 사실 우리 인간도 우리가 어떤 과정에 의해서 치료되고 수술되는지 잘 알지 못합니다.

어떤 의미에서 우리 인간이 한 것은 아주 단순하고 간단한 것이었습니다. 우리는 진리를 믿기만 한 것입니다. 그런데 놀라운 것이, 우리는 하나님의 진리를 거부하지 않고 믿기만 했는데도 우리 영혼 전체가 죽을병에서 깨끗해지는 것입니다.

"너희가 진리를 순종함으로 너희 영혼을 깨끗하게 하여 거짓이 없이 형제를 사랑하기에 이르렀으니 마음으로 뜨겁게 서로 사랑하라"_벧전 1:22

우리가 한 것이라고는 오직 누군가가 전해 주는 하나님의 진리를 거부하지 않고 순종한 것밖에 없었습니다. 우리는 하나님의 진리를 듣고서 하나님이 우리에게 회개하라면 회개하고, 세례를 받으라고 하면 세례를 받고, 말씀을 들으라고 하면 들었을 뿐입니다. 이것이 바로 순종하는 것입니다. 그런데 그 결과 우리의 영혼 전체가 깨끗해졌습니다. 즉 우리는 모든 죄와 저주와 멸망의 독에서 살아난 것입니다.

여기서 중요한 것은 '깨끗게 되었다' 는 것입니다. 우리는 우리의 몸에서 피가 아주 중요하다는 사실을 잘 알고 있습니다. 누구든지 백혈구 수치가 너무 낮으면 백혈병으로 죽습니다. 누구든지 피가 오염되면 얼마 견디지 못하고 죽습니다. 그런데 우리 모든 인간은 피가 오염되어서 죽어 가고 있습니다. 이것을 살릴 수 있는 방법은 오직 하나님의 아들의 죄 없는 깨끗한 피를 수혈받는 수밖에 없습니다. 우리가 하나님의 진리를 듣고 믿을 때 예수님의 피가 내 속에 들어와서 모든 죄를 씻고 죽어 가고 있는 나를 살리는 것입니다. 이렇듯 우리가 하나님의 진리를 듣고 믿는 것은 우리 영혼을 예수님의 혈관과 연결시켜서 예수님의 피가 들어오게 하는 것으로 비유할 수 있습니다.

그런데 여기서 우리 영혼이 깨끗하지 못하다는 것은 무엇을 말하는 것일까요? 이것은 우리 안에 육체의 정욕과 야망과 분노와 혈기와 같은 야생동물의 본성이 흐르는 것을 말합니다. 그래서 사람은 화가 나면 다른 사람을 공격하고, 또 자기보다 약한 여자를 성적으로 괴롭히고, 마음에 모든 악한 것과 거짓을 생각하는 것입니다. 이것이 바로 우리가 죽을병에 걸린 증상인 것입니다.

요즘은 공부를 많이 하고 높은 자리에 있는 사람들이 어느 한순간에 죄를 지어서 몰락하는 경우가 많습니다. 어떤 사회 지도층 인사는 여러 명의 여성을 성추행해서 사회에 물의를 일으키고, 고위공직에 있는 어떤 분은 많은 부정을 저지른 것이 드러나면서 사회적으로 큰 파문을 일으키기도 했습니다. 그러나 비단 그들뿐만 아니라 모든 인간의 마음속에는 이러한 광기가 들어 있습니다. 그런데 우리가 하나님의 진리를 듣고 믿을 때 예수님의 피가 우리 안에 들어와서 광기를 다 치료하여 우리가 다시 살게 되는 것입니다. 이때 우리는 사나운 야생동물에서 하나님의 양으로 변합니다. 우리가 하나님의 양이 되고 더 이상 공격적이지 않다는 것은 우리의 영혼이 깨끗하게 된 증거입니다.

그런데 이렇게 해서 기적적으로 다시 살게 되었다면 우리는 가장 먼저 하나님을 사랑하고, 하나님의 말씀을 사랑하고, 나 자신을 사랑할 것 같습니다. 그런데 본문을 보면, "너희가 진리를 순종함으로 너희 영혼을 깨끗하게 하여 거짓이 없이 형제를 사랑하기에 이르렀으니"라고 말씀하고 있습니다. 왜 하나님의 말씀은 우리 영혼이 살아나게 되었을 때 '거짓 없이 형제를 사랑하라'고 하였을까요? 그것은 하나님의 말씀을 덜 중요하게 생각하거나 나 자신을 사랑하지 말라는 뜻이 아닙니다. 이것은 매우 당연한 것입니다. 즉 우리가 죽어 가다가 다시 살게 되었다면 예수님을 사랑하고, 하나님을 사랑하고, 말씀을 사랑하고, 나 자신을 사랑하는 것은 매우 당연한 것입니다. 그런데 우리는 거기서 한 걸음 더 나아가서 형제들까지 사랑하게 되는 것입니다. 왜냐하면 쓸데없이 남을 미워하거나 의심하고 싸우면서 살기에는 내 생명이 매우 소중하다는 것을 알게 되기 때문입니다.

우리는 내 생명이 소중한 것만큼 다른 사람의 인생도 소중한 인생이 되기를 원합니다. 그래서 우리는 다른 형제나 자매를 대할 때 거짓말을 하지 않습니다. 왜냐하면 우리는 이미 거짓말을 할 필요가 없을 정도로 소중하게 되었을 뿐 아니라 다른 사람에게 정직하게 대하는 것이 그를 사랑하는 것이라는 사실을 알기 때문입니다.

사실 오늘 모든 인간은 자신의 모습을 보지 못해서 매우 힘들게 살아가고 있습니다. 사람들의 외모를 비추어 주는 거울은 많이 있지만 사람의 속을 비추어 주는 거울은 거의 없습니다. 그런데 우리 믿는 사람들이 다른 사람들에게 정직하게 대할 때 갑자기 지금까지 가지고 있던 의혹과 불신의 그림자가 모두 사라지면서, '아, 내가 참 소중한 사람이구나!' 하고 생각하게 됩니다. 이것이 우리가 다른 형제나 자매에게 줄 수 있는 최고의 선물입니다. 그것은 그 사람 안에 있는 아름다운 점은 칭찬해 주고 인정해 주며,

또 부족한 것은 그에게 어울리지 않는 것이라는 사실을 깨닫게 해 주는 것입니다. 이렇게 할 때 그 사람은 자기 자신에 대하여 자신감과 소망을 가지게 됩니다.

오늘 이 세상은 사람들에게 신이 되라고 요구합니다. 세상 사람들은 우리가 아무리 잘 해도 결점을 찾아내어서 공격하고 망신을 주어야 우리가 바르게 된다고 생각합니다. 그래서 어떤 스타가 잘 할 때에는 박수갈채를 보내고 아첨을 하다가 조금만 성적이 부진하면 욕이란 욕을 다 하는데 그것은 정직한 것이 아닙니다. 그것은 상대방으로 하여금 미치게 하고, 자포자기하게 만들고, 망하게 하는 것입니다.

그런데 본문에 보면 우리가 형제를 사랑하는데 "마음으로 뜨겁게 서로 사랑하라"라고 말씀하고 있습니다. 이것은 서로 이성을 대하듯이 육체적으로 뜨겁게 사랑하라는 뜻이 아닙니다. 여기서 중요한 것은 '뜨겁다'는 것입니다. 하나님의 백성은 마음이 뜨거운 것이 특징입니다. 뜨거운 사랑은 다른 사람의 결점을 다 덮어 버립니다. 차가운 마음을 가진 사람은 다른 사람의 감추어진 허물까지 다 들추어내려고 하지만 뜨거운 마음을 가진 사람은 다른 사람의 허물을 다 덮어 버립니다.

우리 생각으로는 다른 사람의 모든 허물을 들추어내서 따져야 정의가 실현될 것 같은데 그렇게 하지 않고 모든 허물을 다 덮어 버리면 어떻게 되는 것일까요? 사실 사람들은 아무리 정의롭다고 하더라도 야생동물의 본성을 가지고 있는 이상 완전히 정의로울 수 없습니다. 예를 들어 사자들이 사슴을 잡아서 아무리 공평하게 뜯어 먹는다 하더라도 그것은 정의가 될 수 없습니다. 그러나 우리 안에 예수의 피가 한 방울이라도 들어오면 우리는 정의로워지게 되어 있습니다. 즉 여기의 '뜨겁다'라는 말 속에는 단순히 죄나 허물을 덮는다는 뜻과 함께 녹인다는 의미가 들어 있기 때문입니다.

제철소 마당에는 고철이나 철광석이 가득 쌓여 있는데 용광로의 불이 그 모든 것을 녹여서 철판이나 기계를 만듭니다. 마찬가지로 우리 안에 있는 예수님의 보혈은 단순히 다른 사람의 허물을 감추기만 하는 것이 아니라 뜨거운 열로 녹여서 형제나 자매의 인생 자체를 다른 인생으로 바꿉니다.

이것이 하나님이 기뻐하시는 정의입니다. 그래서 "뜨겁게 서로 사랑하라"라는 것은 개인적으로 잘 지내라는 뜻이 아니라 함께 부흥을 일으켜서 모든 잘못을 다 태우고 녹여 새로운 인생을 만들어 내라는 뜻입니다. 우리가 형제나 자매를 가장 잘 사랑할 수 있는 방법은 함께 하나님의 말씀을 사랑해서 뜨거운 부흥을 일으키는 것입니다. 그러면 그동안 여러 가지 인생의 문제로 고통받고 괴로워하던 형제와 자매들이 새로운 인생으로 거듭나게 됩니다.

2. 하나님의 말씀의 능력

우리는 예수 믿고 난 후에도 별로 변한 것이 없어서 도대체 믿는 것이 무슨 유익이 있는가 의심할 때가 많이 있습니다. 우리는 충분히 그럴 수 있습니다. 왜냐하면 우리는 예수를 믿는다고는 하지만 너무 어리기 때문입니다. 예를 들어 어린아이가 죽다가 살아났거나 혹은 큰 사고를 당했다가 기적적으로 살아났을 때 그 아이는 아무것도 기억을 하지 못할 것입니다. 그 아이는 부모님에게 자기가 얼마나 끔찍한 병에 걸렸다가 기적적으로 살아났으며, 또 얼마나 큰 사고를 당했는지 이야기를 듣고서야 알게 되는 것입니다. 그리고 그 아이의 몸에 큰 수술을 한 흔적이나 상처가 남아 있으면 '부모님 말씀이 맞구나' 하는 것을 알 수 있을 것입니다. 그러나 수술을 아주 정교하게 했거나 혹은 엄청난 사고를 당했지만 머리털 하나 상하지 않았을 때에는 몸에 상처가 남지 않을 수도 있습니다. 이럴 때에는 정말 아무것도 느끼지 못할 수도 있습니다.

그런데 놀랍게도 하나님은 우리를 치료하실 때에 단순히 아프기 전의 상태로 치료하시는 것이 아닙니다. 환자를 치료하는 의사들은 환자를 아프기 전의 상태로 회복시키면 최고의 의사가 될 수 있지만, 그러나 대개는 죽을 고비에서 건져 주는 것이 최선입니다. 그런데 예수님께서는 우리가 병들거나 사고당하기 전으로 고치시는 것이 아니라 완전한 상태로 치료하십니다. 그것이 바로 본문에서 말하는 '씨' 라는 것입니다.

"**너희가 거듭난 것은 썩어질 씨로 된 것이 아니요 썩지 아니할 씨로 된 것이니 살아 있고 항상 있는 하나님의 말씀으로 되었느니라**"_벧전 1:23

여기서 '너희가 거듭났다' 는 것은 우리는 모두 거의 죽은 상태에서 살아났다는 뜻입니다. 단지 우리가 너무 어리고 예수님의 수술이 너무 정교하고 뛰어나기 때문에 깨닫지 못할 뿐인 것입니다. 지금 다른 사람들은 모두 중환자실에 들어가야 하는 상태인데 그것도 모르고 열심히 돈을 버느라고 쫓아다니고 있는 것이고, 우리는 모두 가장 어렵고 힘든 수술을 받고 새 생명을 얻은 것입니다.

그런데 예수님은 우리를 매우 정교하고 완전하게 치료하셨는데, 우리 안에 어떤 씨를 하나 넣어 주셨다고 말씀하고 있습니다. 예수님은 우리의 거듭난 인생을 식물에 비유해서 설명하고 있는 것입니다. 우리는 앞에서 우리가 예전에는 동물적으로 묘사해서 사납고 거칠고 공격적인 것이 병에 걸린 상태라는 것을 알게 되었습니다. 그런데 예수님은 우리 거듭난 사람들 안에 모두 생명의 씨를 하나씩 심어 놓으신 것입니다. 씨는 너무 작아서 나무나 열매와는 아무 상관이 없는 것 같습니다. 농부들이 씨를 땅에 심는 것을 보면 씨를 전부 땅에 버리고 허비하는 것 같습니다. 그런데 땅에 심어진 씨는 습도와 온도가 맞으면 얼마 후에 땅을 뚫고 싹이 나오는데 나중에는 그것이 큰 나무가 되어서 거기에 꽃이 피기도 하고 수많은 열매가 맺히는 것입니다. 마찬가지로 우리 예수 믿는 사람들은 모두 생명의 씨를 하나씩 가지고 있습니다.

그런데 이 생명의 씨는 너무 작아서 우리는 다른 사람들과 아무것도 다른 것이 없는 것처럼 보입니다. 오히려 다른 사람들보다 못하게 보일 때가 많습니다. 그러다가도 온도와 습도가 맞으면 엄청난 일이 일어납니다. 그것은 바로 우리에게 영적인 부흥이 일어나는 것입니다. 우리 성도들이 살아날 때는 하나님의 말씀을 듣고 내 속에서 영적인 부흥이 일어날 때입니다. 이때 우리 안에 엄청난 변화가 일어나는데, 황무지와 같았던 우리의 속사람이 옥토로 변하고, 내 안에서 새로운 가지들이 생기고 꽃이 피고 열매가 맺히면서 폭발적인 능력이 나타납니다. 또 우리 성도들이 함께 모여서 하나님의 말씀을 듣고 은혜를 받을 때 가장 강력한 부흥이 일어나는데, 온 세상이 그 하나님의 영광에 놀라게 됩니다.

그런데 예수님이 우리 안에 심어 놓으신 씨는 썩어질 씨가 아닙니다. 반면에 이 세상의 성공은 다 썩어질 씨입니다. 그래서 세상에서는 성공도 한때이고, 인기도 한때이고, 권력도 한때에 불과합니다. 사람들이 이 세상에서 열심히 찾아서 가지는 씨들은 모두 썩어 없어질 씨들인 것입니다. 즉 이 세상에서 사람들이 찾은 성공이나 축복은 잠시 그들을 행복하게 하거나 기쁘게 하고는 없어지는 씨들인 것입니다. 그러나 예수님이 우리에게 심으신 씨는 썩지 않습니다. 즉 우리 안에 있는 생명의 씨는 고난이 오고 환난이 와도 썩지 않습니다. 오히려 우리 안에 있는 이 생명의 씨는 고난이 오고 환난이 오면 싹이 날 준비를 합니다. 그러다가 우리가 어려운 중에 하나님의 말씀을 듣고 성령이 임하시는 순간에 폭발적인 생명의 역사가 나타납니다. 그런데 이 생명의 씨는 우리가 죽음에 처했을지라도 부활하게 합니다. 우리 안에 있는 이 생명의 씨는 그만큼 위대하고 강한 것입니다. 즉 사탄이 이 세상에서 우리의 모든 기쁨을 다 빼앗아 가고 우리를 절망에 빠뜨리는 한이 있어도 우리 안에 있는 이 생명의 씨는 빼앗아 가지 못하는 것입니다.

그런데 우리가 거듭난 것은 "살아 있고 항상 있는 하나님의 말씀으로" 되었다고 했습니다. 여기서 '살아 있다'는 것은 언제나 우리를 살게 한다는 뜻입니다. 그리고 '항상 있다'는 것은 '실패하지 않는다', '없어지지 않는다'는 뜻입니다. 즉 하나님의 말씀은 언제 어디서나 우리를 살게 합니다. 그리고 하나님의 말씀은 절대로 실패하는 법이 없습니다.

사람들은 모두 이 세상에서 자기에게 생명을 주고 실패하게 하지 않는 직업이나 전공이나 자격을 찾고 있습니다. 그래서 의사가 되려고 하고, 변호사가 되려고 하고, 전문직을 가지려고 합니다. 그러나 언제나 우리 생명을 지켜 주고 실패하지 않게 하는 능력은 하나님의 말씀밖에 없습니다. 우리는 이것을 믿어야 살 수 있습니다. 다른 것은 모두 부업에 불과한 것입니다. 내 안에 하나님의 생명의 씨가 살아 있고 부흥의 불이 활활 타오르고 있을 때 우리는 가장 아름답고 후회 없이 살 수 있습니다.

3. 영원한 하나님의 말씀

옛날에 "트로이"라는 영화를 보았는데 그 중에 "신들은 인간을 부러워한다. 그것은 인간에게는 죽음이 있기 때문에 하루하루가 다시 오지 않을 값진 것이기 때문이다"라는 대사가 기억에 남습니다. 즉 인간이 아름다운 것은 언제나 변하고 있기 때문입니다. 그런데 우리 인간에게는 아름다운 변화도 있지만 아름답지 않은 변화도 있습니다. 여기서 아름다운 변화라는 것은 어린이들이 꿈을 가지고 청년으로 변해 가는 것입니다. 어렸을 때나 청년의 때에는 미래에 대한 동경이 있고, 꿈이 있고, 젊음이 있기 때문에 아름다운 변화가 일어납니다. 그러나 나이가 들면 생활이 안정되고 돈도 있지만 더 이상 미래가 없고 자신이 늙어 가는 것이 안타까워집니다. 이것은 원치 않는 변화인 것입니다.

봄철에는 아름다운 꽃들이 많이 피어납니다. 그 수많은 꽃들은 색이 아주 아름답고 향기가 있습니다. 그런데 안타깝게도 이 아름다운 꽃들은 비가 오거나 바람이 불면 다 떨어집니다. 또 들에 피는 풀도 한창 자랄 때 보면 정말 놀라울 정도로 빨리 자랍니다. 갈대나 억새 같은 풀은 몇 주 만에 사람의 키를 넘을 정도로 크게 자랍니다. 그러나 가을이 되면 모두 시들어서 죽게 됩니다. 즉 풀은 1년 이상은 살지 못하는 것입니다. 성경은 우리 인생이 그렇게 짧고 허무하다고 말씀하고 있습니다.

"그러므로 모든 육체는 풀과 같고 그 모든 영광은 풀의 꽃과 같으니 풀은 마르고 꽃은 떨어지되 오직 주의 말씀은 세세토록 있도다 하였으니 너희에

게 전한 복음이 곧 이 말씀이니라"_벧전 1:24-25

　성경은 우리 인간에 대하여 정확하게 말씀하고 있기 때문에 우리는 공감을 하게 됩니다. 우리 인간이 자라는 것을 보면 정말 대단한 것 같습니다. 어린이들은 해가 다르게 자라고, 청년들도 자랍니다. 그러나 어른들은 더 이상 자라지 않습니다. 사람이 젊었을 때에는 주위에 있는 모든 것에 대해 알고 싶어 하고, 먼 곳에도 가고 싶어 합니다. 젊은이들은 이 세상에서 하고 싶은 것이 너무 많아서 앞으로 어떤 인생을 살 것인지 꿈을 꾸면서 살아갑니다. 특히 젊은이들이 전문적인 지식을 습득할 때에는 세상의 모든 진리를 다 알 것 같습니다.

　그러나 사람들은 모두 원치 않지만 늙어 갑니다. 사람들은 세월의 흐름에 따라 늙어 가지만 아직 마음은 청춘이라고 하면서 자기가 늙어 가고 있다는 것을 인정하기 싫어합니다. 그러나 젊은 사람들이 보기에는 이미 더 이상 어울릴 수 없는 늙은이인 것입니다.

　사람들이 젊었을 때에는 그 육체가 얼마나 아름다운지 모릅니다. 더욱이 여성들은 10대나 20대 초반에 가장 아름답습니다. 그러나 나이가 들면 화장을 하지 않으면 주름살을 감출 수가 없고, 화장을 하지 않고는 집 밖을 나가기가 꺼려집니다. 특히 자녀들이 청소년이 되어 사춘기가 오고, 군에 입대하고, 연애하는 것을 보면서 어른들은 자신이 늙어 간다는 것을 깨닫게 됩니다. 어쩌면 우리 인생은 너무 짧아서 아름답고 안타까운지 모릅니다. 특히 이제 막 피어나려고 하는 청년이나 젊은 아이들이 사고나 병으로 죽는 것을 보면 모든 사람들이 통곡을 하게 되는 것입니다.

　우리 인간이 가지고 있는 영광은 풀의 꽃과 같다고 했습니다. 사람들이 한창 공부해서 이름을 날리고 권력을 휘두르고 인기를 누릴 때에는 그 영광이 영원할 것 같은데 어느새 그 모든 영광이 사라지고 아무것도 아닌 한 노인이 앉아 있는 것을 보면 정말 기가 막힌다는 생각이 드는 것입니다. 모든 풀은 마르게 되어 있고, 꽃은 떨어지게 되어 있습니다. 사람들은 아무리 멋있고 아름다워도 다 늙게 되어 있는 것입니다. 젊었을 때에는 가진 것이 없어도 미래가 있고, 힘이 있고, 변화가 있어서 활기가 넘치는데 늙으면 변화가 없어져서 재미가 없어집니다.

시냇물도 상류에 있을 때에는 바위를 타고 흐르면서 맑은 소리를 내고 바닥이 훤히 들여다보일 정도로 깨끗한데 하류에 오면 물이 혼탁하고 느리며, 오늘이나 내일이나 똑같습니다. 그런데 우리 인생에 기적이 일어날 때가 있습니다. 그것은 우리 안에 하나님의 말씀을 주입시킬 때입니다.

본문 말씀에 "주의 말씀은 세세토록 있도다"라고 하였습니다. 즉 하나님의 말씀은 온 우주를 만드시고 우주를 지탱하시고 자연의 모든 변화를 일으키시고 생명을 주시는 말씀인 것입니다. 예수님께서는 온 천지는 없어지겠으나 율법은 일점일획도 없어지지 않고 다 이룰 것이라고 말씀하셨습니다. 온 우주를 창조하고 지탱하고 에너지와 생명을 주는 이 말씀이 우리 안에 주입되면 어떤 일이 일어날까요? 하나님의 말씀은 우리의 죽을 인생을 살리고, 무의미한 인생에 기쁨이 생기게 하고, 영원히 썩지 않고 없어지지 않는 인생이 되게 하고, 축복이 되게 하고, 영원히 아름다운 육체가 되게 하는 것입니다.

아마 사람들에게 미국이나 영국 같은 나라의 최고의 학교에서 박사학위를 받는 것보다 더 큰 영광은 없을 것입니다. 그러나 조금 지나고 보면 자기가 신입생들에 비해서 너무 늙었다는 것을 알게 되고, 자기가 가지고 있는 지식이 낡은 지식이라는 것을 알게 됩니다. 그리고 남는 것은 고집과 자존심밖에 없습니다. 그래서 신입생이나 젊은 사람들은 그를 피합니다. 어떤 경우에는 아예 근처에 오려고 하지도 않습니다. 그러나 우리 안에 영원한 하나님의 말씀이 들어오면 생각하는 것이 젊은이들보다 더 젊어집니다. 이 세상에서 가장 행복한 사람보다 더 행복해집니다. 그리고 하나님의 말씀을 읽으면서 아름답게 변합니다. 하나님의 말씀 안에는 매우 놀라운 세계가 있기 때문에 늙을 시간이 없는 것입니다. 그래서 우리에게 일어날 수 있는 가장 큰 기적은 이 썩어질 육체 안에 우주를 창조하고 지탱하는 하나님의 말씀을 집어넣는 것입니다.

그리고 우리는 고난과 역경 속에서 하나님의 말씀을 들을 때 조심해야 합니다. 왜냐하면 이때 생명의 씨가 터져서 꽃이 피고 열매가 맺히기 때문입니다. 모든 인생은 죽어 가고 있고, 이미 죽어 있기도 합니다. 그러나 예수님은 우리를 완전히 치료하셨고, 우리 안에 생명의 씨를 심어 놓으셨습니다. 그래서 우리가 세상 사람들과 우리 자신을 비교하는 것은 의미가 없습니다. 우리가 할 수 있는 것은 이 생명의 씨가 터지게 하는 것입니다. 그래서 계속적으로 영적인 부흥이 일어나게 해서 하나님이 우리 인생을 얼마나 아름답게 하시고 얼마나 영광스럽게 하시는지 경험해야 합니다.

그런데 성경 말씀은 "너희에게 전한 복음이 곧 이 말씀이니라"라고 했습니다. 우리가 지금 듣고 있는 이 말씀이 우주를 창조한 말씀이고, 영원히 썩지 않는 생명의 씨이며, 우리를 영원히 살리고 실패하지 않게 하는 축복인 것입니다. 우리는 이것을 믿어야 합니다. 이 세상의 많은 사람들이 하나님의 말씀을 하나의 교훈이라고 하면서 깎아내립니다. 그리고 하나님의 말씀을 영적인 격려로 생각합니다. 그러나 우리는 이 말씀으로 새로운 인생을 창조할 것이며, 영원히 시들지 않는 아름다움과 젊음을 가지게 될 것입니다.

기회 06 *Chance*

벧전 2:1-3

꼭 먹어야 할 양식

　갓난아기들은 신기하게도 태어나자마자 엄마의 젖을 찾아 빨기 시작합니다. 그리고 아기들은 엄마 젖을 먹고 있을 때에 누군가가 장난 삼아 엄마에게서 떼어 놓으려고 하면 머리를 흔들면서 젖꼭지를 놓치지 않으려고 하고, 젖을 못 먹게 되면 울기 시작합니다. 또 아기들은 배가 고플 때에 엄마 젖을 먹지 못하면 큰 소리로 우는데, 그래도 젖을 주지 않으면 자지러지게 웁니다. 그런데 아기가 엄마 젖을 먹고 배가 부르면 아주 편안하게 잠이 드는데 그 모습이 그렇게 아름다울 수가 없습니다. 특히 목욕을 한 뒤에 젖을 먹고 나면 기분이 좋아서 옹알이를 하는데 이것이 천사의 언어이고, 방언 중에 최고의 방언입니다.
　우리 그리스도인들도 예수를 믿고 나면 하나님의 말씀에 대한 갈급함이 생깁니다. 그리고 세상에 살면서 사람들에게 무시를 당하고 일이 뜻대로 되지 않다가 하나님 앞에 나와서 말씀을 들으면 그 모든 고통이 사라지고 행복해집니다. 그런데 학생들은 학교 공부를 해야 할까, 아니면 성경을 읽어야 할까 갈등을 겪을 때가 있습니다. 저도 입시생 때 늘 마음속에 영어나 수학을 먼저 공부할까, 아니면 성경을 먼저 읽을까 갈등을 하다가 '에라, 모르겠다!' 하는 심정으로 공부는 내려놓고 성경만 몇십 장 실컷 읽었습니다. 그리고 나면 일단 마음의 배는 부른데 학과목을 공부하는 시간이 늘 모자랐습니다.

사실 이것이 우리 크리스천의 고민입니다. 우리 예수 믿는 학생들은 입시 공부도 중요하지만 하나님의 말씀에 대한 갈급함이 있는 것입니다. 그런데 우리가 성경 말씀을 열심히 읽는다고 해서 저절로 학교 성적이 오르고, 또 좋은 대학에 합격할 수 있는 것이 아닙니다. 마찬가지로 우리 성도들도 예배에 참석해서 하나님의 말씀을 듣고, 또 성경을 많이 읽었다고 해서 좋은 회사에 취직되거나 직장에서 승진이 되는 것이 아닙니다. 그렇다면 도대체 우리가 성경을 읽고 하나님의 말씀을 듣는 것이 우리 인생에 무슨 유익이 있을까요?

이스라엘 백성이 출애굽했을 때 하나님은 이스라엘 백성을 집도 없는 광야로 데리고 가셨습니다. 그리고 하나님은 모세를 통하여 이스라엘 백성에게 "사람이 떡으로만 사는 것이 아니요 여호와의 입에서 나오는 모든 말씀으로 산다"고 하셨습니다(신 8:3). 그리고 실제로 이스라엘 백성은 40년 동안 시장도 한번 못 가 보고, 영화관에도 한번 못 가 보고 죽어라고 하나님의 말씀만 듣고 살았습니다. 이스라엘 백성이 살았던 광야는 커피숍도 없고, 영화관도 없고, 인터넷이나 게임도 없고, 정말 아무것도 없는 곳이었습니다.

그래서 이스라엘 백성은 우리가 이런 광야에서 사는 것이 과연 사는 것이라고 할 수 있을까 하고 생각했습니다. 옷이나 신발을 사 본 적도 없고, 학교나 학원에도 가 본 적이 없고, 오직 허허벌판에서 모세의 설교만 듣고 만나만 먹었는데 과연 이것이 제대로 사는 것일까 하는 것입니다. 그래서 이스라엘 백성 중에 차라리 하나님의 말씀을 듣지 않고 가나안 족속들처럼 좋은 집에서 살고, 좋은 학교에 다니고, 멋진 시장에서 물건을 사고, 음탕하게 사는 것이 더 멋진 인생이 아닐까 하고 생각하는 사람들이 생겨났습니다.

그런데 정작 놀라운 일은 우리 눈에 보이지 않는 세계에서 이루어집니다. 즉 이 세상에서 공부를 잘하고 좋은 직장에 다니는 것이 겉으로 보기에는 화려하고 좋은 것 같지만 그러한 사람들의 마음속 깊은 곳에는 만족이 없습니다. 이 세상에서 좋은 것을 많이 가지는 것으로는 진정한 변화를 기대할 수 없는 것입니다. 그런데 우리가 하나님의 말씀을 위하여 희생을 하고, 마치 어린아이가 엄마 젖을 사모하듯이 사모할 때 우리 안에 말로 표현할 수 없는 신비한 생명수가 흐르게 됩니다. 이것은 우리 영혼 안에 놀라운 만족감으로 나타납니다. 그리고 우리가 이 신비한 생명수를 마시는 동안, 그동안 굳게 닫혀 있던 하늘 문이 조금씩 열리기 시작합니다. 그러면서 가슴이 뜨거워지고, 기도가 응답되고, 병이 낫는 기적이 일어나기 시작합니다. 이것이 결국 우리가 사는 길인 것입니다.

우리가 이 세상을 살아가면서 가장 어려운 것이 냉랭한 가슴이 뜨거워지는 것입니다. 그리고 이 세상에서 최고로 어려운 것이 하늘 문을 열고 기도 응답을 받는 것입니다. 그런데 우리가 하나님의 말씀을 사모할 때 이런 일이 일어나는 것입니다.

1. 하나님의 말씀이 없는 세계

아프리카의 초원이나 정글에는 우리가 말로만 듣던 무서운 야생동물들이 우글거립니다. 이런 야생의 세계에는 정말 인정사정이 없습니다. 사자나 표범은 아무리 귀여운 초식동물의 새끼라 하더라도 사정없이 쫓아가서 목을 물어서 죽인 후에 한 점도 남기지 않고 다 뜯어 먹습니다.

또 강은 겉으로 보기에는 평화로운 것 같지만 물속에 악어가 통나무같이 엎드려 있다가 순식간에 물을 마시러 온 초식동물이나 강을 건너는 짐승들에게 덤벼들어서 물속으로 끌어들여 숨을 쉬지 못하게 한 후에 잡아먹습니다. 이처럼 우리 인간 세상도 강한 자가 인정사정없이 약한 자를 잡아먹으면서 살아갑니다.

그래서 베드로는 성도들에게 이렇게 말하고 있습니다.

"그러므로 모든 악독과 모든 기만과 외식과 시기와 모든 비방하는 말을 버리고"_벧전 2:1

이 말씀에는 두 가지 의미가 있습니다. 그 하나는 우리가 사는 세상이 바로 이런 세상이라는 것입니다. 하나님의 말씀이 없는 이 세상은 우선 악독합니다. 여기서 "악독"하다는 것은 공격적인 것을 말합니다. 사자나 표범이나 늑대 같은 야생동물들은 사납고 공격적입니다. 왜냐하면 그들은 다른 짐승들을 죽여야 먹고살 수 있기 때문입니다. 독사 같은 경우도 겉으로 보기에는 약한 것 같지만 맹독을 가지고 있어서 한번 물리면 몸이 퉁퉁 붓고, 응급처치를 하지 않으면 급기야 목숨을 잃게 됩니다.

그리고 하나님의 말씀이 없는 이 세상은 "기만"으로 가득 차 있습니다. 이 세상은 할 수만 있으면 모든 속임수를 써서 상대방을 함정에 빠뜨리려고 합니다. 그러므로 우리가 이 세상에서 실패하지 않으려면 함정에 걸려들지 말아야 합니다. 그렇기 때문에 우리나라의 어린이들과 청소년들도 결국 남의 말을 믿지 말아야 한다는 것부터 배우게 되는 것입니다. 즉 배가 기울어져서 넘어가고 있는데 배 안에 가만히 있으라는 안내방송을 믿고 따른 학생들은 다 죽은 것입니다. 그리고 어린 학생들이 횡단보도에서 파란불이 켜져 있을 때에 길을 건너다가 신호등을 위반하고 달리던 차에 치여 부상을 입거나 죽는 사고가 나는 것입니다. 그래서 이제 우리나라 같은 사회에서는 위기가 닥쳤을 때 각자가 알아서 살아남는 길을 택해야 합니다. 어수룩하게 남의 말을 믿었던 사람들은 죽거나 다치고, 약삭빠르게 자기 나름대로 행동한 사람들은 살기 때문입니다. 우리가 이 세상에서 살아남으려면 학교에서 가르쳐 주는 것이나 공부를 잘하는 것 이상의 지혜가 필요합니다.

그리고 사람들은 "외식"을 합니다. 여기서 '외식'은 겉을 멋있게 꾸미는 것을 말합니다. 이 세상은 사람을 겉으로 보이는 것을 가지고 판단을 하는 것입니다. 그래서 많은 사람들이 더 멋있어 보이기 위해서 살을 빼고 성형 수술을 해서 멋진 외모를 만드는데, 문제는 마음이 따라 주지 않는다는 것입니다. 그래서 사람들은 그 멋진 외모를 가지고 자살을 하거나 죄를 짓습니다.

또한 이 세상은 남이 잘되는 것을 참지 못해서 "시기"를 합니다. 사람들은 남의 결점을 찾아내어서 공격을 하고 상처를 주어서 행복하지 못하게 만들어야 직성이 풀리는 것입니다. 세상 사람들은 남들이 자기보다 더 잘되는 것을 참지 못하는 것입니다. 그래서 사람들은 결국 '모든 비방하는 말'을 합니다. 어떻게 해서든지 남을 공격하고, 남이 망해야 직성이 풀리는 것입니다. 그래서 누구든지 시기의 덫이나 악독의 사슬에 걸려들면 빠져나오지 못하고 망하고 맙니다. 우리가 사는 이 세상은 바로 이렇게 공격적인 세상이고, 남을 속이고 시기하는 세상인 것입니다. 그런데 우리가 과연 이런 공격적이고 기만하는 세상에서 하나님의 말씀대로 순진하게 살아남을 수 있을까요?

예수님께서는 제자들을 세상에 보내시면서, "내가 너희를 보냄이 어린 양을 이리 가운데로 보냄과 같도다"(눅 10:3)라고 말씀하셨습니다. 어린 양을 이리 가운데로 보내면 틀림없이 물려 죽을 텐데 왜 예수님은 어린 양을 이 세상에 보내시는 것일까요? 그래서 우리는 이 세상에서 늘 다른 사람에게 물리거나 먹힐까 봐 긴장을 하고 살아갑니다. 심지어는 우리도 이리가 되고 맹수가 되어야 하는 것은 아닌가 하고 생각하기도 합니다. 우리가 이 세상에서 남들에게 무시당하거나 사기를 당하지 않으려면 우리도 공격적으로 변해야 할 것 같습니다. 그러나 베드로 사도는 그 모든 악독이나 기만이나 시기를 버리라고 하였습니다. 왜냐하면 그런 것이 결코 아름다운 것이 아니기 때문입니다.

욥기에는 욥과 세 친구가 어떤 삶이 과연 의롭고 아름다운 삶인지 길게 토론하는 내용이 나옵니다. 그리고 끝에 가서 하나님이 욥과 세 친구에게 결론적으로 말씀하십니다. 이 세상에서 아무것도 두려울 것이 없고 답답할 것이 없는 두 짐승이 있는데 그것은 하마와 악어라는 것입니다. 하마와 악어는 물속에서도 살 수 있고 육지에서도 살 수 있기 때문에 사실 겁나는 것이 없고, 힘이 세고 피부가 두껍기 때문에 어느 누구도 쉽게 공격하거나 잡아먹을 수 없습니다. 그런데 하마와 악어의 치명적인 단점이 외모가 그리 아름답지 않다는 것입니다. 눈은 튀어나오고, 배는 불룩하고, 입도 아주 커서 아무도 하마나 악어를 보고 아름답다고 생각하는 사람이 없습니다. 그러나 꽃사슴이나 노루 같은 동물은 약하지만 아름답습니다.

마찬가지로 사람들도 돈이 많고 권력이 있다고 해서 아름다운 것이 아닙니다. 만원 버스를 타고 가서 앞치마를 두르고 아르바이트를 하지만 착하고 친절한 아가씨나 청년들이 멋있게 보일 수가 있는 것입니다. 하나님께서 하신 위대한 일 중의 하나가 우리를 약하게 하신 것이고, 아름답게 하신 것입니다. 그렇기 때문에 우리는 다시 세상 사람들을 이기기 위해서 강해지고, 머리를 굴리고, 악해질 필요가 없습니다. 왜냐하면 하나님 앞에서는 약한 것이 아름답기 때문입니다.

그리고 또 하나의 의미는, 우리 믿는 사람들도 하나님의 말씀을 계속 듣지 못하면 점점 사나워지고 공격적이 되고 거짓스럽게 변한다는 뜻입니다. 일단 우리가 하나님의 말씀을 듣지 못하면 염려하게 되고 모든 것을 내 힘으로 해결하려고 하기 때문에 사나워지고 공격적이 됩니다. 이것은 우리가 물에 빠졌을 때 자신의 힘으로 물 밖으로 나오기 위해서 몸부림치는 것과 같습니다. 우리에게는 하나님의 능력이 있기 때문에 가만히 있으면 물 위에 뜹니다. 그러나 몸부림을 치면 더 가라앉게 되는 것입니다.

우리는 어려운 일을 당했을 때, 마치 물에 빠졌을 때 가만히 있으면 저절로 몸이 수면 위로 떠오르는 것처럼 하나님의 능력이 공급되는 것을 느낄 수 있습니다. 그래서 우리는 아무리 어려운 상황에 처하고 강한 적을 만났다 하더라도 사나워지거나 시기하거나 남을 기만할 필요가 없습니다. 오히려 공격하는 사람들 앞에서 한 치의 거짓도 없이 정직하고 겸손하고 아름다운 모습을 보일 때 믿음으로 승리할 수 있는 것입니다. 그래서 우리는 맹수 같은 세상 사람들 앞에서 나도 사나워져서 싸우고 싶고, 거짓말을 해서 위협하고 싶더라도 정직하고 깨끗하게 말하고 행동하면 사나운 맹수들을 이길 수 있습니다. 이때 그들은 성도들을 이상하게 생각할 것입니다. 즉 '이런 상황에서 어떻게 비방하는 말을 하지 않고, 어떻게 위협을 하지 않고, 어떻게 보복을 하지 않을까? 참 이상하다. 이해가 되지 않는다' 하고 생각하는 것입니다. 이것이 이기는 것이고, 나의 진정한 아름다움을 지키는 것입니다.

2. 사모해야 할 양식

사람들은 누구든지 양식을 먹어야 병들지 않고 건강하게 살아갈 수 있습니다. 그래서 누구든지 식사 때가 되면 반드시 음식을 먹어야 하며, 할 수 있는 대로 영양가 있는 음식을 많이 먹어야 힘을 낼 수 있습니다.
그러나 우리 하나님의 백성은 먹어야 할 양식이 따로 있습니다. 그것은 바로 영의 양식인 하나님의 말씀입니다.

"갓난아기들 같이 순전하고 신령한 젖을 사모하라 이는 그로 말미암아 너희로 구원에 이르도록 자라게 하려 함이라"_벧전 2:2

우리 하나님의 백성은 반드시 영의 양식인 하나님의 말씀을 먹어야 합니다. 그러나 우리 생각으로는 하나님의 말씀을 먹지 않고서도 얼마든지 잘 살 수 있고, 오히려 하나님의 말씀을 먹지 않는 사람들이 세상에서 더 성공하는 것 같습니다.
마틴 로이드 존스 목사는 『영적 침체』라는 책을 썼는데, 그 책에 보면 하나님의 백성도 침체에 빠질 수가 있다고 했습니다. 이것은 마치 오늘 많은 사람들이 우울증에 빠져서 자살하는 것과 비슷한 것입니다. 사람들은 오랫동안 몸이 병들거나 다치는 것은 인정을 했지만 마음이 병들 수 있다는 것은 인정하지 않았습니다. 그러나 오늘 우리 사회에는 몸은 병들지 않았지만 마음이 병들어서 자살을 하거나 사회생활을 하지 못하는 사람들이 많이 있습니다. 왜 이렇게 잘생기고 재주 있는 사람들이 마음에 병이 들까요? 그것은 사랑을 먹지 못했기 때문입니다. 사람은 누구나 사랑을 받지 못하면 마음이 병들게 되어 있습니다. 더욱이 청소년 때에는 다른 사람의 관심을 받고 싶고 사랑을 받고 싶은데 이때 아무도 관심을 가져 주지 않고 사랑해 주지 않으면 마음에 병이 드는 것입니다.

그런데 하나님의 백성도 마음에 병이 생길 수 있습니다. 예를 들어 어떤 사람이 자기에게 화를 내도 마음에 상처를 입을 수 있고, 경쟁적인 분위기에서 일을 하거나 공부를 해도 마음에 병이 생길 수 있습니다. 그런데 하나님의 백성이 침체되는 가장 큰 원인은 하나님의 말씀을 제대로 듣지 못했기 때문입니다. 하나님의 백성이 아무리 인격이 훌륭하고 헌신적이라고 해도 하나님의 말씀을 지속적으로 듣지 못하면 침체되는데, 나중에는 육체적으로도 병이 들고 신앙도 병이 들어서 아무것도 할 수 없는 상태가 됩니다.

본문 말씀을 보면, "갓난아기들 같이 순전하고 신령한 젖을 사모하라"라고 하였습니다. 여기서 우리는 제대로 성숙하기 위해서는 어린 아기 상태에서 시작해야 한다는 것을 알 수 있습니다. 그러나 어린 아기들은 스스로 일어나 앉을 수도 없고 젖만 먹고 울기만 하는데 누가 어린 아기가 되려고 하겠습니까? 그런데 놀랍게도 우리는 하나님의 말씀을 들으면서 어린 아기로 변합니다.

요한복음에 보면 니고데모는 대학자요 노인이었지만 예수님의 말씀을 들으면서, "사람이 어떻게 어머니 배 속에 들어갔다가 다시 나올 수 있습니까?"라는 질문을 합니다(요 3:4). 이것이 바로 니고데모가 어린아이가 된 증거인 것입니다. 어른들은 절대로 이런 유치한 질문을 하지 않습니다. 그러나 어린아이는 얼마든지 유치한 질문을 할 수 있는 것입니다. 하나님 앞에서 모든 것을 다 아는 것처럼 유식한 체하는 사람은 아직 태어나지 못한 사람입니다. 누구든지 하나님의 말씀의 맛을 본 사람은 하나님의 말씀을 들을 때 어린아이와 같이 의심 없이 먹는데, 그렇게 행복할 수가 없습니다. 즉 하나님의 말씀을 먹는 그 순간이야말로 어느 누구에게도 방해받지 않는 가장 행복한 시간인 것입니다.

어른들은 식사할 때에 전화가 오거나 손님이 찾아오면 얼른 먹는 것을 중단하고 사람을 만나거나 전화를 받을 것입니다. 그러나 어린 아기가 엄마 젖을 먹을 때에는 어느 누가 와도 소용이 없고, 전화가 와도 소용이 없고, 오직 엄마 젖을 먹는 데만 집중을 합니다. 이것이 바로 우리가 살아 있는 증거인 것입니다.

그런데 여기에 보면 하나님의 말씀은 순전한 것이 가장 중요하다고 말씀하고 있습니다. 여기서 '순전한 젖'은 불순물이 섞이지 않은 젖을 말합니다. 만약 엄마 젖이 오염되어 있다면 아기는 설사를 하거나 병에 걸릴 것입니다.

옛날에 우리나라가 의학이 발달하기 전에는 엄마 젖이 소화되지 않아서 죽는 아이들이 있었습니다. 요즘은 그런 아기들을 위한 약이나 주사가 있지만 옛날에는 엄마 젖을 소화시키지 못하는 아기들은 죽었던 것입니다. 그런데 만일 엄마가 마약에 찌들어 있거나 담배를 너무 많이 피우거나 알코올에 중독되어 있다면 그것이 젖을 통해서 아기에게 그대로 전달될 것입니다. 그리고 중국에서는 아기 호랑이가 태어났는데 어미 젖을 줄 수 없는 상황이어서 사람의 젖을 주었으나 소화가 되지 않아서 아기 호랑이가 죽었습니다.

우리가 하나님의 말씀을 먹을 때에도 인간의 사상으로 오염되지 않은 순수한 하나님의 말씀을 듣는 것이 아주 중요합니다. 우리는 순수한 하나님의 말씀을 한 번이라도 제대로 듣기만 하면 바로 정신이 들어서 자신의 위치를 깨닫게 되고, 하나님의 사랑이 공급되는 것을 깨달을 수 있습니다. 그러나 우리가 하나님의 말씀을 먹지 못하면 하나님이 어디에 계신지도 모르게 되고, 내가 어디로 가고 있는지도 몰라서 헤매게 됩니다. 그런데 하나님의 말씀을 듣는 순간, 하나님이 가까이 계시며 내가 바른길을 가고 있다는 것을 깨닫게 됩니다. 우리는 오염되지 않은 순전한 하나님의 말씀을 먹어야 죄를 이길 수 있고, 세상을 이길 수 있습니다. 그래서 "순전하고 신령한 젖을 사모하라"라고 했습니다. 이것은 무슨 수를 써서라도, 또 아무리 멀고 어려워도 꼭 바른 하나님의 말씀을 찾아가서 먹어야 한다는 뜻입니다.

오늘 우리에게는 너무나도 많은 하나님의 말씀이 있습니다. 그러나 하나님의 말씀은 양보다 농도가 중요합니다. 어떤 말씀은 너무 희석되어서 아무리 먹어도 힘이 나지 않습니다. 그러나 제대로 된 하나님의 말씀은 그 자체가 약이기 때문에 한 번만 먹어도 지쳐 있던 사람이 금방 정신을 차리게 됩니다.

그런데 어떻게 해서 하나님의 말씀에 불순물이 들어가는 것일까요? 가장 중요한 원인은 욕심과 야망 때문입니다. 즉 사람들이 하나님의 말씀만 먹으면 처음에는 딱딱하고 맛이 없기 때문에 거기에 세상의 욕심스러운 내용을 넣어서 먹이는 것입니다. 그런데 이렇게 세상의 것을 가지고 설교하면 먹기는 잘 먹는데 자라지 않습니다. 이것은 초식동물인 소를 빨리 자라게 하기 위해 동물성 사료를 주었다가 소가 광우병에 걸린 것과 같은 것입니다. 하나님의 말씀에 세상 지식을 많이 넣을수록 신자들은 위선적이 되고 열정이 식어 버립니다. 이것은 굉장히 좋지 못한 것입니다.

고린도 교회도 목회자들이 기독교를 멋있게 보이게 하려고 그리스 철학을 많이 섞어서 가르쳤습니다. 그런데 이 불순물을 먹고 자란 사람들은 어려운 시험을 이기지 못했습니다. 그래서 바울은 집을 지을 때 어떤 사람은 나무나 풀이나 짚으로 짓고, 어떤 사람은 금이나 은이나 보석으로 지었는데 나중에 불이 났을 때에 보니까 나무나 풀이나 짚으로 지은 집은 타서 없어져 버렸다고 했습니다.

3. 영적인 성장 단계

우리는 신령한 젖을 계속 먹으면 성장하게 됩니다. 즉 우리는 언제나 어린아이로 있는 것이 아니라 어느 순간 청소년이 되고, 어느 순간 청년이 되고, 그다음에는 장년으로 자랍니다. 그러나 오염된 말씀을 먹거나 세상의 지식으로 먹은 사람은 늘 유아적인 상태에서 벗어나지 못합니다.

"이는 그로 말미암아 너희로 구원에 이르도록 자라게 하려 함이라"_벧전 2:2 하

여기에 보면 '구원에 이르도록 자라게 한다' 고 했는데 이것은 장성한 신앙이 되도록 자라게 하는 것을 말합니다.

사자나 곰이나 표범도 새끼 때에는 약하기 때문에 위험에 처할 수가 있습니다. 그러나 조금 자랐을 때에도 위험합니다. 왜냐하면 이때는 호기심이 있고 자신감이 있어서 더 멀리 가려고 하고, 어른 흉내를 내려고 하기 때문입니다. 그러나 어미 사자가 되고, 어른 곰이 되면 어느 누구도 건드리지 못하는 강자가 되는 것입니다.

신앙도 마찬가지입니다. 우선 신앙의 어린아이는 먹고 자라는 때입니다. 이때는 하나님의 말씀을 먹고 기뻐하며 감격해합니다. 이것 자체가 얼마나 귀한 일인지 모릅니다. 그런데 이때 많은 신자들이 너무 많은 일을 하려고 하거나 혹은 제대로 말씀을 먹지 못합니다. 그러면 제대로 자라지 못해서 언제나 자기주장만 하고, 자기 뜻대로 되지 않으면 싸우고 다툽니다. 우리는 하나님의 말씀을 먹으면서 미안해할 필요가 없습니다. 어린 아기는 그 자체가 희망이고 기쁨이고 말할 수 없는 축복입니다. 어린이는 잘 먹어 주고, 잘 자라 주고, 잘 웃어 주기만 하면 온 집안이 행복합니다. 먹을 것이나 농사나 경제적 어려움은 어른들의 몫인 것입니다.

어린이 다음 단계는 청소년 시기인데, 이때는 질풍노도의 시기입니다. 즉 청소년기는 말씀의 비전은 있지만 아직 주님을 위해서 할 수 있는 것이 아무것도 없습니다. 그 대신에 엄청난 훈련과 고난을 받습니다. 이때는 엘리야 같이 그릿 시냇가에서 까마귀가 날라다 주는 떡과 고기로 살기도 하고, 모세같이 미디안 광야에서 훈련을 받기도 합니다. 요셉은 애굽에 노예로 팔려가서 엄청나게 고생을 했습니다. 이때 우리는 살아 있는 하나님의 능력을 체험하게 되고, 실제로 하나님의 손에 붙들리게 됩니다. 이런 청소년 시기를 보내지 않으면 위대한 믿음의 사람이 되지 못합니다.

그리고 그다음 시기가 신앙의 청년기인데, 이때는 능력의 시기입니다.

그래서 청년기가 가장 영웅적이며 아름답습니다. 이때 모세는 바로 앞에서 애굽에 열 가지 재앙을 내려 이스라엘 백성을 구출해 냈습니다. 엘리야는 갈멜 산에서 불이 내리는 기적을 행하여 바알의 제사장 450명을 하나도 남김 없이 다 죽였습니다. 베드로와 요한은 성전 미문에서 구걸하던 앉은뱅이를 나사렛 예수의 이름으로 일어나게 했습니다. 예수님의 제자들은 대제사장에게 붙들려 가서 매를 맞았지만 기쁨으로 나왔고, 성도들이 함께 기도했을 때 땅이 흔들리는 기적이 일어났습니다. 사도 바울은 빌립보에서 전도할 때에 귀신 들려 점치는 여종을 고친 일로 인하여 감옥에 끌려가서 매를 맞았으나 찬송을 부를 때에 지진이 일어나면서 모든 문들이 열리고, 모든 죄수의 차꼬가 다 풀렸습니다.

신앙적으로 청년기는 사탄의 세력과 대결해서 이기는 시기입니다. 그러나 청년기는 오래가지 않습니다. 왜냐하면 청년기는 열정적이기는 하지만 너무 순수해서 세상 물정을 모르기 때문입니다.

삼손은 청년기에 들릴라의 유혹에 넘어가서 머리털이 밀리고 눈알이 뽑혔습니다. 많은 믿음의 영웅들은 자기가 언제까지나 청년인 줄 알고 긴 머리를 믿고 무리하다가 돈의 유혹이나 이성의 유혹에 넘어가 실패했습니다. 그러나 우리는 시간이 지나면 또 다음 세대가 나타나서 영웅적으로 일할 것을 기대해야 하는 것입니다. 모세는 여호수아에게 하나님의 일을 넘겨주었고, 엘리야는 엘리사에게 선지자의 사명을 넘겨주었습니다. 사울왕은 다윗에게 왕위를 넘겨주어야 했는데 오히려 다윗을 시기해서 죽이려고 하다가 비참하게 죽었습니다. 그러나 그리스도인들은 아름답지 않은 때가 없습니다.

마틴 루터가 보름스 회의장에서 교황주의자들과 대결했던 때는 영적인 청년기였습니다. 그런데 이런 청년은 시간이 지난다고 해서 생기는 것이 아니라 많은 시련과 연단의 청소년기를 거쳐서야 만들어지는 것입니다.

사도 요한은 매우 늙었지만 많은 사랑으로 젊은이들을 가르쳤습니다. 신앙적인 노인이 없으면 지혜가 부족하게 됩니다. 신앙적인 지혜는 수많은 시행착오와 고민과 방황을 통해서 만들어진 것이기 때문에 이것은 그대로 축복이 되고, 먹으면 바로 치료가 되는 약인 것입니다.

"너희가 주의 인자하심을 맛보았으면 그리하라"_벧전 2:3

본문 말씀은 하나님의 인자하심을 음식에 비유하고 있습니다. 성경은 우리가 이미 하나님의 인자하심을 충분히 맛보았다고 말씀하고 있습니다. 우리가 예수 믿은 후 오늘까지 일어난 일들은 모두 하나님의 인자하심이라고 말할 수 있을 것입니다.

우선 우리에게 가장 중요한 것이 하나님의 말씀의 맛을 아는 것입니다. 일단 하나님의 말씀의 맛을 모르는 사람은 하나님의 말씀을 먹어야 하는 이유를 알지 못합니다. 이들은 미맹인 것입니다. 이 세상에서 가장 불행한 사람이 음식의 맛을 모르는 사람일 것입니다. 이런 사람은 아무리 맛있는 음식을 차려 놓아도 먹고 싶어 하지 않습니다. 그 이유는 영혼이 병들었기 때문입니다.

우리는 아플 때에도 음식을 먹고 싶지가 않습니다. 그러다가 병이 나을 만하면 배가 고프고, 조금씩 음식을 먹기 시작합니다. 그래서 옛날 어른들은 아픈 사람이 밥만 먹으면 낫는다고 했습니다. 즉 환자가 기운을 되찾기 시작하면 음식이 당기는 것입니다.

이것은 신앙에 있어서도 마찬가지입니다. 우리가 하나님의 말씀의 맛을 알게 되었다면 우리는 살아난 것입니다. 다윗은 여호와의 율법이 송이꿀보다 더 달다고 했습니다. 예수님의 제자 중에서 많은 사람이 떠나갔을 때 예수님은 제자들에게 "너희도 가려느냐"(요 6:67)라고 물으셨습니다. 이때 베드로는 "영생의 말씀이 주께 있사오니 우리가 누구에게로 가오리이까"(요 6:68)라고 대답했습니다. 그들은 하나님의 말씀의 맛을 알았던 것입니다.

그리고 우리는 하나님의 인자하심의 맛을 알아야 합니다. 하나님의 인자하심이 어떤 것입니까? 하나님은 강한 자보다 약한 자를 더 사랑하시며, 의로운 자보다 죄인을 더 사랑하시는 것입니다. 그래서 사도 바울은 "내가 약한 그때에 강함이라"(고후 12:10)라고 말을 했습니다. 예수님은 "내가 의인을 구원하러 온 것이 아니라 죄인을 구하러 왔다"고 말씀하셨습니다. 이것은 우리가 겉으로 보아서는 절대로 이해할 수 없는 것이기 때문에 맛을 보아야 알 수 있다고 했습니다.

　엄마는 아이가 어렸을 때에 더 관심을 가지고 보살핍니다. 그리고 엄마는 아이가 장애를 가지고 있을 때에 더 애정과 시간을 쏟아붓습니다. 그리고 엄마에게 아이는 영원한 자기 자식이기 때문에 버릴 수가 없습니다.

　이것은 하나님의 사랑도 마찬가지입니다. 하나님은 우리가 약할 때 더 사랑하시고, 우리가 죄짓고 돌아왔을 때 더 사랑하여 주십니다. 하나님은 우리가 넘어지고 돌아왔을 때 우리가 그럴 수밖에 없는 연약함을 깊이 이해하십니다.

　우리는 과연 이 사납고 공격적인 세상에서 하나님의 말씀만 먹으면서 살아남을 수 있을까 불안하고 두려울 때가 많습니다. 그리고 우리도 이 세상에서 사나워지고 싶고 공격적이 되고 싶을 때가 많습니다. 그러나 우리가 하나님을 믿으므로 약하고 부족한 것이 정말로 아름다운 것이고, 악해지지 않는 것이 이기는 것입니다.

　'인자하다' 라는 말 속에는 생명을 걸고 사랑한다는 의미가 들어 있습니다. 하나님은 차라리 하나님 자신이 죽을지라도 우리는 망하게 하지 않으실 것입니다. 우리는 하나님의 자녀입니다. 아무것도 두려워하지 말고 아름다운 자신을 끝까지 지키고 살아가시기 바랍니다.

기회 07 Chance

벧전 2:4-8

생명을 살리는 집

아마 산간 오지나 육지에서 멀리 떨어진 섬을 제외하고는 병원이 없는 도시가 없을 것입니다. 옛날에 병원이 멀거나 병원에 가는 것이 쉽지 않았을 때에는 사람들이 현대 의학으로는 충분히 고칠 수 있는 병으로 죽는 경우가 많았습니다. 그런데 사람은 육체가 병이 들면 병원에 가서 치료받을 수 있지만 영혼이 병든 것은 고침을 받지 못해서 멸망으로 가게 됩니다. 더욱이 요즘은 의료 기술이 발달해서 환자에게 많은 고통을 주지 않고 병을 치료할 수 있게 되었습니다.

사람들은 옛날부터 크고 멋진 집을 짓기를 원했습니다. 그리고 사람들은 왕이나 귀족들의 무덤도 크게 지었습니다. 그러나 옛날 이집트인들이 지은 피라미드는 아무리 크고 그 내부가 화려하다 하더라도 결국 그 안에 있는 것은 죽은 시체인 것입니다.

이 세상에서 왕궁이나 대통령 집무실보다 위대하고, 훌륭한 대학이나 유능한 의료진과 첨단 의료 장비를 갖춘 병원보다 더 중요한 시설물이 있습니다. 그것은 바로 하나님의 능력이 임하는 성전입니다. 그런데 하나님의 성전이 큰 변화를 겪게 되었습니다. 그것은 고정된 성전에서 살아 움직이는 성전으로 발전한 것입니다. 구약 시대의 성전은 하나님의 능력이 임하기는 했지만 고정되어 있었기 때문에 제사를 드리기 위해서는 그곳까지 가야만 했고, 또 직접 짐승을 잡아서 제사를 드려야만 했습니다. 그러나 지금 성전은 하나님의 백성이 어느 곳에서든지 모여서 찬송하고 기도하고 말씀을 듣기만 하면 하나님의 능력이 임하는 살아 있는 성전으로 변하는 것입니다.

1. 놀라운 기초석

아마 우리나라같이 땅 덩어리가 작고 지하자원이 거의 나오지 않는 나라에서는 석유가 펑펑 쏟아지는 나라를 무척 부러워할 것입니다. 땅속 깊은 곳에 금맥이나 혹은 석유가 매장되어 있는 곳에 사는 사람들은 복 받은 사람들이라고 말할 수 있을 것입니다. 이 사람들은 그 맥을 발견하기만 하면 한평생 어마어마한 보물을 캐낼 수 있기 때문입니다.

그런데 참 신기한 것이 있습니다. 그것은 바로 이 넓은 우주에 있는 그 수많은 별들이 어떻게 계속 한자리에 붙어 있을 수 있을까 하는 것입니다. 그리고 빛과 열로 지구에 엄청난 영향력을 주고 있는 태양이 어떻게 해서 점점 더 뜨거워지거나 식어지지 않고, 그리고 지구와 점점 가까워지거나 멀어지지 않고 계속 수천 년 수만 년 동안 일정한 거리에서 일정한 열과 빛을 뿜어낼 수 있을까 하는 것입니다. 그것은 바로 이 우주 전체를 고정시키는 어떤 기초가 있기 때문입니다. 다시 말해서 큰 건물이나 시설물을 지을 때 거대한 철근이나 기둥들이 흔들리거나 떨어지지 않도록 고정시키는 볼트가 있듯이 우주에도 그 엄청나게 많은 별이나 태양을 일정하게 고정시키는 어떤 기초가 있는 것입니다.

그런데 놀라운 것은 태양을 고정시키고 우주를 고정시키는 그 기초가 하나님의 어마어마한 축복까지 연결되어 있다는 사실입니다. 그러나 우리 인간은 그 엄청난 기초가 우리가 사는 이 지구에도 연결되어 있다는 사실을 깨닫지 못하고 있습니다. 우리는 엄청난 돈이나 출세의 끈을 '금맥'이라고 부릅니다. 즉 땅속에 매장되어 있는 엄청난 금을 찾아서 캐내기만 하면 세계 최고의 부자가 될 수 있듯이 정치나 기업에도 아주 중요한 맥이 있다는 것입니다. 그런데 놀랍게도 우주 어느 곳에서도 찾을 수 없는 하나님의 축복의 맥이 이 지구에 연결되어 있습니다.

학생이 혼자 아무리 많은 책을 읽어도 사실 잡학을 벗어나기가 어려울 것입니다. 그런데 공부하는 학생이 정말 유능한 교수를 만나서 그가 가르쳐 주는 대로 열심히 공부하면 자기가 연구하고자 하는 분야에서 맥을 잡을 수 있을 것입니다. 마찬가지로 사람에게 가장 중요한 것은 하나님의 축복을 붙잡는 것인데 사람들은 그런 것이 있는 줄조차 알지 못했습니다. 그러나 이 세상 어느 곳에는 이 우주를 만드시고 고정시키셨으며 살아 계신 하나님의 축복까지 우리를 연결시키는 기초가 있었던 것입니다. 놀라운 것은 그 어마어마한 축복의 맥이 다른 것이 아니라 사람이라는 사실입니다.

"사람에게는 버린 바가 되었으나 하나님께는 택하심을 입은 보배로운 산 돌이신 예수께 나아가"_벧전 2:4

본문 말씀에서 '사람에게는 버린 바가 되었다'는 것은 사람들이 그분의 가치를 전혀 알지 못했고 인정하지 않았다는 뜻입니다. 예수님 당시 유대인들은 예수님을 별로 가치 있게 생각하지 않았습니다. 왜냐하면 예수님은 학벌이 뛰어난 것도 아니고, 돈이 많은 것도 아니고, 정치를 잘 하는 사람도 아니었기 때문입니다. 아마 예수님은 외모도 잘생긴 편은 아니었을 것입니다. 그래서 유대인들은 예수님의 놀라운 능력을 보고서도 그것을 예수님의 능력이라고 인정하지 않았습니다. 유대인들은 무식한 예수가 옛날에 죽은 선지자들의 영을 덮어씌워서 능력을 나타낸다고 생각하고 그를 더 업신여겼던 것입니다.

예를 들어 초등학교에서 선생님이 그리기 숙제를 내주었는데 만일 어떤 학생이 그림을 너무 잘 그려 왔다면 선생님은 그 학생에게 형이나 언니에게 대신 그림을 그려 달라고 했다면서 야단을 칠 것입니다. 마찬가지로 유대인들은 예수님께서 병자들을 고치고 귀신을 쫓아내고 놀라운 복음을 선포하셨을 때, '저 무식한 사람이 자기 실력으로 이런 일을 할 리는 없고, 죽은 선지자나 귀신의 능력을 빌려와서 자기 것인 것처럼 행세한다'고 하면서 더 미워했던 것입니다. 그러나 예수님은 설교와 능력을 통해서 자기 자신이 바로 우주의 설계자이며 온 우주를 세팅한 분이라는 것을 보여 주셨습니다. 즉 예수님이 제자들과 함께 배를 타고 갈릴리 호수를 건너갈 때 엄청난 바람과 풍랑이 배를 덮쳤으나 일어나서서 바람과 바다를 잠잠케 하셨습니다. 사람들은 이것을 단순히 예수님의 예외적인 능력으로 생각했는지 몰라도 사실 예수님은 온 우주를 현 상태로 고정시키신 바로 그분이었던 것입니다.

예수님께서는 물이 포도주로 변하게 하셨고, 보리떡 다섯 개와 물고기 두 마리로 오천 명을 먹이셨습니다. 이것은 바로 예수님이 하나님의 모든 축복이 우리에게 연결된 기초석인 것을 보여 주는 것입니다. 옛날 이스라엘 백성이 출애굽했을 때 모세는 홍해를 갈라서 이스라엘 백성을 이끌고 나갔고, 물이 없는 광야에서 반석을 쳐서 생수가 터져 나오게 했습니다. 이것은 바로 모세가 믿는 하나님이 온 우주의 창조자가 되시며 모든 축복의 근원이 되시는 것을 보여 주는 것입니다. 그런데 하나님의 모든 축복의 열쇠요, 수도꼭지 같은 분이 바로 예수님이셨던 것입니다.

그러나 유대인들은 예수님의 가치를 인정해 주지 않았습니다. 그래서 예수님은 머리털을 뽑히고 얼굴에 침 뱉음까지 당하셨습니다. 그리고 나중에는 채찍에 맞고 십자가에 못 박혀서 비참하게 죽임을 당하신 것입니다.

"메시아"를 작곡한 헨델이 영국에서 오페라에 실패하고 두 번의 심장 발작이 일어나 소망이 없을 때였습니다. 사람들은 길에 헨델의 포스터가 붙어 있으면 그것을 찢으면서 이제 헨델은 끝장이 났다고 말을 했습니다. 그는 한동안 실의와 좌절에 빠져 있었는데 그때 누군가가 보내 준 "메시아"의 가사를 보다가 중간쯤에 있는 "주는 멸시를 당하시고"라는 부분에서 크게 공감하고는 미친 듯이 "메시아"를 작곡하기 시작하여 24일 만에 54곡을 작곡했습니다. 그는 거의 먹지도 않고 잠을 자지도 않으면서 멸시와 천대를 당하신 예수님, 십자가에 못 박혀 죽으신 예수님의 심정이 되어 미친 듯이 작곡을 했는데 그 오라토리오의 중간에 "주는 멸시를 당하시고"라는 곡이 있습니다. 이 곡은 아주 긴 곡입니다. 그리고 그는 그 후에 "문들아 고개 들어라"와 "할렐루야"를 작곡하면서 하늘이 열리면서 영광의 하나님을 보았다고 말을 했습니다. 헨델은 인생의 가장 비참한 자리에서 예수님을 만나고 축복의 근원을 캐게 되었던 것입니다.

예수님 당시 사람들은 이 세상의 성공이나 출세나 돈 같은 보물이 너무 찬란하고 좋아서 다른 보물의 가치를 인정하지 않았습니다. 유대인들은 우리에게 귀한 생명을 주시고, 우주를 붙드시며, 우리를 하나님의 축복으로 인도하는 그 맥을 보고서도 그 가치를 인정하지 않았던 것입니다.

그러나 "하나님께는 택하심을 입은 보배로운 산 돌이신 예수께 나아가"라고 했습니다. 오직 하나님은 예수님의 가치를 인정하셨던 것입니다. 여기에서 '하나님께는 택하심을 입었다'는 것은 예수님이 하나님이 인정하시는 유일한 축복의 근원이라는 것입니다. 즉 우리 모든 피조물에게 가장 필요하고 중요한 것은 하나님의 축복입니다. 그런데 우리가 하나님의 축복에 나아갈 수 있는 유일한 길은 육신을 입으신 하나님의 아들 예수님밖에 없는 것입니다.

그리고 여기서 "보배로운 산 돌"은 도저히 그 가치를 말할 수 없다는 뜻입니다. 사실 온 우주를 만드시고, 모든 별과 태양을 고정시키시고, 하나님의 모든 축복을 다 가지고 계신 분이 오직 지구라고 하는 작은 별에 오신 것을 우리가 어떻게 이해할 수 있으며, 그분의 가치를 어떻게 말로 표현할 수가 있겠습니까? 요즘은 유명한 그림 한 장에 수억 원을 호가하고, 자동차 엔진의 설계도 하나만 해도 수십억 원이라고 하는데 온 우주를 설계하시고 고정시키셨을 뿐 아니라 우리를 하나님의 무한한 축복으로 연결시키는 그분의 가치는 도저히 말로 표현할 수가 없는 것입니다. 그렇기 때문에 우리는 이 세상에서 공부도 열심히 하고 정치나 기업에서도 성공해야 하지만 축복의 근원을 찾아서 내 것으로 만드는 것이 무엇보다도 중요합니다. 그런 의미에서 본다면 우리는 이 세상에서 가장 엄청난 복을 받을 위치에 있는 사람들인 것입니다.

그런데 본문 말씀에서 왜 예수님을 '돌'에 비유하고 있을까요? 그리고 돌이면 돌이지 왜 '산 돌'이라고 했을까요? 여기에 바로 기독교의 엄청난 신비와 비밀이 있는 것입니다.

우리는 이 세상에서 보물을 찾으려면 금이나 보석이나 석유가 묻혀 있는 땅을 찾아서 뚫고 들어가야 합니다. 가만히 누워서 저절로 입에 복이 떨어지기를 기다린다면 그는 절대로 이런 보물을 가질 수 없을 것입니다. 보물을 캐는 사람들은 그 보물의 가치를 알기 때문에 그 보물을 자기 것으로 만들기 위해 기꺼이 모험을 하며 엄청난 고생을 할 준비가 되어 있는 사람들인 것입니다.

마찬가지로 하나님의 축복도 원망이나 하면서 능력을 받으려고 하는 자는 절대로 가질 수가 없습니다. 그런데 우리가 이 세상에서 캐내는 보물들은 사람의 생명을 살리는 것이 아닙니다. 즉 금이나 석유는 병든 사람을 살리거나 죽어 가는 사람을 살리지 못합니다. 그런데 이스라엘 백성이 광야에서 찾아내었던 돌은 생수를 뿜어냄으로 모든 이스라엘 백성을 살리는 능력의 돌이었던 것입니다. 그리고 이 돌은 한곳에 고정된 것이 아니라 이스라엘 백성이 가는 곳마다 있어서 이스라엘 백성을 살게 한 생명의 돌이었습니다. 즉 이 돌이 있는 한 이스라엘 백성은 적어도 광야에서 목이 말라서 죽는 일은 없었던 것입니다. 그러나 본문에서 특히 예수님을 '산 돌'이라고 한 것은 앞으로 우리가 어떻게 하나님의 축복을 가질 수 있는지 그 비결로 인도하시는 비유인 것입니다.

2. 하나님이 찾아오시는 집

이 세상에는 우리의 삶과 관계되는 중요한 집들이 있습니다. 그 중에서 우리가 살고 있는 집은 우리의 생명과 직결되는 집입니다. 즉 우리는 집이 있기 때문에 추위를 피할 수 있고, 나쁜 사람들의 공격이나 도둑을 막을 수 있습니다. 그러나 집만 있다고 해서 행복할 수는 없습니다. 우리는 안정된 수입을 보장받을 수 있는 직장이 있어야 하고, 병이 났을 때 치료받을 수 있는 병원도 있어야 합니다. 그리고 지식을 습득할 수 있는 대학이나 학교가 있어야 무식한 것을 면할 수가 있습니다.

그런데 이러한 집들도 중요하지만 더 중요한 것은 사람들입니다. 즉 직장도 사람들이 있어야 제대로 돌아가고, 대학도 교수나 학생들이 있어야 합니다. 병원도 건물만 있어서는 아무 소용이 없습니다. 의사와 간호사가 있어야 하고, 의료 장비들이 있어야 병원 구실을 할 수 있는 것입니다. 그러나 그 어느 집보다 중요한 집이 있다면, 그것은 하나님이 찾아오셔서 능력을 주시고 축복하시는 집일 것입니다.

사실 우리가 몰라서 그렇지 온 우주를 창조하시고 우리 인간을 만드신 하나님이 찾아오시는 집이 있다면 모든 어려움을 하나님의 능력으로 해결받을 수 있을 것입니다. 사실 우리 인간이 겪는 문제가 그렇게 복잡하고 잘 풀리지 않는 이유는 우리가 아주 복잡하게 만들어졌기 때문입니다. 아마 앞으로 시대가 지날수록 사회의 갈등이나 인간 내면의 문제는 더 풀기 어려워질 것입니다. 그 이유는 우리 인간 자체가 아주 복잡하고 정교하게 만들어졌기 때문입니다. 예를 들어 우리 일반인들은 고장 난 자동차나 비행기를 고칠 수가 없습니다. 마찬가지로 우리 인간의 문제나 인간의 마음도 너무 정교하고 복잡하게 만들어졌기 때문에 인간의 이론이나 방법으로는 고칠 수가 없는 것입니다.

그런데 놀라운 것이 이 세상에 하나님이 찾아오셔서 우리 인간을 고치시고 축복하시는 집이 있다는 것입니다. 이 집이 바로 성전이었습니다. 하나님께서는 오직 이 세상에서 이스라엘 백성에게만 성전을 짓게 하시고, 그 성전에 반드시 오겠다고 하셨습니다. 즉 이스라엘의 제사장들이 하나님의 말씀대로 제사를 드리고, 하나님의 말씀대로 성전에 나아올 때 하나님은 이스라엘 백성을 찾아오셔서 그들을 축복하시고 그들의 어려움을 해결해 주셨던 것입니다. 그런데 이 구약의 성전은 하나의 모델이었습니다. 즉 진정으로 우리 인간을 찾아와서 만나 주시고 축복해 주시고 치료해 주시는 성전은 예수님 자신이었던 것입니다. 예수님은 자신의 육신 안에 하나님의 모든 능력과 축복을 가지고 오셔서 죄인들을 만나 주시고 치료해 주셨습니다. 그리고 예수님의 양손이 못에 찔리고 옆구리가 창에 찔리셨을 때 그의 모든 능력과 축복이 우리 인간에게 다 부어지게 되었습니다. 그와 함께 하나님의 성전의 의미도 변했습니다. 즉 구약 시대에 성전은 건물을 의미했는데 예수님이 오셔서 죄인을 찾아다니기 시작하다가 십자가에 죽으시고 부활하신 후에는 더 활발하게 움직이는 성전이 되셨습니다. 즉 예수 믿는 우리가 성전을 이루게 된 것입니다.

"너희도 산 돌 같이 신령한 집으로 세워지고"_벧전 2:5

옛날에는 하나님께서 고정된 건물에 찾아오셔서 우리 인간을 축복해 주셨지만 예수님이 오신 후에는 성전이 엄청난 변화를 겪게 되었습니다. 그것은 성전이 살아서 움직이는 집이 된 것입니다. 그 이유는 우리의 기초가 살아 움직이는 산 돌이시기 때문입니다. 다시 말해 온 우주를 고정시키시고 우리에게 하나님의 축복을 주시는 예수님이 살아 있는 성전의 기초석이 된 것입니다. 즉 신약 시대에는 성전 자체가 자유자재로 헤쳐서 모이는 것이 가능한 살아 있는 성전이 된 것입니다. 즉 이스라엘 백성이 광야에서 목말라 죽지 않고 살게 한 생수를 터지게 하고, 우리의 모든 병을 치료받고, 하나님의 능력과 축복을 받으려면 반드시 살아 있는 성전을 지어야만 하는 것입니다.

그런데 우리가 이 살아 있는 성전을 짓는 것이 얼마나 엄청난 비밀인지 모릅니다. 즉 살아 있는 성전을 짓는 것은 무조건 사람들이 많이 모이고 큰 예배당을 짓는다고 해서 되는 것이 아닌 것입니다. 살아 있는 성전을 지으려면 우선 살아 있는 건축 재료부터 확보해야 합니다. 그런데 우리에게는 성전의 기초석이 있습니다. 예수님은 우리의 모든 죄를 없이 하시고 하나님의 모든 축복을 열어 주셨습니다. 그러나 우리가 하나님의 복을 받으려면 반드시 살아 있는 사람들로 구성된 집을 지어야 하는 것입니다. 그 집을 짓는 데 가장 중요한 것은 산 돌을 구하는 것입니다. 왜냐하면 성도들이 죽어 있는데 살아 있는 집을 지을 수가 없기 때문입니다. 그리고 살아 있는 성도들을 만들려면 살아 있는 말씀을 발견해야 하는데 바로 이것이 오늘 우리가 살아 있는 하나님의 축복 가운데로 나아가는 데 가장 어려운 점인 것입니다.

우리가 살아 있는 하나님의 말씀을 발견하려면 어떻게 해야 할까요? 환난과 고통 가운데서 하나님의 말씀을 붙들면 하나님의 말씀이 살아 있는 것을 발견하게 됩니다. 그때 하나님의 말씀은 죽은 말씀이 아니요, 오늘 나에게 말씀하시고 나를 살리시는 말씀이 되는 것입니다. 우리가 이 살아 있는 말씀을 먹을 때 우리는 마치 메마른 땅이 옥토로 변하듯 보석으로 변합니다. 이것이 바로 산 돌이 준비되는 것입니다. 그러나 이것으로 끝난 것이 아닙니다. 하나님의 백성은 모두 개성이 있어서 쉽게 하나가 되지 않습니다. 전부 자기가 똑똑하다고 생각하기 때문에 자기 자신을 부인하지 못합니다. 그러나 계속 하나님의 말씀이 부어지면 서로에 대하여 신뢰가 생기고 자신을 희생하게 되는데, 이때 하나님의 백성은 끈끈하게 뭉쳐집니다.

요즘 목회자에 대한 신뢰도가 땅에 떨어졌는데 이것은 옛날에도 마찬가지였습니다. 그런데 교인들의 마음속에 교회에 대한 신뢰가 생기고, 목회자에 대한 신뢰가 생기고, 예배에 대한 신뢰가 생길 때 하나로 연합하게 되는데 그때 마음이 뜨거워지고, 기도가 응답되며, 기적이 일어납니다. 그때 예수님의 "두세 사람이 내 이름으로 모인 곳에는 나도 그들 중에 있느니라"(마 18:20)라고 하신 말씀이 이루어지는 것입니다.

사도 바울은 질그릇 안에 담긴 보화에 대하여 이야기했습니다. 즉 우리 안에 천지를 창조하신 하나님의 축복이 충만하게 채워지는 것입니다.

"예수 그리스도로 말미암아 하나님이 기쁘게 받으실 신령한 제사를 드릴 거룩한 제사장이 될지니라"_벧전 2:5 하

옛날에는 하나님께 제사를 드릴 때 소나 양을 희생제물로 바쳤습니다. 이스라엘 백성은 반드시 소나 양 같은 제물을 바침으로 하나님이 기뻐하시는 제사를 드릴 수 있었습니다. 그러나 예수님이 자신의 온전한 육신을 산 제사로 바치신 후에는 더 이상 소나 양을 바칠 필요가 없어졌습니다. 이제 우리는 우리의 입술로 찬양을 드리고, 우리의 입술로 기도를 드림으로 제사를 드리게 되었습니다. 그러나 그냥 입술만 움직인다고 해서 제사가 되는 것이 아니라 우리의 마음을 드리고, 상한 감정을 드리고, 우리의 양심을 하나님께 바쳐야 하는 것입니다.

그때 우리에게 어떤 일이 일어날까요? 우리의 더러워졌던 양심이 깨끗함을 받고, 병든 인생이 치료함을 받아서 기쁨이 생기고, 눈물이 터져 나오고, 말할 수 없는 하나님에 대한 신뢰가 생기게 됩니다. 그리고 자신이 얼마나 가치 있는 자인지 깨닫게 되고, 병이 낫고, 마귀의 시험이 물러가며, 미래의 살길이 열립니다. 이것이 바로 우리가 하나님의 축복을 캐낸 것이며, 하나님의 복을 내 것으로 가진 것입니다.

여기에 보면 "제사장이 될지니라"라고 했습니다. 즉 우리는 하나님께 직접 기도를 드릴 수 있고, 찬양을 드릴 수 있고, 죄 용서를 받을 수 있을 뿐 아니라 다른 사람을 위해서 기도해 줄 수 있고, 다른 사람을 축복해 줄 수 있는 것입니다. 사실 자녀가 먼 곳에 떨어져 있을 때 부모는 자녀에게 하나님의 능력이 나타날 것을 믿기가 어려울 것입니다. 특히 자녀가 아프거나 어려운 가운데 있을 때에는 자신의 기도가 도움이 될지 믿기가 어려울 것입니다. 그러나 기도하면 하나님이 응답하셔서 먼 외국에 있는 자녀를 어려움에서 건져 주시고 도와주십니다. 왜냐하면 우리는 제사장의 자격을 가지고 있기 때문입니다.

3. 수치를 당하지 않으리라

이 세상에서 가난하고 궁핍하게 살아가는 성도들은 참으로 비참하다는 생각이 들 것입니다. 그리고 수치스러울 것입니다. 그러나 하나님께서는 이 성전을 짓는 자는 결코 수치를 당하지 아니하리라고 약속하셨습니다.

"성경에 기록되었으되 보라 내가 택한 보배로운 모퉁잇돌을 시온에 두노니 그를 믿는 자는 부끄러움을 당하지 아니하리라 하였으니"_벧전 2:6

집을 지었을 때 수치를 당하느냐 당하지 않느냐는 두 가지로 결정이 됩니다. 하나는 건물이 무너지느냐 무너지지 않느냐 하는 것입니다. 기껏 건물을 지었는데 무너져 버린다면 그 건물을 지은 사람은 큰 수치를 당할 것입니다. 그런데 건물이 무너지지 않고 견고하다면 그 건물을 지은 사람은 자랑스러울 것입니다. 그리고 또 하나는 사람들이 얼마나 이용하느냐 하는 것입니다. 예를 들어 어떤 집은 기껏 지었는데 아무도 사용하지 않아서 언제나 텅텅 비어 있다면 수치스러울 것입니다. 그러나 자기가 지은 건물이 사람들에게 인기가 높아서 많은 사람들이 이용한다면 자랑스러울 것입니다.

우리는 이 세상에서 모두 자신의 집을 짓는 사람들이라고 말할 수 있을 것입니다. 하나님께서는 오늘 우리에게 집의 기초를 어디에 세울 것인지 질문하십니다. 만일 이 세상의 유행이나 출세에 기초를 세우면 이 세상에서 빨리 성공하고 인정받을 수 있을 것입니다. 그러나 세상의 유행을 따라 지은 신앙은 빨리 무너지는 것이 특징입니다. 인간의 사상으로 지어진 성전은 오래가지 않습니다. 그러면 수치를 당하게 되는 것입니다. 그러나 하나님의 말씀으로 지어진 성전은 무너지지도 않을뿐더러 많은 사람들이 그 교회를 통하여 복을 받기 때문에 자랑스러울 것입니다.

우리가 예수 그리스도의 기초 위에 인생을 세울 때 다른 사람들은 미쳤다고 하고 어리석다고 조롱하겠지만 하나님께서는 우리 속사람을 하나님의 모든 진귀한 보물로 채워 주십니다. 그래서 우리는 안에서부터 번쩍번쩍 빛이 나기 때문에 절대로 부끄러움을 당하지 아니할 것입니다. 우리가 알아야 할 것은, 자기의 양심을 속이고 이 세상에서 거짓되게 사는 것이 부끄러운 것이지 하나님의 말씀을 붙들고 어렵게 사는 것은 결코 부끄러운 것이 아니라는 사실입니다. 하나님께서는 진실로 우리의 삶을 사랑이 넘치는 아름다운 삶으로 만들어 주실 것입니다.

예수님께서 말씀하시기를, 사람들 중에는 집을 지을 때 반석 위에 집을 짓는 사람이 있는 반면에 모래 위에 집을 짓는 사람도 있다고 하셨습니다. 자기를 죽이지 않고 세상의 시류에 편승해서 성공한 사람은 모래 위에 집을 지은 사람입니다. 이런 집은 태풍이 불고 홍수가 나면 다 부서지고 말 것입니다. 그러나 자기를 부인하고 하나님의 고난을 통과하며 말씀으로 집을 지은 자는 실제로는 불안할 것입니다. 왜냐하면 자기의 것이 없고, 또 미래에 대한 대책도 없기 때문입니다. 그러나 하나님께서는 우리의 미래를 책임지셔서 우리가 결단코 수치를 당하지 아니할 것이라고 하셨습니다.

"그러므로 믿는 너희에게는 보배이나 믿지 아니하는 자에게는 건축자들이 버린 그 돌이 모퉁이의 머릿돌이 되고 또한 부딪치는 돌과 걸려 넘어지게 하는 바위가 되었다 하였느니라 그들이 말씀을 순종하지 아니하므로 넘어지나니 이는 그들을 이렇게 정하신 것이라"_벧전 2:7-8

하나님의 축복의 소중함을 아는 자들에게는 예수님과 하나님의 말씀이 얼마나 보배로운지 모릅니다. 우리에게는 예수님의 말씀과 예배와 찬양이 이 세상 어떤 것과도 바꿀 수 없는 보물입니다. 그러나 하나님의 말씀을 좋아하지 않는 자들은 예수님과 하나님의 말씀이 걸림돌이 되어서 결국은 여기에 걸려 넘어지고 깨어지게 됩니다. 하나님의 말씀을 저버리고 세상을 따라가는 사람은 처음에는 잘 나가는 것 같은데 계속 함정에 걸려 넘어지는 것입니다. 왜냐하면 이 세상은 그렇게 단순하지 않기 때문입니다. 즉 이 세상에는 무수한 함정과 사망의 골짜기가 있는데 대충 보고 달려가는 자는 반드시 걸려서 넘어지고, 나중에는 멸망의 골짜기에 떨어져 죽고 마는 것입니다.

그런데 이런 사람들은 자존심이 강해서 절대로 하나님의 말씀에 복종하지 않습니다. 결국 우리가 하나님의 축복의 근원을 잡으려면 어린아이부터 시작해야 하는데 말씀을 업신여기는 사람은 절대로 거듭나는 것 자체가 안 됩니다. 그래서 세상을 살아가는 데 무수한 암초에 걸려서 넘어지고, 나중에는 멸망의 절벽에 떨어지고 맙니다.

그런데 참으로 놀라운 것은, 이 세상에 하나님의 축복의 맥이 연결되어 있다는 것입니다. 그 맥은 바로 인간들에게 멸시와 천대를 당하고 십자가에서 죽으신 하나님의 아들입니다. 우리가 세상의 복을 따라가지 아니하고 예수님을 붙들면 우리도 무시를 당하고 업신여김을 받을 것입니다. 그러나 우리는 그런 것을 두려워해서는 안 됩니다. 오히려 우리가 하나님의 말씀으로 하나 될 때 기적이 일어나며, 우리는 절대로 수치를 당하지 않을 것입니다.

기회 08

벧전 2:9-10

새로운 사명

요즘은 전문가의 시대라고 말할 정도로 모든 일들이 복잡하고 어렵게 되었습니다. 이럴 때 전문적인 지식으로 무장해서 다른 사람의 어려움을 도와주는 것은 대단히 보람된 일입니다. 어떤 좋지 않은 일로 법원에서 형사나 민사 재판을 받게 된 사람들에게 있어서 좋은 변호사를 선임한다는 것은 굉장히 중요한 일입니다. 어떤 분은 변호사 없이 자기가 법정에서 자기주장을 잘 설명하면 될 것이라고 생각하지만 일반인들은 법률 상식이 없기 때문에 그 주장들이 참고사항은 될지 몰라도 법적인 효력은 가지지 못할 때가 많이 있습니다. 그래서 재판장은 주로 변호사의 말을 듣게 되는 것입니다. 미국 영화나 드라마에서도 형사 사건이 생겼을 때 변호사는 피고인에게 아무 말도 하지 말고 자기가 하라는 말만 하라고 요구합니다. 이렇듯 이 세상에서는 어떤 일이든 거기에 합당한 자격을 가진 사람이 일을 처리하는 것이 효력이 있습니다.

병원에서도 아무나 환자를 수술하거나 치료할 수 있는 것이 아닙니다. 의사 자격증을 가지고 있고, 그 분야에 전문적인 지식을 가지고 있는 사람만 환자를 치료하고 수술할 수 있는 것입니다.

　이것은 하나님 앞에서도 마찬가지입니다. 사람들이 큰 어려움에 처하거나 위기에 빠지면 누구를 막론하고 하나님께 기도하게 됩니다. 그러나 하나님 앞에 기도하고 예배드린다고 해서 그것이 모두 받아들여지는 것은 아닙니다. 정당한 자격을 가진 자들이 드리는 기도와 예배만 하나님께 받아들여지는 것입니다. 그런데 놀라운 것은, 하나님 앞에서 인정받는 정당한 자격을 가진 사람이 특정 종교인이나 종교 지도자가 아니라는 것입니다. 즉 누구든지 예수를 믿고 예수 그리스도의 보배로운 피로 죄 씻음 받은 사람은 모두 하나님 앞에 정당한 자격을 가진 사람이 되는 것입니다.

　옛날 이스라엘 백성이 하나님 앞에 제사를 드릴 때 일반 백성들은 성전의 뜰까지만 들어갈 수 있었습니다. 물론 이방인들은 이 안뜰에도 들어갈 수 없었습니다. 이방인들은 성소와 가장 먼 곳에 있는 이방인의 뜰에서 제사를 구경할 수 있었습니다. 그리고 성전 건물 안에 있는 성소에는 제사장 중에서 제비에 뽑힌 사람만 들어가서 분향할 수 있었습니다. 그리고 가장 안쪽에 있는 지성소에는 오직 대제사장만, 그것도 1년에 단 한 번 피를 가지고 들어갈 수 있었습니다. 그런데 오늘 우리 예수 믿는 자들은 모두 지성소, 즉 가장 깊은 곳에 들어가서 하나님께 직접 예배를 드리게 되었습니다.

　우리나라 사람들 중에 대통령의 파티에 초청되어 가는 사람들은 많지 않습니다. 올림픽에서 금메달을 딴 선수나 혹은 우리나라를 대표할 만한 선행을 한 사람들 중에서 뽑혀야 대통령이 주최하는 파티에 참석할 수 있는 것입니다. 그런데 우리는 예배드릴 때마다 하나님의 파티에 초대되어 참여하고 있는 것입니다.

　미국 사람들은 평소에는 청바지에 티셔츠를 걸치고 다니지만 파티에 초대되었을 때에는 반드시 정장을 합니다. 남자들은 정장에 나비넥타이를 하고, 여성들은 가슴이 드러나고 몸에 딱 달라붙는 롱드레스를 입고 참석합니다. 오늘 우리는 모두 허름한 옷을 입고 하나님 앞에 나왔지만 어느 순간 가장 영광스러운 모습으로 변하게 됩니다.

　저는 우리 성도들 중에 처음에는 옛날의 성격이나 본성을 가지고 신앙생활을 하다가 어느 순간 은혜받은 모습으로 변하는 분들을 볼 때가 있습니다. 그때는 정말 하나님의 은혜에 녹아져서 옛 모습은 완전히 사라지고 하나님 앞에서 기뻐하고 감사하는 사람들로 변하는데, 이때 이분들은 가장 멋진 예복으로 갈아입으신 것입니다.

우리는 예수를 믿을 때 흠도 티도 없는 완전한 예복을 하나님으로부터 받게 됩니다. 그러나 처음에는 그 예복의 가치나 축복을 잘 누리지 못하면서 살아갑니다. 이는 마치 어린아이들에게 아무리 좋은 새 옷을 입혀도 금방 침을 흘리고 진흙탕에 넘어져서 옷을 더럽히는 것과 같은 것입니다. 그러나 그 아이가 조금 자라면 자기가 입은 옷이 정말 멋진 옷이라는 것을 알게 되어서 그 옷을 소중하게 생각하게 되고, 멋진 기회가 있을 때 그 옷을 입는 것입니다.

본문 말씀은 우리 예수 믿는 사람들이 어떤 사람인지 완벽하게 설명합니다. 우리 예수 믿는 사람들의 정체성에 대하여 아주 분명하게 말씀하고 있는 것입니다.

1. 하나님께 나아가는 길

이 세상에 재해가 발생하여 수만 명 혹은 수십만 명이 죽었을 때 우리는 인간의 권력이나 재산이나 기술이 자연의 분노 앞에 무기력함을 느낍니다. 그렇게 뛰어난 기술을 가진 일본도 쓰나미 앞에서는 맥을 추지 못했고, 세계 최강대국인 중국과 미국도 지진이나 허리케인 앞에서는 속수무책입니다. 미국은 영토가 넓기 때문에 토네이도나 눈폭풍 같은 아이스스톰 현상이 자주 발생합니다. 그래서 토네이도가 자주 덮치는 캔자스 주를 배경으로 하여 소녀 도로시가 토네이도를 만나 신비한 나라 오즈에 떨어져 마법사를 찾아 떠나는 "오즈의 마법사" 같은 이야기가 탄생하기도 했습니다.

그리고 우리는 때로 전혀 생각지 못했던 사고로 수백 명이 죽는 위기 상황에서 우리 인간이 얼마나 무기력한지를 느낄 때가 많이 있습니다. 영화에서는 배 사고나 비행기 사고나 지하철 사고가 생겼을 때 영웅이 나타나서 사람들을 구출하지만, 현실에서는 그런 기적들은 일어나지 않고 약한 사람들이 억울하게 희생되는데, 그때 사람들은 하나님을 원망하는 것입니다.

그런데 성경에는 이런 위기 가운데서 드물게 하나님과 의사 소통을 한 사람들이 있습니다. 그중 한 사람이 아브라함입니다. 아브라함은 가까운 거리에 있는 소돔과 고모라 성이 불바다가 되어서 사람들이 전멸당하게 되었을 때 그 전날 하나님과 만나서 협상을 벌였습니다. 물론 아브라함은 하나님과의 협상에서 예전에 전쟁에서 포로가 되었을 때 자기가 구해 주었던 소돔 사람들이나 고모라 사람들을 모두 구하는 데는 실패하지만 조카 롯과 그의 두 딸은 구출해 냅니다.

또 요나서에서 요나는 배를 타고 지중해를 건너가다가 엄청난 폭풍을 만나는데 그 원인이 자기라는 것을 알고는 선장과 선원들에게 자기를 바다에 던지라고 말을 합니다. 그러나 선장과 선원들은 산 사람을 바다에 던질 수 없어서 자기들 나름대로 폭풍을 피해 보려고 하다가 실패하고 결국 요나의 말대로 요나를 바다에 던집니다. 그러자 그렇게 미친 듯이 날뛰던 바다는 잔잔해지고, 배에 탄 사람들은 모두 목숨을 건질 수 있게 되었습니다. 그리고 요나는 하나님의 명령대로 악한 성 니느웨에 가서, "40일 뒤에 이 성은 망한다"라는 하나님의 말씀을 전하므로 니느웨 성 사람들이 그 말을 듣고 회개하여 멸망을 당하지 않게 합니다.

신약에서 사도 바울은 죄수의 신분으로 로마로 끌려가다가 지중해 위에서 풍랑을 만나는데 아무도 죽지 않을 것이라는 예수님의 말씀을 듣고 배에 탄 사람들을 위로하고 격려해서 단 한 사람도 죽지 않고 모두 목숨을 건지게 합니다.

우리는 이런 것을 볼 때 위기 때에 하나님께 나아가서 말씀드릴 수 있다는 것이 얼마나 대단한 일인지 알 수 있습니다. 즉 많은 사람들 중에 하나님과 대화할 수 있는 사람이 단 한 명만 있어도 위기에 빠진 사람들이 모두 살 수 있는 것입니다. 본문 말씀을 보면 우리 모든 그리스도인들은 바로 하나님께 나아갈 수 있는 특권을 가진 사람들이라는 것을 알 수 있습니다. 그런데 나의 기도는 잘 응답이 되지 않고, 위기 때에 하나님의 도우심을 받지 못하는 것 같습니다. 오늘 우리 많은 크리스천들은 '하나님이 항상 내 기도를 잘 들어주신다' 는 믿음을 가지기보다는 '하나님은 내 기도를 잘 들어주시지 않는 것 같다' 고 생각하면서 기도에 자신이 없어 합니다.

그런데 이것은 우리만 그런 것이 아닙니다. 위대한 믿음의 거장들도 기도에서만큼은 늘 자신이 부족했습니다. 우리는 너무 보잘것없고 하나님은 매우 크신 분이기 때문에 감히 우리의 기도로 하나님이 움직이시는 것이 믿어지지가 않았던 것입니다. 그리고 우리의 믿음은 너무 작고, 또 하나님은 눈에 보이지도 않고 음성도 들리지 않을뿐더러 하나님께서 꼭 기도를 들어주신다는 보장도 없기 때문에 우리는 더욱더 기도에 자신을 가지지 못하는 것입니다. 그러나 하나님은 우리의 믿음이 아무리 부족해도 우리의 기도를 다 듣고 계시며, 언제나 가장 좋은 방법으로 응답해 주십니다. 단지 우리가 하나님의 때를 기다리지 못하며 하나님의 뜻에 대해 확신이 부족한 것 뿐입니다.

그러나 예수님은 우리가 기도에 큰 능력을 받고, 기도할 때마다 하나님의 응답을 받기 위한 비결을 가르쳐 주셨습니다. 우리는 이 방법대로 하면 위기 때에 당황할 필요가 없습니다. 그 첫째는 하나님의 말씀이 살아 있는 것을 체험하는 것입니다. 물론 하나님의 말씀은 언제나 살아 있는 말씀인 것은 틀림이 없습니다. 그러나 많은 크리스천들이 보기에 성경은 마치 오래된 고전 같고, 죽어 있는 기록인 것 같습니다. 그래서 많은 크리스천들은 자기가 가지고 있는 기독교적인 아이디어나 열정을 하나님의 말씀보다 더 신뢰할 때가 많습니다. 그러나 우리가 어려움을 당하고 고통을 감수하면서 하나님의 말씀을 붙잡을 때 하나님의 말씀은 살아서 꿈틀거리는 말씀으로 나타납니다. 우리는 이런 것을 하나님의 말씀의 맛을 안다고 표현할 수 있습니다. 베드로 사도는 '어린아이가 사모하는 신령한 젖' 이라고 말하고 있습니다. 우리는 하나님의 말씀을 통해서 우주보다 더 크고 태양보다 더 뜨거우신 하나님 앞에 나아갈 수가 있습니다.

그리고 둘째는 성경 말씀으로 자기 속을 채워서 자기 자신을 정금과 같이 변화시키는 것입니다. 왜냐하면 우리가 하나님의 말씀으로 자신을 채울수록 기도가 달라지고, 생각하는 것이 달라지기 때문입니다. 신앙이 어렸을 때에는 주로 무엇이든지 달라는 기도를 하게 됩니다. 왜냐하면 우리에게는 필요한 것이 너무 많기 때문입니다. 그러나 신앙이 조금 더 자라면 하나님의 말씀을 소화해서 하나님의 말씀을 가지고 기도하기 시작합니다. 이것이 하나님과 의논하는 것입니다. 하나님은 아브라함을 '내 친구'라고 하셨고, 예수님도 제자들에게 '나에게서 하나님의 말씀을 다 들은 너희는 내 종이 아니고 내 친구라'고 말씀하셨습니다.

그러나 우리는 이기적이고 개성이 강해서 좀처럼 하나가 되려고 하지 않습니다. 우리 예수 믿는 사람들은 신앙이 좋아도 알갱이들처럼 뭉치지 않고 자꾸 떨어지려고 합니다. 그러나 성령이 역사하시고 하나님의 말씀 앞에 우리 자아가 깨어져서 서로 간에 신뢰가 생기고 하나로 뭉쳐질 때 성전이 지어지고 있는 것입니다. 이때 우리의 예배와 기도에서 하나님의 임재를 체험하게 되는데 정말 무서울 정도로 기도가 응답됩니다. 그래서 기도가 금방 응답되지 않을 때는 하나님께서 나의 신앙이 업그레이드되기를 원하신다는 것으로 알고 내 생각이나 개성을 깨고 하나로 연합하려고 노력해야 합니다. 오늘 같은 위기의 시대에 하나님 앞에서 기도 응답을 받는 것이나 예배 때에 하나님이 임재하시느냐 하는 문제는 그야말로 많은 사람들이 살고 죽는 것을 결정하는 중요한 문제인 것입니다.

본문 말씀은 우리는 모두 하나님께 나아갈 수 있는 특권과 자격을 가지고 있다고 말씀하고 있습니다. 우리는 예배드리고 기도할 때마다 하나님의 파티에 참여하고 있는 것이라는 사실과 함께 다른 사람들의 어려움까지 기도로 도와줄 수 있는 정당한 자격을 가진 사람들이라는 것을 알아야 하는 것입니다.

2. 하나님의 백성의 자격

우리는 예수 믿는 한 사람 한 사람이 얼마나 놀라운 특권과 자격을 가진 사람인지 생각하지 못할 때가 많이 있습니다. 예를 들어 변호사나 의사는 법정에서 다른 사람을 변호하거나 혹은 병든 사람을 치료할 수 있는 정당한 자격을 가진 사람입니다. 그래서 비행기를 타고 가다가 응급 환자가 생기면 승무원은 가장 먼저 승객들 중에서 의사 자격을 가진 사람이 있는지 묻고, 의사가 있으면 응급 치료를 하게 합니다. 그러나 변호사 자격을 취득하려면 법에 대해 많은 공부를 해야 하고, 정당한 자격시험에 합격해야 합니다. 또 의사가 되려면 장시간에 걸쳐서 의학 공부를 한 뒤에 국가에서 치르는 의사 시험에 합격해야 합니다.

마찬가지로 하나님 앞에서 아무나 기도를 하고 예배를 드린다고 해서 하나님께서 그 기도나 예배를 받으시는 것이 아닙니다. 하나님께서는 오직 정당한 자격을 가진 자들의 기도와 예배만 받으십니다. 그런데 이 세상에 천사 외에 누가 감히 하나님께 무슨 말씀을 할 수 있고, 어떤 요구를 할 수 있을까요? 그러나 성경은 우리 예수 믿는 모든 사람들은 하나님 앞에서 제사장 자격을 가진 자라고 말씀하고 있습니다.

"그러나 너희는 택하신 족속이요 왕 같은 제사장들이요 거룩한 나라요 그의 소유가 된 백성이니 이는 너희를 어두운 데서 불러 내어 그의 기이한 빛에 들어가게 하신 이의 아름다운 덕을 선포하게 하려 하심이라"_벧전 2:9

이 말씀보다 더 우리 크리스천들의 정체성을 분명히 깨닫게 해 주는 말씀은 없습니다.

본문 말씀에서는 우선 예수 믿는 사람들에 대하여 네 가지 정체성이 선포되고 있습니다. 그 첫째가 '택함을 받은 민족' 이라는 것입니다. 우리는 모두 통째로 하나님에 의해서 선택된 사람들인 것입니다. 우리는 이 세상에서 선택된 사람들과 선택되지 못한 사람들을 많이 보게 됩니다. 그 중에는 대학 입시에서 다 같이 원서를 제출했지만 선택된 합격자가 있는가 하면, 선택받지 못한 불합격자도 있습니다. 이것은 직장에 이력서를 냈을 때도 마찬가지입니다. 선택을 받은 자가 있는가 하면, 선택받지 못한 자도 있는 것입니다.

우리는 이 세상에서도 선택을 받지 못한 것이 굉장히 가슴이 아플 때가 많습니다. 대학에 합격을 하면 그 학교에 다니면서 도서관에서 책을 읽을 수도 있고, 친구를 사귈 수도 있고, 강의도 들을 수 있는데, 선택받지 못하면 그 모든 특권을 누리지 못하는 것입니다.

그런데 우리는 모두 하나님 앞에서 선택을 받은 사람들입니다. 여기서 우리가 선택을 받았다는 것은 하나님께 선택을 받지 못한 사람들이 많이 있다는 것을 전제로 하는 것입니다. 우리는 모두 하나님의 택함을 받은 자들이기 때문에 하나님 앞에 가서 마음껏 그 축복을 누릴 자격이 있는 것입니다.

그런데 하나님이 우리를 택하셨으면 왜 우리를 그 좋은 천국에 당장 데리고 가시지 않고 이 세상에서 선택받지 못한 사람들과 똑같이 살게 하시는 것일까요? 그리고 왜 하나님께 선택받은 자들보다 선택받지 못한 자들이 더 성공하고 더 잘사는 것일까요? 거기에는 아주 중요한 의미가 있습니다. 우리가 하나님의 선택을 받고 은혜를 받은 상태에서 이 세상에 사는 것이 중요하기 때문입니다. 즉 하나님을 모르고 하나님의 은혜를 받지 못했을 때에는 오직 야망이나 욕심이나 정욕을 위해서 살아갑니다. 그런데 하나님을 알고 하나님의 은혜를 받은 상태에서 육신을 가지고 이 세상에 사는 것은 천사들도 흠모하는 정말 아름다운 모습인 것입니다.

예를 들어 연주회에 가면 어떤 때는 연주자가 한 명일 때도 있는데 그 한 사람의 연주로 많은 사람들이 감동을 받고 눈물을 흘립니다. 즉 똑같은 사람이지만 연주자와 관객은 분명히 다른 것입니다. 연주자는 특별한 탤런트를 가지고 있고 엄청난 훈련을 해서 다른 사람들은 만들어 낼 수 없는 음악을 만들어 내는 것입니다. 즉 이 세상 사람들은 단지 많은 것을 가지고 많은 것을 누리는 것을 성공이라고 생각하지만 하나님의 백성은 다른 사람들이 절대로 살 수 없는 삶을 사는 사람들인 것입니다. 우리 예수 믿는 사람들은 삶을 연주하는 사람들이고, 다른 사람들에게 감동을 주고 축복을 주는 사람들인 것입니다. 그렇기 때문에 우리 예수 믿는 사람들이 예수 믿지 않는 사람들의 수준에서 살겠다고 생각하는 것은 완전히 잘못 생각하는 것이고, 감동이 없는 삶을 살겠다고 생각하는 것은 자격이 없는 것입니다. 우리는 남이 할 수 없는 것을 할 수 있어야 하고, 다른 사람에게 감동을 줄 수 있어야 합니다.

두 번째 정체성은, 우리는 모두 "왕 같은 제사장"이라는 것입니다.

그런데 사실 "왕 같은 제사장"이라는 말은 참 이해하기 어려운 말입니다. 왕이면 왕이고 제사장이면 제사장이지 왕 같은 제사장은 무슨 말일까 하는 것입니다.

우선 이것은 왕인 동시에 제사장이라는 뜻으로 생각할 수 있습니다. 구약 시대에는 왕과 제사장을 겸할 수 없었지만 사사 시대나 스가랴의 환상 중에는 겸직한 사람이 나옵니다. 사사 시대에 엘리 제사장은 사사이자 제사장이었습니다. 포로 후기의 선지자인 스가랴의 환상에는 대제사장 여호수아의 대관식이 나옵니다. 여기서 왕은 다스리는 권세를 가진 사람이고 제사장은 하나님께 기도하고 죄 사함을 선포하는 직분이기 때문에 성격 자체가 완전히 다릅니다. 그러나 예수님은 왕이시고 대제사장이셨습니다.

그런데 우리 성도들도 이 세상에서 다스리는 권세가 있습니다. 그중 가장 중요한 것이 죄를 다스리고 사탄을 다스리는 권세입니다. 이것은 마치 의사에게 병을 다스리는 지식과 기술이 있고, 재판장에게 죄를 다스리는 권세가 있는 것과 비슷합니다. 보통 사람들은 열이 많이 나거나 혹은 피를 철철 흘리거나 쓰러진 사람을 보면 어떻게 해야 할지 모릅니다. 그러나 의사는 담대하게 환자에게 다가가서 병을 진찰하고 치료해서 살려 냅니다. 그리고 아무리 죄수가 죄를 부인하거나 혹은 재판장의 권위를 인정하지 않고 욕을 하거나 공격하려고 해도 재판장이 형벌을 선고하면 죄수는 꼼짝 못 하고 죗값을 치러야 합니다. 그러나 우리 예수 믿는 사람들은 눈에 보이지 않는 죄를 이기는 자들이고, 그 뒤에서 죄를 충동질하는 마귀를 발로 밟아서 이기는 왕의 권세를 가진 자들인 것입니다. 하지만 우리는 이 세상에서 돈을 많이 가지고 권력을 많이 가지는 것은 아닙니다.

또한 "왕 같은 제사장"이라고 하면 왕과 같은 계급의 제사장을 생각할 수도 있고 혹은 하나님께 가장 가까이 갈 수 있는 대제사장 같은 제사장을 생각할 수도 있습니다. 사실 왕 같은 제사장은 예수님 한 분뿐이고 진정한 대제사장도 예수님 한 분뿐입니다. 그러나 우리 한 사람 한 사람은 모두 죄를 이기고 마귀를 이기며 하나님께 가장 가까이 나아가서 기도하고 예배할 수 있는 자라는 점에서 왕 같은 제사장입니다. 즉 우리는 이 세상의 왕도 아니고 구약 시대의 대제사장 같은 사람도 아니지만 죄를 이기고 사탄을 이기며 하나님 앞에 나아가서 나 자신과 다른 사람들을 위해서 기도할 자격을 가진 사람들인 것입니다. 우리는 이 자격을 사용해야 합니다. 우리는 이 자격을 장롱 안에 넣어 두면 안 되고 예배 때마다 하나님 앞에서 사용해야 하는 것입니다.

셋째는 "거룩한 나라"라고 했습니다. 이것은 바로 예배를 드리는 백성을 말합니다. 구약 시대에 이스라엘은 하나님께 예배하는 백성이었습니다. 우리가 하나님의 백성으로 예배드릴 때 하나님은 우리 가운데 임재하십니다. 보통 세상 왕이 백성들 가운데 나타날 때 그들은 자신의 권력이나 부를 과시하려고 할 것입니다. 그러나 하나님이 우리에게 나타나실 때에는 권력이나 부를 과시하실 필요가 없습니다. 왜냐하면 이 세상에 있는 것이 다 하나님의 것이고, 이 세상에 있는 것을 다 합쳐도 하나님의 영광의 백만분의 일도 나타내지 못하기 때문입니다. 단지 하나님이 우리에게 임재하실 때 하나님은 우리에게 감동을 주십니다. 그래서 하나님이 임재하실 때 우리의 냉랭한 가슴이 뜨거워지고 세상에서 상처 입은 마음이 치료를 받게 됩니다.

그리고 하나님은 우리에게 오셔서 기적을 베푸시고, 우리 믿음의 분량에 따라서 축복하십시오. 그래서 우리는 하나님 앞에서 큰 그릇을 준비하는 것이 중요하고, 빈 그릇으로 준비되는 것이 중요합니다. 특히 마음의 뚜껑을 열어 놓아야 마음껏 하나님의 은혜와 축복을 받을 수 있습니다.

그리고 넷째는 "그의 소유가 된 백성"이라고 했습니다. 여기서 "하나님의 소유가 된 백성"은 우리가 하나님의 중요한 재산이라는 뜻입니다. 우리는 흔히 다른 사람들에게 재산 목록 1호가 무엇이냐고 묻습니다. 어떤 사람에게는 재산 목록 1호가 기업체일 수도 있고, 어떤 사람에게는 기술일 수도 있으며, 또 어떤 사람에게는 책일 수도 있습니다. 그러나 하나님에게는 재산 목록 1호가 우리 한 사람 한 사람입니다. 그래서 하나님은 우리 한 사람 한 사람을 함부로 세상이나 마귀에게 빼앗기지 않으십니다.

그런데 우리가 은혜를 받으면 받을수록 죄를 멀리하고, 하나님을 가까이 할수록 우리의 가치는 엄청나게 뜁니다. 예를 들어 주식에 투자한 사람들은 주가가 올라가면 재산 가치가 많이 올라가게 됩니다. 그러나 하나님에게는 우리에게 투자하신 것이 최고의 주식입니다. 그래서 우리에게는 우리 자신의 가치가 올라가는 것이 중요합니다. 그런데 예수님은 우리의 가치를 평가하는 방법을 알려 주셨습니다. 즉 보물이 있는 곳에 그 사람의 마음이 있다고 말씀하셨습니다. 우리가 시간을 어디에 가장 많이 사용하는지를 보면 우리의 보물을 알 수 있는 것입니다. 우리가 예배를 드리고 말씀을 듣는 데 시간을 투자할 때 우리는 하나님에게 가치가 있는 사람이 되는 것입니다. 또 우리가 하는 말을 들으면 우리 자신의 가치를 알 수 있습니다. 사람의 말은 그 사람의 인격과 가치를 나타내는 것입니다.

3. 변화된 우리의 신분

본문 말씀은 우리가 예수를 믿고 신앙이 자람으로 우리 안에 놀라운 변화가 일어난 사실에 대해 분명히 말씀하고 있습니다.

우리는 전에는 분명히 하나님의 백성이 아니었습니다. 그러면 우리는 어떤 사람들이었을까요? 우리는 하나님과 아무 관계가 없는 자들이었고, 축복을 받을 자격이 없는 사람들이었습니다. 우리는 자신의 가치를 알지 못했고, 모두 방황하면서 살아가고 있었던 것입니다. 이와 가장 비슷한 예로 엄청나게 많은 피난민들의 행렬을 생각할 수 있을 것입니다. 수만 명의 피난민들은 보호도 받지 못하고 당장 먹을 양식이나 옷가지만 가지고 정처 없이 길을 떠납니다. 이런 피난민들은 비행기 폭격을 당하거나 군인들이 총을 쏘면 저항도 하지 못하고 그냥 죽는 것입니다. 이런 와중에 부모를 잃은 어린아이들은 사람들 사이에 끼어서 그냥 정처 없이 갑니다. 그러다가 누가 먹을 것을 주면 그것으로 배를 채우고, 아무도 먹을 것을 주지 않으면 쫄쫄 굶는 것입니다. 연세가 지긋하신 분들은 옛날 피난 생활의 끔찍함을 잘 아실 것입니다. 이처럼 우리는 과거에 모두 정처 없이 방황하는 피난민들이었습니다.

그러면 이 세상에서 하나님의 복을 많이 누리고 잘사는 사람들은 어떤 사람들일까요? 그것은 그런 피난민들 중에서 조금 형편이 나은 사람들입니다. 그러나 궁극적으로는 크게 다를 바가 없습니다. 그런데 우리는 어느 순간 하나님의 환영을 받게 되었습니다. 하나님은 우리 모두를 환영해 주셔서 하나님의 주거지에 정착하게 하시고, 이제는 더 이상 방황하지 않고 절망하지 않고 행복하게 살게 하신 것입니다.

옛날에 우리는 긍휼을 얻지 못한 자들이었습니다. 즉 옛날에 우리는 하나님의 관심의 대상이 아니었던 것입니다. 하나님은 그냥 우리를 바라보실 뿐이었습니다. 그러나 이제 우리는 긍휼을 얻은 자가 되었습니다. 즉 우리는 하나님의 적극적인 사랑의 대상이 된 것입니다. 예를 들어 어느 곳에 큰 내전이 일어났는데 정부나 강대국들이 그냥 구경만 하고 있다면 그 국민들은 비참할 것입니다. 그러나 어느 순간 정부가 강대국의 관심을 끌어서 강대국이나 정부가 적극적으로 개입하면 식량이 공수되고, 의료진들이 들어오고, 군인들이 들어와서 무장 폭력 세력을 다 물리쳐 주는 것입니다. 마찬가지로 우리가 예수를 믿으면 하나님의 적극적인 사랑의 대상이 됩니다. 그래서 먼저 하나님은 우리 생명을 보호해 주시고, 우리의 병을 치료해 주시고, 우리의 미래에 대하여 계획을 가지십니다. 그리고 나중에 하나님은 우리가 원하는 대로 다 이루어 주십니다.

이처럼 우리가 하나님의 적극적인 관심의 대상이 된다는 것이 얼마나 중요한 일인지 모릅니다. 하나님이 방관하시는 자는 비참해지는 것입니다. 그런데 하나님께서 우리를 이렇게 하나님의 백성으로 택하시고 부르신 이유가 있습니다.

우리는 옛날에 철저한 암흑 가운데 있었습니다. 즉 불의가 지배하는 가운데서 아무도 관심을 가져 주지 않는 버림받은 자들이었던 것입니다. 그런데 어느 날 우리는 갑자기 하나님의 관심의 대상이 되었고, 신기한 빛 가운데로 옮겨졌습니다. 이는 버려져 있던 환자가 최고의 의료 시설을 갖춘 병원으로 옮겨지는 것과 같고, 학대받으면서도 아무 말도 하지 못했던 자들이 엄청난 플래시 세례 앞에서 언론의 대상이 된 것과 같습니다. 우리는 어느 누구도 우리를 몰래 잡아갈 수 없는 하나님의 축복 가운데 있게 된 것입니다. 우리가 이렇게 변한 것은 하나님의 아름다운 덕을 선포하게 하기 위해서입니다.

예수님은 누군가가 오른편 뺨을 때리면 왼편도 돌려 대라고 하셨습니다. 하나님은 절대로 우리 인간에게 복수하시는 분이 아닙니다. 하나님은 절대로 가난한 자나 장애를 가진 자를 무시하거나 외면하지 않으십니다. 하나님은 할 수만 있으면 우리에게 좋은 것을 주시기를 기뻐하시는 분인 것입니다.

사람들은 하나님을 몰라서 무서워하고 미워하고 있습니다. 하나님은 사랑이 한이 없으신 하나님이고, 좋으신 하나님입니다. 하나님은 우리가 사랑과 기쁨에 충만해서 이 세상 사람들을 축복하고 격려하고 위로함으로 하나님을 잘 나타내기를 원하십니다. 우리는 지난날의 상처로 인한 모든 원한을 다 잊고 모든 사람들에게 축복하고 격려함으로 하나님을 잘 나타내는 성도들이 되시기 바랍니다.

기회 09 Chance

벧전 2:11-12

적응하지 못하는 사람들

요즘 아프리카나 중동의 시리아에서는 계속되는 내전으로 많은 피난민들이 발생하고 있습니다. 이들은 자신들을 받아 줄 나라를 찾아서 무작정 배를 타고 바다를 건너는데, 어떤 때는 해적을 만나거나 혹은 무장 단체를 만나 떼죽음을 당하는 경우도 있습니다. 이 피난민들은 가족들과 뿔뿔이 흩어져서 인근 나라에 텐트를 치고 정착을 하는데, 그런 곳에서는 식수나 의약품이나 식량을 구하는 것이 매우 어렵습니다. 국제 구호 단체에서 의료진이나 자원봉사자들이 의약품과 구호물자를 싣고 와서 나누어 주면 그들은 겨우 허기를 면하거나 약을 먹을 수 있지만 이런 것도 태부족일 때가 많습니다. 그래서 텔레비전이나 인터넷을 보면 눈은 커다랗지만 온몸은 거의 미라같이 말라서 죽어 가는 사진을 보여 주면서, "우리가 조금씩 모아서 돕는다면 기아 퇴치는 금방 해결될 수 있습니다"라고 광고를 하거나 "당신의 클릭 한 번이 이 아이들의 생명을 살릴 수 있습니다"라고 하며 오염된 물과 기아로 죽어 가는 아이들의 생명을 살리는 데 동참하자고 호소하는 글을 볼 수 있습니다. 이런 피난민 캠프에서는 자녀 교육이라는 것을 생각할 수가 없습니다. 미래가 전혀 보장이 되지 않기 때문입니다. 당장 그 나라에서 떠나라고 하면 떠날 수밖에 없는 신세가 난민들의 신세인 것입니다.

그런데 본문은 우리 예수 믿는 사람들이 이 세상에서 이런 난민이나 나그네와 같은 사람들이라고 말씀하고 있습니다. 즉 우리 예수 믿는 사람들은 이 세상에 잘 적응하지 못하는 사람들이고, 또 다른 사람들로부터 환영받지 못하는 사람들이라는 것입니다. 만약 우리가 이 세상에서 떠돌이요, 나그네와 같은 사람들이라면 우리에게 가장 필요한 것은 생활의 안정이고, 세상에 잘 적응하는 일일 것입니다. 그런데 본문은 우리가 이 세상에서 나그네나 떠돌이같이 살지만 우리에게 가장 중요한 것은 '생활의 안정'이 아니라 '영혼을 거슬러 싸우는 육체의 정욕을 이기는 것'이라고 말씀하고 있습니다. 도대체 왜 우리는 이 세상에서 나그네나 떠돌이 같은 취급을 받아야 하며, 왜 우리에게 가장 필요한 것이 생활의 안정이 아니고 육체의 정욕을 이기는 일일까요?

1. 세상과의 이질성

이 세상에는 기질 자체가 너무 달라서 도저히 같이 살 수 없는 것들이 있습니다. 일단 맹수와 사람과 가축은 기질이 너무 달라서 같은 집이나 방에서 살 수 없습니다. 아마 집에 맹수 한 마리만 들어와도 사람이나 가축을 다 물어 죽이고 말 것입니다. 또 아무리 같은 식구라 하더라도 술에 취해 소리를 지르고 폭력을 행사하는 알코올 중독자와는 같이 살기가 어려울 것입니다. 옛날에는 법당국에서 이런 자들에게 피해를 입은 사람들에게 무조건 참으라고 했는데 이제 당국은 그러한 사람들에게 가중처벌이 필요하다는 사실을 느끼고 있는 것 같습니다. 그리고 가끔 목욕탕에 가 보면 온몸에 무시무시한 문신을 한 사람들이 올 때가 있는데, 그때 다른 사람들은 슬슬 눈치를 보면서 피합니다. 왜냐하면 그런 사람들은 성격이 아주 사나워서 괜히 건드려서 곤욕을 치르는 것보다는 피하는 것이 더 나을 것이라고 생각하기 때문입니다.

요즘 젊은이들은 외국인들과도 스스럼없이 잘 어울립니다. 옛날 어른들은 말이 통하지 않고 생김새가 다른 외국인들을 보면 무조건 피하려고 했는데 요즘 젊은이들은 어느 정도 외국어가 가능하니까 피부색이나 국적을 뛰어넘어서 외국인들과 적극적으로 사귀고 어울립니다. 그런데 놀라운 것은, 예수를 믿는 순간 우리는 이 세상에서 다른 사람들과 물과 기름처럼 어울릴 수 없는 사람들이 되고 만다는 것입니다.

사실 우리 예수 믿는 형제들 중에는 '나는 왜 다른 사람들과 잘 어울리지 못할까? 나는 왜 이렇게 성격이 독특할까?' 하며 고민을 하는 사람들이 많이 있습니다. 성경은 그 이유가 우리가 하나님을 믿기 때문이라고 말씀하고 있습니다.

여기서 베드로 사도는 우리를 "사랑하는 자들"이라고 부른 후에 "거류민과 나그네 같은 너희"라고 말하고 있습니다. 이것이 개역한글 성경에는 "나그네와 행인 같은 너희"라고 되어 있습니다. 여기서 '거류민'은 그야말로 잠시 사는 사람들을 말합니다. 즉 자기가 살던 곳에 전쟁이 나거나 혹은 추방되어서 정식 허가도 없이 다른 나라에서 잠시 텐트를 치고 사는 사람들을 말하는 것입니다. 그리고 '나그네'라는 것은 요즘 우리가 흔히 볼 수 있는 여행객을 말하는 것이 아니라 먼 곳에 포로로 끌려갔다가 이제 자기 집으로 돌아가거나 혹은 자기가 있던 곳에서 쫓겨나서 정처 없이 다니는 사람들을 말합니다.

서두에서도 언급한 것처럼 피난민이 모여 있는 곳에는 모든 것이 부족합니다. 피난민촌에는 수도도 없고, 경작할 수 있는 밭도 없고, 추위를 막아줄 담요도 부족합니다. 이런 곳에서는 병이 나더라도 의사나 병원이 거의 없기 때문에 참고 견뎌야 하고, 심각한 병일 경우에는 그냥 죽어야 합니다. 더욱이 이런 곳에는 어린이나 청소년들을 교육할 만한 시설이 없고, 앞으로 자신들의 운명이 어떻게 될지 전혀 알 수가 없습니다. 피난민촌에서 가장 불안한 것이 바로 이것입니다.

이처럼 다 떨어진 옷을 걸치고 낯선 곳을 지나가는 나그네는 어느 누구에게도 환영을 받지 못하는 신세입니다. 사람은 누군가가 자기를 따뜻하게 맞이해 주고 받아 줄 때 살아갈 의미를 느끼는데 이 세상 어느 곳에서도 환영받지 못한다면 정말 살아갈 용기를 얻지 못할 것입니다.

얼마 전에 한강 다리에서 투신해 자살을 시도한 사람들의 구조 책임을 맡은 관계자가 자살을 결심한 사람들에게 한 번만 더 자신의 인생에 대하여 생각해 보라고 권면을 했습니다. 우리는 사실 피난민도 아니고 누더기 옷을 걸치고 떠돌아다니는 사람들도 아닌데 자신이 어느 누구에게도 환영받지 못한다고 생각해서 죽으려고 하는 사람들이 너무 많은 것입니다.

그런데 성경은 놀랍게도 우리 예수 믿는 사람들은 이 세상에서 피난민과 같고, 전혀 환영받지 못하는 나그네와 같다고 말씀하고 있습니다. 우리는 이것을 도무지 이해할 수가 없습니다. 왜 하나님께서는 우리를 이 세상에서 행복하게 하시지 않고, 왜 우리를 다른 사람들보다 더 복 받게 하시지 않고 우리를 이 세상에서 환영받지 못하는, 아무 가치가 없는 사람들로 만드시는 것일까요?

구약 시대에 이스라엘 백성은 이런 나그네와 피난민 생활을 경험한 적이 있습니다. 이스라엘 백성이 출애굽하여 광야에서 40년간 방황할 때 그들은 자신들의 인생이 앞으로 어떻게 될지 모르는 가운데 40년 동안 죽어라고 걸어야만 했습니다. 그러나 하나님께서 이스라엘 백성을 나그네와 피난민으로 만드신 것은 그것이 최종적인 목적이 아니었습니다. 즉 이스라엘 백성이 광야에서 죽을 고생을 한 것은 복이 바뀌는 과정이었던 것입니다.

우리가 가끔 살다 보면 수돗물의 공급원이 바뀔 때가 있고, 전기도 공급원이 바뀔 때가 있습니다. 예를 들어 어느 지역 사람들이 가까운 저수지에서 식수를 공급받다가 수량이 부족해서 더 큰 저수지나 강에서 물을 끌어와서 연결시킬 때 잠시 단수되는 경우가 있습니다. 또 전기도 자가 발전을 하다가 큰 발전소에서 전기를 연결할 때 공사를 하기 위해 잠시 전기를 끊는 경우가 있습니다. 마찬가지로 이 세상에서 세상의 복을 공급받으면서 살다가 하나님의 복으로 바뀌는 과정에서 우리는 세상 복도 잃어버리고 하나님의 복도 공급되지 않는 어중간한 상태에 빠질 때가 있습니다. 이때 우리는 세상에 대해서도 무기력하고 하나님의 능력에 대해서도 자신이 없는 것입니다.

이처럼 우리가 예수를 믿고 하나님의 자녀가 되는 순간 우리는 이 세상 복에서 분리되는 과정을 겪게 됩니다. 이때 우리는 자신이 다른 사람들과 잘 어울리지 못하는 괴상한 성격을 가졌다는 것을 느끼게 됩니다. 옛날에는 친구들이나 친척들과 잘 어울렸는데 예수 믿고 난 후에는 잘 어울리지 못하는 것입니다. 그래서 어떤 분들은 저를 보고 낯을 많이 가린다고 말을 하기도 하고, 사교성이 없다고 말을 하기도 하는데 그것이 틀린 말이 아닌 것입니다.

우리도 옛날에는 친구들을 좋아하고 친척들과 잘 지냈었는데 왜 이렇게 미운 오리가 되었을까요? 그것은 우리가 어떤 일이든지 자기도 모르게 자꾸 의미를 생각하게 되었기 때문입니다. 즉 옛날에는 친구들과 아무리 무의미한 농담을 해도 재미가 있고, 죄가 되는 짓을 해도 스릴이 있고, 미친 짓을 하는 것이 너무 좋았는데 하나님을 알고 난 후에는 그런 것들이 무의미하고 싫어졌기 때문입니다. 우리는 이 세상에서 다른 사람들과 쉽게 어울릴 수 없는 까탈스러운 성격을 가지게 된 것입니다. 즉 우리가 다시 옛날처럼 세상 사람들과 하나가 되려면 그들과 함께 무의미한 짓과 미친 짓을 해야 하는데 그것이 싫어진 것입니다.

그리고 옛날에는 죽어라고 노력해서 돈을 벌고 높은 자리에 올라가면 성공이라고 생각했는데, 예수 믿고 난 후에는 그것조차도 무의미하게 된 것입니다. 즉 우리는 이 세상에서 돈도 벌지만 영적으로 의미 있는 일을 하고 싶어진 것입니다. 그러나 이 세상에서 돈도 벌면서 영적으로 의미 있는 일은 없습니다. 그래서 남자들 중에는 모든 것을 때려치우고 목회를 하거나 선교사로 나가려고 하는 분들이 많이 있는데 막상 그 세계 안으로 들어가려면 역시 돈 문제가 걸리고, 인간관계가 세상보다 훨씬 어려울 때가 있는 것입니다. 우리는 이 세상에서 성공도 하고 하나님의 일도 하고 싶은데 이 세상은 우리가 그렇게 하도록 내버려 두지 않습니다. 또 사실 그럴 수도 없는 것 같습니다.

거기에다가 우리가 실력이 있고 능력이 있어서 기업가가 되고, 교수가 되고, 의사가 되었다 하더라도 그 세계에서 술도 마시지 않고 골프도 치지 않고 교회에만 나가면 완전히 별종으로 따돌림을 받습니다.

그런데 하나님의 백성에게는 다른 사람들과 잘 어울리지 못하는 것뿐만 아니라 미래를 예측할 수 없다는 것이 더 불안할 때가 많습니다. 예를 들어 광야에서 이스라엘 백성은 미래를 기대할 수가 없었던 것입니다. 물론 하나님께서 이스라엘 백성에게 젖과 꿀이 흐르는 가나안 땅을 주겠다고 하셨지만 현실적으로는 불가능한 약속처럼 보였던 것입니다.

그런데 왜 하나님은 우리를 이 세상에서 거류민과 나그네처럼 만드시는 것일까요? 그것은 우리가 깊이 뿌리박고 있는 세상의 복을 하나님의 복으로 바꾸는 과정입니다. 그렇게 해서 하나님은 우리로 하여금 세상에 대하여 실망하게 하시고 오직 하나님 한 분만 바라보게 하시는 것입니다.

그러면 우리의 미래는 어디에 있는 것일까요? 우리의 미래는 하나님의 창조의 능력 안에 있습니다. 옛날 아브라함은 밤하늘의 별을 헤아리면서 무에서 유를 만드시는 하나님의 능력을 믿었습니다. 바로 그 하나님께 가는 길이 성경 말씀인 것입니다.

2. 우리에게 필요한 것

우리가 이 세상을 나그네같이, 피난민같이 살아갈 때 우리에게 가장 필요한 것은 생활의 안정과 미래의 보장일 것입니다. 그런데 성경은 도무지 이해할 수 없는 말씀을 하고 있습니다. 성경은 "사랑하는 자들아 거류민과 나그네 같은 너희를 권하노니 영혼을 거슬러 싸우는 육체의 정욕을 제어하라"라고 한 것입니다. 지금 우리에게 가장 필요한 것은 생활의 안정이고 미래가 보장되는 것인데 왜 하나님은 육체의 정욕을 제어하라는 여유만만한 말씀을 하실까요? 사실 피난민촌 같은 데에서는 사람들이 먹고살기 위해서 도둑질하는 것은 예사이고, 여자들을 강간하는 일도 예사로 일어나고, 주먹질이나 욕하는 것이 다반사인데 왜 영혼을 거슬러 싸우는 육체의 정욕을 이기라는 한가한 말씀을 하시는 것일까요?

우리가 이 말씀을 잘못 이해하면 우리도 그리스 철학자들처럼 영혼만 중요하기 때문에 육체를 무시하고 일부러 육체의 고통을 선택하려는 것처럼 들리기 쉽습니다. 하나님은 우리에게 성자가 되라고 하시는 것일까요? 하나님은 우리가 플라톤 같은 그리스 철학자가 되기를 원하시는 것일까요? 하나님은 우리가 소크라테스처럼 되기를 원하시는 것일까요? 하나님이 원하시는 것은 그런 것이 아닙니다. 우리 그리스도인들이 육체를 가지고 이 세상을 하루하루 살아가는 것보다 더 위대한 것은 없습니다. 그런데 왜 하나님은 우리로 하여금 생활의 안정보다 영혼의 요구를 더 중요하게 생각하라고 하시는 것일까요?

그것은 크게 두 가지 이유 때문입니다. 그 첫째는, 우리는 거류민이나 나그네가 아니기 때문입니다. 우리 예수 믿는 사람들은 겉으로 보기에는 피난민이나 나그네같이 불안정하게 보일지 몰라도 실제로는 나그네도 아니고 피난민도 아닙니다. 우리는 모두 어마어마한 하나님의 축복의 상속자이며, 그 축복의 소유자인 것입니다.

얼마 전 신문에 우리나라의 재벌 기업이 올해에 몇조 원을 투자하기로 했다는 기사가 나왔습니다. 사실 그 기업가가 투자하겠다는 돈은 어마어마한 액수입니다. 그런데 우리는 나그네도 아니고, 피난민도 아니고, 하나님의 어마어마한 축복의 소유자들입니다. 그럼에도 우리는 아직 그 복을 사용하는 법을 잘 모르고 있는 것입니다. 우리가 세상에서 가난하게 보이고 직업이 안정되지 못하게 보이는 것은 사실 그것과 비교되지 않는 하나님의 축복을 가지고 있기 때문입니다. 그런데 우리는 아깝게도 그 축복의 가치를 모르고 있고, 사용하는 방법은 더 모르고 있습니다. 그래서 "너희 영혼을 거슬러 싸우는"이라고 말한 것은, 결국 우리가 이 엄청난 축복을 제대로 알고 사용하려면 우리의 영혼, 즉 우리의 믿음이 자라는 수밖에 없다는 것입니다. 이것이 안 되면 하나님의 일도 돈으로 하려고 하고, 인간적인 계획이나 열정을 가지고 하게 됩니다.

그런데 하나님의 축복에도 방법이 있습니다. 우리가 하나님의 축복을 파고들어 가려고 하면 너무 이 세상에서 안정이 되면 안 되는 것입니다. 우리는 아무것도 없는 가운데 사생결단을 하고 하나님의 말씀을 파고들어 가야 축복을 소유할 수 있습니다.

그리고 둘째는 우리를 하나님의 축복에서 망하게 하는 가장 큰 요인이 육체의 정욕이기 때문입니다. 즉 하나님은 우리가 하나님의 말씀을 붙든 상태에서 가난하고 불안한 것은 절대로 실패한 것도 아니고 못사는 것도 아니라고 말씀하고 있습니다. 왜냐하면 우리를 이런 상태로 몰아넣으신 분이 하나님이기 때문입니다. 사실 우리가 가장 인정하기 어려운 것이 바로 이것입니다. 먹을 것이 떨어져 가고 있고 돈이 없는데 왜 하나님은 안정되다고 하시는가 하는 것입니다. 그러나 사실 이때가 우리 인생에서 하나님과 가장 가까운 때입니다.

이스라엘 백성은 광야에서 하나님을 시험했습니다. 즉 이스라엘 백성은 '아무리 하나님이라 하더라도 광야에서 고기를 먹지 못하게 하지는 않겠지'라고 생각한 것입니다. 그래서 이스라엘 백성은 모세에게 고기가 먹고 싶다고 불평을 했습니다. 사실 광야에 무슨 고기가 있겠습니까? 그런데 그 다음 날 온 광야를 메추라기가 덮었다고 말씀하고 있습니다. 이스라엘 백성은 그 메추라기를 잡아서 질리도록 먹었습니다. 그런데 성경은 하나님이 이스라엘 백성이 불평하는 소리를 다 들으셨다고 말씀하고 있습니다. 우리가 하나님의 말씀을 붙들고 가난한 것은 실패한 것이 아닙니다. 오히려 그때가 가장 안정된 상태에 있는 것입니다. 우리를 정말 위험하게 만드는 것은 성공하고 난 후에 찾아오는 교만과 정욕과 야망입니다. 하나님의 백성이 차라리 가난할 때에는 죄를 지어도 과감하지 못하고 금방 겁이 나서 회개합니다. 그러나 하나님의 백성이 복을 받아서 부자가 되고 높은 자리에 올라가면 더 부자가 되고 싶고 더 유명해지고 싶은 욕망이 끓어오르게 됩니다. 이때 위험한 것은 자신의 야망이나 욕망을 하나님의 말씀이나 뜻이라고 포장을 하는 것입니다.

사실 높은 자리에 있으면 사람을 속이는 것이 너무 쉽습니다. 왜냐하면 사람들은 성공한 사람의 말이라면 무조건 믿고 싶어 하기 때문입니다. 그리고 사람이 유명하게 되면 스스로를 대단하게 생각하기 때문에 성적인 죄에 빠지는 것을 별것 아닌 것처럼 생각합니다. 그리고 거짓말을 하기도 하고, 오만해져서 다른 사람을 볼 때 외모를 보고 판단합니다. 그렇기 때문에 하나님의 백성에게 정말 위험한 때는 가난하고 불안할 때가 아니라 높은 자리에 올라가고 성공했을 때입니다. 그래서 많은 하나님의 종이나 하나님의 백성이 오히려 성공하고 난 후에 죄에 빠지거나 하나님의 축복을 잃어버리고, 심지어는 인간적으로도 망할 때가 많습니다. 그러므로 우리가 생활이 안정되고 난 후에도 육체의 정욕에 빠지지 않으려면 성공이나 물질적인 복이 목표가 되면 안 됩니다. 즉 죽도록 하나님의 말씀에 순종하다 보면 성공할 수도 있고 물질적인 복을 받을 수도 있는 것이지, 세상적인 복이 인생의 목표가 되면 틀림없이 높아지고 부자가 되었을 때 실패하는 것입니다.

3. 그리스도인의 선한 행실

하나님께서는 우리 성도들의 고난과 축복을 통해서 이 세상 사람들에게 보여 줄 것이 있다고 말씀하고 있습니다. 그것은 바로 우리가 유명해지는 것이 아니라 우리를 이렇게 만드신 하나님께 영광이 돌아가게 하는 것입니다.

"너희가 이방인 중에서 행실을 선하게 가져 너희를 악행한다고 비방하는 자들로 하여금 너희 선한 일을 보고 오시는 날에 하나님께 영광을 돌리게 하려 함이라"_벧전 2:12

여기서 우리가 알 수 있는 것은, 이 세상 사람들은 우리 믿는 자들을 오해하고 있다는 것입니다. 즉 여기에 보면 "너희를 악행한다고 비방하는 자들"이라고 말씀하고 있습니다. 이것은 세상 사람들이 하나님의 백성을 악하게 본다는 것입니다. 즉 세상 사람들은 하나님의 백성이 너무 이기적이어서 자기 자신밖에 모르고 세상일에 협조하지도 않으면서 굉장히 잘난 체한다는 것입니다.

사실 예수 믿는 사람들은 세상 사람들이 하자고 하는 대로 고분고분 따라 하지 않습니다. 즉 세상 사람들이 예수 믿는 사람들에게 술을 마시라고 하거나 우상에게 절하라고 하거나 죄가 되는 행동을 하라고 하면 예수 믿는 사람들은 하나님의 계명에 하지 말라고 했다고 하면서 거부합니다. 거기에다가 세상 사람들은 권력이 있는 사람이나 부자들에게 엄청나게 아첨을 하는데 예수 믿는 사람들은 정직해야 한다고 하면서 아첨을 하지 않습니다. 그래서 세상 사람들은 예수 믿는 사람들이 자기들을 무시하는 것처럼 보이고 오만하고 고집스럽게 느껴지면서 비협조적이라는 인상을 가지는 것입니다.

그런데 예수 믿는 사람들은 세상 사람들이 알지 못하는 것을 많이 알고 있습니다. 이들은 하나님에 대한 것이나 귀신에 대한 것에는 전문가 수준인 것입니다. 그런데다가 예수 믿는 사람들은 대개 가난하고 무식하고 정치적인 힘이 없습니다. 돈이나 많고 권력이라도 있으면 이해를 하겠는데 아무것도 아닌 주제에 엄청나게 잘난 체하는 것입니다. 더욱이 예수 믿는 사람들은 대다수가 순한 편이기 때문에 세상 사람들이 보기에 만만하게 보입니다. 그래서 세상 사람들은 하나님의 백성을 공격합니다. 즉 사자나 표범 같은 맹수들이 다른 짐승의 새끼들을 노리는 것처럼 세상에서 강한 자도 힘이 없는 그리스도인들을 괴롭히고 공격합니다. 그런데 하나님은 우리 믿는 자들에게 절대로 악한 자를 악으로 이기려고 하지 말라고 말씀하고 있습니다. 오히려 하나님은 악하게 말하고 공격하는 자 앞에서 끝까지 선한 모습을 가지라고 말씀하고 있습니다.

이것은 우리에게 너무 손해인 것 같습니다. "눈에는 눈으로, 이에는 이로"(레 24:20) 상대해야 남들이 나를 우습게 여기지 못할 텐데 일방적으로 당하기만 하면 나는 도대체 무엇이 되는 것일까요? 여기에 하나님의 깊으신 뜻이 있습니다. 즉 우리가 이 세상에서 악한 자들에게 공격을 당하고 무시당하고 업신여김을 당하는 것은 그 사람이 나를 공격하는 것이 아니라 하나님이 악하고 교만한 자들을 통해서 나의 겸손을 테스트하시는 것입니다. 그래서 악한 자들 앞에서 화를 내지 않고 복수하지 않으면 우리는 승리하는 것입니다. 즉 강한 자나 악한 자의 공격으로 상처받은 우리의 모습이 바로 승리의 모습인 것입니다. 상처를 입은 예수님이 영광스러우시듯이 상처 입은 우리가 하나님 앞에서 최종 승리자인 것입니다. 그래서 우리는 강하고 악한 자가 나를 공격하고 못되게 굴 때 지금 나는 최종적으로 신앙 테스트를 받고 있다고 생각해야 승리할 수 있습니다. 이 세상에서 최고의 면류관은 노벨상도 아니고, 올림픽 금메달도 아닙니다. 이 세상 최고의 면류관은 상처 입으면서도 공격하지 않는 성도의 모습인 것입니다.

그런데 여기에 보면, "오시는 날에 하나님께 영광을 돌리게 하려 함이라"라고 했습니다. 즉 하나님이 다시 오시는 날에 악한 자들이 이런 성도들을 준비하신 하나님께 영광을 돌린다는 것입니다. 그런데 개역한글 성경에는 "오시는 날"이 "권고하시는 날"로 되어 있습니다. 이것이 번역의 어려운 점이고, 번역자나 해석자의 신앙이 아주 중요한 것을 보여 주는 것입니다. 물론 하나님이 오시는 날에 성도들이 상처 입은 것이 영광스럽게 나타날 것입니다. 그러나 그전에 하나님께서 세상 사람들의 마음을 조금이라도 열어 주실 때 그들은 깨닫게 되는 것입니다. 즉 예수 믿는 사람들이 얼마나 아름다운 사람들이며, 겸손한 자들이며, 자기들을 사랑하는지 알게 되는 것입니다.

우리 예수 믿는 사람들은 외모만 보면 딱딱할 것 같고 무서울 것 같은데 가까이해 보면 정말 순수하고 따뜻하고 아름답습니다. 그래서 세상 사람들은 하나님의 백성의 속마음을 모르기 때문에 오해를 해서 미워합니다. 그 이유는 세상 사람들의 마음속에 공격적인 본성이 있기 때문입니다. 그런데 하나님이 조금이라도 세상 사람들의 마음을 열어 주셔서 열린 눈으로 보면 예수 믿는 사람들이 정말 깨끗한 사람이고, 겸손한 사람이며, 사랑이 많은 사람이라는 것을 알고 하나님께 영광을 돌리게 되는 것입니다.

오늘 우리가 가난하고 미래가 불안한 것은 나의 무능 때문이 아니고 실패한 것이 아닙니다. 오히려 우리는 엄청난 하나님의 복을 내 것으로 만들고 있는 것입니다. 우리 모두 이 세상에서 상처 입고 고통받은 것을 하나님 앞에 다 내어 놓고 위로받고 치료받으시기를 바랍니다.

기회 10 Chance

벧전 2:13-17

훈련받는 사람들

　미국의 특수부대는 대원 선발과 훈련이 혹독하기로 소문이 나 있습니다. 이들은 극한상황에서 살아남는 훈련을 받을 뿐 아니라 어떤 상황에서도 임무를 수행할 수 있도록 사격 훈련이나 제한된 물자로 생존하는 방법을 습득합니다.
　사람들은 세이프티 존(safety zone)이라고 해서 자신만의 안전지대에 있을 때 편안함을 느낍니다. 특히 청소년들은 자신만의 방이 있어야 하고, 직장에서 여성들은 휴게실이나 라커룸 같은 자신만의 사생활이 있어야 정신적으로 병들지 않고 건강할 수가 있습니다. 예를 들어 연예인이나 정치인이나 유명 인사들처럼 모든 생활이 공개되고 사람들의 관심의 대상이 되면 본인이나 가족은 무엇을 하든지 불안하고, 정신병이나 우울증에 걸릴 확률이 높습니다. 어떤 여성은 직장에 자기만의 공간이 없으니까 화장실이 유일한 피난처라고 말을 하기도 합니다.
　사람들에게 가장 소중한 것은 자유입니다. 우리는 자유가 있기 때문에 자기 자신만의 영역을 가질 수 있고, 자기가 하고 싶은 것을 하며, 만나고 싶은 사람을 만나서 사랑을 할 수가 있습니다. 그런데 죄를 지어서 교도소에 갇히면 자유가 없어집니다. 자유를 빼앗긴 사람은 자존감이 낮습니다. 그리고 자신만의 영역이 없어지고, 자기가 하기 싫어하는 것을 강요당하며, 사랑하는 사람도 마음대로 만날 수 없게 됩니다. 우리 인간은 자기 영역이 없고, 자기가 하고 싶은 일을 할 수 없으며, 사랑하는 사람을 마음대로 만나지 못할 때 큰 고통을 느낍니다.

그런데 신앙인에게 최고의 자유는 마음껏 하나님을 찬송하고 기도하고 예배할 수 있는 것입니다. 마음이 아프거나 몸이 병들었을 때 기도할 수 있다는 것은 정말 놀라운 축복인 것입니다. 그런데 본문 말씀은 다시 우리에게 역설적인 말씀을 하고 있습니다. 우리 예수 믿는 사람들은 이 세상에서 자유가 없는 자처럼 살라는 것입니다. 왜 하나님은 우리에게 자유가 없는 자처럼 살라고 말씀하시는 것일까요? 그것은 우리의 자유가 매우 귀하고, 또 우리가 상대하는 사람들이 매우 귀하기 때문입니다.

1. 그리스도인의 복종

요즘 전 세계의 여성들은 하고 싶은 것을 다 하면서 많은 자유를 누리며 살아가고 있습니다. 그래서 우리나라에서도 여성이나 젊은이들을 위한 고급 카페가 성시를 이루고 있고, 담배를 피우고 술도 마시는 여성들이 많아지고 있습니다. 그러나 여성들이 아무리 자유롭다고 해도 일단 임신을 하면 행동을 조심하게 됩니다. 만일 임신한 여성이 술을 많이 마시거나 담배를 많이 피우면 태아에게 좋지 않은 영향을 줄 것이고, 또 임신한 여성이 다른 사람과 치고받고 싸우면 태아에게 아주 나쁜 영향을 주기 때문에 모든 일에 조심을 할 것입니다. 또 중요한 공직에 있는 분들, 예를 들어 대통령을 보좌하는 사람이나 국방의 의무를 다하고 있는 군인들은 자신들이 하는 일이 너무 중요하기 때문에 자유 시간을 거의 갖지 못하고 임무를 위해서 충성을 다할 것입니다.

우리 그리스도인들은 이미 하나님을 예배하고 마음껏 하나님의 말씀을 들을 수 있는 자유를 얻었습니다. 우리는 이 세상 최고의 자유인인 것입니다. 그럼에도 베드로 사도는 우리가 맡은 사명이나 우리가 상대하는 사람들이 중요하기 때문에 우리는 마음대로 살 수 없다고 말하고 있습니다.

"인간의 모든 제도를 주를 위하여 순종하되 혹은 위에 있는 왕이나 혹은 그가 악행하는 자를 징벌하고 선행하는 자를 포상하기 위하여 보낸 총독에게 하라"_벧전 2:13-14

우리 그리스도인들은 하나님을 믿는 자들로서 하나님이 온 세상을 통치하신다는 것을 믿습니다. 그래서 우리는 처음 예수를 믿을 때에 하나님을 믿게 되어서 기쁘고, 나 자신의 가치를 찾아서 기쁘고, 특히 예수님이 부활하신 후 온 세상의 통치자가 된 것으로 인해 기쁩니다. 그런데 어느 정도 예수를 믿고 난 후에는 여전히 이 세상을 악한 자들이 통치하며, 악한 자들 더 잘되고 세상의 모든 특혜를 누리는 것이 이해가 되지 않습니다. 그래서 우리는 하나님이 온 세상을 다스리는데 하나님은 왜 악이 이렇게 설치는 것을 보고만 계실까 하고 생각합니다. 더욱이 베드로 사도는 우리를 이 세상에서 나그네요, 행인이라고 하였습니다. 그러므로 우리는 더욱더 이 세상에서 별 볼 일 없는 존재가 아닐까 하고 생각하기 쉽습니다.

그런데 본문 말씀에서 베드로 사도는 우리 예수 믿는 자들에게 주님을 위하여 인간이 세운 모든 제도를 인정하고 왕이나 왕이 보낸 총독에게도 복종하라고 말하고 있습니다. 우리는 이미 하나님의 백성이 되었고, 하나님과 직통할 수 있는 자들인데 왜 이 세상의 불의한 권세자들에게 복종하고 순종해야 할까요?

그 첫째는, 하나님은 우리가 이 세상에서 믿지 않는 자들에게 훈련을 받기를 바라시기 때문입니다. 우선 우리가 이 세상에서 실력이나 지위가 향상되기 위해서는 강한 훈련과 교육을 받아야 합니다. 예를 들어 남자들이 군대에 입대하면 누구나 다 훈련소에 입소하게 되어 있는데 이것은 군인이 되기 위한 과정입니다. 남자들이 군대에서 훈련을 받을 때 가장 미운 사람들이 훈련을 시키는 교관일 것입니다. 이 사람들은 정말 별것 아닌 것을 트집잡아서 야단을 치고 벌을 주고 고생을 시키는데, 그럴 때 훈련병들은 모두 마음속으로 '저 사람이 죽거나 없어졌으면 좋겠다'고 생각할 것입니다. 그런데 그 교관은 나름대로 사고 없이 훈련을 마치기 위해서 엄청나게 스트레스를 받으면서 준비해서 훈련을 시키는 것입니다. 얼마 전에 훈련소에서 어떤 훈련병이 수류탄을 잘못 던져서 자기 쪽으로 떨어졌는데 교관이 얼른 그 훈련병을 덮쳐서 모두 무사할 수 있었다고 합니다.

그리고 학생들은 제발 시험이나 과제물이 없었으면 좋겠다고 생각하지만 사실 학생들에게 시험이나 숙제에 대한 스트레스가 없으면 공부가 되지 않습니다.

마찬가지로 하나님은 우리 하나님의 백성을 매우 사랑하시기 때문에 훈련을 시키십니다. 우리는 훈련을 받지 않으면 이 세상을 살아갈 때에 믿지 않는 사람들과 다를 바 없이 살아가는 것입니다. 예를 들어 아무리 예수를 잘 믿는 사람이라 하더라도 막상 고속도로에서 운전을 할 때 과속을 하게 되고, 특히 단속 카메라가 없는 지역에서는 속도를 더 냅니다. 그런데 믿는 사람들이 과속을 몇 번 했다가 아까운 벌금을 내고 난 후에는 잠시 속도를 줄이는데, 그때 그는 하나님의 눈이 무서워서 속도를 줄이는 것이 아니라 벌금이 무서워서 속도를 줄이는 것입니다.

그래서 하나님은 하나님의 백성을 이중적으로 훈련시키십니다. 그 하나는 이 세상 사람들이 당하는 고난을 다 당하게 하는 것이고, 또 하나는 이 세상 사람들은 당하지 않는 고난까지 당하게 하시는 것입니다. 우리는 이렇게 이중적인 고난을 당하면서 하늘 무서운 줄 모르던 콧대가 꺾여서 다른 사람에게 고개를 숙이게 되고, 다른 사람의 말에 복종하게 됩니다.

그렇기 때문에 하나님께서는 우리에게 이 세상에서 왕이나 모든 제도를 인정하고 순종하며 왕이 보낸 총독에게도 복종하라고 하셨습니다. 그 이유는 옛날에 우리가 이 세상의 제도나 다른 사람들을 인정하지 않고 '하나님을 믿는 내가 제일이다' 라는 생각으로 살아갈 때가 많았기 때문입니다.

그런데 다른 사람들은 우리의 이런 모습을 이해하지 못합니다. 왜냐하면 세상 사람들은 다른 사람을 볼 때 신분이나 재산을 보지 그 사람이 하나님을 믿고 은혜받은 것은 생각하지 않기 때문입니다. 그런데 우리가 하나님을 믿는다고 하면서 세상의 제도나 현실을 인정하지 않는다면 세상 사람들은 그리스도인들을 너무 비현실적이고 이상한 사람으로 생각하는 것입니다.

예를 들어 아직 세상 경험이 없는 청소년이 자기는 하나님을 믿기 때문에 학교 공부도 필요 없고 세상의 관리들도 소용이 없다고 하면서 자기 멋대로 행동을 한다면 사람들은 그를 정신이상자로 생각할 것입니다. 마찬가지로 하나님을 믿는 우리가 세상의 모든 제도나 권위를 부정하고 내 마음대로 산다면 사람들은 그것을 이해하기보다는 정신이 좀 이상한 사람이나 공상가라고 생각할 것입니다. 즉 예수 믿는 사람들이 너무 하나님만 생각한 나머지 세상의 권력이나 제도를 인정하지 않으면 다른 사람들이 상대할 수 없는 정체불명의 사람이 되어 버리는 것입니다. 그러나 하나님을 믿지 않는 사람들이 예수 믿는 사람들은 비현실적이고 공상적일 것이라고 생각했는데, 오히려 현실을 인정하고 권위에 기꺼이 복종할 때 안심을 하고 두려움 없이 상대하게 됩니다.

그뿐만 아니라 세상 사람들이 권력자나 통치자에게 복종하고 아첨하는 것은 진심으로 하는 것이 아니라 어쩔 수 없어서 하는 것입니다. 즉 세상 사람들이 법을 지키고 통치자에게 복종하는 것은, 마음속으로는 정말 하기 싫은데 보복이 두렵고 처벌이 무섭기 때문에 어쩔 수 없어서 하는 것입니다. 그래서 권력자들은 사람들을 복종시키기 위해 무자비하게 폭력을 씁니다. 그러나 그리스도인들이 권위나 법에 복종하는 것은 반항심을 감추고 마지못해서 하는 것이 아니라 '주님께 하듯이 기꺼이 복종' 합니다. 이것이 세상 사람들에게는 더 이해가 되지 않는 것입니다. 즉 세상 사람들은 위에서 시킨 일을 할 때 사람이 있을 때와 없을 때의 행동이 다릅니다. 즉 윗사람이 없을 때에는 윗사람을 욕하거나 건성으로 하는 체하다가 윗사람이 보이면 아첨하는 말을 하고 일을 열심히 하는 것처럼 합니다. 그 이유는 그 복종이 마음에서 우러나온 것이 아니기 때문입니다.

그런데 오히려 하나님의 백성은 처음에는 잘 순종하지 못합니다. 왜냐하면 하나님의 백성은 새로운 상황에 잘 적응하지 못할뿐더러 하나님의 뜻을 모르기 때문입니다. 그런데 기도하거나 말씀을 듣는 가운데 윗사람에게 복종하는 것이 하나님의 뜻이고 이것이 나의 영적인 훈련을 위해서 유익하다는 것을 깨닫는 순간 아주 적극적으로 순종합니다. 그래서 믿지 않는 사람들이 이런 것을 보면 더 이해하지 못합니다. 즉 처음에는 새로운 현실에 잘 적응하지도 못하고 말도 잘 듣지 않던 사람이 그것이 하나님의 뜻이라고 받아들여지면 모습도 편안해지고 모든 일에 말 없이 적극적으로 순종하고 복종을 하는 것입니다. 이때 세상 사람들은 하나님의 백성이 하자고 하는 대로 하면 모두 죽지 않고 살게 됩니다. 왜냐하면 바로 여기에 하나님의 지혜가 있고, 살 수 있는 비결이 있기 때문입니다. 하나님의 백성은 사람을 보고 복종을 하는 것이 아니라 주님을 보고 복종을 합니다. 그런데 세상 사람들은 주인이나 높은 사람에게 복종하는 줄 알고 예수 믿는 사람들을 신뢰하는 것입니다.

그러나 예수 믿는 사람들은 아무리 윗사람을 공경한다 하더라도 죄를 짓도록 명령하는 것은 복종하지 않습니다. 예를 들어 윗사람이 살인을 지시한다든지, 간음하게 한다든지, 우상 숭배를 강요하면 복종하지 않는 것입니다. 그래서 결국 하나님의 백성은 악한 통치자나 상관에게 미움을 받게 됩니다. 세상 사람들은 하나님의 백성이 죄짓는 것까지 순종해야 좋아하는데 하나님의 백성이 죄를 짓는 것은 믿음을 버리는 행위인 것입니다.

셋째로 이 세상에 권력자나 통치자가 있는 이유는 악한 자를 처벌하기 위해서라고 말씀하고 있습니다. 물론 이 세상의 권력자나 통치자 중에는 자기 이익을 위해서 권력을 남용하는 사람들이 많이 있습니다. 그럼에도 이들은 살인자나 간음한 자나 남에게 피해를 끼친 자를 심판합니다. 그런데 우리 하나님의 백성이 믿는 것은, 아무리 악한 자라 하더라도 그 마음속에 양심이 있다는 것입니다. 즉 겉으로 아무리 오만하고 악한 자라 하더라도 누군가가 진실하고 정직하게 대해 주면 언젠가는 미안한 마음이 생기고 감동이 생겨서 마음이 열릴 가능성이 있는 것입니다. 그러므로 우리는 상대방이 오만하고 악하다고 해서 미리 마음의 문을 닫아서는 안 됩니다. 만일 우리가 이 세상에서 많은 고통을 당한다 하더라도 단 한 명의 악한 자의 마음속에 미안한 마음이나 감동이 생기게 하면 그것은 완전히 성공한 것입니다. 그렇기 때문에 우리는 내가 인내하고 순종할 때 악한 자 중에 마음이 변할 자가 있다는 것을 믿어야 합니다.

사람은 생각하는 것에 따라서 악한 사람이 될 수도 있고, 천사같이 될 수도 있습니다. 그런데 세상 사람들은 악한 자를 더 자극해서 완전히 나쁜 사람으로 만들어 버립니다. 그러나 우리는 악한 자를 변화시킬 수 있는 사람들이기 때문에 언제나 다른 사람에 대하여 기대를 가져야 합니다.

2. 세상 사람들의 폭력

서커스나 돌고래 쇼를 하는 곳에 가 보면 맹수들을 훈련하는 조련사들이 있습니다. 그런데 신기한 것이, 사자나 곰 같은 사나운 맹수들이 조련사 앞에서는 마치 온순한 짐승처럼 시키는 대로 다 하는 것입니다. 특히 돌고래 쇼를 할 때 여성 조련사가 물을 튀기고 손뼉을 치면 돌고래가 점프를 하기도 하고 뒷걸음질을 하면서 춤을 춥니다. 그런데 아무리 조련사라 하더라도 맹수들의 사나운 본성을 자극하면 공격을 받아서 죽습니다. 조련사들이 맹수들을 잘 다루는 것은 맹수들의 본성을 잘 파악해서 함부로 자극하지 않고, 그들에게 필요한 먹이를 주고, 특히 시키는 대로 했을 때 먹이를 더 주는 방법으로 훈련을 시킨 결과입니다. 그렇기 때문에 맹수들이 조련사가 시키는 대로 할 정도가 되려면 아주 오랜 시간이 걸린다고 합니다.

전에 어떤 부인이 병으로 돌아가시게 되었는데 남편이란 사람이 팔짱을 낀 채 아무런 표정의 변화도 없이 무뚝뚝하게 서 있었습니다. 그래서 환자를 돌보고 있던 호스피스 간호사가 남편에게, "그렇게 무뚝뚝하게 서 있지만 말고 뭐라고 말을 좀 해 보세요"라고 하니까 남편이 갑자기 통곡을 하면서 아내의 손을 붙잡고 "미안하다"라고 수도 없이 말을 하더라는 것입니다. 즉 이 남편은 아내를 사랑하고, 그래서 울고 싶은 마음이 있었는데 체면 때문에 참고 있었던 것입니다.

마찬가지로 우리는 폭력을 행하고 약한 사람을 괴롭히는 자에게는 약한 마음이 전혀 없을 것이라고 생각하기 쉬운데 사실 사람이 못되게 구는 것은 약한 마음을 위장하기 위해서 일부러 더 악하게 행동하는 것입니다. 그래서 성추행을 하고 어린이를 학대한 사람들도 당시에는 미쳐서 그런 짓을 하겠지만 나중에 제정신이 들고 나면 미안해하고 죄의식으로 고통받으면서 살아갑니다. 그런데 우리 크리스천은 이러한 자들을 이해할 수 있습니다. 그래서 베드로 사도는 이렇게 말하고 있습니다.

"곧 선행으로 어리석은 사람들의 무식한 말을 막으시는 것이라"_벧전 2:15

여기서 "어리석은 사람들의 무식한 말"은 무엇을 말하는 것일까요? 그것은 하나님을 모르는 사람들이 자기가 우월하기 때문에 가난하고 약한 자들을 괴롭힐 권한이 있다고 말을 하는 것입니다. 즉 지위가 높은 사람은 부하 직원을 야단치고 괴롭힐 권한이 있다는 것입니다. 그런데 사실 하나님이 사람들에게 힘을 주신 것은 약한 자를 괴롭히라고 주신 것이 아니라 약한 자를 도와주고 지켜 주라고 힘을 주신 것입니다.

하지만 세상 사람들은 하나님의 의도와 정반대로 생각합니다. 즉 돈이 많은 사람은 가난한 사람을 무시하거나 업신여길 자격이 있다고 생각하고, 힘이 있는 자는 약한 자를 괴롭혀도 된다고 생각합니다. 그러나 결국 돈이 있거나 힘이 있는 자들이 약한 사람들을 괴롭히는 이유는 자기가 공격당할 것이 두려워서 스스로 방어하는 것입니다.

우리는 대다수의 사람들이 피해 의식에 젖어서 살아가고 있다는 것을 알아야 합니다. 뜻이 비슷한 사람들끼리 뭉쳐서 당을 만드는 이유도 결국 자기 자신을 지키기 위해서입니다. 그리고 사람들은 최선의 방어가 공격이라고 생각하기 때문에 자기 이익을 지키기 위해서 남을 공격합니다.

요즘 우리 사회에서 누군가가 무슨 잘못을 하면 모든 사람들이 그를 향해 욕을 하고 공격을 하는데, 어떤 사람은 이러한 행태를 보면서 우리 사회는 집단 히스테리에 걸린 것 같다고 합니다. 우리 사회는 누군가가 그물에 걸려 주기를 바라는 사냥꾼들과 같은 것입니다. 그러나 우리 그리스도인들은 자기를 공격하는 자에게 악을 쓰면서 덤벼들거나 같이 저주하지 않습니다. 오히려 조용히 눈물을 흘리면서 참습니다. 그 이유가 무엇일까요? 그렇게 악을 쓰면서 덤벼드는 사람은 진정으로 자기의 가치를 모르고 사탄에게 이용당하는 것이고, 그의 본심에는 불안해하고 두려워하는 마음이 있다는 것을 알기 때문입니다. 그래서 사람이 화가 나서 날뛸 때에는 어느 누구도 상대하거나 설득시킬 수가 없습니다. 시간이 지나서 화가 가라앉고 제정신이 들었을 때 따뜻한 차 한 잔을 대접하거나 맛있는 음식을 주면 그는 굉장히 미안해하면서 마음이 부드러워지는 것입니다.

사실 우리는 모든 사람들을 믿기 때문에, 그리고 한 사람 한 사람의 가치를 소중하게 생각하기 때문에 악을 악으로 갚을 수가 없습니다. 비유를 들자면 이 세상 사람들은 상처를 입은 맹수와 같습니다. 그런데 누군가가 그런 사람을 자극하면 더 사나워질 수밖에 없습니다. 그러나 하나님의 백성은 자존심도 버리고, 체면도 버리고, 간도 쓸개도 버리고 자기에게 화를 내고 상처를 준 사람을 미워하지 않고 웃어 주거나 혹은 따뜻한 차나 따뜻한 말로 위로하는데, 그때 세상 사람들은 할 말이 없어지는 것입니다.

악한 자가 약한 자에게 폭력을 휘두르는 순간, 그는 이미 패배한 것입니다. 왜냐하면 예수님께서는 검을 쓰는 자는 검으로 망할 것이라고 말씀하셨기 때문입니다. 결국 남에게 악을 행한 사람은 자신의 피해 의식을 드러낸 것이요, 하나님의 경기에서 진 것입니다. 이 세상에서 최고의 승리자는 악한 자로 인해 어려움을 당했지만 복수하거나 저주하지 않고 미소 짓는 사람입니다. 만약 미소 짓는 것이 어렵다면 가만히 있기만 해도 승리한 것입니다.

그런데 이렇게 다른 사람에게 피해만 당하는 것은 너무 불공평한 일이 아닐까요? 절대로 그렇지 않습니다. 악한 자에게 공격을 당하고 피해를 입었지만 참고 가만히 있거나 웃어 주거나 하나님께 감사드리는 것이 그 어떤 천사보다도 아름다운 모습이기 때문입니다. 이 세상에서 수백억 수천억을 주고도 살 수 없는 보배는 고통받았지만 웃을 수 있고 하나님께 감사드리는 사람입니다. 이때 우리는 하나님 앞에서 최고의 상과 훈장을 받는 것입니다. 이 세상에서 가장 영예롭고 권위 있는 상은 노벨상이나 올림픽 금메달 같은 것이지만 하나님 앞에서 최고로 권위 있고 가치 있는 상은 상처받았지만 웃고 감사드리는 성도들이기 때문입니다. 하나님은 우리 성도들의 눈물을 병에 담으시며 상처 하나하나마다 별을 달아 주실 것입니다. 그래서 우리는 주님이 재림하실 때에 부끄럽지 않고 당당하게 주님을 만날 수 있을 것입니다.

3. 자유의 사용

요즘 우리나라 사람들은 우리나라가 정치적인 자유와 경제적인 발전을 동시에 성공적으로 이루어 냈다고 말을 하고 있습니다. 대개 정치적인 자유를 얻은 나라들 중에는 너무 심하게 시위를 하고, 또 정치가 부패하는 바람에 후진국이 된 경우가 많은데 우리나라는 두 가지 면에서 모두 성공했다고 합니다. 그러나 요즘 우리나라의 정치인들이나 지식인들이 하는 말이나 행동을 보면 자유를 너무 자신의 이익이나 정욕을 위해서 쓴다는 느낌을 받을 때가 있습니다. 그러나 이것은 아주 위험한 일입니다.

"너희는 자유가 있으나 그 자유로 악을 가리는 데 쓰지 말고 오직 하나님의 종과 같이 하라"_벧전 2:16

우리에게 중요한 것은, 주어진 자유를 가지고 어떻게 살 것인가 하는 것입니다. 특히 현대인들은 거의 무한대의 자유를 가지고 살아가고 있습니다. 그래서 마음을 먹기만 하면 얼마든지 죄를 지을 수 있고, 무슨 짓이든 할 수 있습니다. 그리고 현대인들은 죄를 짓고도 얼마든지 자신의 행위를 가릴 수 있습니다. 그러다가 나중에 죄가 드러나면 인생을 망치고 자폭하는 것입니다.

만일 어떤 사람에게 죽기 전에 3일간의 자유가 주어졌다면 그 사람은 3일 동안 무엇을 할까요? 아마 어떤 사람은 3일 내내 실컷 술을 퍼마시고, 모든 것을 두들겨 부수면서 울고 소리를 지르다가 3일을 다 허비하고 말 것입니다. 이 사람은 자유를 자기 정욕을 위해서 허비하고 만 것입니다. 아마 많은 사람들이 마지막 주어진 자유를 이렇게 방종하는 데 써야 덜 억울하다고 생각할 것입니다. 반면에 어떤 사람은 주어진 3일 동안 사랑하는 사람들을 만나서 사랑한다고 말을 할 것입니다. 아마 그는 수십 번 수백 번 자신의 모든 힘을 다하여서 사랑한다고 말할 것입니다. 그러고 나서 혹시 자기와 원한 관계에 있는 사람이 있다면 찾아가서 화해를 청할 것입니다. 그리고 다른 사람에게 잘못한 것이 있다면 그를 찾아가서 사과할 것입니다. 그러고도 남는 시간이 있다면 그는 착한 일을 하려고 할 것입니다. 그래서 그는 자기가 가진 것을 사람들에게 나누어 줄 것이며, 혹은 남을 위해서 봉사하려고 할 것입니다. 이런 사람이 자유를 가치 있게 쓰는 사람입니다.

어떤 군인은 휴가를 나와서 친구나 애인을 만나 실컷 술을 마시다가 싸움질을 해서 경찰서에서 조사를 받은 뒤에 헌병대로 이송되는 경우도 있습니다. 그러나 예수 믿는 청년들은 성경학교나 수련회 기간에 맞추어 휴가를 내서 봉사를 하고 은혜를 받고 돌아갑니다. 과연 어떤 사람이 자유를 소중하게 쓰는 사람일까요?

사람들은 자유가 주어졌을 때 그 자유를 최대한 정욕을 채우는 일에 탕진하고, 그 후에는 그 죄를 은폐하는 데 다 허비하고 맙니다. 그러나 하나님의 백성은 자기에게 주어진 자유와 자기에게 주어진 인생이 소중하다는 것을 알기 때문에 절대로 허비하지 않습니다. 그런데 만약 우리가 이 자유를 가지고 자신을 위해서 쓰지 않고 하나님이 시키는 대로만 한다면 내 인생과 내 행복은 어디에서 찾을 수 있을까요? 우리는 하나님의 손에 붙들리는 것이 가장 가치 있고 아름다운 인생이라는 것을 믿어야 합니다. 하나님은 나의 길을 아시고 나의 체질을 잘 아시기 때문에 하나님이 시키시는 대로 하면 결과가 좋지 않아도 우리는 걱정하거나 후회할 필요가 없습니다. 왜냐하면 하나님은 순종하고 맡기는 자에게 엄청난 상과 축복을 주시기 때문입니다.

우리는 자신의 과거나 미래를 스스로 책임지려고 할 필요가 없습니다. 우리는 내 이 보잘것없는 인생을 무에서 유를 창조하시고 죽은 자를 살리시는 하나님께 맡길 때 최고로 위대한 인생이 될 줄 믿으시기 바랍니다.

기회 11 Chance

벧전 2:18-25

현실을 바로 보기

고3 학생들은 수능 시험을 치른 후 성적표를 받을 때 자기의 성적을 확인하는 것이 너무도 두려워서 조심스럽게 성적표를 펼쳐 봅니다. 왜냐하면 사람이 자기 자신의 모습을 정확하게 보는 것이 고통스러울 때가 있기 때문입니다. 우리가 멋있게 단장한 자신의 모습을 거울을 통해서 보는 것은 기분이 좋은 일이지만, 술에 취해 있거나 혹은 매를 맞아서 피투성이가 된 자신의 모습은 보지 않으려고 할 것입니다. 그래서 사람들은 자기가 좋지 못한 일을 하고 있을 때 누군가가 카메라로 찍으려고 하면 고개를 숙이거나 사진을 찍지 못하게 합니다.

그 대신 우리는 드라마나 영화를 좋아하고, 청소년들은 게임을 좋아합니다. 왜냐하면 그 세계는 현실이 아닌 가상 세계이기 때문입니다. 드라마는 현실이 아니지만 더 현실처럼 느껴지고, 영화에서도 배우들이 현실이 아닌 것을 현실 이상으로 실감나게 연기해서 감동을 주는 것입니다. 그러나 실제로 영화를 제작하는 것을 보면, 재미없는 동작들을 반복해서 찍고, 나중에 그것에 실감나게 음향과 빛을 넣어 편집하여 사람들을 흥분시킵니다.

영화에 배경 음악이나 빛이 없으면 아무 재미가 없는 현실이 되어 버리는 것입니다. 그래서 우리는 때때로 현실과 이상 사이에서 어느 것이 더 나에게 유익이 되는지 혼동을 겪을 때가 많이 있습니다.

몇 년 전에 게임에 중독된 미국의 명문대 중퇴생이 인터넷 게임에 빠져 묻지마 살인을 저지른 적이 있습니다. 이런 사람들은 게임과 현실을 구분하지 못해서 사람을 죽이거나 여성들을 폭행하거나 성추행을 해서 세상을 충격에 빠뜨립니다.

특히 너무 가난하고 어려운 청소년 시기를 보낸 사람들 중에 이런 공상에 빠지는 사람들이 많습니다. 자신의 비참한 현실을 인정하면 자기는 너무도 보잘것이 없는 사람이 되기 때문에 그것을 인정하기가 싫은 것입니다. 그러나 공상의 세계에서는 돈 한 푼 들이지 않고 아름다운 사람과 사랑에 빠질 수도 있고, 억만장자가 될 수도 있고, 전쟁 영웅이 될 수도 있는 것입니다. 그러나 아무리 공상에 빠져서 흥분하고 감동하고 눈물 흘린다고 해도 현실에서 달라지는 것은 아무것도 없습니다.

그런데 우리 그리스도인들이야말로 가장 공상에 빠지기 쉬운 비현실적인 사람들입니다. 왜냐하면 우리는 놀라운 하나님의 세계를 알고 있고, 하나님의 나라는 정의롭고 사랑이 넘치는 나라라는 것을 경험한 사람들이기 때문입니다. 우리는 이미 하나님 안에서 존귀한 자가 되었고, 지극히 고상한 인격을 가지게 되었습니다.

그런데 이 세상 현실에서는 두 가지가 인정되지 않습니다. 그 하나는 하나님을 믿는 우리가 왜 이 세상에서 비천하게 살아야 하느냐는 것입니다. 하나님의 자녀이고 축복의 사람들인 우리가 당연히 가장 높은 자리에 있고 예수 믿지 않는 사람들은 우리 밑에 있어야 하는데 현실은 이것과 정반대인 것입니다. 그리고 또 하나는, 왜 우리는 이 세상에서 많은 고통을 받아야 하는가 하는 것입니다. 즉 우리는 때로 금전적으로 고통을 받고 병이나 혹은 나쁜 성격을 가진 사람으로 인해 고통을 당하는 것입니다. 우리는 이 두 가지, 즉 현재의 처지와 신분 그리고 고통받는 현실에 대해 불만을 가지고 살아가고 있습니다. 그런데 하나님께서는 우리에게 이렇게 비전도 없고 자랑할 것도 없는 현실 가운데서 살아가게 하시는 것입니다. 우리는 그 이유를 다 알 수 없습니다. 그러나 하나님은 우리를 고난의 불을 통과하게 하심으로 최고의 걸작품으로 만들고 계신 것입니다.

1. 그리스도인들의 이중적인 신분

오래 전부터 비참하게 살아온 사람은 현재 자기의 처지를 운명이라고 생각하고 당연하게 받아들일 것입니다. 그러나 신분이 아주 높은 사람이 갑자기 몰락해서 가난하고 비참하게 되었다면 그 비참함은 다른 사람들보다 몇 배나 더 심각하게 와 닿을 것입니다.

그런데 성경의 위대한 인물들 중에는 이렇게 높은 지위나 신분에 있다가 갑자기 비참한 자리로 떨어진 사람들이 많이 있습니다. 그 일례로 우선 모세를 들 수 있습니다. 그는 아기였을 때 애굽 왕의 공주의 아들로 입양되어서 출세와 성공의 길을 달립니다. 그러던 어느 날 히브리 노예들을 도우려고 하다가 노예 감독관 한 사람을 죽이고 40년간 도피 생활을 합니다. 그리고 다윗은 골리앗이라는 블레셋 장수를 넘어뜨리고 일약 영웅이 되었지만 사울 왕의 시기를 받아서 도망자가 되어 여러 번 위기를 겪습니다. 요셉 같은 경우도 아버지의 가장 사랑받는 아들로서 채색한 옷을 입었지만 형들에게 미움을 받아서 애굽에 노예로 팔려가 죽을 고생을 하다가 총리가 되어서 이스라엘을 위기에서 구합니다. 특히 예수 믿는 사람들은 예수를 믿음으로 옛날 죄인의 신분에서 지극히 높으신 하나님의 백성이 되고 하나님의 자녀가 됩니다.

이 세상에는 벼락부자가 되어서 신분이 급상승하는 사람들이 있습니다. 어떤 사람은 정말 비참하게 지내다가 어느 날 유명한 사람의 눈에 들어 신분이 급상승하는 경우도 있습니다. 그런데 예수 믿는 사람들이야말로 예수를 믿음으로 그 비천한 신분과 죄인의 자리에서 하나님의 축복의 자녀로 신분이 급상승합니다. 우리는 하나님께 예배를 드리고 하나님의 말씀을 듣는 가운데 하나님의 축복의 자녀로 신분이 급상승하는 것입니다.

그런데 문제는 우리가 그렇게 높은 영광의 자리에 올라갔다가 다시 현실로 돌아와 보면 여전히 가난한 신분이고, 미래가 불투명하며, 돈 문제로 어려움을 겪는 처지인 것입니다. 특히 옛날에 베드로의 편지를 받아 보았던 많은 크리스천들은 노예이거나 아주 낮은 위치에 있는 사람들이었습니다. 그리고 높은 자리나 좋은 자리에 있었던 사람들은 하나님을 믿지 않고 오만하며 성격이 괴팍해서 매일 예수 믿는 사람들을 못살게 굴었습니다. 우리는 신앙의 세계와 이런 불신앙적인 현실을 어떻게 조화시켜서 받아들여야 할까요?

"사환들아 범사에 두려워함으로 주인들에게 순종하되 선하고 관용하는 자들에게만 아니라 또한 까다로운 자들에게도 그리하라"_벧전 2:18

우리는 왜 하나님께서 우리를 사랑하신다고 하면서 이렇게 어렵고 힘든 상황 속에서 매일 살아가게 하시는지 이해가 되지 않을 때가 많습니다. 그러나 사람들은 최근 우리 사회의 모순과 부조리를 여지없이 드러낸 '땅콩 회항 사건'을 통해서 무엇인가를 느꼈을 것입니다. 즉 과거에는 부모가 돈이 많으면 어렸을 때부터 공주와 왕자 대접을 받는 것이 당연하다고 생각했습니다. 그리고 자기보다 낮은 신분이나 가난한 사람들에게는 얼마든지 야단도 치고 무릎도 꿇게 할 수 있다고 생각했습니다. 그러나 이제는 그것이 용납되지 않는 것입니다. 그래서 외국 기업에서는 경영자의 자녀라고 해서 봐주지 않고 처음부터 상당 기간 동안 말단직에서 고생하면서 기술을 익히고 경영을 배우게 한 후에 실력이 있는 자만 뽑아서 최고 경영자가 되게 합니다.

마찬가지로 우리가 하나님의 자녀가 되었다고 해서 당장 높은 지위에 올라가거나 부자가 된다면 우리는 세상 사람들과 조금도 다를 바가 없는 천박한 하나님의 자녀가 되고 말 것입니다. 그래서 하나님께서는 우리 믿는 자들을 그 높은 신분에도 불구하고 이 세상에서 가장 낮고 천한 위치에 있게 하셔서 먼저 세상 사람들을 섬기는 법부터 배우게 하십니다.

본문 말씀에서 '사환'은 집에서 여러 가지 잔심부름을 하는 사람을 말합니다. 이 사환은 돈으로 팔려온 노예일 수도 있지만 노예가 아닐 수도 있습니다. 그러나 사환은 대개 나이가 어리고 집이 가난해서 그야말로 돈 많은 주인의 집에서 온갖 심부름을 다 합니다. 그런데 당시 주인 중에는 관대하고 인격이 잘 갖추어진 사람도 있었지만 정말 성격이 못돼 먹고 까다롭고 변덕스러운 자도 많이 있었습니다. 그래서 어떤 주인은 욕을 입에 달고 살거나, 아니면 일을 제대로 하지 못한다고 때리거나 인격적인 모욕을 주는 것을 예사로 하는 주인도 있었습니다. 그럼에도 예수 믿는 사람들은 주인을 두려워하는 마음으로 잘 순종하라고 말씀하고 있습니다.

우리는 자신이 아무리 하나님의 놀라운 은혜를 체험하고 성령의 능력을 체험했다 하더라도 현실을 인정하는 것이 아주 중요합니다. 현실을 인정하지 못하고 자꾸 영적인 체험에만 빠져 있으려고 하면 다른 사람들이 이상하게 보기 때문입니다. 현실은 사환인데 자기가 마치 대단한 영웅인 것처럼 행세한다면 사람들은 그를 정신병자나 미친 사람으로 취급해서 상대를 하지 않는 것입니다. 그리고 주인은 이 사환을 버릇이 없고 정신이 나간 놈이라고 하면서 더 미워하고, 더 때립니다. 그러나 우리가 아무리 그리스도 안에서 높아지는 체험을 했다 하더라도 자신의 현실을 인정하면 일단 다른 사람들이 안심하고 상대할 수 있게 됩니다.

그런데 중요한 것은, 우리가 현실을 인정할 때 그때부터 하나님의 역사가 시작된다는 것입니다. 즉 우리가 계속 공중에 떠 있으면 하나님의 역사도 시작되지 않습니다. 그런데 우리가 현실을 잘 인정하지 못하는 이유는, 만일 우리가 현실을 인정해 버리면 영구적으로 그런 비참한 자리에서 벗어나지 못할 것 같은 두려움이 있기 때문입니다. 사실 이것이 우리를 가장 힘들게 하는 것입니다. 우리는 모두 신데렐라처럼 어느 날 갑자기 신분이 상승하고 유명해지고 싶은데 나의 가난하고 비참한 현실을 인정하면 나는 영원히 이런 사람이 되고 마는 것이 아닌가 하는 두려움이 있는 것입니다. 그러나 절대로 그렇지 않습니다. 우리가 현실을 현실로 인정하는 그 시점부터 하나님의 본격적인 역사는 시작되는 것입니다.

그러면 왜 하나님은 우리를 그렇게 존귀하게 하신 후에 이 세상에서는 비천하게 하시고 가난하게 하시는 것일까요? 그것은 우리에게 가장 어렵고 중요한 훈련이 하나는 겸손해지는 것이고, 다른 하나는 하나님 앞에서 정직해지는 것이기 때문입니다. 즉 하나님은 우리가 당장 높은 사람이 되고 부자가 되는 것보다는 겸손한 사람이 되는 것을 원하십니다. 왜냐하면 하나님은 겸손한 분이기 때문입니다. 그래서 이 세상에서 가장 크고 위대한 사람은 겸손한 사람입니다.

그런데 사람의 겸손을 시험하는 방법이 있는데 그중 가장 중요한 방법은 오만하고 못된 자 앞에서 그를 인정해 주고 그 사람 앞에서 겸손한 사람이 되는 것입니다. 즉 우리는 나보다 가난하고 약한 자들 앞에서는 동정심을 가질 수 있습니다. 그리고 인격적으로 존경할 수 있는 분 앞에서는 겸손할 수 있습니다. 그러나 인격은 저질인데 지위가 높다고 해서 부하 직원을 잡아먹을 듯이 괴롭히는 사람에게는 도무지 순종하고 싶은 마음이 들지 않을 것입니다. 그런데 우리가 정말 오만하고 성격이 나쁜 사람 앞에서 순종하는 것은 나의 전 인격을 하나님 앞에서 시험받는 것입니다. 우리는 이 시험에 합격해야 하나님 앞에서 승리자가 될 수 있습니다. 그리고 우리는 낮고 천한 데 처한다고 해서 절대로 비참해지지 않습니다. 왜냐하면 우리가 비참한 가운데 고난을 받을 때 우리 안에 불이 일어나기 때문입니다. 그런데 이 불은 예수 믿지 않는 사람의 분노의 불이나 복수의 불이 아니라 기도의 불이고, 성령의 불이고, 하나님의 사랑의 불인 것입니다.

> "소망이 우리를 부끄럽게 하지 아니함은 우리에게 주신 성령으로 말미암아 하나님의 사랑이 우리 마음에 부은 바 됨이니"_롬 5:5

이상한 것이 바로 이것입니다. 다른 사람들은 좋은 것을 다 가지고 있는데 가장 중요한 인생의 불이 없는 것입니다. 즉 부자나 귀족 같이 높은 신분에 있는 자들은 자기가 가지고 싶은 것을 다 가졌는데 이상하게도 진정한 사랑이 없고, 자신의 가치를 모른 채 닥치는 대로 살아가고 있는 것입니다. 거기에 비해서 예수 믿는 사람들은 가난하고 비천한 자리에 있지만 분명한 도덕관이 있고, 진실하며, 높은 자존감을 가지고 살아갑니다. 그 이유는 우리 마음속에 하나님의 불이 살아 있기 때문입니다. 결국 우리 마음속에 인생의 불이 붙게 하는 것은 가난과 고난 중에 하나님을 붙드는 신앙입니다. 그래서 다윗은 사울 왕에게 쫓기면서 엄청난 하나님의 진리를 깨달았고, 삼손은 눈알이 뽑히고 머리털이 밀린 채 노예가 되었을 때 하나님께 진정한 기도를 드린 것입니다.

2. 고난을 이기는 자세

여기서 우리는 자칫하면 고난을 아무것도 아닌 것처럼 생각하기 쉽습니다. 그러나 성경은 우리에게 고난이 오고 비천한 자리에 있는 것이 결코 아무것도 아닌 것이 아니라고 말씀하고 있습니다. 다시 말해서 우리가 역경 중에 있는 것은 마치 왕의 아들이 빈민굴에 들어가서 실전 훈련을 받는 것과 같기 때문에 이것은 굉장한 위기이고, 중요한 것입니다. 베드로 사도는 우리에게 이런 고난이나 역경을 이길 수 있는 비결을 가르쳐 주고 있습니다.

그 첫째는 줄곧 하나님을 생각하는 것입니다.

> "부당하게 고난을 받아도 하나님을 생각함으로 슬픔을 참으면 이는 아름다우나"_벧전 2:19

우리는 고난을 당할 때 사람을 바라보기 쉽습니다. 특히 나를 괴롭히거나 어려운 지경에 빠뜨린 사람을 생각하기 쉽습니다. 그러나 우리가 사람을 생각하면 마음에 분노가 일어나고 복수하고 싶은 마음이 일어나서 자신의 내면을 홀랑 태워 버릴 수 있습니다. 그런데 이런 고난 중에 하나님을 생각하면 우리는 '하나님의 뜻을 다 알 수는 없지만 여기에는 무엇인가 하나님의 뜻이 있을 것이다' 하고 여유를 가지게 됩니다. 이것이 굉장히 중요한 것입니다. 즉 우리는 고난 중에 이 모든 것을 컨트롤하시는 이는 사람이 아니라 하나님이시며, 하나님은 반드시 피할 길을 주시고, 나에게 어떤 큰 유익을 주려고 이 일을 하신다는 것을 생각하게 되는 것입니다. 그리고 또 우리가 고난 가운데 하나님을 생각하면, 그동안 믿는다고 하면서도 하나님의 말씀에 불순종하고 정욕대로 살았던 많은 죄들이 있는데 하나님은 이런 고난들을 통해서 나를 죄와 정욕에서 깨끗하게 하신다는 것을 알게 됩니다. 그래서 우리는 고난을 당할 때에 죄를 회개하는 기도를 많이 하고, 자기 안에 있는 위선의 탈이 벗겨지며, 깨끗한 양심을 회복하는 것을 느끼게 됩니다. 만일 우리가 돈이나 병이나 사람 때문에 고생을 좀 하더라도 깨끗한 마음을 얻게 된다면 이것은 정말 수지맞는 장사입니다. 우리는 그제서야 비로소 하나님 앞에서 가치 있는 자가 되는 것입니다.

그러면 우리는 정말 고난 중에 하나님만 생각하게 될까요? 그것은 절대로 그렇지 않습니다. 우리는 하나님을 생각했다가 사람을 생각하고 다시 하나님을 생각하는 등 오락가락합니다. 그러면서 어느 순간 하나님만 바라보게 됩니다. 이것이 바로 믿음으로 승리하는 순간인 것입니다. 이것은 마치 천하장사 씨름대회에서 이기는 것과 같습니다. 우리는 마치 야곱이 이스라엘로 변하듯이 위대한 승리자가 되는 것입니다. 그러므로 우리는 왜 고난을 통해서 하나님을 생각해야 하는지 자꾸 생각해야 합니다.

둘째는 고난을 통해서 깨끗해진다는 사실을 인식하는 것입니다.

"죄가 있어 매를 맞고 참으면 무슨 칭찬이 있으리요"_벧전 2:20 상

이 세상의 범죄자들은 모두 어떤 죄를 지었기 때문에 경찰이나 검찰에 붙들려 가거나 사람들에게 비난을 받습니다. 우리는 때로 텔레비전이나 신문지상을 통해서 어떤 사람의 비리가 감추어져 있다가 다른 일로 사건이 터지면서 그의 모든 비리가 발표되고 여론의 비난을 받는 것을 볼 수 있습니다. 물론 그렇게 비난받는 사람들 중에는 억울하게 누명을 쓰고 욕을 먹는 경우도 있을 것입니다. 그런데 일단 죄를 지어서 욕을 먹고 벌을 받는 것은 변명할 여지가 없는 것입니다.

그러면 예수 믿는 우리는 죄를 전혀 짓지 않느냐 하면 그렇지 않습니다. 아무리 예수 믿는 사람이라 하더라도 세상에서 비리를 캐내는 것처럼 조사한다면 죄를 짓지 않은 사람은 한 명도 없을 것입니다. 그런데 놀라운 것은, 하나님께서는 우리에게 수치가 될 수 있는 허물이나 죄는 가려 주시고 별로 중요하지 않은 것들만 드러나게 해서 수치를 당하지 않게 하신다는 것입니다. 왜냐하면 세상 사람들의 죄는 커질 대로 커져서 나중에 고름이 터지듯이 터지는 것이라면, 예수 믿는 사람들이 죄를 짓는 것은 하나님이 막으시고 차단시키셔서 속으로 곪기 전에 다 회개하게 하시기 때문입니다. 그래서 설사 하나님의 백성이 다른 사람에게 비난을 받고 욕을 먹는다 하더라도 우리가 하나님 앞에 지은 죄에 비하면 천분의 일이나 만분의 일도 안 되기 때문에 우리가 훨씬 덕을 보는 것입니다. 우리는 세상 사람들에게 욕을 먹을수록 훨씬 많은 허물과 죄가 탕감되는 유익을 얻고 있는 것입니다.

그리고 셋째로, 선을 행하면서 고난받고 참는 것이 최고의 승리입니다.

"그러나 선을 행함으로 고난을 받고 참으면 이는 하나님 앞에 아름다우니라"_벧전 2:20 하

사실 이 세상에서 선을 행하기 때문에 욕을 먹고 핍박당하는 사람들이 있을까요? 모든 사람들이 선을 행하는 것을 좋게 생각하지 않을까요? 그러나 반드시 그렇지만은 않은 것이 문제입니다. 즉 이 세상에는 선을 행하는 것을 시기하고 미워하는 사람들이 많이 있는 것입니다. 그런데 여기서 "선"은 자선사업 같은 것을 말하는 것이 아닙니다. 여기서 "선"은 우리 자신을 하나님에게 일치시키는 것을 말합니다. 일단 우리가 하나님께 예배드리는 것이 최고의 선입니다. 그리고 세상에서 눈에 보이는 것을 붙잡지

않고 하나님의 말씀을 붙잡는 것이 선입니다. 또한 세상에서 돈 있고 권력 있는 자에게 아부하지 않고 가난하고 어려운 자들을 사랑하는 것도 선입니다. 세상 사람들은 이런 사람들을 보면 열등감과 시기심으로 미워서 죽을 지경이 됩니다. 그리고 세상 사람들의 눈에는 이런 사람들이 정말 미련하고 바보같이 보이기 때문에 더 박해하고 싶어 합니다.

그런데 이 세상에서 하나님의 가장 아름다운 작품은 다른 사람으로 인해 고난을 당해서 한편으로는 아파서 울지만 다른 한편으로는 감사해서 웃을 수 있는 사람입니다. 이런 사람이 하나님이 만드신 작품 중에 최고의 작품인 것입니다. 레오나르도 다빈치가 그린 "모나리자"는 그 잔잔한 미소로 전 세계인의 사랑을 받고 있습니다. 그런데 이 그림도 시기를 많이 당해서 일본 전시회 때에는 한 여성 장애인이 이 그림에 스프레이 페인트를 뿌리기도 하고, 도난을 당하기도 했다고 합니다. 그런데 하나님의 최고의 예술품은 고난 중에 사람을 원망하지 않고 잔잔하게 웃을 수 있는 크리스천입니다. 그래서 '선을 행함으로 고난을 받고 참으면 이는 하나님 앞에서 아름답다' 고 했습니다. 즉 이런 사람은 하나님 앞에서 고난도의 시험을 통과한 가치 있는 사람들인 것입니다. 이런 사람들은 천사들보다 더 위대하고 아름다운 사람들입니다.

3. 최고로 위대하신 예수님의 고난

예수님은 이 세상에서 미움을 받고 고난을 당해야 할 이유가 없었습니다. 그런데 예수님은 이 세상에서 정말 무지막지한 고난을 당하셨고, 욕을 당하셨습니다. 그럼에도 예수님은 끝까지 참으셨고, 대항하지 않으셨습니다. 그래서 우리는 예수님의 고난과 죽으심에 대해서 너무 바보 같다는 생각이 들 때가 있습니다. 그러나 예수님은 그 고난을 받으심으로 진정한 승리자가 되셨습니다.

"이를 위하여 너희가 부르심을 받았으니 그리스도도 너희를 위하여 고난을 받으사 너희에게 본을 끼쳐 그 자취를 따라오게 하려 하셨느니라"_벧전 2:21

예수님은 하나님의 아들로서 굳이 이 세상에 오셔서 많은 멸시와 천대를 당할 필요가 없었습니다. 그러나 예수님은 우리를 위하여 그 모든 고난과 치욕을 기꺼이 당하신 것입니다.

"그는 죄를 범하지 아니하시고 그 입에 거짓도 없으시며"_벧전 2:22

예수님은 죄를 지은 적이 없으셨습니다. 예수님은 거짓말을 하신 적도 없었습니다. 예수님은 이 세상에서 사람들에게 미움을 당하거나 욕을 먹을 일을 전혀 하신 적이 없었습니다. 오히려 예수님은 많은 병자를 고치시고, 하나님의 말씀으로 많은 죽은 영혼들을 살리셨습니다. 그런데 예수님은 이 세상에서 많은 사람들에게 미움과 오해를 받으셨고, 멸시와 천대를 당하셨습니다. 그 이유가 무엇일까요? 예수님은 이 세상 사람들이 하자고 하는 대로 하지 않으셨던 것입니다. 만일 예수님이 이 세상에서 남들이 하자고 하는 대로 하고, 명예와 권력을 추구하셨더라면 아무도 예수님을 그렇게 미워하지 않았을 것입니다. 그런데 예수님은 오직 하나님의 뜻밖에는 몰랐습니다. 예수님은 오직 이 세상에서 하나님의 뜻이 이루어지기만을 소망하셨기 때문에 다른 사람들이 미워하고 업신여겼던 것입니다. 그런데 세상 사람들의 이런 오해와 미움에 대하여 예수님이 보이신 태도는 놀라운 것이었습니다.

"욕을 당하시되 맞대어 욕하지 아니하시고 고난을 당하시되 위협하지 아니하시고 오직 공의로 심판하시는 이에게 부탁하시며"_벧전 2:23

예수님의 제자들 중에 야고보와 요한 두 형제는 사마리아 사람들이 예수님을 자기들의 지역에 들어오지 못하게 하자, "하늘에서 불을 내려 그들을 불살라 버릴까요?"라고 물었습니다. 그러자 예수님은 그들을 꾸짖으셨습니다. 예수님은 십자가에 못 박혀서 고통 가운데 죽어 가시면서도 로마 군인이나 유대인들을 저주하거나 욕하지 아니하셨습니다. 예수님은 십자가 위에서 오직 일곱 마디의 말씀만 하셨습니다. 그 중에 "아버지 저들의 죄를 사하여 주옵소서"(눅 23:34)라는 말씀이 있습니다. 왜냐하면 우리 인간은 아무것도 모르고 마귀에게 속아서 이런 못된 짓을 하고 있기 때문입니다. 그래서 우리는 예수님이 오해를 받아 매를 맞고 십자가에 달려 죽으시면서도 악한 자들을 미워하지 않고 반격하지 않으신 것을 보면 예수님이 너무 바보 같다고 생각됩니다. 그러나 예수님은 자기 자신이 하나님께 바쳐지기를 원하셨습니다.

구약 시대에 제사에 바치는 제물들은 소리를 지르지 않는 것이 특징이었습니다. 하나님이 이스라엘 백성에게 양이나 소를 제물로 바치라고 하신 것은, 이 짐승들은 죽을 때 소리를 지르지 않는 짐승들이기 때문입니다. 만약 이스라엘 백성이 개나 돼지를 제물로 바쳤다면 몸부림을 치면서 비명을 지르기 때문에 요란하고 시끄러웠을 것입니다. 그러나 예수님은 마음의 고통이나 육신의 고통을 하나님께 다 맡기셨습니다. 그 결과 예수님은 죽으심으로 죄를 이기고, 사망을 이기고, 하늘 문을 여는 데 성공하셨습니다.

"친히 나무에 달려 그 몸으로 우리 죄를 담당하셨으니 이는 우리로 죄에 대하여 죽고 의에 대하여 살게 하려 하심이라"_벧전 2:24 상

예수님의 죽으심과 고통은 우리를 살리는 죽으심과 고통이었습니다.

"그가 채찍에 맞음으로 너희는 나음을 얻었나니"_벧전 2:24 하

예수님이 채찍에 맞으실 때마다 우리 몸에 있는 암 덩어리나 결핵 같은

병들이 치료되었습니다. 그리고 예수님이 이미 우리가 맞을 것을 대신 맞으셨기 때문에 우리는 더 이상 매를 맞을 필요가 없게 되었습니다.

> "너희가 전에는 양과 같이 길을 잃었더니 이제는 너희 영혼의 목자와 감독 되신 이에게 돌아왔느니라"_벧전 2:25

예전에 우리는 주인이 없는 길 잃은 양이었습니다. 그래서 우리는 비가 오면 비를 쫄딱 맞았고, 늑대나 개에게 물리기도 했으며, 배는 쫄쫄 굶어서 어떻게 될지 모르는 불쌍한 양이었습니다. 그러나 주님이 우리를 찾아 가시에 찔리고 상처를 입으면서까지 절벽 밑으로 내려오셔서 우리를 건져내시는 데 성공하셨습니다. 그래서 우리는 목욕도 하고 따뜻한 우리 안에 있게 된 것입니다.

마찬가지로 예전에 우리는 마치 부모를 잃어버린 고아와 같았고, 상처투성이의 거지와 같았습니다. 그러나 예수님이 상처를 입고 죽으심으로 우리는 당당하게 하나님께 돌아오게 되었고, 말쑥한 옷을 입은 자녀가 된 것입니다. 우리의 고난은 누군가를 치료하고, 누군가를 살리는 고난이 될 것입니다. 그러나 우리가 고난당하는 것이 우리의 실체가 아닙니다. 우리는 하나님의 존귀한 자녀이고, 지극히 높은 축복의 자녀인 것입니다. 그러므로 하나님 앞에서 그 높은 자존심을 회복하고 눈물 중에 미소를 짓는 멋진 성도들이 다 되시기 바랍니다.

기회 12 Chance

벧전 3:1-7

연약한 그릇

요즘도 비싼 도자기를 그릇으로 사용하는 집이 있는지 모르겠습니다. 옛날에는 고급스러운 커피잔 같은 것을 사 놓고 귀한 손님이 올 때만 꺼내서 쓰곤 했는데 이렇게 좋은 그릇들은 자칫하면 금이 가거나 깨지고 맙니다.

언젠가 차를 타고 가는데 기독교 방송이 아닌 공영 방송에서 "당신은 사랑받기 위해 태어난 사람"이라는 복음송이 흘러나왔습니다. 그때 저는 음악을 들으면서, '아, 이 세상의 모든 사람들은 사랑받기를 원하는구나' 라는 생각과 함께, '이 세상에 사람들이 태어난 것은 사랑을 받기 위해서이며, 이 세상에서 사랑받을 자격이 없는 사람은 한 명도 없구나' 라는 생각을 했습니다. 그러나 사람들은 모두 사랑받기를 원하지만 사랑해 줄 사람이 없는 것이 문제인 것입니다.

얼마 전에 우리나라의 10대 청년이 터키 국경을 넘어 과격 이슬람 단체로 들어간 것이 확인되었습니다. 그 청년은 우리 사회에서 철저하게 고립되어서 어느 누구와도 대화가 안 되는, 어느 누구도 사랑해 주지 않는 소시

오패스였다고 합니다. 이슬람 단체는 이렇게 고립된 청소년들에게 많은 봉급을 주고 여러 명의 여자와 살게 해 주겠다고 하면서 달콤한 말로 유혹하는데 아무것도 모르는 청소년들이 이 유혹을 이기지 못하고 국경을 넘어 이슬람 무장 단체에 가입하여 활동하고 있다는 것입니다.

그 후에도 영국의 10대 소녀 세 명이 국경을 넘어서 이슬람 무장 단체로 들어갔는데 그들은 모두 성적이 우수한 학생들이었다고 합니다. 그래서 캐나다의 한 어머니는 자기 아들을 이슬람 단체에 잃어버리고 난 후에 세상의 모든 부모들에게 더 늦기 전에 아이들과 대화를 나누라고 말을 했습니다. 사람들은 다른 사람들에게 사랑을 받지 못하고 관심을 받지 못하면 마음에 고통만 받는 것이 아니라 폭력적으로 변하여 많은 사람들을 공격하게 됩니다.

사람들이 조금만 남을 이해하고 사랑할 수만 있으면 모든 어려움이 해결될 텐데 사람들은 누구든지 다른 사람을 먼저 사랑하려고 하지 않습니다. 어떤 사람은 사랑하는 사람을 늘 말로 괴롭히고 마음을 아프게 하다가 '이번에 만나면 사랑한다고 말을 해야지' 하고 큰 결심을 하고 만나지만 막상 만나면, "누가 너 같은 것을 좋아한대?" 라고 하면서 화를 내고 마음에 상처만 주고 돌아옵니다.

온 산을 태우는 큰불도 처음에는 아주 작은 불에서부터 시작합니다. 이 세상에 땔감이 아무리 많이 있고 기름이 아무리 많이 있어도 누군가가 불을 붙이지 않으면 불이 옮겨 붙지 않습니다. 그런데 하나님이 세상에 얼어 붙어 있는 인간들의 마음에 최초로 사랑의 불을 붙이셨습니다. 그래서 성경은 "하나님은 사랑이심이라"(요일 4:8)라고 말씀하고 있습니다. 이 세상에서 하나님의 사랑의 불이 옮겨 붙은 사람들이 바로 우리 예수 믿는 사람들입니다. 그래서 우리 예수 믿는 사람들이 가까운 사람들에게 가장 먼저 줄 수 있는 것이 바로 이 사랑의 불을 붙여 주는 것입니다.

그런데 이미 불이 붙을 준비가 되어 있는 마른 종이나 마른 나무는 불을 갖다 대기만 하면 바로 불이 붙지만, 젖어 있고 얼어 있는 나무나 종이는 불을 갖다 댄다고 해서 바로 불이 붙는 것이 아닙니다. 젖은 종이나 젖은 나무는 연기만 나면서 잘 붙지 않아서 오랫동안 불을 붙이고 있어야 불이 붙습니다. 마찬가지로 우리 그리스도인들은 다른 사람들을 사랑할 때 두세 번 사랑했다고 해서 다 된 것이 아닙니다. 젖은 마음이 마르고 얼어붙은 마음이 녹아서 불이 붙을 때, 그때 비로소 사랑에 성공한 것입니다.

1. 듣는 것과 보는 것

베드로 사도는 먼저 예수를 믿는 자매들에게 권면을 하고 있습니다. 그것은 바로 남편에게 순종하라는 것입니다. 그런데 신앙이 좋은 남편만이 아니라 신앙이 없는 남편에게도 순종하라고 말하고 있습니다. 그러면서 베드로 사도는 예수 믿는 여성들에게 남편이 말뿐이 아니라 여성들의 행실을 통해서도 구원을 받게 된다고 말하고 있습니다.

> "아내들아 이와 같이 자기 남편에게 순종하라 이는 혹 말씀을 순종하지 않는 자라도 말로 말미암지 않고 그 아내의 행실로 말미암아 구원을 받게 하려 함이니"_벧전 3:1

우리는 모두 '믿음은 들음에서 난다'는 것을 알고 있습니다. 사람들은 복음을 들음으로 믿음에 이르기 때문에 어떤 방식으로든 믿지 않는 사람들에게는 하나님의 말씀을 들을 수 있는 기회가 있어야 합니다. 그리고 아무리 마음이 닫혀 있고 하나님을 부정하는 사람이라 하더라도 계속 하나님의 말씀을 전하면 그는 하나님을 믿을 가능성이 많습니다.

그런데 베드로 사도는 또 '하나님을 믿지 않는 사람들이 예수 믿는 사람들의 행실을 통하여 구원을 받는다'고 하였습니다. 즉 사람은 들음으로 구원을 얻기도 하지만 눈으로 보는 것을 통해서 구원을 받는다는 것입니다.

그러면 여기서 우리는 귀로 듣는 것과 눈으로 보는 것이 무엇이 다른지를 생각하게 됩니다. 우선 사람이 복음을 귀로 듣는 것을 통해서 구원을 받는다는 것은 틀림없는 진리입니다. 그럼에도 사람들이 예수 믿는 사람들과 아주 가까이에서 산다는 것은 복음의 능력을 눈으로 볼 수 있는 엄청난 기회입니다. 예를 들어 요즘은 우리나라의 학생들이 외국에 유학을 가서 외국인들과 함께 수업을 듣기도 하고, 해외에서 직장 생활을 하고, 심지어는 아파트에서 룸메이트로 지내기도 하지만 옛날에는 외국인과 아주 가까이에서 혹은 한 집에서 산다는 것은 상상할 수 없는 일이었습니다. 그런데 우리가 보통 외국인도 아니고 아주 유명한 외국인과 가까이에서 살거나 혹은 한 집에서 살게 되었다면 그의 일거수일투족에 관심을 보일 것이고, 또 신기하게 생각할 것입니다.

수년 전에 영국의 저명한 설교가 존 스토트 목사가 한국에 와서 강연을 한 적이 있습니다. 그때 존 스토트 목사는 강연 중에 학생들에게 질문을 받고 답변을 해 주었는데 어떤 청년이 존 스토트 목사가 답변을 생각하느라고 심각한 표정을 짓는 것이 정말 멋있고 신기했다고 말을 했습니다. 어떤 의미에서 한국 학생들에게는 존 스토트 목사가 새에 대하여 많은 관심을 가지고 있는 것이나 그가 입고 있던 양복 바지의 주머니가 터진 것이나 비무장지대까지 가서 새를 관찰하고 온 것 등 모든 것이 신기해 보였을 것입니다.

존 스토트 목사는 은퇴하기 전에 자신의 연구실에서 의자에 걸려 넘어지는 바람에 대퇴부가 골절되었는데 그때 너무 아파서 울었다고 말을 했습니다. 그리고 이미 설교 준비를 마쳤지만 설교를 할 수 없어서 부목사에게 원고를 주고 설교를 하게 했다고 합니다. 이와 같이 우리가 모르는 사람 혹은 아주 유명한 사람의 사생활은 일거수일투족이 신기하고 놀라운 관심거리가 되는 것입니다.

마찬가지로 이 세상에서 믿지 않는 사람들이, 심지어는 예수 믿는 사람이라 할지라도 그의 가족이든 혹은 직장 동료든 예수 믿는 사람을 아주 가까이에서 보면서 생활할 수 있다는 것은 엄청난 특권이고 신기한 일입니다. 즉 예수 믿는 사람을 가까이에서 보고 함께 생활할 수 있다는 것은 아주 유명한 사람이나 천사와 함께 사는 것 이상으로 신기한 일인 것입니다.

그래서 예수 믿는 사람과 가까이에서 함께 생활하는 것은 단순히 복음을 귀로만 듣는 것이 아니라 그 능력을 체험하는 아주 중요한 기회가 됩니다. 그렇기 때문에 우리 예수 믿는 사람들은 자기 자신은 인식하지 못하고 있지만 다른 사람과 만나고 생활을 하는 것이 복음의 능력과 하나님의 놀라운 세계를 보여 주는 기회가 되는 것입니다.

그런데 우리 예수 믿는 사람들에게 가장 큰 두려움은 우리가 변화되지 못해서 좋은 모습을 보여 주지 못하고 나쁜 모습을 더 많이 보여 준다는 것입니다. 그러나 사실 세상 사람들이 보고 싶어 하는 예수 믿는 사람들의 모습은 천사 같은 모습이 아닙니다. 왜냐하면 세상 사람들에게는 천사같이 완전한 모습은 오히려 자포자기할 수밖에 없는 너무나도 동떨어진 모습이기 때문입니다. 그런데 세상 사람들이 참 신기하게 생각하는 것이, 우리 예수 믿는 사람들도 믿지 않는 사람들과 똑같은 죄인이고, 똑같은 정욕을 가진 인간인데 예수 믿고 난 후부터 변하기 시작한다는 것입니다.

예를 들어 공부는 아예 할 생각도 하지 않고 늘 게으름만 피우던 학생은 학교에서 천재라는 소리를 듣고 선생님보다 더 공부를 잘하는 학생이 있다고 해도 별로 신기해하지 않을 것입니다. 왜냐하면 게으름만 피우는 학생에게 천재 소리를 듣는 학생은 완전히 별종이기 때문입니다. 그런데 자기와 똑같이 게으름을 피우고 공부도 못하던 아이가 어느 날부터 열심히 공부해서 일등을 했다면 이것은 그에게도 복음이 됩니다. 왜냐하면 자기와 똑같은 처지에 있던 아이가 변하는 것이 신기하기 때문입니다.

마찬가지로 우리 예수 믿는 사람들이 주위에 있는 사람들에게 신기한 존재로 보이는 것은 우리가 처음부터 모범적이고 착했기 때문이 아닙니다. 우리도 처음에는 사실 예수 믿지 않는 사람들과 똑같이 정욕적이고, 이기적이고, 못된 본성을 가진 자들이었습니다. 그런데 신기하게도 예수 믿고 난 후에는 완전히 딴사람으로 변화되는 것입니다. 물론 우리는 예수 믿고 난 뒤에도 이기적인 모습을 보일 수도 있고, 때로는 화를 내기도 하고 욕심을 부리기도 하는데 그 뒤의 모습이 다른 것입니다. 그래서 우리가 이 세상에 산다는 것은 믿지 않는 사람들이 복음의 능력을 보고 하나님의 특별한 세계를 볼 수 있는 기회가 됩니다. 그래서 베드로 사도는 예수 믿는 여성들에게 남편과 함께 살면서 혹은 자녀를 키우면서 혹은 예수 믿지 않는 시집이나 친정이나 이웃을 상대하면서 우리는 하나님을 모르는 사람들에게 아주 특별한 세계를 보여 주고 있다는 사실을 알아야 한다고 말하고 있는 것입니다.

그러면 우리 예수 믿는 사람들이 믿지 않는 사람들에게 보여 줄 수 있는 것이 무엇이 있을까요? 그것은 엘리야같이 하늘에서 불이 떨어지게 하거나 혹은 모세같이 개구리나 파리가 땅에 버글거리게 하는 것이 아닙니다. 오히려 애굽의 마술사들은 자기들의 능력으로 개구리를 땅 위로 오게 했습니다. 그리고 바알 제사장들도 자기들도 하늘에서 불이 떨어지게 할 수 있다고 믿었습니다. 그런데 우리가 아무리 이 세상에 하나님의 신기한 모습을 나타낸다고 해도 세상 사람들은 그것을 마술이라고 생각하거나, 아니면 이상한 것으로 생각하지 절대로 자기들도 할 수 있는 것이라고 생각하지 않는 것입니다.

우리가 주위 사람들에게 보여 줄 수 있는 신기한 모습은 솔직하고 정직한 모습입니다. 우리는 부족한 것이 있으면 부족한 것이 있다고 인정하고, 잘못한 것이 있으면 잘못했다고 인정을 하는 것입니다. 그런데 우리의 이런 솔직한 모습이 주위 사람들의 마음을 얼마나 따뜻하게 하고 긍정적으로 변하게 하는지 모릅니다. 바로 이것이 우리가 변화된 모습인 것입니다.

우리도 처음에는 옛날의 이기적이고 못된 모습을 버리지 못해서 실수하기도 했습니다. 그러나 예수를 믿고 난 후에 우리는 곧바로 우리의 부족한 것이나 잘못한 것을 변명하지 않고 솔직하게 인정하는데 이것이 다른 사람들에게는 아주 신선한 충격인 것입니다. 세상 사람들은 다른 사람에게 피해를 주고 못된 짓을 했어도 좀처럼 그 사실을 인정하려고 하지 않습니다. 왜냐하면 자기가 잘못한 것을 인정할 자신이 없기 때문입니다. 그러나 하나님의 백성은 이미 예수님이 모든 죄를 다 가져가셨기 때문에 더 이상 감추거나 변명할 필요가 없는 것입니다.

그뿐만 아니라 예수 믿는 사람들이 이 세상에 살면서 꼭 지켜야 할 율법이 있습니다. 그것은 바로 다른 사람들을 사랑하는 것입니다. 그런데 우리가 무슨 재주로 모든 사람을 사랑할 수 있을까요? 그것은 불가능한 일입니다. 그러나 우리가 최소한도로 다른 사람들을 사랑한다면 우리는 적어도 두 가지 책임이 있습니다.

그 첫째는 이 세상에서 하고 싶은 대로 하지 않을 책임입니다. 이 세상 사람들은 할 수만 있으면 하고 싶은 대로 다 하면서 살아갑니다. 물론 우리도 이 세상에 살면서 하고 싶은 것들이 많이 있고, 가끔 하고 싶은 대로 하면서 살아갑니다. 그러나 우리는 이 세상에서 자신이 하고 싶은 대로 다 하면서 살아가지는 못합니다. 우리는 일단 다른 사람들에게 하고 싶은 말을 다 하면서 살 수 없습니다. 왜냐하면 우리가 만일 하고 싶은 말을 다 한다면 상처 입을 사람들이 너무 많기 때문입니다. 즉 우리는 하나님의 깊은 비밀을 아는 사람들인데 우리가 그 비밀을 가지고 다른 사람들의 좋지 않은 점을 적나라하게 이야기한다면 아마 사람들은 자신에 대하여 절망해서 죽으려고 할 것입니다. 그렇기 때문에 우리는 다른 사람들에 대하여 우리가 생각하고 있는 것을 절대로 다 말해서는 안 됩니다. 그리고 다른 사람들이 나에게 좋지 않은 말을 해도 같이 욕을 하면 안 됩니다. 우리는 하나님의 비밀을 알고 있기 때문에 이 세상에서 내가 하고 싶은 것을 다 해서는 안 되는 것입니다. 우리가 이 세상에서 하고 싶은 대로 다 하는 것은 다른 사람들에게 전부 지옥에 가라고 하는 것밖에 되지 않습니다. 우리는 모르지만 세상 사람들은 우리의 일거수일투족을 신기한 눈으로 보고 있습니다. 그래서 우리는 사람들에게 천국과 지옥이 있다는 것을 알게 할 필요가 있는 것입니다.

둘째로, 우리는 절대로 다른 사람들에게 말이나 행동으로 복수하려고 해서는 안 됩니다. 그러나 이 세상 사람들은 자기에게 상처를 입힌 사람에게 말이나 행동으로 복수하는 것을 당연하게 생각합니다. 그러한 사람들에게 우리가 말이나 행동으로 상처를 입으면서도 복수하지 않는 것은 그들에게는 이상하게 보일 것입니다. 하지만 우리가 다른 사람의 나쁜 말이나 행동에 대하여 복수하지 않는 것이 바로 그들을 사랑하는 것입니다. 즉 나는 비록 상처를 입을지언정 상대방에게는 상처를 주지 않는 그 마음이 바로 그 들을 사랑하는 것입니다. 그래서 나중에 세월이 많이 지난 후에 믿지 않는 사람들은 자기가 천사와 함께 있었으며, 이 세상에서 최고로 존귀한 사람 과 아주 가까이에서 살았다는 것을 깨닫게 되는 것입니다.

2. 크리스천 여성의 매력

하나님이 창조하신 피조 세계에서 가장 아름다운 존재는 단연코 여성인 것 같습니다. 결혼식을 할 때에도 모든 하객이 착석을 하고, 신랑이 입장을 하고 난 뒤에 신부가 입장을 합니다. 요즘은 결혼 풍속도가 달라져서 신랑 신부가 손을 잡고 동시에 입장하는 경우도 있지만, 성경적으로 생각해 보면 신부가 맨 나중에 입장하는 것이 더 좋습니다.

하나님께서는 온 세상을 창조하실 때 먼저 온 우주와 천지를 창조하시고, 새와 물고기와 들짐승을 창조하셨으며, 남자까지 만드시고 난 후에 그의 갈빗대로 여자를 만드시고 하나님이 직접 아담에게로 여자를 이끌어 오셨습니다. 그래서 우리는 여자를 '창조의 꽃'이라고 부릅니다. 그러나 이 세상의 많은 여성들은 자기가 그렇게 존귀하고 아름다운 존재라는 것을 잘 알지 못합니다. 이것은 비유를 들면 아름다운 얼굴에 아름다운 몸매를 갖고 있지만 그것을 전혀 알지 못하는 백치와 비슷한 것입니다. 미국의 많은 남성들은 여배우 마릴린 먼로를 그 백치미 때문에 좋아했다고 합니다.

그러나 크리스천 여성들은 자신의 아름다움과 가치를 아는 자들입니다. 여성들은 누구의 사랑을 받느냐에 따라서 최고로 존귀하고 고상한 여인이 될 수 있는가 하면, 정말 아무것도 아닌 여성이 될 수 있습니다. 그런데 크리스천 여성들은 사람의 사랑을 받는 자들이 아니라 하나님의 아들의 사랑을 받고, 하나님의 사랑을 받는 자들입니다. 그래서 크리스천 여성이 자기의 속을 하나님의 말씀으로 채울 때 천사들도 따라올 수 없는 존귀한 사람으로 변하게 됩니다.

이 세상에 천사 같은 사람들이 많이 있지만 그중 최고의 천사는 하나님의 말씀으로 은혜받은 크리스천 여성들입니다. 원래 여성은 동정심이나 이해심이 많습니다. 그래서 남자들은 다른 사람에게 무뚝뚝하게 대하지만 여성들은 피 흘리는 사람을 숨기기도 하고, 몰래 치료해 주기도 합니다. 더욱이 우리 은혜받은 크리스천 여성들은 사랑의 화신입니다. 그래서 이 세상에서 상처받고 고통당하는 자들을 가장 먼저 위로하고 도와주는데, 그 첫 번째 상대가 자기 남편입니다.

"아내들아 이와 같이 자기 남편에게 순종하라 이는 혹 말씀을 순종하지 않는 자라도 말로 말미암지 않고 그 아내의 행실로 말미암아 구원을 받게 하려 함이니 너희의 두려워하며 정결한 행실을 봄이라"_벧전 3:1-2

옛날에 여성들은 남편을 자기를 사랑해 주는 대상으로, 또 의지해야만 하는 대상으로 생각했습니다. 그래서 여성들은 남편이 자기를 사랑해 주지 않으면 질투를 했고, 남편의 지위나 돈에 자기의 모든 인생을 걸었습니다. 그러나 여성들이 예수를 믿고 하나님을 알고 난 후에는 남편이 긍휼의 대상이 되었습니다. 즉 남자들이 이 세상에 살면서 얼마나 힘들어 하며, 또 얼마나 많이 불안해하고, 얼마나 많은 상처를 입는지 알게 된 것입니다. 그렇다고 해서 남편이 퇴근해서 집에 돌아오자마자 "오늘 얼마나 많은 상처를 입었어요? 나에게 다 말해 보세요"라고 해 봐야 남편에게 도움이 되지 않습니다.

여기서 우리 크리스천의 사랑은 잠깐 불을 붙이는 것으로는 안 된다는 것을 실감하게 됩니다. 우리가 아무리 다른 사람에게 사랑한다고 말해 봐야 상대방은 그것을 믿어 주지 않습니다. 그런데 우리 크리스천 여성들이 끝까지 남편을 믿어 주고, 옆에 있어 주고, 격려해 줄 때 남편은 점점 자기 아내가 대단한 존재이며, 자기에게 없어서는 안 되는 존재라는 것을 깨닫는 것입니다. 그래서 우리 크리스천 여성들이 남자 옆에 묵묵히 있어 주고, 끝까지 믿어 주고, 격려해 주고, 실망하지 않는 것이 그를 도와주고 순종하는 것입니다. 그러면 남편들은 그런 아내가 백만 대군보다 더 큰 힘이 된다는 것을 알게 됩니다. 더욱이 예수를 믿지 않는 남편들은 자기 아내가 신앙이 깊어질수록 불안해합니다. 왜냐하면 옛날에는 아내가 남편밖에 몰랐고 자기가 시키는 대로 다 했는데 예수를 믿고 난 후에는 아내는 너무 똑똑해지고 자기는 점점 바보가 되어 가는 느낌이 들기 때문입니다. 그런데 아내가 자기를 무시하지 않고 예전보다 더욱더 사랑하고, 하라는 대로 할 때 남자는 안심하면서 아내를 이렇게 아름답게 만든 하나님의 종교에 대하여 관심을 가지게 됩니다.

그런데 여기에 보면 크리스천 여성들이 '두려워하며 정결한 행실을 한다' 고 했습니다. 즉 크리스천 여성들은 신앙이 깊어질수록 더욱더 조심하고 더 절제하는 것입니다. 그 이유는, 크리스천 여성들은 신앙이 깊어질수록 더 하나님을 가까이 느끼기 때문입니다. 그래서 남편들도 아내를 한편으로는 두려워하면서 다른 한편으로는 더 좋아하게 됩니다.

이 세상에 아름다운 것이 많지만 그 중에서 최고로 아름다운 것이 크리스천 여성들입니다. 그런데 여성들은 화장이나 액세서리나 입는 옷에 의해서 품격이 달라질 수 있습니다. 그래서 여성들은 어느 누구 할 것 없이 화장품에 관심을 가지고, 가방이나 옷이나 액세서리에 신경을 씁니다. 어떻게 보면 여성들은 그림을 그리는 종이와 같습니다. 그 위에 그림을 그리기에 따라서 얼굴이 많이 달라지는데 많은 남자들은 여성들의 그 아름다운 얼굴이 장시간에 걸쳐 그림을 그린 것이라는 사실을 알지 못합니다. 여성들에게 민낯은 정말 무서운 재앙인 것입니다.

그런데 베드로 사도는 너무나도 실망스러운 말을 하고 있습니다.

"너희의 단장은 머리를 꾸미고 금을 차고 아름다운 옷을 입는 외모로 하지 말고"_벧전 3:3

베드로 사도는 본문 말씀의 세 가지가 여성들에게 얼마나 중요한 것인지 이미 파악을 한 것 같습니다. 즉 여성들은 머리와 액세서리와 옷을 어떻게 장식하느냐에 따라 달라지는 것입니다. 여성들은 머리 모양을 어떻게 하느냐에 따라서 달라지며, 입은 옷에 따라서 품격이 달라집니다. 그리고 목이나 팔에 장식을 하느냐, 하지 않느냐에 따라서 이미지가 달라집니다. 여성들이 아무리 아름다운 외모를 가지고 있다 하더라도 가마니 같은 옷을 입고 있으면 전혀 아름답지 않은 것입니다.

  대신 베드로 사도는 4절에서 "오직 마음에 숨은 사람을 온유하고 안정한 심령의 썩지 아니할 것으로 하라 이는 하나님 앞에 값진 것이니라"라고 했습니다. 물론 남자나 여자 할 것 없이 머리 스타일을 아름답게 꾸미고 장식품을 하고 멋진 옷을 입은 여자를 보면 모두 좋게 생각할 것입니다. 그러나 이것은 어디까지나 처음 만났을 때의 인상일 뿐이고, 시간이 지나면서 그 사람의 입에서 나오는 말에 치를 떨게 되는 것입니다.

  얼마 전에 어떤 여자 배우가 텔레비전 드라마 촬영 중에 차마 입에 담을 수 없는 욕을 해서 물의를 일으킨 적이 있습니다. 그 여자 배우가 무슨 욕을 했는지는 알 수 없지만 그의 외모와는 전혀 어울리지 않는 끔찍한 욕을 한 것 같습니다.

  베드로 사도는 우리 안에는 숨은 사람이 있다고 했습니다. 즉 예수 믿지 않는 사람들은 모두 외모를 아름답게 꾸미려고 하지만 그 속에는 전혀 다듬어지지 않은 야성의 본성이 있고, 천박한 성품이 있는 것입니다. 이것은 몇 달간 목욕을 하지 않은 사람이 아무리 좋은 옷을 입고 향수를 뿌린다 하더라도 온몸에서 악취가 나는 것과 같습니다. 그러므로 우리는 세상 사람들에게 너무 많은 것을 기대하지 않는 것이 좋습니다. 왜냐하면 얼마 가지 않아서 곧 온몸에서 악취가 나기 때문입니다.

  그런데 우리 예수 믿는 여성들에게는 천사의 본성이 있습니다. 물론 예수 믿는 여성들도 외모를 아름답게 할 필요가 있습니다. 할 수 있으면 더 아름다워지고 더 날씬해지는 것이 좋을 것입니다. 그러나 우리 안에 천사의 본성이 없이 살만 빼거나 비싼 명품만 걸치는 것은 소용이 없습니다. 결국 그가 하는 말이나 행동이 그 사람의 품격인 것입니다. 베드로 사도는 이것이 하나님 앞에서 값진 것이라고 말하고 있습니다. 즉 하나님 앞에서 최고의 보물은 자기 성질대로 말하거나 행동하지 않고 하나님의 말씀에 따라서 스스로를 통제하는 크리스천들인 것입니다.

본문 말씀 6절에서 "사라가 아브라함을 주라 칭하여 순종한 것 같이 너희는 선을 행하고 아무 두려운 일에도 놀라지 아니하면 그의 딸이 된 것이니라"라고 했습니다. 원래 여성들은 겁이 많은 편입니다. 그런데 어떻게 두려운 일이 생겼는데 놀라지 않을 수 있을까요? 가장 중요한 것은 사랑입니다. 사랑은 두려움을 몰아내는 것입니다. 여성들은 사랑하는 사람을 위해서라면 두려움을 겁내지 않습니다. 더욱이 늘 하나님을 가까이 모시고 사는 사람들은 시험을 받을 때에 하나님이 내버려 두시지 않는다는 것을 압니다.

하나님께서 행하신 놀라운 일 중에 하나가 강퍅한 우리를 약하게 만드신 것입니다. 그리고 모든 것을 자기 마음대로 하던 우리로 하여금 하나님을 믿게 만드신 것입니다. 그렇기 때문에 하나님은 우리를 절대로 버리지 아니하고 반드시 기적으로 이기게 하십니다.

3. 가장 약한 그릇을 지키기

베드로 사도는 먼저 우리 예수 믿는 여성들이 얼마나 귀한 보배인지 말한 후에 남자들에게 이 보배를 지키라고 명령했습니다. 즉 남자들은 여성들에게 사랑한다고 덤벼들기 이전에 여성의 가치를 알아야 하고, 그것을 지킬 각오를 해야 하는 것입니다.

"남편들아 이와 같이 지식을 따라 너희 아내와 동거하고 그를 더 연약한 그릇이요 또 생명의 은혜를 함께 이어받을 자로 알아 귀히 여기라 이는 너희 기도가 막히지 아니하게 하려 함이라"_벧전 3:7

본문 말씀을 보면 우선 남편에게 '지식을 따라 너희 아내와 동거하라'고 하였습니다. 여기서 '지식을 따라 동거하라' 는 것은 결혼 생활을 위해 성에 대한 지식이나 세상 지식을 쌓으라는 뜻이 아닙니다. 이 말씀은 남자들이 여성들과 데이트를 하거나 결혼 생활을 하려면 여성에 대하여 어느 정도 알아야 한다는 뜻입니다. 그러나 대개 남자들은 여성이 어떤 존재인지, 무엇을 원하는지 알지 못한 채 사랑을 하거나 결혼을 합니다.

우선 여성은 남성과 똑같이 인격적 가치를 가진 존재이면서도 남성에게 없는 것을 많이 가지고 있는 보물 창고입니다. 그래서 사람들이 여성을 잘 이해하기만 하면 부요하게 살 수 있습니다. 여성은 컴퓨터나 노트북과 같아서 그 안에 무궁무진한 기능이 들어 있습니다. 그러나 컴맹은 컴퓨터를 사용할 줄 모르기 때문에 한구석에 처박아 둡니다. 하지만 컴퓨터를 잘하는 사람은 노트북이나 컴퓨터를 가지고 많은 정보를 얻기도 하고, 다른 사람과 의사소통을 하기도 하고, 컴퓨터를 통해 자기를 알립니다.

그럼에도 남성들은 대개 여성을 잘 모르고 있고, 여성들도 자신의 가치를 잘 모릅니다. 옛날에 어떤 남자분에게 왜 결혼을 했느냐고 물어보니까 밥하고 빨래하기 귀찮아서 결혼을 했다고 대답했습니다. 이것이 바로 자신의 무식을 폭로하는 것입니다.

많은 남성들이 처음 사랑의 감정을 느낄 때에는 대단한 사랑을 할 것처럼 덤벼들다가도 일단 결혼을 한 후에는 어떻게 부부 관계를 발전시켜야 할지 몰라서 아내를 집구석에 처박아 놓고 아이들이나 키우라고 합니다. 그렇기 때문에 베드로는 '지식을 따라 아내와 동거하라' 고 하면서 남성이 여성을 바로 이해하는 것이 얼마나 중요한지 말하고 있는 것입니다.

먼저 남성들은 여성들이 남성과 모든 점에서 다르다는 것을 알아야 합니다. 즉 여성들은 남성보다 체력이 약하고, 여러 가지 면에서 약한 점이 많지만, 남성들이 가지고 있지 않은 것을 많이 가지고 있다는 것을 알아야 합니다. 여성들은 신체적으로 남성보다 불리합니다. 그리고 남성에 비해 훨씬 감정적이고, 마음의 상처도 잘 받습니다. 그러나 한편으로 여성들은 남성보다 훨씬 이해심도 많고 인내심도 강합니다. 그리고 남성들에 비해서 남을 잘 믿어 줍니다. 남성들은 대인 관계에서 상대방이 하는 말을 이성적으로 이해하면 그것으로 끝이지만 여성들은 그 사람이 나를 어떻게 생각하는가를 더 중요하게 생각합니다.

많은 남성들은 아내가 임신하고 가만히 있으면 자동적으로 아이가 태어나고 자동적으로 걸어 다닌다고 생각합니다. 그러나 여성들은 임신 기간에 많은 심리적인 변화와 육체적인 변화를 겪습니다. 어떤 때는 사랑하는 사람의 아이를 가진 것으로 인해 행복해하기도 하지만, 어떤 때는 매우 불안해합니다. 남성들은 여성들의 이런 감정의 변화를 이해해 주어야 합니다.

그리고 남편들은 자신이 출근한 후에 아내가 집에서 무슨 일을 하는지 알지 못합니다. 빨래는 옷을 벗어 놓기만 하면 저절로 되는 것으로 생각하고, 청소도 저절로 된다고 생각합니다. 또 음식은 불 위에 얹어 놓기만 하면 된다고 생각합니다. 그러나 주부들은 끼니마다 무엇을 상에 올려야 할까를 고민하고, 또 자기가 만든 음식을 식구들이 맛없이 먹을 때 속상해합니다.

그리고 더 중요한 것은 여성들의 자기 정체성입니다. 나는 도대체 누구이며, 무엇 때문에 존재하는 사람일까 하는 것입니다. 남편들은 이것을 이해해 주고 채워 주어야 합니다. 그래서 남자는 여자의 본질적인 필요를 생각해야 합니다. 남편은 지금 아내가 심리적으로 어떤 것을 힘들어 하고 있으며, 어떤 부분이 채워지지 않아서 힘들어 하고 있는지 알려고 해야 합니다. 남편은 그저 돈이나 벌어다 주면 할 일을 다 한 것으로 생각해서는 안 됩니다.

크리스천 여성은 무한한 가능성을 가지고 있습니다. 그래서 남편이 아내의 필요를 이해해 주고 자신감을 채워 줄 때 무한한 행복감을 느끼고, 무한한 능력을 나타냅니다. 성경에서 존귀하게 사용된 여성들은 많은 시련 가운데 하나님의 사랑을 체험하고 자신감을 가진 여성들이었습니다. 이들은 남자들로서도 상상할 수 없는 일들을 해내었습니다. 위기 앞에서 남자들은 겁을 먹고 벌벌 떠는 데 반해 여성들은 오히려 더 담대해지고 더 강해지는 것입니다.

사사기에 보면, 이스라엘의 모든 용사들이 시스라의 군대가 무서워서 벌벌 떨고 있을 때 드보라라는 여자 사사가 일어섰고, 특히 겐 사람 헤벨의 아내 야엘은 도망치는 시스라를 자기 장막에 끌어들여 그가 자고 있을 때 머리에 말뚝을 박아서 죽였습니다.

우리 속담에 "여자가 한을 품으면 오뉴월에도 서리가 내린다"라는 말이 있습니다. 그래서 남성들은 여성들에게 분이 나게 해서도 안 되고, 한이 맺히게 해서도 안 됩니다. 남성들은 크리스천 여성들로 하여금 자신감을 가지게 해야 합니다. 여성들이 가장 행복해할 때는 하나님의 말씀이 자신에게 깊이 있게 적용될 때입니다. 그때 한 여성이 얼마나 위대하며, 얼마나 힘이 있는지 나타나게 됩니다. 은혜를 받은 크리스천 여성들은 용감하고 강하고 능력이 있게 되는 것입니다.

크리스천 여성들이 가장 사랑하는 말씀은, "믿는 자에게는 능히 하지 못할 일이 없느니라"(막 9:23)라는 말씀입니다. 그래서 남편들은 진정으로 아내를 사랑한다면 깊은 말씀이 있는 곳으로 안내해야 합니다. 그렇게 할 때 가정이 살고 자기 자신이 살 수 있습니다.

그리고 성경은 여성을 가리켜 '더 연약한 그릇'이라고 말씀하고 있습니다. 여기서 여성을 '연약한 그릇'이라고 한 것은 여성이 남성에 비해 감정적으로 더 민감하고 상처받기 쉽다는 것입니다. 우리의 일상생활에서도 막 사용하는 그릇들은 잘 깨어지지 않는 반면에 비싼 도자기 그릇은 잘 깨지거나 금이 가고, 한번 금이 가면 잘 붙지 않습니다.

마찬가지로 여성은 말 한 마디로도 상처받기 쉽고, 한번 상처받으면 혼자서 오랫동안 힘들어 합니다. 그렇기 때문에 남성들은 여성이 자기와 같은 줄로 생각하면 안 됩니다. 남성들은 여성의 자존심이나 감정이 다치지 않도록 세심하게 배려해 주어야 자존감을 회복하게 됩니다.

그리고 성경은 남편에게 아내를 "생명의 은혜를 함께 이어받을 자로 알아 귀히 여기라"라고 했습니다. 즉 우리는 하나님 앞에서 어마어마한 유산을 상속하게 되는데 그 유산의 공동 상속자가 되는 것입니다.

우리는 인생길을 다 간 후에 하나님 앞에 함께 서게 되어 있습니다. 그때 하나님께서는 남편에게, "너는 얼마나 아내를 신앙적으로 아름답게 했는가?"를 물으실 것입니다. 남편의 책임은 아내에게 돈을 많이 갖다 주는 것이 아닙니다. 하나님은 남편이 자기 아내를 어떻게 가꾸고, 어떻게 영적으로 풍성하게 했는지를 보십니다. 만일 어떤 사람이 자기는 사회 저명인사가 되었는데 아내가 폐인이 되었다면 그 사람은 주님 앞에서 책망을 받을 것입니다. 그리고 그들의 상급은 엄청나게 줄어들 것입니다. 남편은 아내의 도움이 없이는 완전해질 수 없습니다. 남편은 아내의 조언과 격려와 기도로 완전해질 수 있습니다. 그렇다면 남편도 아내를 완전케 해 주어야 합니다. 이것이 생명의 은혜를 함께 유업으로 받을 자의 모습입니다. 남자의 목적은 멋있는 아내를 만나서 자기를 과시하고 더 빨리 출세하는 것이 아닙니다. 남편의 사명은 아내의 부족한 부분을 잘 이해하고 감싸 주며 아내를 신앙적으로 더 풍성하게 하는 것입니다.

본문 말씀에 보면 남자가 여자에게 잘해 주지 않으면 기도가 막힌다고 했습니다. 즉 여성들이 한을 품고 있으면 남자들이 아무리 기도해도 그 기도가 하나님께 상달되지 않는 것입니다.

오늘 여성들은 모두 마음의 한을 푸시기 바랍니다. 우리는 자신에 대해서 잘 알지 못하지만 우리는 중요한 사람들입니다. 나중에 이 인생길을 다 간 후에 사람들은 자기가 엄청난 사람과 같은 시대에 살았고, 같은 교회에 있었으며, 우리를 개인적으로 알았던 것을 큰 자랑으로 생각할 때가 올 것입니다. 그러므로 우리의 기도가 막히면 안 됩니다. 다른 사람을 실족하게 해서도 안 됩니다. 우리 모두 다른 사람의 마음에도 사랑의 불이 붙을 때까지 지속적으로 사랑하시기 바랍니다.

기회 13 Chance

벧전 3:8-12

축복의 테스트

얼마 전에 일본의 기시미 이치로는 『아들러 심리학을 읽는 밤』이라는 책을 써서 많은 인기를 끌었습니다. 작가는 그 책에서 어머니가 늘 말씀하시기를, 아이들을 다 키우고 나면 여행을 할 것이라고 하셨다고 했습니다. 그러나 이분의 어머니는 아이들을 다 키운 후에 뇌경색으로 쓰러져서 거동을 할 수 없게 되었습니다. 그래서 어머니는 아이들에게 소설을 읽어 주고, 독일어도 공부하고 싶다고 했습니다. 그렇지만 어머니는 곧 의식이 없어져서 아이들에게 책을 읽어 줄 수 없게 되었습니다. 그리고 얼마 후에 돌아가시고 말았습니다. 그래서 작가는 오늘 우리에게 현재가 가장 중요하다고 말을 하고 있습니다.

그런데 재미있는 것이, 이분은 어머니가 돌아가실 때까지 한 번도 요리를 해 본 적이 없다는 것입니다. 왜냐하면 요리는 당연히 어머니가 하는 것으로 생각했기 때문입니다. 그런데 어머니가 돌아가신 후에 요리를 해 보았는데 요리가 너무 재미있어서 카레를 만들어 보기로 결심을 했습니다. 시중에서 판매되는 인스턴트 카레가 아니라 재료를 구입해서 프라이팬에

볶아 정통 카레를 만들기로 했는데 카레를 만드는 데 무려 세 시간이 걸렸습니다. 이분은 아버지가 그 카레를 드시고 무슨 말씀을 하실까 굉장히 긴장을 했습니다. 그런데 아버지는 아들이 세 시간에 걸쳐서 만든 카레를 맛본 후에, "너, 다시는 요리를 하지 말아라"라고 하더라는 것입니다. 이분은 그 말에 너무 상처를 입어서 자신감을 잃고 말았습니다.

그런데 세월이 많이 지난 후에 생각해 보니까 아버지의 말씀이 자기가 만든 카레가 맛이 없다는 뜻으로 한 말이 아닐 수도 있더라는 것입니다. 즉 아버지는 네가 만든 카레가 맛은 있는데 학생이 세 시간씩이나 시간을 들여서 요리를 하면 안 된다는 뜻으로 그 말씀을 했을지도 모른다고 생각을 한 것입니다. 그래서 이분이 아버지에게, "옛날에 무슨 뜻으로 저에게 다시는 요리를 하지 말라고 하셨습니까?"라고 물었는데 아버지는, "나는 그런 말을 한 적이 없다"라고 하면서 기억조차 하지 못하더라는 것입니다.

우리는 모두 이 세상에서 아름답고 행복한 삶을 살기를 원합니다. 그런데 우리는 자기 자신이나 주위에 있는 사람들을 보면 항상 잘살고 행복한 것은 아니라는 것을 알 수 있습니다. 어떤 분은 어렸을 때는 잘살았는데 아버지가 사기를 당한 후에 가세가 기울어진 분도 있고, 어떤 분은 젊었을 때는 죽어라고 고생을 했는데 나중에 사업이 크게 번창해서 돈도 아주 많이 벌고 큰 회사를 경영하게 된 분도 계십니다. 그런데 우리나라는 고령화사회를 앞두고 있어서 이제 80세 이상은 물론, 90세 이상도 살 수 있는 시대가 되었습니다. 그러나 우리는 단지 오래 사는 것이나 재산이 많은 것으로는 그 사람이 행복한지 그렇지 않은지를 알 수가 없고 그의 삶의 질을 보아야 알 수가 있습니다.

요즘은 사람들의 삶의 질을 결정하는 중요한 요인으로 돈이나 건강을 이야기합니다. 그러나 사람의 삶의 질에서 가장 중요한 것은 기쁨이고 자신의 가치를 찾는 일일 것입니다. 특히 젊은이들은 대개 건강하고 앞으로 살아갈 날이 많습니다. 그러나 아무리 멋있게 생기고 건강한 젊은이라 하더라도 마음에 기쁨이 없고 자신의 가치를 찾지 못하면 행복할 수 없습니다. 반대로 어떤 사람이 병들어 있고 가난한 생활로 고통 중에 있다 할지라도 그의 마음에 엄청난 기쁨이 있고 자기 자신의 가치에 만족해하고 있다면 그는 행복한 것입니다.

그래서 인생을 행복하게 사는 데 가장 중요한 것은 행복의 길을 잘 찾는 것입니다. 우리가 행복의 길을 바로 찾지 못하면 아무리 세상에서 성공하고 재산이 많다 하더라도 행복하지 않을 것입니다. 우리가 이 세상에서 행복한 삶을 살 수 있는 길은 하나님을 성경적으로 바로 만나는 것입니다. 그런데 본문 말씀을 보면 우리가 정말 하나님 안에서 나 자신의 가치를 찾고 있으며 행복한 생활을 하고 있느냐 하는 것을 마지막으로 테스트해 보며 기준을 제시해 주고 있습니다.

요즘은 여성들이 임신 여부를 스스로 테스트할 수 있는 방법이 있고, 또 당뇨 환자들을 위해서 간편하게 피 한 방울로 혈당을 체크할 수 있는 도구도 개발되었습니다. 이와 마찬가지로 오늘 말씀도 내가 정말 하나님 앞에서 영원히 없어지지 않을 축복의 삶을 살고 있는지 체크할 수 있는 방법을 우리에게 제시해 주고 있습니다.

1. 우리에게 주어질 축복의 약속

우리가 성공했다고 말하는 사람들 중에는 정말 맨손으로 죽어라고 노력해서 성공한 분이 있는가 하면, 부모로부터 어마어마한 기업을 물려받은 분도 있습니다. 우리는 맨손으로 세상에 뛰어들어서 성공한 분들을 창업자라고 합니다. 거기에 비해서 부모로부터 회사를 물려받아서 더 큰 회사로 만든 분들은 재벌 2세나 3세가 될 것입니다. 우리나라에서는 일단 재벌의 자녀로 태어나면 부모로부터 회사의 많은 부분을 자동적으로 물려받는 경우가 많지만 독일 같은 경우는 아주 엄격한 훈련을 거쳐서 그 능력을 인정받아야만 최고 경영자가 될 수 있습니다. 최근 하버드 대학 경영대학원은 교과 과정을 전면 개편했다고 합니다. 지금까지는 2년 동안 최고 경영자들을 불러서 강의를 듣게 했는데 이제는 전 학생들에게 창업 훈련을 시킨다는 것입니다.

　그런데 사실 상속자의 위치는 참 애매합니다. 왜냐하면 부모의 엄청난 재산이나 회사를 상속받으면 최고의 부자가 될 수 있지만 상속받기 전에는 아무것도 아니기 때문입니다. 그런데 이것이 오늘 우리 예수 믿는 사람들에게 그대로 적용이 됩니다. 우리는 자주 장차 우리를 위하여 예비된 어마어마한 상급에 대하여 이야기를 듣습니다. 그러나 우리가 이 세상에 있는 동안에는 아직 하나님의 상급이나 재산을 상속받은 상태가 아니기 때문에 우리는 지금 아무것도 가진 것이 없는 것입니다. 여전히 우리는 가난하고, 여전히 많은 것을 배우지 못했고, 여전히 사람들에게 존경받지 못하는 상태에 있는 것입니다. 우리는 하나님의 약속과 비참한 현실의 차이를 어떻게 극복할 수 있을까요?

　여기서 우리는 두 가지를 생각할 수 있습니다. 그 하나가 바로 우리 삶의 질이고 만족지수입니다. 즉 자신의 삶에 얼마나 만족하고 있으며, 자기 자신의 가치를 찾았는가 하는 것입니다. 예를 들어 어떤 분이 육체적으로 아주 심한 고통 가운데 있고 제대로 먹지 못해서 굶주림 가운데 있지만, 만일 그의 마음속에 엄청난 기쁨이 있고 만족이 있다면 그는 결코 비참하지 않은 것입니다.

　영화 "E.T."로 유명한 감독 스티븐 스필버그도 자기가 유대인이라는 사실을 부끄러워했습니다. 그래서 그는 자기 코가 좀 작아지면 유대인처럼 보이지 않을 수도 있을 것이라고 생각해서 밤마다 코에 테이프를 붙이고 잠자리에 들곤 했습니다. 그러나 그는 토머스 케닐리가 쓴 『쉰들러 리스트』를 읽고는 자기가 유대인인 것을 부끄러워하지 않게 되었고, 그가 그 이야기를 영화로 만들었을 때 전 세계가 감동을 받았습니다.

　쉰들러 리스트의 마지막 생존자인 레온 레이손은 영화 "쉰들러 리스트"가 나오기 전까지 자신이 아우슈비츠 생존자라는 사실을 밝히지 않았지만 이 영화가 세계적으로 큰 반향을 일으키자 이 사실을 밝히고 미국 전역을 돌며 나치의 잔학상에 대해 강연을 하였습니다. 이런 것을 보면 사랑이라는 것이 얼마나 위대하고, 사람이 가치 있게 산다는 것이 얼마나 아름다운

지 알 수 있습니다. 이 세상에 좋은 것이 많이 있지만 지금 내가 가치 있게 살아 있다는 것보다 더 중요한 것은 없을 것입니다.

반면에 한때 '골프 황제'라는 칭호를 들으며 세계 골프계 최정상의 자리에 군림했던 타이거 우즈는 흑인이라는 열등의식 때문에 백인 여성들과만 연애를 했다고 합니다. 그리고 결혼도 백인 여성과 했는데 그의 백인 여성 편력이 불거지는 바람에 아내에게 골프채로 얼굴을 맞아서 얼굴뼈가 내려앉았다고 합니다. 타이거 우즈는 평소에 자기는 늘 불안하기 때문에 스킨 스쿠버 옷을 입고 물속에 혼자 있을 때가 가장 편안하다고 말을 했습니다.

그런데 우리는 하나님 앞에서 진정으로 나 자신의 가치를 발견할 수 있습니다. 왜냐하면 하나님은 우리에게 사랑을 알게 하시고, 내가 이 세상에 살아야 할 이유를 알게 하시기 때문입니다. 우리가 이 세상에서 자신의 가치를 발견했다면, 또 살아야 할 이유를 알게 되었다면 우리는 이 세상에서 일분일초를 살아도 만족스럽고, 부족한 것이 없는 것입니다.

그러나 우리에게는 어마어마한 미래가 준비되어 있고, 상상할 수 없는 복이 준비되어 있습니다. 이것은 거짓말을 하시지 않는 하나님이 우리에게 수도 없이 약속하신 것입니다. 본문 9절 하반절에도 "이를 위하여 너희가 부르심을 받았으니 이는 복을 이어받게 하려 하심이라"라고 하였습니다. 즉 우리에게는 다시 한 번 멋지게 살 수 있는 기회가 준비되어 있는 것입니다. 그때 우리는 하나님의 모든 복을 상속받게 됩니다. 그런데 지금 우리는 그 복을 보지도 못하고, 구체적으로 알지도 못합니다. 그러나 우리에게는 그 복의 보증이 있습니다. 사람들은 집을 사거나 임차할 때에 계약서를 작성합니다. 이때 사람들은 틀림없이 이 약속을 이행한다는 표시로 상당한 보증금을 걸게 되어 있습니다. 그래서 계약서를 쓰고 보증금을 지불한 사람들은 주인이 약속을 어기고 다른 사람에게 그 집을 팔 것을 걱정하지 않아도 됩니다.

마찬가지로 하나님은 장차 우리에게 어마어마한 복을 상속해 주겠다는 뜻으로 보증금을 걸어 놓으셨습니다. 하나님은 우리에게 성령을 주신 것입니다. 하나님이 우리에게 성령을 주신 것은 장차 우리가 하나님 나라의 주인공이고 어마어마한 축복의 상속자가 되는 것에 대한 보증으로 걸어 놓으신 것입니다. 그렇기 때문에 우리에게는 종교적인 행위나 거창한 이론이 중요하지 않습니다. 우리에게 성령이 오셨다면 우리는 절대적으로 안심할 수 있습니다. 이 세상에서 아무리 가난하고, 아무리 고통받고, 아무리 어려운 가운데 있다 하더라도 성령이 내 안에 계시면 안전한 것입니다.

그러면 우리는 앞으로 어떻게 되는 것일까요? 아마 요즘 우리나라에서 재벌의 자녀들이 얼마나 많은 재산과 특권을 물려받는지 보면 될 것입니다. 하나님이 장차 우리에게 주시는 복의 예표로 이 세상의 재벌들을 주신 것 같습니다. 우리는 그 복을 이 세상에서도 누리게 됩니다. 단지 우리는 이 세상에서 삶의 질로써 체험할 수 있을 것입니다. 그러나 앞으로는 실제적으로 전부 누리게 될 것입니다. 우리가 하나님의 복만 상속받을 수 있다면 이 세상에서 많은 것을 가질 필요가 전혀 없을 것입니다.

2. 상속의 테스트

하나님께서는 우리가 장차 어마어마한 복을 상속받기 전에 우리가 하나님의 그 엄청난 복을 상속받을 만한 가치가 있는 사람인지 테스트하겠다고 말씀하셨습니다. 우리는 이 테스트가 얼마나 엄격한 테스트인지 출애굽한 이스라엘 백성을 통해서 보았습니다. 이스라엘 백성 중에서 모세와 함께 애굽을 탈출한 사람들은 20세 이상 되는 남자만 60만 명이 넘었습니다. 그런데 놀라운 것이, 그 60만 명이 넘는 남자들 중에서 가나안 땅에 들어갈 자격을 가진 사람이 단 두 명밖에 되지 않았던 것입니다.

우리는 보통 이스라엘 백성이 믿음이 없었기 때문에 하나님의 능력과 인도하심을 믿지 못하고 계속 원망하고 불평하다가 광야에서 망했다고 생각을 합니다. 그러나 사실 우리도 그 입장이 되어 보면 불평을 할 수밖에 없었을 것입니다. 즉 지도자라고 하면 적어도 그 많은 사람들이 최소한의 생활을 영위할 수 있는 곳으로 데리고 가야 했는데 물도 없고 양식도 없는 곳으로 데리고 가니까 의심이 생기고 짜증이 나는 것입니다. 그리고 이스라엘의 지도자들이 가나안 땅을 정탐한 결과, 자기들의 힘으로는 도저히 가나안 땅을 차지할 수 없다고 생각했고, 그래서 안전하게 애굽으로 돌아가자고 했는데 그들은 모두 불합격이 된 것입니다.

거기에 비해서 여호수아와 갈렙은 정말 세상 물정을 모르는 사람들이었습니다. 그래서 그들은 가나안 땅을 정탐한 후에 하나님의 뜻이면 충분히 가나안 땅을 정복할 수 있다고 주장했는데 그 두 사람은 합격이 된 것입니다. 놀랍게도 60만 명이 넘는 이스라엘 백성 중에서 엄청난 축복의 상속자가 된 사람은 단 두 명뿐이었습니다.

그러면 다른 사람들은 다 천국에 들어가지 못하고 지옥에 간 것일까요? 그런 뜻은 결코 아닐 것입니다. 그러나 광야에서 하나님을 의심하고 불평했던 사람들은 모두 온전한 축복의 상속자가 되지 못한 것은 분명합니다. 오늘 우리 역시 마찬가지입니다. 예수 믿고 교회에 다닌다고 해서 이 엄청난 축복의 상속자가 된다는 보장이 없는 것입니다.

하나님은 일단 우리 믿는 자들에게 두 가지 테스트를 하시는데 그 시험에 합격해야 온전한 축복의 상속자가 될 수 있습니다. 만약 우리가 이 시험에 불합격하면 어떻게 될까요? 우리는 그것까지는 알지 못합니다. 그러나 하나님의 시험에 불합격했다는 것은 확실한 것입니다.

하나님의 첫 번째 테스트는 동정과 겸손에 대한 테스트입니다.

"마지막으로 말하노니 너희가 다 마음을 같이하여 동정하며 형제를 사랑하며 불쌍히 여기며 겸손하며"_ 벧전 3:8

여기의 '마음을 같이한다' 라는 말의 반대되는 개념은, 자기는 특별하다고 생각해서 우쭐거리는 것입니다. 즉 자기를 다른 사람들과 차별화함으로써 우월감을 느끼려고 하는 것입니다. 사실 사람들은 겉모습만으로 볼 때에는 큰 차이가 있습니다. 즉 잘생긴 사람도 있고 못생긴 사람도 있으며, 똑똑한 사람도 있고 그렇지 못한 사람도 있습니다. 사람들은 이런 외적인 차이를 가지고 사람을 지배하거나 이용하려고 합니다. 이것이 세상에서 말하는 성공인 것입니다.

그런데 모든 사람들에게는 사랑받고 싶어 하고, 인정받고 싶어 하는 욕구가 있습니다. 하나님의 백성과 세상 사람들의 차이는 바로 여기에서 나타납니다. 하나님께서는 "네 이웃을 네 몸처럼 사랑하라"라는 계명을 주셨습니다. 이것은 다른 사람들도 나 자신처럼 행복할 자격이 있고 사랑받을 자격이 있다는 것을 인정하라는 계명입니다. 그래서 하나님의 축복의 상속자가 되려면 자신의 권리나 행복을 주장하기 이전에 가장 먼저 다른 사람의 가치를 인정해 주어야 합니다. 하나님의 백성은 어려운 자를 동정하며, 불쌍히 여기고, 스스로 겸손해져야 하는 것입니다.

애굽에서 나온 이스라엘 백성이나 지도자들은 모두 자신의 상식이나 자신이 살아오면서 체험한 것들을 절대적으로 믿었습니다. 그런데 여호수아와 갈렙은 무모할 정도로 하나님을 믿었습니다.

우리가 이 세상을 살아가면서 자기 생각이나 자기 판단을 부정하는 것은 결코 쉽지 않은 일입니다. 그런데 우리 생각에는 이렇게 하는 것이 훨씬 합리적인 것 같고, 더 정의로울 것 같은데 하나님의 생각은 다른 것입니다. 이때 하나님은 우리가 무모할 정도로 하나님을 믿고 의지하며, 형제들(즉 이것은 교회를 말합니다.) 가운데 함께하시는 하나님을 믿고 순종하기를 바라십니다.

오늘 많은 사람들이 교회는 믿지 않으면서 기독교는 믿는다고 말을 합니다. 그런데 교회를 믿지 않는 기독교는 온전한 기독교가 아닙니다. 왜냐하면 기독교는 이상적인 종교가 아니기 때문입니다. 우리 안에는 정말 이상한 사람도 있고, 나보다 생각이나 경험이 훨씬 뒤떨어지는 사람도 있고, 가난하고 무지한 사람도 많이 있습니다. 그러한 이들을 사랑하고, 용납하고, 인정해 주는 것이 기독교인 것입니다.

두 번째 테스트는 복수의 금지입니다. 9절에 "악을 악으로, 욕을 욕으로 갚지 말고 도리어 복을 빌라 이를 위하여 너희가 부르심을 받았으니 이는 복을 이어받게 하려 하심이라"라고 했습니다. 우리 모든 사람에게는 자존심이라는 것이 있어서 다른 사람이 나에게 정신적으로나 육체적으로 피해를 주면 복수를 생각하게 됩니다. 복수는 자기 보호 본능인 것입니다. 즉 우리는 나에게 피해를 입힌 사람을 나쁜 이미지로 기억하게 됩니다. 왜냐하면 그 사람이 나에게 2차, 3차 피해를 줄 수 있기 때문입니다. 그래서 사람은 다른 사람으로부터 인격적으로나 물리적으로 공격을 받아서 피해를 입으면 마음이나 육체가 아프게 됩니다.

그런데 시간이 지나면서 육체의 고통은 점점 사라지지만 마음의 고통이나 감정적인 분노는 더 생생하게 남습니다. 그래서 자기에게 피해를 준 사람을 만나서 내가 받은 만큼의 고통을 주어야 속이 후련해지고 감정적인 고통이 없어집니다. 그리고 일단 내가 받은 고통을 갚았기 때문에 상대방이 앞으로는 함부로 공격하지 못할 것이라고 판단해서 마음이 편안해지는 것입니다.

그러나 하나님의 상속자가 되려면 자기에게 정신적으로나 육체적으로 피해를 준 사람에 대하여 관대해야 합니다. 즉 악을 악으로, 욕을 욕으로 갚지 않고 오히려 복을 빌어 주는 것입니다. 이때 우리는 두 가지 생각을 하게 됩니다. 그 하나는 내 마음이나 육체가 공격을 받아서 아픈데 어떻게 나를 공격한 사람에게 좋은 말을 할 수 있느냐는 것입니다. 그리고 또 한 가지는 내가 공격을 당하고도 가만히 있으면 상대방이 나의 고통을 전혀 모른다는 것입니다. 오늘 많은 사람들은 그런 일이 있을 때에 '언젠가는 내 마음을 알아주겠지'라고 생각하는데 실제로 사람들은 자신의 마음이나 기분을 말해 주지 않는 이상 알지 못합니다. 그러면 결국 고통을 당하고도 참는 사람만 바보가 되는 것입니다.

그런데 하나님은 내가 마음이 아픈데 참는 것을 상대방이 아느냐 모르느냐는 중요하지 않다는 것입니다. 즉 하나님은 이런 일방적인 고통이나 억울한 감정을 통해서 나의 믿음의 성숙도를 테스트해 보시는 것입니다. 여기서 나의 마음이 아픔에도 불구하고 나에게 아픔을 준 사람이 잘 몰라서 그런 말이나 행동을 했고, 그도 행복할 자격이 있다는 것을 인정할 때 하나님의 테스트에 합격을 하는 것입니다.

그러면 내 마음이 아프고 내 육체가 아픈 것은 어떻게 보상받을 수 있을까요? 그것이 바로 하나님 앞에서 받는 훈장이고 금메달입니다. 우리가 하나님 앞에서 상을 받으려면 바로 이 마음의 상처와 고통의 흔적이 있어야 합니다. 그래서 우리가 나에게 악하게 대한 사람에게 악하게 대하지 않고, 나에게 치욕을 끼친 사람에게 치욕을 주지 않는 방법은 하나님의 은혜로 바보가 되는 것입니다. 바보는 누군가가 욕을 해도 잘 모르고 웃으면서 넘어갑니다. 즉 우리는 바보는 아니지만 상대방을 사랑하고 아끼기 때문에 바보가 되기를 원하는 것입니다. 우리는 사랑하는 사람 앞에서 얼마든지 바보가 될 수 있습니다. 왜냐하면 그를 아끼고 사랑하기 때문입니다. 그래서 사랑은 논리적이지 않고, 합리적이지도 않고, 정말 바보스러운 것입니다. 그런데 우리가 다른 사람을 사랑해서 바보 같은 마음이 될 수 있을 때 우리는 어마어마한 축복의 상속자가 될 수 있습니다. 우리는 이 세상에서도 하나님의 사랑을 받을 뿐 아니라 천국의 축복도 받는 것입니다.

3. 하나님이 관심을 가지는 자

우리는 가끔 정말 이상한 체험을 할 때가 있습니다. 그것은 마치 하나님께서 나의 일거수일투족을 지켜보시는 것처럼 세부적으로 지켜 주시고 응답해 주시는 것을 체험하는 것입니다. 어떤 때는 아주 작은 것이지만 기도한 것이 이루어질 때도 있고, 또 어떤 때는 생각하지도 못한 길을 준비하셔서 인도하실 때도 있습니다. 중요한 것은, 과연 이런 작은 체험들이 나에게 어떤 의미가 있을까 하는 것입니다.

예를 들어 기드온은 자기편보다 몇십 배나 많은 미디안 족속과 싸워야 하는 상황에서 자신의 작은 기도가 응답되는 것을 보았습니다. 즉 기드온이 자기의 타작 마당에 놓아 둔 양털뭉치에만 이슬이 맺히게 해 달라고 기도하니까 다음 날 타작 마당에 놓아 둔 양털에만 이슬이 내렸고, 그다음에는 양털은 마르고 사방의 모든 땅에 이슬이 내리게 해 달라고 기도를 하니까 그대로 이루어졌습니다. 그러나 아직 적은 한 명도 죽지 않았고, 또 돌아간 사람도 없었습니다. 오히려 기드온을 따르던 이스라엘 백성 중에서 많은 사람이 집으로 돌아가 버렸습니다. 그런데 우리에게 일어나고 있는 작은 기도의 응답이나 하나님의 작은 배려가 무슨 의미가 있을까요? 그것은 바로 십삼만 명의 미디안 사람들을 물리치는 하나님의 능력이 나에게 있다는 증표인 것입니다.

예를 들어 모세가 미디안 광야에서 하나님을 만났을 때 모세는 하나님의 생생한 음성을 들었고, 그의 손에 있던 지팡이가 뱀이 되는 체험을 했습니다. 이때 모세가 광야에서 이런 체험을 하고 있다는 것을 아는 사람은 아무도 없었습니다. 또 앞으로도 모세에게 하나님의 능력이 나타난다는 보장이 없었습니다. 그런데 모세는 장인 이드로와 40년 동안 일한 보수나 퇴직금 문제로 싸우지도 않고, 또 새로운 무기나 전쟁 방법을 배우려고 하지도 않고 마른 지팡이 하나만 가지고 애굽으로 갔습니다. 왜냐하면 이 작은 체험들이 앞으로 하나님이 함께하신다는 증표였기 때문입니다.

그래서 우리는 아주 작은 은혜가 임하고 기도가 응답되면 모든 인간적인 생각이나 토론이나 논쟁을 중단해야 합니다. 왜냐하면 지금 나에게 하나님의 능력이 임하고 있기 때문입니다. 사람들은 하나님의 일을 하기 위해서는 재정이 있어야 하고, 계획표가 있어야 하고, 사람들에게 설명을 해야 한다고 생각합니다. 그러나 우리가 진정으로 하나님의 능력으로 승리하기를 원한다면 나에게 일어나고 있는 작은 일들의 의미를 빨리 알아야 합니다. 그리고 그 순간부터 인간적인 염려나 걱정이나 토론이나 논쟁 같은 것을 삼가야 합니다. 왜냐하면 지금 나에게 하나님의 능력이 임하고 있고, 우리에게 하나님의 축복이 임하고 있기 때문입니다.

"그러므로 생명을 사랑하고 좋은 날 보기를 원하는 자는 혀를 금하여 악한 말을 그치며 그 입술로 거짓을 말하지 말고"_벧전 3:10

여기서 '생명을 사랑한다'는 것은 죽지 않고 살기를 바라며 다른 사람들을 살리기를 바란다는 것으로 볼 수 있습니다. 그리고 '좋은 날 보기를 원한다'는 것은 하나님의 능력이 임하고 축복이 임하며, 하나님의 강 같은 기적이 나타나기를 원한다는 뜻으로 볼 수 있습니다. 우리가 진정으로 하나님의 축복이 나에게 임해서 큰 기적이 일어나기를 바란다면, 인간적인 논쟁이나 자존심 같은 것은 아무 소용이 없을 뿐 아니라 오히려 하나님의 능력을 몰아내는 것밖에 되지 않는다는 것입니다. 나에게 생각지도 못했던 하나님의 역사가 자꾸 나타난다면 우리는 입을 다물고 하나님이 하시는 것을 지켜보아야 합니다. 그런데 어리석은 사람은 하나님의 역사는 역사이고, 또 거기에다 자기 자존심까지 지키려고 논쟁하고 다투는데, 하나님은 그런 사람들을 사랑하지 않으십니다.

"악에서 떠나 선을 행하고 화평을 구하며 그것을 따르라"_벧전 3:11

우리는 인간이기 때문에 하나님의 뜻을 완전히 알 수는 없습니다. 그렇기 때문에 내가 하나님의 뜻을 잘 몰랐고 잘못된 쪽에서 일을 했다는 것을 깨닫는 순간 금방 돌이키면 됩니다. 이때 지혜로운 분들은 자기가 잘못된 길을 가고 있다는 것을 깨닫는 순간, '아, 내가 실수를 했구나!' 하고 적극적으로 방향을 바꿉니다.

그리고 하나님은 우리가 싸우는 것을 원치 않으십니다. 그래서 화평을 구하며 그것을 따르라고 했습니다. 그러므로 옳고 그른 것, 잘잘못을 따지는 것은 하나님이 알아서 하실 일이고, 우리는 미워하는 사람이나 좋아하지 않는 사람을 사랑으로 품고 갈 때 하나님의 선한 뜻이 이루어질 것입니다.

"주의 눈은 의인을 향하시고 그의 귀는 의인의 간구에 기울이시되 주의 얼굴은 악행하는 자들을 대하시느니라 하였느니라"_벧전 3:12

이 세상에서 성공하는 방법 중에 유능한 자의 관심을 끄는 것이 있습니다. 특히 공직에 있거나 사업을 하시는 분들 중에서 요직에 있는 사람의 관심을 끌면 그는 성공이 보장된 것이라고 볼 수 있습니다. 하물며 우리가 하나님의 관심을 끌 수 있다면 이것은 진짜 성공한 것입니다. 만약 하나님의 눈이 레이더처럼 내가 가는 곳을 따라가고, 하나님의 귀가 내 모든 기도를 다 듣고 계신다면 우리는 성공한 것입니다.

그렇게 하려면 우리는 의인이 되어야 하는데, 여기서 '의인' 이라는 것은 죄를 전혀 짓지 않는 사람을 말하지 않습니다. 여기의 의인은 하나님의 테스트에 합격한 사람인 것입니다. 즉 하나님의 겸손 테스트에 합격하고, 하나님의 복수 금지 테스트에 합격하고, 하나님의 작은 능력을 보고서 모든 인간적인 논쟁을 삼가고 묵묵히 하나님을 바라보는 자에게는 하나님의 눈이 항상 따라가고 하나님의 레이더가 항상 따라붙는 것입니다.

반대로 하나님의 테스트에서 교만한 자로 판정을 받는 자는 불행합니다. 왜냐하면 항상 하나님의 진노의 미사일이 따라다니고 있기 때문입니다. 우리는 종종 북한의 핵무기나 미사일 때문에 불안해합니다. 이때 우리가 사는 길은 하나님의 겸손 테스트에 합격하는 것입니다. 그러면 하나님의 고성능 레이더가 우리를 항상 따라다니면서 미사일을 격추시키기 때문에 안전합니다. 오늘 우리 모두 하나님의 테스트에 합격하시고, 더 이상 인간적인 두려움이나 분노에 빠지지 말고 믿음으로 승리하시기 바랍니다.

기회 14 Chance

벧전 3:13-17

소망이 있는 이유

『레미제라블』의 주인공 장발장은 빵 하나를 훔친 죄로 19년 동안 감옥살이를 하고 출옥을 합니다. 그러나 사람들은 그가 전과자라고 해서 그에게 빵을 팔지 않고, 피곤해서 여관에서 잠을 자려고 해도 잠을 재워 주지 않습니다. 그런데 한 신부가 장발장을 사제관에서 재워 주는데 장발장은 그 사제관에 있는 은 접시와 은 촛대를 훔쳐서 도망을 치다가 경찰에게 붙들려서 잡혀 옵니다. 그때 신부는 장발장을 잡아 온 경찰에게 이분이 가지고 있는 그릇과 촛대는 자기가 준 것이라고 합니다. 그리고 은 촛대를 두 개 주었는데 하나만 가지고 갔다고 하면서 나머지 촛대를 주어서 보냅니다. 그래서 장발장은 무사히 풀려나고 그 후에 철저하게 변해서 한평생 착한 일을 하면서 살아갑니다.

저는 어렸을 때 이 책을 읽었는데 두 가지에 놀랐습니다. 하나는 신부님이 거짓말을 한 것에 놀란 것입니다. 우리는 어렸을 때 무조건 거짓말을 하면 안 된다고 배웠는데 소설이긴 하지만 신부님이 너무 거짓말을 잘 하는 것입니다. 그리고 또 하나는 신부님이 훔쳐 가지 않은 은 촛대를 더 줄 정도로 사람이 넉넉했다는 것입니다.

우리가 다른 사람을 도우려면 돈이 있어야 한다고 생각했는데 돈은 지극히 일부분에 불과한 것이었습니다. 모든 사람에게 필요한 것은 하나님의 사랑이었습니다. 우리는 하나님의 사랑만 가지고 있으면 얼마든지 많은 사람들을 도울 수 있고, 죽어 가는 사람들을 살릴 수 있습니다.

베드로 사도는 우리 모든 크리스천은 이 세상에서 모두 아름다운 꿈을 가진 사람들이라고 말하고 있습니다. 즉 우리는 이 세상에서 자기 욕망을 채우고 돈 벌고 출세하기 위해서 사는 사람들이 아니라 아름다운 꿈을 이루기 위해서 사는 사람들이라는 것입니다. 그래서 베드로 사도는 다른 사람들이 우리에게 "너희는 무엇 때문에 이 세상을 사느냐?"라고 물어보면, "나는 이것을 위해서 이 세상에 산다"라고 분명히 말할 수 있어야 한다고 말하고 있습니다.

1. 우리는 천사처럼 살 수 있을까?

우리가 예수를 믿은 후에 놀라운 일이 생겼는데 그것은 우리가 하나님을 알고, 하나님의 뜻을 조금씩 깨닫게 되었다는 사실입니다. 그리고 또 하나는 이 세상에서 하나님의 뜻을 조금이나마 이루어 드리고 싶은 소망이 생겼다는 것입니다. 이것은 우리가 이 세상에서 이미 천사처럼 변하고 있다는 것입니다. 그러나 우리는 천사와 많은 차이가 있습니다. 우선 천사는 죽지 않습니다. 그리고 천사는 우리처럼 몸을 가지지 않았기 때문에 배가 고프지도 않고, 몸이 아프지도 않으며, 이성에 대한 욕망 같은 것도 없습니다. 오직 천사는 하나님의 뜻을 이루어 드리려는 고상한 욕망과 고상한 의지만 가지고 있을 뿐입니다.

거기에 비해서 우리는 예수를 믿는다고 하지만 육신을 가지고 있는 인간이기 때문에 먹어야 하고, 입어야 하고, 세상에서 인정을 받아야 합니다. 그리고 이성에 대한 욕망을 가지고 있고, 성공에 대한 야망도 가지고 있습니다. 그런 상태에서 우리는 하나님의 뜻을 이루어 드리려고 하는 욕망과 다른 사람에게 좋은 일을 하고 싶은 욕망이 생기게 된 것입니다. 그래서 인간 자체가 원래 모순된 존재이지만 크리스천은 더욱더 모순된 존재라는 것을 알 수 있습니다. 즉 우리 인간은 만들어질 때부터 정신은 하나님을 닮도록 만들어졌지만 우리의 육신은 흙으로 만들어진 보잘것없는 존재인 것입니다. 그렇기 때문에 우리 인간은 자신의 한계를 깨닫지 못하고 무한한 성공이나 무한한 정복을 꿈꾸고, 또 끝없이 만족하지 못하는 것입니다.

그런데 우리 하나님의 백성은 또 다른 모순을 가지고 있는데, 그것은 정욕과 야망이 있는 상태에서 하나님의 뜻을 이루어 드리고 싶어 하는 것입니다. 그래서 우리 예수 믿는 사람들은 언제나 갈등할 수밖에 없습니다. 우리 마음속에서 늘 두 가지 생각이 싸우는 것입니다. 즉 '나는 선한 일을 하고 싶어. 지금 나는 다른 사람을 돕고 싶단 말이야'라는 생각과 '나도 먹고살아야 해. 나는 지금 피곤하단 말이야'라는 생각이 언제나 싸우는 것입니다.

사도 바울은 이것에 대하여 로마서 7장 19절에서, "내가 원하는바 선은 행하지 아니하고 도리어 원하지 아니하는바 악을 행하는도다"라고 고백했습니다. 그러면 우리가 천사도 아닌 몸을 가진 인간으로서 하나님의 뜻을 따라 선을 이루면 얼마나 행할 수 있을까요? 그리고 마음속에 있는 이기심이나 악한 정욕 때문에 알기는 하지만 끝내 선을 행하지 못하는 것은 아닐까요? 그것에 대하여 우리는 너무 걱정할 필요가 없습니다. 왜냐하면 하나님께서 우리에게 원하시는 것은 천사 같은 완전한 사랑이나 헌신이 아니기 때문입니다. 하나님은 우리가 몸을 가진 불완전한 존재로서 조금씩 하나님의 뜻을 이루어 드리는 것을 가장 기쁘게 생각하십니다. 그러므로 우리는 실수하는 것을 두려워해서는 안 됩니다. 그리고 우리는 마음속에 이기적인 생각이나 옹졸한 마음이 생기는 것을 이상하게 생각해서는 안 됩니다. 왜냐하면 이것은 지극히 정상적인 것이기 때문입니다. 우리는 우리가 성자같이 되거나 성녀같이 되어야 완벽한 사랑을 한다고 생각하는데 그것은 하나님이 기뻐하시는 것이 아닌 것입니다.

본문 13절에 "또 너희가 열심으로 선을 행하면 누가 너희를 해하리요"라고 하였습니다. 여기서 성경은 우리에게 두 가지를 말씀하고 있습니다.

그 첫째는 '열심으로 선을 행하라' 는 것입니다. 여기서 '열심으로 선을 행한다' 는 것은 '완전한 성자로서' 선을 행하는 것을 말하지 않습니다. 오히려 본문이 말씀하는 것은 정반대입니다. 미숙하지만 열정과 뜨거운 마음을 가지고 남을 사랑하는 것입니다.

여기서 우리는 두 가지 입장을 생각해 볼 수 있습니다. 하나는 어떤 사람이 회사의 직원들에게 일을 시켰을 경우입니다. 이때 직원들은 사장이 시킨 일이기 때문에 일을 완벽하게 해낼 수 있을 것입니다. 그러나 그들이 그 일을 하는 것은 어디까지나 직원으로서 자신의 능력을 인정받기 위해서 하는 것이지 사장에 대한 개인적인 사랑이나 열정을 가지고 하는 것이 아닙니다. 그러나 만일 그 사람이 자기의 아들이나 딸에게 똑같은 일을 시켰다면 그들은 직원들에 비해서는 훨씬 미숙하고 부족하게 그 일을 하겠지만 적어도 그들은 아버지에 대한 애정과 열정을 가지고 그 일을 할 것입니다.

마찬가지로 하나님께서 우리에게 '열심으로 선을 행하라' 고 하신 것은 우리가 아무리 부족하고 미숙하다 하더라도 하나님을 사랑하는 마음을 가지고 있으면 되는 것입니다. 다시 말해서 우리가 어떤 좋은 일을 할 때 가장 중요한 것은 우리 마음에 하나님을 사랑하는 마음이 있느냐 하는 것입니다. 우리가 하나님을 사랑하는 마음을 가지고 일을 하면 열정이 생기게 되어 있고, 하나님은 그것을 기뻐하시는 것입니다.

그런데 여기의 '열심으로' 라는 말 속에는 우리가 남을 사랑하는 것이 아주 작고 부족하다는 뜻이 들어 있습니다. 즉 우리가 다른 사람을 사랑하는 마음은 여린 촛불과 같아서 약간의 어려움이 와도 꺼질 수밖에 없습니다. 그래서 '열심으로' 그 약한 불길을 더 세게 하고, 더 뜨겁게 하라는 것입니다.

그러면 우리 안에 있는 연약한 사랑을 더 뜨겁게 하고, 더 세게 하려면 어떻게 해야 할까요? 우리는 마음속으로 결심을 해야 합니다. 즉 우리는 자신의 미래나 자신이 받을 손해를 염려하거나 걱정하면 안 되는 것입니다. 만약 어떤 선한 일을 하고 싶은데 그것 때문에 내가 손해 볼 것을 염려하고 걱정하거나, 나의 미래에 대하여 걱정하면 우리 안에 있는 선한 불길은 꺼지는 것입니다. 우리가 하나님을 사랑하는 마음으로 결심을 할 때 우리 마음은 뜨거워지고 열정이 생기는 것입니다.

그렇게 하면 우리가 하나님의 모든 뜻을 다 알고 행할 수 있을까요? 그것은 절대로 그렇지 않습니다. 우리는 때로 초등학생 수준에서 하나님을 사랑할 수도 있고, 때로는 중고등학생의 수준에서 하나님을 사랑할 수도 있습니다. 물론 우리는 나중에 청년의 수준에서 하나님을 사랑할 수도 있습니다. 그러나 우리가 어느 수준에 있더라도 열정을 가지고 사랑하면 하나님이 기뻐하십니다.

우리는 때로 멋진 컬러 사진보다도 오래된 흑백 사진에서 더 진한 감동을 느낄 때가 있습니다. 그 이유는 우리가 그 흑백 사진을 찍을 때만 해도 때가 묻지 않은 순수한 시절이었기 때문입니다. 마찬가지로 하나님은 세련되고 거창한 사랑보다는 때묻지 않고 순수한 사랑을 더 좋아하십니다. 그렇기 때문에 우리는 어느 수준에 있든지 상관이 없습니다. 우리는 하나님을 사랑하는 마음으로 자기가 할 수 있는 선을 행하면 됩니다. 그러다가 마음에 아까운 생각이 들면 하지 못할 수도 있는 것입니다.

그런데 한 가지 걱정이 되는 것은, 우리도 인간인데 이렇게 하나님의 뜻만 생각하다가 금전적으로나 시간적으로 많은 손해를 보고, 나중에 지쳐서 쓰러져 죽는 것은 아닐까 하는 것입니다. 물론 우리는 인간이기 때문에 손해를 볼 수도 있고, 하나님의 일을 하다가 피곤하고 지칠 수도 있습니다. 그러나 우리는 그런 것을 두려워하지 말아야 마음이 뜨거워지고 우리에게 그리스도의 능력이 나타납니다. 그래서 거의 지쳐서 쓰러질 정도가 되어야 천사들이 흠모할 아름다운 모습이 되는 것입니다.

그리고 본문 말씀은 또 한 가지 사실을 말하고 있는데, 그것은 우리가 열정적으로 선을 행할 때 우리를 해칠 사람이 없다는 것입니다. "누가 너희를 해하리요"(13절)라고 한 것입니다. 그런데 사실 우리가 이 세상에서 열정적으로 선한 일을 하면 사람들은 좋아하기보다는 비웃고 구시렁거립니다.

즉 사람들은 이렇게 선한 일을 열심히 하는 사람들을 별종으로 보기도 하고, 잘난 체하는 사람으로 생각하기도 하는 것입니다. 그런데 우리는 이런 시험을 극복해야 합니다. 즉 처음에 남들이 하지 않는 일을 할 때 사람들이 이상한 눈으로 보고 뒤에서 수군거리는 것을 극복해야 하는 것입니다. 왜냐하면 사람들은 남들이 선한 일을 하면 시기하고 질투하기 때문입니다.

그런데 이 시험을 돌파하면 처음에는 이해하지 못해서 수군거리고 빈정거리던 사람들이 나중에 감동하면서 도우려고 하는데, 이것이 바로 승리한 것입니다. 그래서 하나님의 백성은 이 세상 모든 사람들의 마음속에는 아주 작지만 선한 마음이 있다는 것을 믿어야 합니다.

2. 의를 위하여 고난받는 자

우리는 다른 사람이 공연히 나를 미워해서 비난하거나 정신적으로나 육체적으로 상처를 입힐 때 매우 억울할 것입니다. 그래서 우리는 자존심을 회복하고 억울함을 풀기 위해서 복수를 생각합니다. 사람은 누구나 자존심을 가지고 있고, 감정을 가지고 있기 때문에 억울하게 상처를 받으면 그만큼 상대방을 아프게 해야 내 마음이 풀리는 것입니다. 그런데 베드로 사도는 특히 우리 그리스도인들이 이런 식으로 억울하게 상처를 입었을 때 절대로 복수하려고 하지 말라고 교훈하고 있습니다. 왜냐하면 바로 그것이 하나님이 우리의 겸손과 인격을 테스트하는 것이기 때문입니다.

"그러나 의를 위하여 고난을 받으면 복 있는 자니 그들이 두려워하는 것을 두려워하지 말며 근심하지 말고"_벧전 3:14

우리가 보통 '의롭다'고 말할 때에는 다른 사람을 위해서 자기 자신을 희생하는 것을 의미합니다. 그래서 세상에서 '의로운 사람'이라고 하면 다른 사람의 생명을 살리기 위해서 자기가 희생하거나 큰 어려움을 당하면서 선을 행하는 사람을 말합니다. 그러나 우리가 신앙적으로 '의롭다'고 할 때에는 그 의미가 조금 다릅니다. 신앙적으로 의롭다는 것은 다른 사람을 돕기 위해서 자기를 희생하는 것이 아니라 하나님의 뜻에 자기 자신을 일치시키는 것을 말하는 것입니다. 그래서 세상 사람들은 그리스도인들을 이해하지 못합니다. 세상 사람들은 다른 사람을 구하기 위해서 다치거나 죽는 사람을 보면 의인이라고 칭찬을 하지만, 하나님의 말씀을 붙잡고 하나님의 뜻에 순종하려고 하는 사람들은 이해하지 못합니다.

예를 들어 어떤 사람이 어려운 사람들을 위해서 전 재산을 내어 놓거나 혹은 어려운 사람들을 돕는 일을 하면 모두 좋아하거나 칭찬을 할 것입니다. 그러나 우리가 어려운 가운데 더 하나님의 말씀을 사모하거나 기도하거나 예배하는 데에 시간을 들인다면 광신자라고 하면서 싫어할 것입니다. 이처럼 세상적인 의와 하나님의 의는 근본적인 차이가 있습니다.

그런데 왜 성경은 우리가 의를 위하여 고난을 받으면 복이 있다고 말씀하고 있을까요? 그것은 우리가 어려울 때 더 하나님의 말씀을 사랑하고 기도하고 예배드리는 것을 세상 사람들이 이해하지 못하는 것이 당연하기 때문입니다. 다시 말해서 우리 예수 믿는 사람들이 세상 사람들에게 인정을 받고 칭찬을 받는 것이 하나님의 뜻에 다 맞는 것은 아닌 것입니다. 물론 우리가 세상에서 인정받으려면 세상 사람들이 원하는 것을 해 주면 되겠지만 그것보다 더 중요한 것이 있는 것입니다. 그것은 무엇보다 먼저 우리가 하나님의 말씀을 사랑하고, 그것을 붙들고 기도해서 부흥의 불이 일어나게 하는 것입니다. 즉 우리 가운데 부흥의 불이 일어난다는 것은 우리가 하나님의 능력을 끌어오는 데 성공한 것을 의미하는 것입니다. 우리 인간들끼리 힘을 합쳐서 다른 사람을 돕고 좋은 일을 하는 것도 중요하지만 더 중요한 것은 하나님의 능력을 끌어오는 것입니다. 우리가 하나님의 능력을 끌어오기만 하면 우리는 훨씬 많은 사람들을 전쟁이나 굶주림이나 질병에서 건져낼 수 있습니다.

그러면 우리는 이 세상을 향한 선한 뜻은 가지지 말아야 할까요? 예를 들어 슈바이처는 아프리카에 가서 선한 일을 해서 유명하게 되었습니다. 또 인도의 테레사 수녀는 버려진 여성이나 병자들을 위해서 선한 일을 많이 해서 유명해졌습니다. 이처럼 우리도 이 세상을 향한 선한 뜻을 가지면 안 될까요? 그렇지 않습니다. 우리도 할 수 있으면 얼마든지 이 세상을 향한 선한 뜻을 가질 수 있습니다. 그러나 이 모든 것도 하나님이 함께하셔야 할 수 있는 것이고, 설혹 우리가 이렇게 위대한 사람들처럼 되지 못했다 하더라도 부흥의 불을 일으키는 데 성공했다면 더 위대한 일을 한 것입니다.

그러나 우리는 바른 믿음을 지키기 위해서 고난을 받고 욕을 먹었을 때 억울한 마음에 복수를 생각하게 됩니다. 즉 우리도 감정을 가진 존재이기 때문에 누군가가 나에게 욕을 하고 고통스럽게 하면 그만큼 상대방도 아프게 해서 위로받고 싶은 것입니다. 그러나 우리는 절대로 그렇게 해서는 안 됩니다. 왜냐하면 이것은 하나님이 나의 겸손을 최종적으로 테스트하시고 내 신앙 인격을 시험하시는 것이기 때문입니다. 우리가 다른 사람에게 공격을 당하고 아픔을 겪었지만 반항하거나 대항하지 않고 참을 때 우리는 하나님의 최종 시험에 합격한 것입니다. 그때 우리는 주님을 만나더라도 부끄럽지 않을 것이며, 당당하게 주님을 맞이할 수 있을 것입니다. 왜냐하면 우리에게는 승리의 메달이 있기 때문입니다. 그래서 고난의 시험을 이긴 성도들에게 '그들이 두려워하는 것을 두려워하지 말며 근심하지 말라'는 위대한 약속이 주어진 것입니다.

이 세상에서 성도들을 공격해서 상처를 입히는 자들은 강한 자이고, 이 세상에서 두려울 것이 없는 자들인 것 같습니다. 그러나 그러한 사람들에게도 두려운 것이 있습니다. 그들은 전쟁을 두려워하고, 죽음을 두려워하며, 자신들의 미래에 대하여 많이 두려워합니다. 그러나 고난을 이긴 성도들은 이 세상의 강한 자들이 두려워하고 근심하는 것을 두려워할 필요가 없습니다. 왜냐하면 그들은 이미 가장 어려운 시험을 이겼기 때문입니다.

3. 내 마음의 주인은 그리스도

우리 성도들은 항상 기억해야 할 것이 있습니다. 그것은 결코 내가 내 인생의 주인이 아니라는 것입니다. 즉 내 인생의 주인은 언제나 그리스도이신 것입니다.

"너희 마음에 그리스도를 주로 삼아 거룩하게 하고 너희 속에 있는 소망에 관한 이유를 묻는 자에게는 대답할 것을 항상 준비하되 온유와 두려움으로 하고"_벧전 3:15

우리가 이 세상에서 정신병에 걸리지 않고 실패해도 좌절하지 않는 비결은 언제나 내 마음에 그리스도를 주로 모시는 것입니다. 즉 나 자신이 내 삶의 주인이 되지 않는 것입니다. 만약 내가 내 인생의 주인이 된다면 내 인생의 모든 실패와 성공을 스스로 책임져야 할 것입니다. 그러나 만일 그리스도를 내 마음의 주인으로 모신다면 나는 내 인생의 모든 실패나 어려움을 스스로 책임질 필요가 없습니다. 나에게는 내 모든 것을 책임져 주시는 주인이 따로 있는 것입니다.

사람들이 이 세상을 살아가면서 정신 질환에 걸리는 이유는 자신의 모든 실패와 어려움을 스스로 책임지려고 하기 때문입니다. 또 사람들이 미래에 대하여 많은 염려를 하는 것은 자기가 자신의 미래를 책임지려고 하기 때문입니다. 그러나 우리가 예수님을 내 마음의 주인으로 삼는다면 우리는 과거의 실패와 나에게 닥친 고통을 책임질 필요가 없습니다. 왜냐하면 예수님이 나를 종으로 사면서 모든 것을 이미 책임지셨기 때문입니다. 우리는 그런 생각을 할 때마다 너무 무책임하다는 생각이 들기도 하고, 또 인생이 너무 재미가 없다고 생각합니다. 그러나 이것은 사실입니다. 우리 모든 인간은 자기 인생을 스스로 책임질 수 없고, 가족의 죽음에 대해서도 책임질 수 없습니다. 이 모든 것은 하나님이 책임을 지시는 것입니다. 그뿐만 아니라 신기하게도 우리 자신의 인생을 보면 내가 생각하고 계획한 대로 된 것이 하나도 없습니다.

 우리는 전혀 예상하지 못한 계기에 의해서 오늘까지 오게 되었습니다. 그렇다면 앞으로도 우리는 그렇게 살아갈 것입니다. 우리가 앞으로도 그렇게 살아갈 수 있는 것은 예수님이 내 주인이시기 때문입니다. 그래서 모든 것이 꼭 내 뜻대로 되는 것이 아닙니다. 우리는 얼마든지 의사 표시는 할 수 있습니다. 즉 어떤 일에 대하여 찬성한다거나 반대한다고 말할 수 있습니다. 그러나 우리가 그 결과를 보면 그렇게 될 때도 있고, 그렇게 되지 않을 때도 있습니다. 그때 우리는 내 뜻대로 되지 않았다고 해서 화를 내거나 무기력해질 필요가 없습니다. 왜냐하면 나는 주인이 아니고 종이기 때문입니다.

 예수님은 "너희는 예 할 때에는 예라는 말만 하고, 아니오 할 때에는 아니오라는 말만 하여라"(마 5:37)라고 하셨습니다. 즉 우리는 의사 표시만 하면 되는 것이지 꼭 그렇게 되지 않았다고 해서 화를 내거나 좌절할 필요가 없는 것입니다. 왜냐하면 결국 모든 것은 주님의 뜻대로 더 좋게 이루어질 것이기 때문입니다.

 그런데 우리 안에 있는 소망이 무엇일까요? 베드로 사도는 너희 안에 있는 소망에 대하여 누군가가 물을 때 항상 대답할 것을 준비해 놓고 있으라고 말하고 있습니다. 혹시 누군가가 나에게 "네가 이렇게 열심을 내면서 신앙생활을 하는 이유가 무엇이냐?"라고 물을 때 나는 무엇이라고 대답해야 할까요? 나는 지금 하나님께 대하여 어떤 소망을 가지고 있다고 대답해야 할까요? 사실 우리에게 가장 자신이 없는 것이 이 질문일 것입니다. 즉 나의 소망은 무엇인가 하는 것입니다. 이 세상에서 흑인의 인권이나 세계의 평화를 위한 소망을 가지고 정치에 성공한 사람들이 있는데 나의 소망은 무엇일까요?

 베드로 사도는 세상 사람들에게는 소망이 없다는 것을 전제로 하고 있습니다. 우리가 세상 사람들을 볼 때 멋있고 성공한 것처럼 보이지만 넓은 눈으로 세상을 보면 사람들은 광야에서 길을 잃고 헤매고 있는 것입니다. 물론 그 중에서 오아시스를 발견해서 거기에 멋진 호텔을 짓고 돈을 버는 사람들을 성공한 사람들이라고 볼 수도 있습니다. 그러나 그들도 여전히 사막에서 벗어나지 못한 것입니다. 하지만 우리는 사막에서 벗어날 수 있는 길을 찾았습니다. 즉 우리는 영생의 길을 찾아서 그 길로 가고 있는 것입니다. 그래서 우리는 누군가가 물으면 나는 이미 영생의 길을 찾았고 그 길로 가고 있다고 말을 해 주어야 합니다.

여기서 "온유와 두려움으로 하고"라고 한 것은 결코 자만하면 안 된다는 뜻입니다. 즉 우리는 자칫하면 세상 사람들을 따라서 광야에 들어갈 수 있기 때문에 언제나 조심해야 하는 것입니다. 그리고 우리가 하나님의 말씀을 붙들고 살아가고 있다면 우리에 대한 하나님의 뜻이 이루어질 것을 믿어야 합니다. 그래서 다른 사람들이 "왜 당신은 이렇게 쓸데없는 데 시간을 낭비합니까?"라고 물으면, "나는 인생의 길을 찾았습니다. 그러므로 나에게 하나님의 선한 뜻이 이루어질 것입니다"라고 대답할 수 있어야 합니다.

그러면 이제 나머지 말씀은 해석하기가 쉬워집니다.

"선한 양심을 가지라 이는 그리스도 안에 있는 너희의 선행을 욕하는 자들로 그 비방하는 일에 부끄러움을 당하게 하려 함이라"_벧전 3:16

우리는 누군가가 나의 믿음과 선한 양심을 공격하고 상처를 입혔다고 해서 복수를 하면 안 됩니다. 왜냐하면 이것은 내 믿음에 대한 시험이기 때문입니다. 세상 사람들은 내가 이 시험에 합격하여 기뻐할 때, 한편으로는 멋있고 고상한 존재로 보이면서도 한편으로는 두려워하고 부끄러워할 것입니다.

"선을 행함으로 고난 받는 것이 하나님의 뜻일진대 악을 행함으로 고난 받는 것보다 나으니라"_벧전 3:17

우리는 종종 이 세상에서 믿음 때문에 공격을 당하고 상처를 입습니다.

그러나 이것은 하나님의 뜻이고, 가장 고상하고 아름다운 뜻입니다. 우리가 고난을 당했을 때 참으면 최고로 아름다운 상을 받게 됩니다. 그리고 이 세상 사람들은 숨어서 많은 비리나 죄를 짓고, 나중에는 이 죄들이 곪아 터져서 수치를 당하고 치욕을 당합니다. 결국 우리가 부패해서 죄짓고 망신 당하지 않으려면 믿음으로 공격당하고 상처를 입는 것이 백배 잘하는 것입니다. 오늘 우리 모두 과거나 미래에 대한 염려를 내려놓고 한순간 한순간을 승리하며 살아가는 성도들이 다 되시기 바랍니다.

기회 15 *Chance*

벧전 3:18-22

위기에서 사는 법

　우리나라의 해녀들은 깊고 차가운 바닷속으로 들어가서 오랫동안 숨을 참고 전복이나 해삼 같은 해산물을 채취해 옵니다. 사람들은 보통 얼마나 오랫동안 숨을 참을 수 있을까요? 아마 1분 30초 정도 참으면 많이 참았다고 말할 수 있을 것입니다. 그런데 해녀들은 보통 3분 정도까지 숨을 참을 수 있다고 합니다. 즉 해녀는 바닷물에 잠수해 들어가서 3분 안에 전복이나 해삼을 따 가지고 물 위로 올라와야 살 수 있는 것입니다.
　약 20년 전에 "그랑블루"라는 영화가 상영된 적이 있는데 이 영화의 내용 중에 주인공이 친구와 잠수 대결을 하는 장면이 나옵니다. 그 영화에서는 사람이 산소통 없이 바다에 잠수해 있을 수 있는 시간이 4분 50초인 것으로 나타나고 있습니다. 이것은 정말 어마어마한 폐활량인 것입니다.
　만일 인간들에게 아가미가 있어서 물속에서 숨을 쉴 수 있거나 고래같이 물속에서 오래 숨을 참을 수 있다면 인간들은 배가 침몰하는 것이나 홍수나 쓰나미를 두려워하지 않을 것입니다. 그러나 인간들은 물속에서는 숨을 쉴 수 없기 때문에 물에 빠지면 모두 죽을 수밖에 없습니다. 우리는 큰 선박이 침몰해서 많은 사람들이 바다에 빠져 죽는 것을 보면 이 거대한 자연 앞에 인간이라는 존재가 얼마나 보잘것없는 존재인지를 생각하게 됩니다.

만일 가족들과 함께 배를 타고 여행을 하는데 배가 침몰 위기에 처했을 경우, 나와 가족이 모두 안전하게 살 수 있는 방법이 있을까요? 우선 배에 비치해 둔 구명조끼를 찾아 입어야 할 것입니다. 그리고 만일 구명조끼를 사용할 수 없는 상황이라면 주변에 떠다니는 부유물을 붙잡고 헬기나 구조선이 오기를 기다려야 할 것입니다. 그러나 그런 경우는 정말 운이 좋은 경우이고, 일단 사람이 바다나 강에 빠졌을 때 기적이 일어나지 않으면 살기가 어렵습니다.

그런데 성경은 하나님의 말씀을 절대적으로 믿고 순종하는 자는 물속에서도 살아날 뿐 아니라 기적을 체험할 수 있다고 말씀하고 있습니다. 그래서 성경에는 물에서 기적적으로 살아난 사람들의 이야기가 많이 기록되어 있습니다. 물론 우리가 하나님의 능력을 공식화해서는 안 되지만 하나님의 말씀을 믿는 자들에게는 언제나 기적이 일어날 가능성이 있는 것입니다.

1. 물에서 구원받은 사람들

구약성경에 보면 위기 가운데서, 특히 물에서 구원받은 사람들의 이야기가 나옵니다. 그 중에서 대표적인 사람이 모세인데, 모세라는 이름의 뜻 자체가 '물에서 구원받은 자' 입니다. 모세는 생후 3개월이 되었을 때 갈대상자에 담긴 채 나일 강에 버려져 사느냐 죽느냐의 위기에 처합니다. 즉 모세가 태어났을 당시 애굽 왕이 히브리인들을 말살하기 위해서 모든 남자 아기를 태어나자마자 나일 강에 던져서 죽이도록 명령을 내린 것입니다.

그러나 모세의 어머니는 믿음을 가진 여자였습니다. 즉 하나님이 우리 아들을 이렇게 세상에 태어나게 했다면 반드시 뜻이 있을 것이라고 믿었던 것입니다. 그래서 생후 3개월이 지나 아이의 울음 소리가 커지자 모세의 어머니는 모세를 갈대 바구니에 담아서 나일 강 갈대숲에 띄웠습니다. 이 때 만일 악어가 이 갈대 바구니를 덮치거나 혹은 바구니가 급류로 떠내려가 버리거나 혹은 애굽 여인들이 아기를 보고 강물에 던져 버리면 모세는 죽을 수밖에 없었습니다. 그런데 놀랍게도 모세는 목욕을 하기 위해 강가에 왔던 애굽 공주에게 발견되어 애굽의 궁에서 왕자로 성장합니다.

그리고 위기 가운데서 구원받은 사람들의 또 다른 예는 이스라엘 백성 전체의 경우입니다. 이스라엘 백성은 모세가 행한 열 가지 기적을 보고 모세의 말에 순종해서 애굽을 떠났습니다. 그런데 이스라엘 백성은 애굽을 떠나자마자 난관에 부딪혔는데, 그것은 바로 홍해 앞에서 오도 가도 못하는 처지가 된 것입니다. 앞에는 인력으로는 도저히 건널 수 없는 홍해가 가로놓여 있고, 뒤에는 바로의 전차 부대가 창을 들고 이스라엘 백성을 죽이려고 추격해 오고 있었습니다. 그래서 이스라엘 백성은 모두 홍해에 빠져 죽을 수밖에 없는 운명이었습니다. 그런데 이때 하나님께서 모세의 지팡이를 통해 홍해가 갈라지게 하셔서 이스라엘 백성으로 하여금 홍해를 걸어서 건너게 하시고, 이스라엘 백성을 추격하던 바로의 군대는 바다에 수장시키셨습니다.

그리고 무엇보다 무시무시한 예는 역시 노아 홍수입니다. 하나님은 홍수가 나기 120년 전에 노아의 믿음을 보시고 노아에게 장차 큰 홍수를 일으켜 악으로 가득 찬 세상을 멸망시킬 작정이니 너는 산꼭대기에 올라가 아주 큰 배를 준비하라고 하셨습니다. 그런데 아마 그때까지만 해도 지구상에는 큰 홍수가 없었던 것 같습니다. 그래서 노아가 하나님의 말씀에 순종해서 큰 배를 짓기 시작했을 때 세상 사람들은 그런 노아를 미쳤다고 하면서 비웃고 먹고 마시며 놀았습니다. 그런데 어느 날 갑자기 전 세계적인 홍수가 일어나서 열심히 하나님의 말씀에 순종해서 배를 만들었던 노아와 그의 여덟 식구를 제외하고는 모든 인류가 몰살을 당합니다.

이렇게 바다나 강이나 큰 홍수에서 목숨을 건진 사람들은 단순히 운이 좋아서 살아난 것이 아닙니다. 성경에서 이렇게 기적적으로 물에서 건짐을 받은 사람들에게는 공통된 특징이 하나 있는데, 그것은 하나님의 말씀에 순종한 체험이 있었다는 것입니다. 이 사람들은 모두 하나님의 말씀에 순종해서 믿음으로 어떤 결단을 내렸는데 위기에 빠지게 되었습니다. 그러나 그들은 모두 위기, 즉 물에서 건짐을 받았고, 목숨을 건질 수 있었습니다. 그런데 이들이 하나님의 말씀에 순종하는 것은 결코 쉬운 일이 아니었습니다. 이 사람들은 하나님의 말씀에 순종했기 때문에 목숨이 위험하게 되었고, 사람들에게 많은 조롱과 공격을 당했습니다. 그러나 이들은 모두 위기에서 건짐을 받을 수 있었습니다. 반면에 하나님의 말씀에 순종하지 않았던 사람들은 하나님의 말씀 때문에 위험을 겪을 필요가 없었습니다. 오히려 하나님의 말씀을 믿지 않았던 사람들은 더 안전했고, 그래서 마음껏 하나님과 하나님의 백성을 조롱하고 핍박했습니다. 그러나 이들은 모두 물에 빠져 멸망하고 말았습니다.

일단 모세의 경우를 보면, 다른 어머니들은 애굽 왕이 시키는 대로 아기를 강에 던져서 죽였기 때문에 자기들은 살 수 있었습니다. 그러나 모세의 어머니는 하나님을 믿었기 때문에 아기와 자기 목숨이 위험해졌습니다. 하지만 모세의 어머니는 하나님의 말씀에 순종했기 때문에 자기도 살고 아기도 살 수 있었습니다.

그리고 이스라엘 백성은 홍해를 걸어서 건너는 기적을 체험하게 되는데, 그 이유는 그들이 하나님의 말씀에 순종해서 모세를 따라 애굽에서 나왔기 때문입니다. 만일 그들이 하나님의 말씀을 믿지 않고 애굽을 떠나지 않았더라면 홍해라는 위기를 만나지 않았을 것입니다. 그러나 그들은 하나님의 말씀에 순종했기 때문에 위기에 처하게 되었고, 하나님은 기적으로 그들을 모두 살리셨던 것입니다. 그러나 애굽 왕 바로의 말을 따랐던 자들은 이런 위기가 없었지만 결국 바다에 다 빠져 죽고 말았습니다.

여기서 우리는 한 가지 공통점을 발견하게 됩니다. 그것은 위기에서 살아난 사람들은 모두 하나님의 말씀을 믿는 사람들이었다는 것입니다. 그런데 그들은 모두 하나님의 말씀에 순종했기 때문에 위기를 겪었습니다. 그러나 그들에게는 이런 위기에서 목숨을 건지시는 하나님의 능력의 힘이 있었습니다. 그런데 도대체 하나님의 말씀을 믿는 사람들의 목숨을 살리는 비결은 무엇일까 하는 것입니다.

2. 단번의 거래

사람에게 위기가 닥쳤을 때 사느냐 죽느냐 하는 것은 정말 간발의 차이로 결정됩니다. 즉 건물에 불이 났거나 혹은 배가 바다에 침몰했을 때 순간적인 판단에 의해서 사람의 생사가 결정되는데, 객관적으로 생각해 보면 이때 얼마든지 침착하게 잘 대처할 수 있을 것 같지만 막상 그런 상황에 처하면 우왕좌왕하다가 모두 죽을 수밖에 없습니다. 사람들이 위기에 빠졌을 때에는 아주 노련한 경험자가 손을 잡고 이끌어 준다든지, 아니면 안내를 해 주어야 살 수 있지 경험도 전혀 없는 사람이 자기 혼자 길을 찾아서 빠져나온다는 것은 불가능한 것입니다.

그런데 성경을 보면 위기에서 건짐을 받은 사람들은 다른 사람들의 눈에는 보이지 않지만 천사들이 그들을 지키고 안내했습니다. 소돔과 고모라가 멸망할 때에는 천사가 롯의 식구들을 데리고 성을 빠져나갔다고 말씀하고 있습니다. 또 이스라엘 백성이 홍해를 건널 때에도 천사가 그들을 안내하고 지켜 주었습니다.

여기서 중요한 것은, 우리가 위기에 닥쳤을 때에 하나님의 천사가 구조대 역할을 한다는 것입니다. 이때 우리는 죽을 각오를 하고 하나님의 말씀을 믿어야 합니다. 그런데 과연 누가 천사를 출동시켜서 우리를 살게 할 수 있을까요? 바로 여기에 우리 눈에 보이지 않는 계약이 있는 것입니다. 그것은 바로 우리를 살릴 수 있는 예수 그리스도의 계약입니다.

"그리스도께서도 단번에 죄를 위하여 죽으사 의인으로서 불의한 자를 대신하셨으니 이는 우리를 하나님 앞으로 인도하려 하심이라 육체로는 죽임을 당하시고 영으로는 살리심을 받으셨으니"_벧전 3:18

일단 표면적으로 보면 누구든지 하나님의 말씀에 목숨을 걸고 순종하면 하나님이 지켜 주신다는 것을 알 수 있습니다. 그러나 우리는 그 이면에 그리스도와 하나님의 이면 거래가 있었다는 것을 알지 못합니다. 그래서 베드로 사도는 오늘 모든 사람들로 하여금 예수 그리스도의 죽음에 주목할 것을 요구하고 있습니다.

이 세상에는 이해가 되지 않는 죽음들이 많이 있지만 그 중에서 가장 이해가 되지 않는 죽음이 예수 그리스도의 죽음입니다. 왜냐하면 예수님은 이 세상에서 죽임을 당할 만한 죄를 짓지 않으셨기 때문입니다. 하지만 예수님은 이 세상에 있는 죄인들을 대신해서 자신이 죽는다고 말씀하셨습니다. 그런데 의인이 죄인을 대신해서 죽는 것보다 억울한 일은 없을 것입니다. 의인과 죄인은 그 가치가 비교가 되지 않기 때문입니다. 오늘날도 의인과 죄인의 가치는 비교가 되지 않는데 옛날에는 이것이 더 심했습니다. 즉 죄인이나 노예의 가치는 사람의 가치가 아니라 짐승의 가치밖에 되지 않았던 것입니다.

그런데 무엇 때문에 의인이 죄인을 대신해서 죽을까요? 예수님은 그렇게 함으로써 우리를 하나님 앞으로 인도하시기 위해서라고 말씀하고 있습니다. 즉 그리스도는 우리를 대신하여 죽으심으로 우리 마음대로 살게 하시는 것이 아니라 하나님 앞으로 데리고 가신다는 것입니다. 그래서 그리스도는 '육체로는 죽임을 당하시고 영으로는 살리심을 받으셨다' 고 말씀하고 있습니다. 이 말씀은 베드로 사도가 영과 육체를 분리시켜서 말하는 것이 아닙니다. 이것은 그리스도께서 하나님과 맺으신 어떤 약속을 의미하는 것입니다. 즉 그리스도는 분명히 육체로 죽임을 당하셨습니다. 그러나 그가 살아나실 때에는 단순히 옛날의 육체로 살아나신 것이 아니었습니다. 예수님은 예수 믿는 우리 모든 사람들을 하나님 앞에서 의인으로 살아나게 하셨습니다. 즉 예수님은 죽으실 때는 혼자서 죽임을 당하셨지만 살아나실 때에는 혼자서 살아나신 것이 아니라 우리 모두를 하나님 앞에서 살아 있는 자로 만드신 것입니다. 그래서 예수님은 눈에 보이지 않는 천사들을 동원해서 우리를 위기에서 살리실 뿐 아니라 우리가 계속 하나님을 향해서 나아가게 하십니다. 즉 우리가 하나님의 말씀에 순종할 때 우리는 세상을 떠나 하나님을 향해서 나아가고 있는 것입니다. 그리고 이미 우리 주위에는 하나님의 천사들이 우리를 지켜 주고 있는 것입니다.

3. 믿음을 거부한 사람들

본문 말씀은 성경에서 가장 이해하기 어려운 말씀으로 생각되고 있는 말씀이고, 또 가장 많이 오해하고 있는 말씀이기도 합니다.

"그가 또한 영으로 가서 옥에 있는 영들에게 선포하시니라"_벧전 3:19

이 말씀은 예수님이 십자가에 못 박혀 죽으신 후부터 부활하시기까지 어디서 무엇을 하셨느냐와 관계된 말씀입니다. 이 말씀을 문자 그대로 보면, 예수님께서 십자가에 못 박혀 죽으신 후 그의 영이 지옥에 가서 지옥에 갇혀 있는 많은 영혼들에게 선포하신 것으로 이해할 수 있습니다. 본문 말씀을 개역한글 성경에서는, "저가 또한 영으로 옥에 있는 영들에게 전파하시니라"라고 하였습니다. 그래서 옛날에 어떤 성경학자들은 예수님이 십자가에 못 박혀 죽으신 후에 지옥에 가서 많은 사람들에게 전도하셨으며, 심지어 예수님께서 지옥에 있는 많은 사람들을 데리고 천국으로 가셨다고 해석을 하기도 했습니다. 더욱이 이 말씀은 천주교의 연옥 교리의 중요한 근거가 되는 말씀이기도 합니다.

그러나 우리는 오늘 이 말씀의 정확한 의미와 예수님이 죽으시고 난 후에 지옥에 가셨는지 여부를 완전하게 알 수 없다는 것을 인정해야 합니다. 그런데 적어도 예수님이 십자가 위에서 죽으심으로 그의 영혼이 음부의 고통에 빠져 있었다는 사실은 분명합니다. 즉 예수님의 죽음은 두 가지에 주안점을 둘 수 있는데, 하나는 그가 분명히 사망에 굴복해서 죽으셨다는 사실입니다. 즉 사망은 예수님을 이겼고, 예수님의 숨통을 끊었고, 예수님의 영을 지옥까지 끌고 가지는 못했다 하더라도 예수님을 죽게 한 것은 틀림이 없습니다. 그리고 또 하나는 예수님께서 그 영으로 하나님 앞에서 자기 피로써 영원한 단번의 제사를 드림으로 예수님의 지배 영역을 사망의 세계 끝까지 넓히신 것입니다. 즉 예수님은 죽으셨을 뿐 아니라 오히려 죽으심으로 사망의 세계까지 지배할 수 있는 권한을 요구하신 것입니다. 즉 예수님은 원하기만 하면 언제 어디서든지 죽은 자들을 다 건져낼 수 있는 권한을 요구하신 것입니다.

그러면 여기의 "옥에 있는 영들"은 누구를 말하는 것일까요? 유감스럽게도 "옥에 있는 영들"은 예수 믿다가 죽은 사람들을 말하는 것이 아닙니다. 이것은 끝까지 하나님의 말씀을 거부하고 조롱하다가 죽은 사람들의 영을 말하는 것입니다.

> "그들은 전에 노아의 날 방주를 준비할 동안 하나님이 오래 참고 기다리실 때에 복종하지 아니하던 자들이라 방주에서 물로 말미암아 구원을 얻은 자가 몇 명뿐이니 겨우 여덟 명이라"_벧전 3:20

여기에 보면 지금까지 하나님의 말씀을 듣지 않고 불순종하면서 살았던 자들이 모두 지옥에 있는 것을 알 수 있습니다. 그런데 왜 하필이면 그리스도께서 죽으셔서 노아 홍수 때 죽었던 자들에게 선포하셨다고 말씀하시는 것일까요? 그 이유는 그때 인간들이 이 세상에서 한꺼번에 가장 많이 죽은 기록을 세웠기 때문입니다. 노아 때 전 세계 인구가 과연 몇 명이나 되었는지 정확하게 알 수는 없습니다. 그러나 어림잡아 짐작해 볼 때 최소한 몇 백만 명은 되지 않았을까 추측할 수 있습니다. 그런데 그때 홍수가 나는 바람에 하나님의 말씀에 순종한 노아의 여덟 식구를 제외하고 몇 백만 명이 한꺼번에 다 죽었던 것입니다.

아마 이 사람들은 지옥에서도 하나님께 계속 항의를 했을 것입니다. 몇 백만 명이 사는 것이 정상이냐, 아니면 단 여덟 명이 믿는 것이 정상이냐는 것입니다. 즉 노아 때 죽은 영들은 아마도 하나님께 계속 항의를 하면서 여덟 명이 하나님의 말씀을 믿음으로 구원받았다는 것은 비정상적인 것이며 일종의 사기라고 따졌을 것입니다. 즉 인간은 하나님의 말씀에 순종하는 것이 불가능하기 때문에 하나님의 말씀에 순종했다고 해서 구원하는 것은 말도 되지 않는 일이라고 주장을 한 것 같습니다.

그러나 예수님은 인간으로서 완전하게 하나님의 말씀에 순종해서 죽기까지 하셨고, 그 대가로 하나님의 말씀을 믿는 사람들을 모두 하나님 앞에 데리고 가는 데 성공하셨습니다. 그래서 예수님의 십자가 죽음은, 우리가 구원받는 유일한 길은 하나님의 말씀을 믿는 것이라는 사실을 알리신 것이고, 예수님은 그 사실을 지옥에 있는 영들까지 다 알도록 선포하셨던 것입니다. 그러므로 이미 지옥에 있는 자들은 영원히 구원받을 가능성이 없는 것입니다. 즉 우리가 이 세상에서 살 수 있는 유일한 길은 하나님을 믿는 길밖에 없습니다. 그러면 예수님은 우리의 안내자가 되셔서 모든 위기나 죽음을 다 이기고 우리를 하나님께 데리고 가시는 것입니다.

물은 인간에게 없어서는 안 될 필수적인 것입니다. 그래서 우리는 주위에 있는 강물을 끌어와서 식수로도 쓰고, 몸도 씻고, 빨래도 합니다. 그런데 본문을 보면 이 세상에는 두 종류의 물이 있다고 말씀하고 있습니다. 그 하나는 우리가 매일 마시고 씻고 빨래하는 물이고, 다른 하나는 우리 영이 사는 물이고, 우리 죄를 씻는 물입니다.

"물은 예수 그리스도께서 부활하심으로 말미암아 이제 너희를 구원하는 표니 곧 세례라 이는 육체의 더러운 것을 제하여 버림이 아니요 하나님을 향한 선한 양심의 간구니라"_벧전 3:21

여기에 보면 일단 우리 육체의 더러운 것을 씻는 물이 있다고 말씀하고 있습니다. 그것이 바로 우리가 이 세상에서 사용하는 물입니다. 이 물은 정말 우리에게 소중한 물입니다. 즉 우리는 물이 있기 때문에 농사를 지을 수 있고, 물이 있기 때문에 목마르지 않고 물을 마실 수 있습니다. 그리고 우리는 물이 있기 때문에 육체의 더러운 것을 씻어서 깨끗하게 할 수가 있습니다.

  옛날에는 수도 시설이 없어서 우물이나 개울물을 사용했기 때문에 몸을 씻는 것이 쉽지 않았습니다. 그래서 여름에는 흙탕물에서 놀다가 귀에 더러운 물이 들어가서 중이염이 생기기도 하고, 피부병이 생기기도 했습니다. 겨울에는 어쩌다 한 번 정도 뜨거운 물을 받아 놓고 때를 벗겼습니다. 그러나 지금은 집집마다 샤워 시설이 되어 있어서 더 이상 냄새나지 않는 깨끗한 몸으로 살아갈 수 있게 되었습니다. 하지만 이 세상에 있는 물로는 우리 안에 있는 죄를 씻을 수가 없습니다. 그리고 이 세상의 물은 유용하기는 하지만 너무 많으면 모두 빠져서 죽게 됩니다.

  그런데 또 다른 물이 있습니다. 그것은 바로 예수께서 죽으셨다가 부활하심으로 우리에게 주시는 물인데, 이것이 바로 성령의 생수입니다. 그래서 예수님께서는 말씀하시기를, "누구든지 목마르거든 내게로 와서 마시라 나를 믿는 자는 성경에 이름과 같이 그 배에서 생수의 강이 흘러나오리라"(요 7:37 하, 38)라고 하셨습니다.

  그런데 놀라운 것은, 이 성령의 물이 우리의 양심을 씻어서 깨끗하게 하고 우리로 하여금 하나님께 간구하게 하는데, 이때 하나님은 우리의 기도를 들으시는 것입니다. 그래서 오늘 인간들은 이 세상에서 좋은 머리를 가지고 출세의 길을 헤엄쳐 가는 것 같은데 사실은 사망의 바다를 헤엄쳐 가고 있는 것입니다. 하나님의 말씀을 믿지 않고 조롱하는 자들은 판자나 나무토막 같은 인생을 의지하다가 위기가 오면 빠져서 죽지만 하나님의 말씀을 믿는 자들은 하나님을 향해서 헤엄을 쳐 가고 있습니다. 그리고 예수님은 우리를 위해서 천사들을 동원하고 기적을 동원해서 우리의 머리털 하나 상하지 못하도록 지켜 주시는 것입니다.

> "그는 하늘에 오르사 하나님 우편에 계시니 천사들과 권세들과 능력들이 그에게 복종하느니라"_벧전 3:22

  우리 인간이 사는 것은 단순히 이 세상에서 많은 것을 즐기고 누리면서 사는 것이 아니라 하나님을 향해서 항해하는 것이고, 담대하게 행진하는 것입니다. 그런데 예수님은 의인으로 죽으심으로 모든 죽은 자에 대한 권한을 가지셨고, 하늘의 천사들과 권능들을 움직일 수 있는 권한을 받으셨습니다. 사람들은 이 세상의 물로 만족하지만 그것으로는 위기를 이기지 못합니다. 우리가 하나님의 말씀을 믿을 때 이미 사망은 정복되었고, 예수님은 우리에게 천사들과 권능과 기적을 보내어서 도우시는 것입니다.

우리가 이 세상을 믿음으로 살 때 사람들이 우리를 조롱하고 업신여겨서 꼭 죽을 것 같지만 사실은 하나님의 말씀을 믿지 않고 인간의 머리를 믿는 자들이 스스로 속고 있는 것입니다.

우리 주님은 지금도 살아 계십니다. 우리는 이 세상을 살아야 할 이유가 있습니다. 그러므로 우리는 한 사람도 절망해서는 안 되며, 절대로 믿음을 포기해서는 안 됩니다. 우리 모두 모세의 어머니 같이, 노아와 그 가족들 같이, 모세를 따라 나왔던 이스라엘 백성 같이 하나님을 향해서 담대히 나아가는 성도들이 다 되시기 바랍니다.

기회 16 Chance

벧전 4:1-6

아름다운 인생

전에 어떤 곳에서 건물이 무너졌는데 한 여자 청년이 무너진 건물에 깔렸다가 기적적으로 구조되었습니다. 그때 옆에 있던 사람이 그 여자 청년에게 지금 무엇을 하고 싶냐고 물으니까 피자와 콜라를 실컷 먹고 싶다고 말을 했습니다. 이것을 보면 역시 젊은 청년들은 정직하고 단순하다는 생각을 하게 됩니다. 만약 어른 같으면 막 화를 내면서 건물 주인에게 손해 배상을 청구하겠다고 하거나, 아니면 죽을 뻔했기 때문에 아무 생각도 나지 않는다고 말을 했을 것입니다.

그리고 병원에서 투병 생활을 하는 분들이나 제대를 앞둔 군인들은 앞으로 자유를 얻게 되면 무엇을 할까 하고 생각할 것입니다.

사람들은 모든 것이 풍족할 때에는 그것이 귀한 것을 잘 깨닫지 못하다가 그것이 없어졌을 때에야 아쉬움을 느끼고 귀하게 생각합니다. 그 중에 하나가 바로 사람입니다. 자기에게 참으로 소중한 사람인데 같이 있을 때는 소중한 것을 모르다가 돌아가시거나 멀리 떠난 후에야 아쉬워하는 것입니다.

우리나라 사람들은 돌아가신 분에 대해서 미련을 많이 가집니다. 그분이 살아 있을 때에는 별로 좋아하지 않다가도 돌아가신 후에는 거의 우상시하는데 이것은 좋지 않은 사고방식인 것 같습니다. 돌아가신 분은 돌아가신 분이고, 살아 있는 사람들은 각자의 몫을 훌륭하게 살면 되는 것입니다. 그리고 우리는 시간이 있을 때는 시간이 귀하다는 사실을 모르다가 시간이 다 지나고 난 후에야 애통하면서 죽지 않으려고 몸부림칩니다.

본문 말씀은 베드로 사도가 우리가 지금 살아 있는 것 자체가 얼마나 대단한 것인지에 대하여 말하고 있는 것입니다. 특히 예수 믿는 우리는 살아 있는 하루하루 그리고 숨을 쉬는 한 시간 한 시간이 매우 중요하다는 것입니다.

1. 우리에게 주어진 교환

사람들 중에서 인생을 다시 한 번 살았으면 좋겠다고 생각하는 사람들은 모두 지금 중대한 어려움에 빠져 있는 사람들일 것입니다. 예를 들어 큰 부채를 짊어지고 있는 사람은 깨끗한 새 인생을 다시 한 번 살았으면 좋겠다 생각할 것입니다. 또한 중병에 걸려서 살 날이 얼마 남지 않은 환자도 사랑하는 가족을 두고 죽기가 너무 아쉬워서 다시 한 번 인생을 살 수 있었으면 좋겠다는 생각을 할 것입니다. 그러나 사람이 큰 병에 걸리거나 한번 망쳐 버린 인생을 접고 다시 새로운 인생을 산다는 것은 불가능한 일입니다.

그런데 가끔 끝나 가는 인생을 기가 막힌 의술이나 능력으로 새로 살게 하는 경우가 있습니다. 예를 들어 백혈병으로 죽어 가는 사람에게 혈소판을 이식한다든지 혹은 심장이나 콩팥이나 간 같은 장기를 이식해서 건강을 회복하는 사람들이 있는 것입니다. 이때 몸의 일부를 주는 사람과 그것을 받는 사람은 그 입장이 완전히 달라집니다. 즉 몸의 일부를 주는 사람은 자기 몸을 열고 기관을 떼어내야 합니다. 반면에 그에게 장기를 이식받는 사람은 장기를 이식받고 나서부터 건강한 몸으로 살아가게 되는 것입니다.

마찬가지로 성경은 우리 예수 믿는 사람들에게 놀라운 생명의 교환이 있었다고 말씀하고 있습니다. 이 덕분에 우리는 놀라운 새 인생을 살 수 있는 것입니다.

> "그리스도께서 이미 육체의 고난을 받으셨으니 너희도 같은 마음으로 갑옷을 삼으라 이는 육체의 고난을 받은 자는 죄를 그쳤음이니"_벧전 4:1

여기서 우리는 우리 예수 믿는 모든 사람들에게 엄청난 일이 있었던 것을 알아야 합니다. 그것은 그리스도께서 육체의 고난을 받으심으로 우리가 모두 갑옷을 입게 되었다는 것입니다.

우선 우리는 그리스도께서 육체의 고난을 받으신 것을 생각해 보아야 합니다. 예수님은 육체의 고난을 받기 위해서 옷을 벗기셔야 했습니다. 그리고 채찍질당하기 위해서도 옷을 벗기셔야 했습니다. 또한 십자가 위에서 죽기 위해서도 옷을 벗기셔야만 했습니다. 여기서 옷을 벗기신다는 것은 전혀 자신을 방어하지 못하고 온전히 공격을 당하고 매를 맞는 것을 의미합니다. 그리고 예수님은 고난을 받아야만 했습니다. 예수님은 채찍에 맞아 등이 찢어졌고, 손바닥과 발바닥에는 대못이 박혔습니다. 그리고 예수님의 육체는 십자가에 달려서 찢어져야만 했습니다. 그런데 예수님의 이 고통이 우리에게 혜택을 주게 된 것입니다. 그것은 우리의 고통이 치료되고, 우리의 병이 낫고, 우리의 상처가 아물게 된 것입니다.

그리고 그것으로 끝나지 않고 우리는 옷을 다시 입게 되었는데, 이것은 우리에 대한 형벌이 끝난 것을 의미합니다. 우리는 다시 수치를 당하지 않을 것이며, 다시 죄인의 신분으로 질질 끌려가지도 않을 것입니다.

그런데 본문은 우리가 옷을 입은 것에서 한 걸음 더 나아가서 갑옷을 입으라고 말씀하고 있습니다. 여기서 '갑옷'은 다른 사람이 칼이나 창으로 찔러도 상처를 입지 않는 아주 단단한 상태를 의미합니다.

이 세상 사람들은 자기 인생이 병든 것이나 자기 인생에 치명적인 결함이 있는 것도 모르고 너무나도 당당하게 살아가고 있습니다. 그래서 이 세상에서 돈을 많이 모으고 성공한 사람은 자기가 다시 살아야 한다는 것조차 모르고 살아가고 있는 것입니다.

사람들의 눈을 피해 깊은 밤에 예수님을 찾아온 니고데모는 예수님의 거듭나지 않으면 하나님 나라를 볼 수 없다는 말씀에, "사람이 늙은 뒤에 어떻게 어머니 배 속에 들어갔다가 다시 태어날 수 있겠습니까?"라고 하였습니다. 그런데 하나님께서는 우리를 강권적으로 잡아서 예수 믿게 하셨습니다. 이것은 마치 동물학자나 수의사가 병든 야생동물을 강제로 잡아서 동물 보호소에 넣는 것과 비슷합니다. 그런데 우리가 예수를 믿을 때 우리는 예수님이 죽으신 그 공로의 혜택을 그대로 받게 되는데, 우리의 상처와 병이 치료받고, 찢어지고 곪은 부분은 싸매어지고, 우리는 다시 옷을 입게 됩니다. 더욱이 갑옷까지 입게 되기 때문에 어느 누구도 우리에게 상처를 입히거나 옷을 벗길 수 없습니다.

자살하는 분들은 대부분 자기 힘으로 인생을 살다가 힘에 부쳐서 그런 결정을 내리는 것입니다. 우리가 예수님을 내 인생의 주인으로 받아들일 때 이미 우리는 새 인생을 살고 있는 것이고, 새 옷을 입은 것이고, 새 갑옷을 입은 것입니다.

본문 4장 1절에 보면 아주 중요한 말씀을 하고 있습니다.

"이는 육체의 고난을 받은 자는 죄를 그쳤음이니"_벧전 4:1 하

예수님이 육체의 고난을 받으신 것과 나의 죄가 그친 것이 무슨 상관이 있을까요? 그것은 두 가지로 생각할 수 있습니다. 그 첫째는 일사부재리의 원칙입니다. 즉 어떤 사람이 같은 죄로 처벌을 받았으면 다시 처벌을 할 수 없는 것입니다. 마찬가지로 예수님이 우리의 죄 때문에 죽으셨으면 우리를 다시 처벌하지 못하는 것입니다. 왜냐하면 예수님의 십자가 고통이 우리의 죄를 다 가져갔기 때문입니다. 우리는 이미 심판받고 풀려난 사람과 같은 것입니다.

그리고 둘째는 죄가 우리를 다시 지배하지 못한다는 것입니다. 물론 우리는 아직 육체를 가지고 있기 때문에 죄의 도전을 받을 때가 많이 있습니다. 그러나 실제로는 죄가 우리를 지배할 수 없습니다. 우리에게는 죄의 근성이 남아 있을 뿐, 우리는 이미 죄의 재활훈련까지 받은 상태인 것입니다.

예를 들어 알코올 중독자와 이미 술을 끊고 재활훈련까지 받은 사람은 많이 다를 것입니다. 그럼에도 불구하고 또 알코올에 빠질 것 같은 두려움이 있는 것입니다. 그러나 이미 이 사람은 술을 끊는 데 성공했고 재활훈련까지 받았기 때문에 얼마든지 새 인생을 살아갈 수 있습니다.

우리는 모두 의의 갑옷을 입은 상태라는 것을 기억해야 합니다. 우리는 일사부재리로 이미 죄의 심판이 끝난 상태이고, 죄를 이겼으며, 새 인생을 살아갈 능력을 받은 자들인 것입니다.

2. 우리가 살아갈 새로운 인생

만약 어떤 사람이 큰 병에 걸려서 오랫동안 병상에 누워 있다가 다시 건강하게 되었다면 그는 새로운 각오를 하고 이후로는 깨끗하고 아름다운 삶을 살다가 인생을 마감하고자 할 것입니다. 그러나 막상 건강해져서 정상적인 삶으로 돌아오면 그는 자기가 새롭게 각오했던 것은 까맣게 잊고 예전처럼 생활할 것입니다. 이런 것을 보면 사람이 아름답게 산다는 것이 쉬운 일이 아니라는 것을 알 수 있습니다. 그런데 우리 예수 믿는 사람들에게는 그 아름다운 삶이 이미 주어져 있기 때문에 우리는 그 주어진 삶을 살아가기만 하면 됩니다.

"그 후로는 다시 사람의 정욕을 따르지 않고 하나님의 뜻을 따라 육체의 남은 때를 살게 하려 함이라"_벧전 4:2

여기서 우리는 인간의 삶을 지배하는 두 큰 세력이 있다는 것을 알게 됩니다. 즉 하나는 육체의 정욕이고, 다른 하나는 하나님의 뜻입니다. 우선 우리는 이 세상에서 멋진 사람이 되고 싶은 욕망을 다 가지고 있습니다. 여기서 '멋진 사람'이라는 것은 외모가 매력적이고, 또 좋은 학벌을 가지고 있으며, 세상에서 성공한 사람을 말합니다. 그래서 우리는 '아름다운 삶'이라고 하면 멋진 사람으로 살아가는 것이라고 생각하는 것입니다.

사실 사람이라면 누구나 이런 멋진 인생을 살고 싶어 할 것입니다. 그런데 사람이 죽을병에 걸리면 어떤 차를 타느냐, 어느 학교를 다니느냐 혹은 얼마나 살이 쪘느냐 하는 것이 하나도 중요하지 않다는 것을 알게 됩니다. 사람이 병에 걸리면 지긋지긋한 통증과 우울감에서 벗어나서 활기차게 걸어 보았으면 좋겠다고 생각할 것입니다. 그래서 우리가 멋진 인생이라고 생각하는 것은 배부른 생각인 것입니다.

새로운 인생을 살게 된 사람 앞에는 위대한 인생이 기다리고 있습니다. 그것은 이 세상을 더 이상 자기의 야망이나 욕심대로 살지 않고 하나님의 뜻대로, 하나님의 말씀대로 사는 것입니다. 본문은 우리가 이 세상에서 자기 야망이나 욕심이나 정욕을 따라서 사는 것이 당연하고 자연스러운 일이라는 것을 전제로 말씀하고 있습니다. 우리는 이 세상에서 좋은 차를 갖고 싶고, 좋은 학교에 다니고 싶고, 좋은 직장에서 일하기를 원하는 것입니다.

그런데 그런 것과 비교되지 않는 위대한 인생이 있는데, 그것은 우리가 육체를 가지고 하나님의 말씀대로, 하나님의 뜻대로 사는 것입니다. 우리는 이것이 잘 이해가 되지 않습니다. 즉 우리는 이 육체를 가지고 멋진 인생을 사는 것이 아름다운 것이라고 생각하는 것입니다. 그러나 그것은 잘못된 생각입니다. 하나님은 우리 인간을 만드실 때 육체를 가지고, 즉 그 뛰어난 머리와 그 뛰어난 재능을 가지고 하나님의 뜻대로 살기를 기대하셨을 것입니다. 그래서 만약 인간이 이 몸을 가지고 하나님의 뜻대로 살 수만 있다면 하나님께서 우리 인간을 만드신 목적은 완전히 성공하는 것입니다.

그런데 우리가 하나님의 뜻대로 산다는 것은 어떤 것일까요? 그것은 이 몸으로 하나님께 예배하는 것입니다. 우리가 이 몸으로 섬김을 받고 입으로 잘난 체하고 높아지는 대신에 하나님 앞에 고개 숙이고 찬양하고 경배할 수 있다면 정말 위대한 것입니다.

그리고 우리는 이 세상을 살아갈 때에 항상 두 가지 선택 앞에 놓이게 됩니다. 하나는 높은 자리에 군림해서 약한 자를 괴롭히면서 정욕을 채우는 인생이고, 다른 하나는 희생하고, 낮아지고, 다른 사람을 격려하고 높이는 인생입니다. 이때 우리가 스스로 낮아지고, 스스로 희생하고, 남에게 복수하지 않으려면 자기 자신을 쳐서 복종시켜야 합니다. 그러나 우리는 생각은 그렇게 하고, 말은 그렇게 해도 그것을 실행에 옮기지는 못합니다. 하지만 우리가 우리의 내면을 하나님의 말씀으로 채우면 그런 인생을 살 수 있습니다. 이것은 사자와 같고 이리와 같은 우리가 어느 순간 양으로 변하는 데 성공한 것입니다. 하나님이 보시기에 가장 위대한 것은 우리가 양으로 변하는 것입니다. 하나님은 우리가 자신의 능력을 믿거나 다른 사람을 이기면서 사는 것을 원하지 않고 하나님을 믿는 믿음으로 살기를 원하십니다. 즉 우리는 죽으면서도 나에 대한 하나님의 뜻을 믿어야 하는 것입니다.

여기에 보면 "육체의 남은 때를 살게 하려 함이라"라고 했습니다. 이 말씀은 우리 크리스천들이 하루하루 살아가는 것이 얼마나 중요한지를 보여줍니다. 우리가 남은 인생을 그리스도와 함께 사는 것은 남이 알아주든 알아주지 않든 엄청나게 위대한 것입니다. 왜냐하면 그것은 이 세상에 하나님의 천사가 한 명 더 있는 것을 의미하기 때문입니다. 예를 들어 우리 교회 청년부나 중고등부에 진짜 천사가 다닌다면 모든 청년들이나 학생들이 좋아하고 자랑할 것입니다. 왜냐하면 천사는 화를 내지도 않고, 늘 우리를 행복하게 할 것이기 때문입니다. 아마 청년들이나 학생들은 천사에게, "날개를 한번 만져 봐도 돼?"라고 물어보기도 할 것이고, 성경 공부를 할 때에도 자기 그룹에 들어오라고 할 것입니다. 그리고 만일 그가 떠난다고 하면 제발 가지 말라고 잡고 늘어질 것입니다. 그런데 우리는 하나님의 말씀대로 살겠다고 결심하는 순간 천사로 변합니다. 그래서 우리가 이 세상을 하루하루 살아가는 것이 다른 사람들에게는 기쁨이 되고 축복이 됩니다.

그런데 문제는 우리는 여전히 육체를 가지고 있고, 정욕과 분노가 있고,

이기적인 사람인 것입니다. 그런데 우리가 어떻게 천사가 될 수 있을까요? 사실은 우리가 인간이기 때문에 천사보다 더 위대한 것입니다. 즉 우리가 육신의 정욕을 가지고 하나님의 말씀에 순종하는 것이 천사보다 더 위대한 것이고, 하나님을 훨씬 기쁘시게 하는 것입니다. 그렇기 때문에 우리가 세상에서 성공해서 아름다운 삶을 살겠다고 생각하는 것은 거짓말입니다. 우리는 이 인간의 몸을 가지고 때로는 분노하고, 때로는 갈등을 하기도 하지만 육신의 혈기를 이기고, 정욕을 이기고, 하나님의 뜻에 순종할 때 가장 아름다운 삶이 나타나는 것입니다.

3. 아름다움을 모르는 인생

아마 들판에서 어린 노루나 사슴을 잡아먹으면서 사는 사자나 표범의 눈에는 어린 노루나 사슴이 그저 먹이로밖에는 보이지 않을 것입니다. 그러나 우리 인간이 다른 짐승이나 새를 먹이로만 생각하는 것은 비참하고 악한 인생을 살고 있는 것입니다.

우리나라 사람들은 참새를 보면 오직 참새구이만 생각할 것입니다. 그러나 예수님은 '참새 한 마리도 하나님이 허락하지 않으면 떨어지지 않는다'고 말씀하셨습니다. 하나님께서는 벌이나 나비 같이 보잘것없는 곤충들에게도 아름다운 인생을 주시고, 개구리나 메뚜기들이 세상에 재앙을 일으키는 것을 보여 주셨습니다.

우리 인간이 하나님을 만나지 못했을 때 치명적인 결점은 아름다운 인생을 알지 못하는 것입니다. 그래서 사람들은 추악하고 더러운 것을 아름다운 인생이라고 생각하면서 살아갑니다.

"너희가 음란과 정욕과 술 취함과 방탕과 향락과 무법한 우상 숭배를 하여 이방인의 뜻을 따라 행한 것은 지나간 때로 족하도다"_벧전 4:3

사람들은 아름다운 사랑이나 결혼 생활로 만족하지 못하고 더러운 육체적인 사랑을 행복한 것으로 생각하면서 살아갑니다. 그러다가 인간에게 싫증을 느끼면 또 다른 정욕을 찾습니다. 그렇게 자꾸 정욕을 따라가다 보면 사람들은 점점 더 순간적으로 자신을 즐겁게 해 주는 것을 찾게 되는데, 그것들은 전부 중독성을 가지고 있습니다. 즉 술이나 도박, 마약 같은 것은 한순간은 행복하게 해 주지만 중독성이 있어서 인생을 망치게 합니다.

그리고 사람들은 야망을 따라서 최고가 되려고 합니다. 그래서 사람들은 경쟁자를 제거하고 권모술수를 행하면서 최고의 자리에 올라가는데 막상 그 자리에 올라가 보면 외롭고 허무해서 미칠 지경이 되는 것입니다. 결국 절대적으로 높은 자리에 올라간 사람은 미친 짓을 하게 됩니다.

또한 사람들은 술 취하는 것을 좋아합니다. 술에 취하면 빨리 기분이 좋아지기 때문입니다. 그런데 사람이 술에 취하면 소리를 지르거나 아무 데서나 뒹굴고 토해서 옷이나 행동이 엉망이 됩니다. 이것이 방탕한 것입니다. 나중에 술에서 깨어나 보면 자신의 방이나 자신의 모습이 얼마나 엉망인지 알게 될 것입니다.

그리고 사람은 돈이 있으면 사치하게 됩니다. 좋은 물건이 있으면 자꾸 사 모으게 됩니다. 그러다가 나중에는 싫증이 나서 보기도 싫어집니다. 그렇다고 버리자니 아깝습니다.

사람은 오직 하나님께 경배하고 예배드릴 때에만 존귀해질 수 있습니다. 돌이나 나무나 쇠 같은 우상에게 절을 하는 사람들은 자신의 가치를 모르는 사람들인 것입니다. 사람은 우상에게 절을 할수록 그 마음이 쇠같이 딱딱해지고 돌같이 무감각해집니다. 그러나 우리에게 주어진 인생은 매우 값지고 귀한 것이기 때문에 또다시 이런 짓을 하면서 시간을 허비하기에는 너무나도 아까운 것입니다.

그런데 우리에게는 두 가지 문제가 있습니다. 그 하나는 여전히 육체의 정욕대로 살고 싶은 충동이 있는 것입니다. 우리도 사치하고 싶고, 방탕하고 싶고, 음란하고 싶은 욕망이 마음속에 있는 것입니다. 그런데 우리가 이런 죄를 짓거나 가까이할 때 우리의 영혼이 기쁘지가 않습니다. 즉 우리 안에 있는 성령이 답답해서 미칠 지경이 되시는 것입니다. 즉 우리가 죄의 유혹에 넘어가면 마치 상한 음식을 먹은 것처럼 속이 아프고 뒤집어질 것 같은 것입니다. 결국 우리는 그것을 다 토해 내야 속이 시원해집니다.

그리고 또 하나는 세상 사람들이 우리가 자기들처럼 따라 하지 않으면 이상한 사람으로 취급하는 것입니다.

"이러므로 너희가 그들과 함께 그런 극한 방탕에 달음질하지 아니하는 것을 그들이 이상히 여겨 비방하나"_벧전 4:4

결국 사람들이 원하는 것은 일시적인 쾌락이나 즐거움이 아니라 갈 데까지 가는 것입니다. 미친 짓을 해야 직성이 풀리는 것입니다. 그리고 그들은 우리에게 같이 죄를 짓고, 같이 미친 짓을 하기를 원하는데 우리는 그런 것까지는 할 수가 없습니다. 왜냐하면 하나님이 모든 것을 다 알고 계시기 때문입니다. 그래서 세상 사람들은 우리 예수 믿는 사람들을 이상하게 생각하고, 자기들이 미쳤으면서 오히려 예수 믿는 사람들을 미쳤다고 비난하는 것입니다.

그럼에도 우리가 죄의 욕망을 따라갈 수 없는 이유는 죄의 결과를 너무나도 빤하게 알기 때문입니다. 즉 죄는 지을 때는 좋아 보여도 그 결과는 비참한 사망인 것입니다. 그리고 누구든지 하나님 앞에 서면 자기 입으로 자기의 죄를 다 이야기하게 됩니다. 그것도 작게 이야기하는 것이 아니라 온 세상이 다 알도록 크게 소리를 지르게 되기 때문에 죄를 숨길 수가 없습니다. 그러나 복음은 위대합니다.

"이를 위하여 죽은 자들에게도 복음이 전파되었으니 이는 육체로는 사람으로 심판을 받으나 영으로는 하나님을 따라 살게 하려 함이라"_벧전 4:6

여기서 "죽은 자"는 육체가 죽은 자를 말하지 않습니다. 어떤 사람은 죽은 자에게도 복음을 전할 수 있다고 해서 연옥을 주장하지만 그런 뜻이 아닙니다. 여기의 '죽은 자'는 하나님의 말씀을 듣지 못한 자를 의미하는 것입니다. 그런데 그들에게 복음이 증거되었을 때 우리는 모두 영으로 산 자들이 됩니다.

그러나 '육체로 심판받는다'는 말은 복음이 세상에서 바꿀 수 없는 것도 있다는 뜻입니다. 즉 죄를 지어서 감옥에 갇힌 자가 예수 믿었다고 해서 당장 풀려나는 것도 아니고, 노예가 예수를 믿었다고 해서 당장 해방되는 것은 아닙니다. 우리는 여전히 가난할 수도 있고, 여전히 병에 걸려 있을 수도 있고, 여전히 장애를 가지고 있을 수도 있습니다. 즉 복음을 믿어도 육체의 조건은 바뀌지 않을 수 있는 것입니다.

그러나 우리 영혼의 자유와 기쁨은 어느 누구도 빼앗아 갈 수 없습니다. 우리의 영혼은 예수님과 함께 무한한 자유를 누리게 됩니다. 단지 육체가 제한된 것 때문에 우리는 더 천국을 사모하게 되며, 이 세상에 사는 동안 육체를 위해서 시간을 허비하지 않고 더 하나님을 위해서 살게 되는 것입니다. 그러므로 우리 모두 하나님 앞에서 영혼의 무한한 자유를 누리며 천국을 사모하는 성도들이 다 되시기 바랍니다.

기회 17 Chance

벧전 4:7-11

인생의 조건

언젠가 어느 바닷가에 있는 커피숍에서 창 밖을 보니까 엔진이 투명 커버로 되어 있는 자동차가 있었습니다. 그리고 자동차 문도 밖으로 열리는 것이 아니라 위로 올라가는 문이었습니다. 젊은이들 중에는 이런 외제차를 타고 멋진 선글라스를 쓰고 시내를 질주하는 것을 멋으로 생각하는 분들이 있을 것입니다. 청소년들 중에도 다른 사람들에게 멋있게 보이기 위해서 공부는 안 하고 열심히 복근 운동을 하는 학생들이 있습니다.

제가 청년 때에는 사실 외모에 너무 관심이 없었습니다. 당시에는 비단 저뿐만이 아니라 대다수의 사람들이 외모에 관심을 두지 않았습니다. 그때는 전부 어떻게 하면 공부를 더 할 수 있을까 혹은 진리가 무엇인가 하는 데만 신경을 썼기 때문에 정말 멋이 없는 젊은 시절을 보내야만 했습니다. 그런데 갑자기 어느 날부터 웰빙 붐이 불기 시작하더니 사람들이 행복한 생활을 하기 위해서는 건강이 가장 중요하다고 하면서 달리기를 하고, 체중 감량을 하고, 휘트니스 센터에 다니는 것이 유행처럼 되었습니다. 그 후에는 그것으로 부족해서 성형 수술이 유행했고, 살을 빼서 마른 체형을 유지하는 것을 매력으로 여기게 되었습니다.

우리는 모두 멋있는 인생을 살기를 원합니다. 그런데 예전에는 멋있게 살려면 일단 돈이 많이 있어야 한다고 생각했는데 요즘은 돈도 돈이지만 얼굴이 잘생겨야 하고, 외모도 늘씬해야 한다고 생각합니다. 그런데 과연 정말로 멋있는 인생은 어떤 인생일까요?

축구 선수들은 유니폼을 입었을 때는 모두 똑같아 보이지만 경기를 해 보면 그 중에서 발군의 실력을 발휘하는 선수들이 있습니다. 그리고 그 중에서도 골을 여러 차례 넣는 선수들이 있습니다. 축구 선수가 멋있을 때는 바로 이렇게 남보다 뛰어난 기술을 보여 줄 때입니다. 그리고 거기서 한 걸음 더 나아가서 점수를 많이 넣을 때입니다. 그런데 이렇게 뛰어난 선수 중에서 한순간의 실수로 선수 자격을 정지당하거나 중도 하차하는 선수들이 있습니다.

마찬가지로 하나님의 백성으로서 아름다운 인생은 자기가 가야 할 길을 찾는 인생입니다. 물론 이 길은 세상에서 성공하는 길도 포함되지만 사실은 말씀의 길을 말하는 것입니다. 우리가 하나님의 말씀의 맛을 알고 그 말씀의 길을 알면 성공한 것입니다. 그리고 우리는 그 길을 계속 가면서 두 가지를 중요하게 생각해야 합니다. 하나는 하나님이 주시는 힘으로 모든 일을 해야 한다는 것입니다. 그리고 또 하나는 할 수 있는 대로 많은 사람들을 사랑해야 한다는 것입니다. 그러면 우리 인생은 이미 성공한 것입니다. 단지 사람들이 우리의 그런 인생을 알아주지 않고 인정해 주지 않을 뿐입니다. 그런데 머지않아서 하나님은 곧 모든 인생의 가치를 판단하십니다. 즉 하나님은 사람들의 판단과 완전히 다른 판단을 내리시는 것입니다.

1. 두 종류의 인생

세상에서 이미 성공한 사람과 성공하지 못한 사람 사이에는 태도에서 많은 차이가 있습니다. 즉 아직 성공의 자리에 오르지 못한 사람은 어떻게 해서든지 성공하기 위해서 죽을둥살둥 노력을 하고, 무리를 해서라도 사람들의 주목과 관심을 끌려고 합니다. 그러나 이미 충분히 높은 자리에 올라가 있고, 이미 유명하게 된 사람은 더 이상 죽을둥살둥 성공하기 위해서 몸부림을 칠 필요가 없습니다. 대신 그는 어떻게 하면 실수하지 않고 도덕적으로 큰 잘못을 저지르지 않을까 조심을 합니다. 왜냐하면 이미 유명하게 된 사람들은 많은 사람들의 주목과 관심의 대상이기 때문에 주먹을 휘두르거나 술을 마시고 실언을 하거나 성추행을 하면 한순간에 몰락하기 때문입니다.

그런데 우리는 보통 사람들의 성공 여부를 세상에서 얼마나 높은 자리에 올라갔는가, 또는 얼마나 큰 회사를 경영하고 있고 얼마나 유명하게 되었는가 하는 것을 가지고 판단을 합니다. 그런데 하나님께서는 모든 사람의 인생을 딱 두 가지로 판단하십니다. 즉 그것은 이 사람이 자기가 주인이 되는 인생을 살았느냐, 아니면 하나님의 종으로서의 인생을 살았느냐 하는 것입니다. 하나님께서 모든 사람들의 인생을 이와 같이 판단하시는 이유는 하나님만이 이 세상의 주인이시고 우리 인생의 주인이시기 때문입니다. 그래서 이 세상에서 정치인으로 성공하거나 혹은 장군으로서 많은 나라를 정복한 사람은 세상에서는 영웅이 될 수 있지만 하나님 앞에서는 실패한 인생인 것입니다. 왜냐하면 그 사람의 성공이나 능력은 하나님과는 아무 상관이 없는 것이기 때문입니다. 그래서 이 세상에서 진정으로 아름다운 인생을 살려면 하나님의 종이 되는 길을 알아내야 합니다. 그리고 이 세상에서 성공하기 위해서도 그 길을 찾아내야 합니다.

마찬가지로 우리가 하나님 앞에서 진정으로 아름다운 사람이 되려면 그 길을 찾아야 합니다. 우리는 오늘 이 시대에 하나님의 종으로서 아주 유명한 사람들을 많이 볼 수 있습니다. 그런데 하나님은 얼마나 많은 사람들이 그를 존경하고 추종하느냐 하는 것으로 판단하시지 않습니다. 하나님은 그 사람이 자기 인생의 주인이 되어서 성공하고 유명해졌느냐, 아니면 하나님의 종으로서 끝까지 종의 인생을 살았느냐 하는 것으로 판단을 하시는 것입니다. 그런데 많은 종교 지도자들이 입으로는 종이라고 하지만 실제로는 자기가 주인이 되어서 모든 일을 결정하고 추진합니다. 그렇다면 그는 결코 종이 아닌 것입니다.

우리가 하나님의 진정한 종이 되기 위해서는 가장 먼저 말씀의 길을 찾아야 합니다. 우리가 하나님의 말씀의 길을 찾는 것은 이 세상에서 진귀한 보물이 있는 길을 찾는 것과 같습니다. 이것 자체가 엄청난 성공인 것입니다. 우리는 하나님의 말씀의 길을 찾으면 종의 길을 걸어갈 수 있고, 아름다운 인생을 살아갈 수 있습니다.

그러면 우리가 하나님의 말씀의 길을 찾았는지 어떻게 알 수 있을까요? 가장 중요한 것이 하나님의 말씀의 맛을 아는 것입니다. 우리가 하나님의 말씀의 맛을 안다면 말씀의 길을 찾은 것입니다. 이것은 마치 진주 상인이 진주의 빛을 아는 것과 같고, 보석상이 보석의 색깔을 발견한 것과 같은 것입니다.

예를 들어 어떤 사람이 어느 곳의 바위 전체가 자수정으로 되어 있는 것을 발견했다면 그는 성공을 한 것입니다. 그래서 다윗은 하나님의 말씀이 송이꿀보다 더 달다고 했습니다. 이것은 그가 하나님의 말씀의 맛을 알았다는 것입니다. 이스라엘과 유다에 많은 왕들이 있었지만 다윗이 특별할 수 있었던 것은 그가 하나님의 말씀의 맛을 알았기 때문입니다. 그리고 하나님의 말씀의 맛을 안 사람은 하나님의 말씀을 사모하게 됩니다. 그래서 다윗은 목마른 사슴이 시냇물을 사모하듯이 하나님의 말씀을 사모한다고 했습니다. 우리가 하나님의 말씀의 맛을 알고 그 말씀을 미친 듯이 사모해서 파고들어 갔다면 이미 성공한 것입니다. 왜냐하면 하나님의 말씀을 수년 동안 먹은 우리는 이미 보석으로 변해 있고 세상 사람들은 상상할 수 없는 하늘의 지혜와 능력을 많이 가지게 되었기 때문입니다. 그래서 하나님의 말씀의 맛을 알고 하나님의 말씀을 지속적으로 먹은 우리는 이미 성공한 사람인 것입니다. 거기에다가 아주 중요한 표적이 하나 있습니다. 그것은 사람들에게 상처를 받고 많은 고통을 당하고도 참아낼 수 있다면 이미 성공한 것이라는 사실입니다.

그래서 베드로 사도는 우리에게 이렇게 권면하고 있습니다.

"만물의 마지막이 가까이 왔으니 그러므로 너희는 정신을 차리고 근신하여 기도하라"_벧전 4:7

여기에 보면 만물의 마지막이 가까웠다고 말씀하고 있습니다. 여기서 우리는 베드로 사도가 왜 만물의 마지막이 가까이 왔다고 말했는지 의아해할 것입니다. 만약 베드로 사도가 '아직 만물의 마지막이 한참 남았다' 고 말했다면 우리는 세상에서 여러 가지 계획을 세우려고 할 것입니다. 즉 세상에서 더 유명해지고, 더 높아지고, 더 많은 일을 하려고 할 것입니다. 그러나 만일 우리에게 주어진 시간이 다 되었다면 우리는 이제 마무리를 해야 할 것입니다.

그런데 우리 생각으로는 만물의 마지막이 아직 많이 남은 것 같은데 왜 베드로 사도는 볼장을 다 본 사람처럼 말을 하고 있을까요? 이것은 선수들이 경기하는 것을 보면 이해할 수 있을 것입니다. 예를 들어 국제적인 축구 경기에서 어떤 팀이 지고 있을 때에 그 팀의 선수들은 일분일초를 아껴서 골을 넣으려고 할 것입니다. 그런데 경기를 리드하고 있는 팀은 괜히 무리해서 골을 더 넣으려고 하다가 경기를 망치는 것보다는 역전되지 않도록 조심하면서 경기를 마무리하려고 할 것입니다. 마찬가지로 이 세상에서 아직 목표를 달성하지 못한 사람은 시간이 남아 있을 때 죽어라고 돈을 벌고, 죽어라고 노력해서 성공하려고 하지만 이미 목표를 달성하고 성공한 사람은 큰 실수를 하거나 부도덕에 빠지지 않도록 주의만 하면 되는 것입니다.

베드로 사도는 우리에게 이미 목표를 다 이룬 것처럼 게으르게 살거나 여유만만하게 살아도 된다고 말하지 않았습니다. 또 매사에 소극적으로 행동하라고 하지도 않았습니다. 본문이 오늘 우리에게 말씀하는 것은, 우리가 하나님의 말씀의 길을 찾은 것은 대단한 것이고, 이 길을 가기만 하면 언제든지 하나님의 역사가 나타나기 때문에 더 이상 안절부절못할 필요가 없다는 것입니다.

예를 들어 산이나 광야에서 길을 잃어버린 사람은 우왕좌왕하면서 헤맬 것입니다. 하지만 많은 곳을 돌아다녔다고 해서 그가 성공한 것은 아닙니다. 반면에 산이나 광야에서 길을 정확하게 찾은 사람은 우왕좌왕할 필요 없이 꾸준하게 자기 길을 가기만 하면 되는 것입니다. 다시 말해서 사람들은 자기 인생이 아주 긴 줄 알고 많은 경험을 하고, 많은 지식을 쌓고, 많은 일을 하려고 합니다. 그러나 하나님 보시기에 가장 가치 있는 일은 가능한 한 빨리 말씀의 길을 찾아서 그 길을 꾸준히 가는 것입니다. 우리가 이 길을 꾸준히 걸어가기만 하면 반드시 하나님이 주시는 아름다운 삶을 살게 되고, 하나님의 능력과 축복이 임하게 됩니다.

그럼에도 우리는 정신을 차리고 근신해야 합니다. 우리는 왜 이미 길을 찾았음에도 정신을 차리고 근신해야 할까요? 그 이유는, 사람은 모두 변덕스러워서 이 길을 계속 가기가 어렵기 때문입니다. 즉 하나님의 말씀의 가치만 안다고 해서 다 된 것이 아니라 이 말씀 속을 파고들어 가서 그 안에 있는 보물들을 캐내어 내 것으로 만들어야 합니다. 그런데 이 작업이 너무 고생스럽습니다. 즉 사람들은 좋은 차를 타고 다니고 비싼 보석을 달고 다니는 것은 좋아하지만 기름을 직접 파내거나 보석을 파내어서 가공하는 것은 좋아하지 않는 것입니다. 그래서 우리는 처음에는 하나님의 말씀을 듣고 좋아하다가 어느 순간 다 때려치워 버리고 세상으로 달려가기 쉽습니다. 하나님의 뜻을 끝까지 참고 기다리기 어려워서 내 마음대로 행동을 해 버리는 것입니다.

그런데 베드로 사도는 우리가 하나님의 말씀의 가치를 알고 그 보물을 캐내어서 은혜를 받고 있다면 누가 뭐라고 하거나 결과가 빨리 나타나지 않는다고 해서 포기하지 말라고 합니다. 왜냐하면 우리는 이미 성공한 것이기 때문입니다. 우리는 다른 사람들처럼 더 유명해지기 위해서 더 많은 일을 하거나 무리할 필요가 없습니다. 왜냐하면 우리는 이미 하나님에게 접붙임이 되어서 능력을 가져오고 있기 때문입니다.

2. 뜨겁게 사랑하는 것

우리가 하나님의 말씀의 가치를 알고 열심히 하나님의 말씀을 배우고 듣는 것이 축복의 원천이라고 하면, 이 축복이 다른 사람에게 나타나는 모양이 있습니다. 우리는 하나님의 축복을 생각할 때 다른 사람들에게 존경을 받고 돈이 많고 능력 있는 당당한 모습이 되기를 기대할 것입니다. 그러나 그것은 잘못된 생각입니다. 하나님의 축복을 많이 받은 사람은 다른 사람에게 뜨거운 사랑의 사람으로 나타나는 것입니다.

"무엇보다도 뜨겁게 서로 사랑할지니 사랑은 허다한 죄를 덮느니라"_벧전 4:8

왜 하나님의 축복이 뜨거운 사랑으로 나타날까요? 우선 우리가 이 말의 뜻을 이해하려면 '뜨거운 사랑'의 반대가 무엇인지 알아야 합니다. '뜨거운 사랑'의 반대는 '차가운 사랑' 혹은 '미지근한 사랑'일 것입니다. 차가운 사랑이나 미지근한 사랑은 입으로만 사랑하거나, 아니면 내 마음에 들면 사랑하고 내 마음에 들지 않으면 사랑하지 않거나 미워하는 것을 말합니다. 거기에 반해서 뜨거운 사랑은 상대방의 반응이나 이해관계를 떠나서 넘치도록 사랑하는 것을 말합니다.

우리는 본문 말씀을 통해서 이 세상에서 가장 위대한 일은 사랑으로 사람을 바꾸는 것이고, 한 걸음 더 나아가서 다른 사람으로 하여금 자신의 가치를 되찾게 해 주는 사실이라는 것을 알게 됩니다. 다시 말해서 이 세상에서 돈을 많이 벌고 유명한 사람이 되거나 높은 자리에 올라가는 것도 대단한 일이지만 가장 위대한 것은 다른 사람으로 하여금 자신의 가치를 찾을 수 있게 해 주는 것입니다. 즉 나쁜 일을 하는 사람으로 하여금 선한 일을 하는 사람이 되게 하고, 불평불만이 가득한 사람을 사랑의 사람으로 만들고, 짐승과 같고 악마와 같은 사람을 천사 같은 사람으로 만드는 것입니다.

그러면 모든 사람에게 그렇게 변화될 가능성이 있는 것일까요? 성경은 그렇다고 말씀하고 있습니다. 이 세상 사람들은 모두 누군가가 뜨거운 사랑을 주기만 하면 놀랍게 변할 수 있는 가능성을 가지고 있는 것입니다.

그런데 본문 말씀에 "사랑은 허다한 죄를 덮느니라"라고 했습니다. 여기서 '허다한 죄'는 여러 번에 걸쳐서 죄를 지은 것을 말합니다. 어떤 사람이 한 가지만이 아니라 여러 가지 죄를 지었는데도 불구하고 그냥 덮고 넘어간다면 그것은 정의로운 일이 아닌 것 같습니다. 그렇게 하는 것은 죄를 키우는 것이고, 세상을 더 악하게 만드는 일 같습니다. 그런데 베드로 사도는 사랑은 허다한 죄를 덮는다고 했습니다. 만약에 어떤 사람이 죄를 지었으면 그 죄를 밝혀서 처벌을 해야 세상이 좀 더 정의로운 세상이 될 텐데 이런 식으로 죄를 덮어 버리면 세상이 얼마나 악해지겠습니까? 그러나 베드로 사도는 사랑은 허다한 죄를 덮는다고 했습니다. 그 이유가 무엇일까요? 우선 다른 사람이 아무리 죄를 지었다 하더라도 자기가 책임질 자신이 있으면 처벌할 필요가 없는 것입니다.

옛날 영국 같은 나라에서는 나이가 어린 사람이나 지적 장애인이 죄를 지었을 때 누군가가 책임을 지겠다고 하면 죄인을 처벌하지 않고 그 사람에게 맡기는 경우가 있었습니다. 이처럼 어떤 사람이 죄를 지었지만 그 사람이 용서받고 더 훌륭한 사람이 될 가능성이 있다면 그럴 때에는 죄를 덮는 것이 더 유리합니다. 그래서 하나님은 우리가 뜨거운 사랑을 가지고 있기만 하면 모든 사람의 죄를 다 덮어 줘도 얼마든지 더 아름다운 세상이 될 수 있다고 말씀하고 있는 것입니다. 그러므로 우리는 우리 속에 하나님의 사랑이 있다면 다른 사람들을 가치 있게 하고 아름답게 할 수 있다는 것을 믿어야 합니다. 그래서 이 세상에서 가장 아름다운 사람은 진리의 길을 찾아서 그 길을 묵묵하게 갈 수 있는 사람이고, 다른 사람을 뜨겁게 사랑할 수 있는 사람인 것입니다.

3. 진정한 능력

우리는 때로 이 세상을 바로잡고 사람들을 바른길로 가게 하는 진정한 능력이 무엇일까 하고 생각할 때가 있습니다. 즉 우리를 바른길로 가게 하는 것이 돈의 힘일까, 아니면 지식의 힘일까 하는 것입니다. 그런데 우리 인간을 바른길로 가게 하는 것은 오직 하나님의 능력입니다. 인간의 사랑이나 사상은 사람으로 하여금 불평하게 합니다.

"서로 대접하기를 원망 없이 하고"_벧전 4:9

우리가 다른 사람을 대접하는 것은 참으로 아름다운 일입니다. 그런데 당시는 교회가 핍박을 받는 상황이어서 성도들을 대접하는 일이 부담되었기 때문에 불평을 하는 사람들이 있었습니다. 그리고 오늘날도 사랑으로 섬기고 대접을 했지만 나중에 원망과 불평이 터져 나올 때가 있습니다. 그 이유가 무엇일까요? 그것은 대접을 받고도 감사하는 마음이 없기 때문입니다. 그리고 또 한 가지는 그 대접이 불공평하기 때문입니다. 예를 들어 어떤 사람에게 대접을 받았는데 나중에 보니까 다른 사람들에게는 훨씬 더 좋은 것으로 대접한 것입니다. 그럴 때 사람들은 원망을 하게 됩니다. 또 어떤 사람이 대접한다고 해서 대가 없이 주는 사랑을 받았다고 생각했는데 나중에 보니까 자기 이익을 다 챙기고 우려먹을 것을 다 우려먹었다면 대접받은 사람은 이용당했다는 생각이 들면서 원망할 것입니다. 그렇기 때문에 인간의 사상이나 인간의 사랑을 가지고 남을 대접하는 것은 원망이 생길 수밖에 없습니다. 예를 들어 이상적인 사회를 만들겠다고 해서 부자들을 죽이고 재산을 빼앗으면 일부는 좋아하지만 일부는 불만을 가지는 것입니다. 그래서 항상 어느 사회든지 부자와 가난한 자 사이에 갈등과 긴장이 있기 마련입니다. 그러므로 우리는 이 세상에서 내가 가진 것이나 나의 사상을 가지고 사람들을 대접하거나 사랑하기 이전에 하나님의 사랑으로 사랑하는 법을 배워야 합니다. 바로 그 위대한 훈련이 하나님의 말씀 속에 있는 것입니다.

"각각 은사를 받은 대로 하나님의 여러 가지 은혜를 맡은 선한 청지기같이 서로 봉사하라"_벧전 4:10

우리는 내가 가진 것을 가지고 남을 도우려고 하면 일단 아깝기도 하고, 또 얼마 가지 않아서 동이 나 버리기 때문에 오래 사랑할 수가 없습니다. 그런데 만일 우리가 하나님의 능력으로 사랑하는 방법을 배울 수 있다면 하나님의 능력은 무궁무진하기 때문에 끝까지 사랑할 수 있을 것입니다. 그러므로 우리는 모두 하나님이 주신 범위 안에서 사랑하는 법을 배워야 합니다. 그런데 하나님은 우리에게 너무 적은 것을 주시기 때문에 우리는 다른 사람에게 사랑을 표현할 수가 없습니다. 그러나 우리는 돈이 없는 대신에 다른 것을 줄 수 있습니다. 예를 들면 관심을 줄 수 있고, 이야기를 들어줄 수도 있고, 또 몸으로 도와줄 수도 있습니다. 그런데 나중에 알고 보니까 돈으로 돕는 것보다 그러한 것들이 훨씬 중요한 것입니다. 즉 청소년들은 돈보다는 관심을 가져 주고, 이야기를 들어주고, 몸으로 도와주는 것을 더 원하는 것입니다. 그런데 그렇게 하다 보면 나중에 돈도 생기게 되어 있습니다. 그래서 예수님께서는, "너희는 먼저 그의 나라와 그의 의를 구하라 그리하면 이 모든 것을 너희에게 더하시리라"(마 6:33)라고 하셨습니다. 우리는 하나님의 말씀과 뜨거운 사랑을 가져올 수만 있으면 위대한 능력을 나타낼 수 있습니다. 그래서 하나님의 종이 되는 것이 중요한 것입니다. 결국 자기가 유능해서 큰일을 하는 사람들은 자기 이름만 내고, 나중에는 타락해서 부패하고 맙니다. 그러나 우리가 하나님의 종이 되면 적어도 부패하지는 않습니다.

그리고 중요한 것이, 하나님의 말씀을 듣게 하는 것입니다.

"만일 누가 말하려면 하나님의 말씀을 하는 것 같이 하고 누가 봉사하려면 하나님이 공급하시는 힘으로 하는 것 같이 하라 이는 범사에 예수 그리스도로 말미암아 하나님이 영광을 받으시게 하려 함이니"_벧전 4:11

본문 말씀에서 "만일 누가 말하려면 하나님의 말씀을 하는 것 같이" 하라고 하였습니다. 이 말씀을 잘못 들으면 하나님의 말씀이 아닌데 하나님의 말씀처럼 권위나 자신감을 가지고 말하라는 뜻으로 들리기 쉽습니다. 그러나 본문 말씀은 그런 뜻이 아닙니다. 이것은 누군가가 말씀을 전하려고 할 때 인간의 사상이나 자기주장이 아닌 하나님의 말씀을 전하라는 것입니다. 그리고 하나님의 말씀을 전할 때에는 긴가민가하는 식으로 자신 없이 하지 말고 그 말씀을 먼저 자신이 충분히 소화해서 뜨겁고 권세 있는 하나님의 말씀을 전해야 하는데, 그 말씀이 모든 사람을 살리는 말씀인 것입니다. 그러므로 우리는 남을 섬길 때 돈으로 돕기 보다는 하나님의 말씀을 권세 있게 전해야 부흥이 일어나면서 사람들이 변합니다. 이때 보리떡 다섯 개를 가지고도 오천 명을 먹이는 기적이 일어나는 것입니다. 하나님의 말씀이 능력 있게 증거될 때 가장 아름다운 축복이 나타납니다. 그러나 하나님의 말씀의 능력을 믿지 못하면 결국 인간적인 계산이나 방법에 빠지게 됩니다.

그러고 난 후에는 하나님이 주시는 능력을 가지고 다른 사람을 돕는 것입니다.

"누가 봉사하려면 하나님이 공급하시는 힘으로 하는 것 같이 하라"

우리는 내가 가진 것으로 하지 않고 하나님이 주시는 힘으로 하려고 할 때에 나에게 아무것도 가진 것이 없음을 발견하게 됩니다. 그런데 놀라운 것이, 기도할 때마다 아주 작은 물방울 같은 것이 모이기 시작합니다. 물론 그것은 얼마 가지 않아서 동이 나고 맙니다. 그런데 이상한 것은, 그것이 계속 생겨나는 것입니다. 나중에 세월이 지난 후에 보면 상상할 수 없는 긴 시간 동안 하나님이 엄청난 일을 하신 것을 알게 되고, 결국 하나님께 영광을 돌리게 됩니다.

　하나님의 말씀의 맛을 알고 그 말씀을 파고들어 가고 있는 분들은 이미 성공한 분들입니다. 그래서 겉으로 나타난 것에 너무 초조해하거나 불안해하지 마시고 하나님이 주시는 힘으로 모든 일을 할 수 있기를 바랍니다.

기회 18 Chance

벧전 4:12-19

불같은 시련

불은 우리가 생활하는 데 꼭 필요한 것이기도 하지만 잘못 관리하면 집도 태우고, 공장도 태우고, 심지어는 사람의 몸도 태워서 심한 화상을 입거나 죽게 합니다.

몇 년 전에 유아교육을 꿈꾸던 한 여대생이 불의의 교통사고로 전신에 화상을 입고 고통의 시간을 보내게 되었습니다. 얼굴은 심하게 변형이 되고, 온몸에도 심한 화상을 입었는데 너무 고통스러워서 죽으려고 해도 죽을 수가 없는 처지였다고 합니다. 그러나 그 자매는 하나님의 은혜로 용기를 내어서 거울에 비친 자기 얼굴을 보고 이름을 불렀고, 자기 사진을 트위터에도 올려서 많은 사람들이 그 사진을 보고 용기를 얻게 했다고 합니다. 음식을 만들기 위해 지피는 불이나 방을 따뜻하게 하는 불은 매우 필요하고 좋은 불이지만 공장이나 집을 태우고 우리 몸에 화상을 입히는 불은 위험하고 무서운 불인 것입니다.

베드로 사도는 우리 믿는 자들에게 '불같은 시험'이 오는 것을 이상하게 생각하지 말라고 말하고 있습니다. 여기서 '불같은 시험'은 실제로 몸이

나 집이 불에 타는 것은 아니지만 그처럼 고통스럽고 비참하며 나중에는 결국 아무것도 남지 않는 그런 어려움을 말합니다. 베드로 사도는 이때 마치 이상한 일이나 생긴 것 같이 놀라지 말고 하나님께 영광을 돌리라는 것입니다.

그러나 우리는 이 말씀이 잘 이해가 되지 않습니다. 우리의 육체나 재산을 다 불태워 버리는 불 시험이 왜 우리에게 와야 하며, 또 그런 고통과 절망 가운데 어떻게 기뻐하며 하나님께 영광을 돌릴 수 있는가 하는 것입니다. 그러나 우리 믿음의 클라이맥스는 이 불 시험에 있습니다. 예를 들어 웅장한 교향곡을 연주할 때 클라이맥스 부분에서는 마치 엄청난 불이 붙는 것 같이 모든 악기가 큰 소리로 연주를 하는데, 이때 많은 사람들이 감동을 받는 것입니다. 마찬가지로 인간들은 평소에 자신이 가지고 있는 지혜와 능력의 범위 안에서 시시비비를 가리며 언성을 높이고 싸우는데 어느 날 믿는 자들의 신앙이 인간의 생사를 뛰어넘는 하나님의 신뢰로 나타날 때 모든 사람들이 입을 다물게 되고, 하나님께 영광을 돌립니다.

그래서 우리 믿는 자들에게 이런 불 시험이 오면 물론 비참하고 절망적이며 하나님과 사람들에게 버림을 받은 것처럼 느껴지겠지만 그는 사실 하나님과 수많은 천사들 앞에서 웅장한 음악의 연주자가 되어 있는 것입니다. 우리는 불 시험 앞에서 비참해할 것이 아니라 이 연주를 마쳐야 합니다. 그렇게 할 때 수많은 천사들과 성도들의 박수갈채를 받게 되는 것입니다.

1. 우리에게 찾아오는 불 시험

제가 어렸을 때에도 학교에서 예방접종을 했는데, 특히 어깨에 보기 싫은 흉터를 남기던 소위 '불주사' (결핵예방주사)를 맞을 때는 공포 그 자체였습니다. 간호사 선생님이 주삿바늘을 불로 소독해서 주사를 놓는 것인데 그 주사가 얼마나 무서웠는지 모릅니다. 그런데 베드로 사도는 우리 믿는 자들에게 불 같은 시험이 찾아올 때가 있다고 말하고 있습니다.

"사랑하는 자들아 너희를 연단하려고 오는 불 시험을 이상한 일 당하는 것 같이 이상히 여기지 말고"_벧전 4:12

여기서 "불 시험"은 마치 집이나 몸이 불에 타서 없어지는 것 같은 시험을 말합니다. 사실 우리에게 오는 시험은 인정사정이 없는 것들이 많습니다. 예를 들어 몸에 고통스러운 병이 생긴다든지, 아니면 회사나 학교에서 어떤 큰 책임이나 사업을 감당해야 하는 것입니다. 혹은 생각지도 않았던 많은 세금을 내야 한다거나 다른 사람에게 모욕을 당하고 신체적으로 폭행을 당하는 것도 감당할 수 없는 시험입니다. 그러나 그 중에서도 불 시험이라고 하는 것은 불이 집이나 공장을 태워 버리듯이 나의 소중한 것들을 모두 태워 버리고, 또 몸이 불에 뎄을 때처럼 너무나도 고통스러운 시험을 말합니다.

예를 들어 집에 큰불이 나서 모든 것이 다 타고 나면 그야말로 재밖에 남는 것이 없을 것입니다. 몸을 누일 곳도 없고, 덮고 잘 이불도 없고, 가재도구도 남지 않는 것입니다. 또한 우리 몸이 심한 화상을 입으면 얼마나 고통스러운지 모릅니다. 더욱이 얼굴에 화상을 입으면 얼굴을 붕대로 감아야 하고, 온몸에 화상을 입으면 온몸이 아파서 견딜 수가 없을 것입니다. 마찬가지로 우리에게 불 같은 시험이 오면 가진 재산은 전부 없어져 버리고 몸 하나만 남는데 이때 우리는 온몸에 화상을 입은 것처럼 마음이 괴로워서 견딜 수 없는 것입니다.

성경에서 이런 불 시험을 당한 사람의 대표적인 예가 욥입니다. 욥은 어느 날 갑자기 고난을 당합니다. 그의 모든 재산을 약탈당하고, 가축이나 종들이 다 죽습니다. 게다가 사랑하는 자식들도 모두 사고나 공격을 당해 죽고, 그의 온몸에는 종기가 나서 기와 조각을 가지고 몸을 긁어야만 했습니다. 그러나 무엇보다도 욥을 아프게 한 것은 그의 상처 입은 자존심과 하나님에 대한 신뢰 그리고 자녀들에 대한 애끓는 사랑의 상처였습니다. 욥은 불 시험을 당함으로 그가 가진 모든 것을 잃어버렸고, 육신은 다 망가졌으며, 그의 마음은 견딜 수 없는 수치와 절망으로 중화상을 입었던 것입니다.

그리고 또 성경에서 불 시험을 당한 사람들의 예로 다니엘의 세 친구 사드락과 메삭과 아벳느고를 들 수 있습니다. 그들은 어느 날 거의 미치다시피 한 왕으로부터 왕의 신상에게 절을 하라는 명령을 받습니다. 만일 왕의 신상에게 허리를 굽혀서 절을 하면 살 수 있지만 절을 하지 않으면 불타는 용광로 속에 던져 넣겠다는 것입니다. 이 세 사람은 하나님을 믿기 때문에 많은 사람들로부터 불신을 당해야 했고, 경멸을 받아야 했으며, 그들의 육신은 뜨거운 풀무불에 던져졌습니다.

또한 예수님은 아무 죄도 없이 등에 채찍을 맞고 살이 찢어지는 듯한 고통을 느꼈고, 손과 발에 못이 박히고, 못이 박힌 채로 십자가에 달리셨습니다. 예수님은 그 뜨거운 태양 아래서 심한 정신적, 육체적 고통을 받으셨던 것입니다. 예수님은 십자가 위에서 "내가 목마르다"라고 말씀하셨습니다. 십자가 위에서 예수님의 마음은 지옥의 고통으로 아파하셨고, 심한 화상을 입으셨던 것입니다.

그런데 이렇게 불로 태우는 것이 너무나도 고통스럽고 비참할 때도 있지만 불에 태움으로 더 유익해지는 것들도 있습니다. 그 중에 쇠나 금 같은 금속이 있습니다. 쇳조각이나 금 원석 자체는 가치가 높지 않지만 이것을 불로 녹이면 수십 배 더 강해지고, 수백 배의 가치를 가지게 됩니다. 그리고 도자기 같은 경우에도 처음에는 흙덩이에 불과하지만 가마에 넣어서 구우면 아주 비싼 도자기가 되는 것입니다.

베드로 사도는 만일 우리에게 불 같은 시험이 와서 내가 가진 모든 것을 다 태워 버리고 나 자신도 심한 화상을 입었을 때 마치 이상한 일이 일어난 것처럼 생각하지 말라고 하였습니다. 이것은 다른 말로 표현하면, 우리 믿는 사람들에게 불 같은 시험이 오는 것은 당연한 것이고, 마땅히 와야 하는 것이라는 말입니다. 왜냐하면 하나님은 우리가 싸구려 신앙으로 만족해하는 것을 기뻐하지 않으시기 때문입니다.

그러므로 우리는 아무리 평범하게 살려고 해도 더 이상 평범하게 살 수가 없습니다. 즉 우리는 하나님을 믿는 이상, 당하는 시험의 모양이나 성격은 다를 수 있지만 지금까지 자기가 붙들고 있던 것들을 다 태워 버리고 자존심이나 자랑을 다 불태워 버리는 무서운 시험을 통과하게 되는 것입니다. 그러므로 어떻게 생각하면 우리가 예수를 믿고 하나님을 믿는 것이 축복이 아니라 엄청난 고통일 수 있습니다. 그러나 절대로 그렇지 않습니다. 하나님은 우리가 감당하지 못할 시험은 주지 않으십니다. 즉 하나님은 신앙이 너무 어린 사람을 뜨거운 불 시험에 마구 집어넣지 않으십니다. 하나님은 먼저 우리를 충분히 준비시키신 후에 능히 그 시험을 감당할 수 있게 되었을 때 예고도 없이 시험을 통과하게 하시는 것입니다.

예를 들어 도공은 도자기의 형태도 갖추어지지 않은 흙덩이를 가마에 집어넣지 않습니다. 도공은 흙을 먼저 잘 이겨서 모양을 만든 뒤에 가마에 집어넣는 것입니다. 그런데 세상에서는 이런 불 시험의 가치를 모르지만 하나님 앞에서는 불 시험을 통과한 자와 불 시험을 통과하지 않은 자의 가치가 엄청난 차이가 있습니다. 즉 불에 구워서 완성된 도자기는 수천만 원의 가치가 있지만 불에 굽지 않은 것은 흙덩이밖에 되지 않는 것입니다.

세상 사람들은 불에 구워냄으로써 가치가 크게 상승한다는 사실을 모르기 때문에 겉모양만 좋으면 가치가 있다고 말을 합니다. 그러나 도자기나 금이나 보석의 진정한 가치는 모두 불을 통과해야 나타나는 것입니다. 그래서 불을 통과하지 않은 도자기나 철이나 금 원석은 모두 푸석푸석하고 빛깔도 좋지 않습니다. 그러나 불을 통과한 것들은 전부 단단하고 깨어지지 않으며 영원히 없어지지 않는 광채를 띠게 됩니다.

2. 그리스도의 고난에 참예

베드로 사도는 우리가 이 세상에서 불 시험을 당할 때에는 너무나도 고통스러워서 비참함을 느끼지만 우리는 그 고난을 통해서 그리스도의 고난에 참예하게 된다고 말하고 있습니다.

"오히려 너희가 그리스도의 고난에 참여하는 것으로 즐거워하라 이는 그의

영광을 나타내실 때에 너희로 즐거워하고 기뻐하게 하려 함이라"_벧전 4:13

여기에 보면 우리 믿는 자들이 이런 불 시험을 통해서 '그리스도의 고난에 참여하게 된다'고 말씀하고 있습니다. 그러나 그리스도는 우리를 대신하여 충분히 고난을 받으셨습니다. 즉 예수님은 채찍질을 당하시고, 심한 모욕을 당하시고, 십자가 위에서 비참하게 죽으셨기 때문에 우리는 더 이상 모욕을 당하거나 채찍질을 당할 필요가 없습니다. 그런데 왜 우리는 그리스도의 고난에 참여해야 할까요? 우리가 신앙이 너무 어릴 때에는 예수 믿는 사람들이 고통을 당해야 한다는 사실을 이해하지 못합니다. 그러나 신앙이 자랄수록 예수님이 당하신 것과 같은 고통이 필요하다는 것을 느끼고, 그것이 영광스러운 것이라는 사실을 알게 됩니다.

세상에서도 위대한 작품들은 많은 고통 속에서 탄생됩니다. 예를 들어 헨델의 "메시아" 같은 위대한 음악은 말할 수 없는 육체적, 정신적인 고통 가운데 만들어진 것입니다. 그리고 위대한 조각 작품이나 그림도 쉽게 만들어진 것이 아니라 수많은 실패와 좌절 가운데서 만들어진 것입니다. 그러나 이 세상에서 사람들이 당하는 고통 중에 가장 위대한 고통은 산모들이 당하는 고통일 것입니다. 산모는 오랜 시간 진통을 겪은 후에 아기를 낳는데, 너무나도 귀여운 새 생명이 탄생하는 것입니다.

마찬가지로 예수님의 고통은 인간적으로 생각해 보면 무모하고, 바보스럽고, 도저히 이해할 수 없는 고통이고 죽음이었습니다. 그러나 예수님이 고통을 겪으신 결과 우리 인간이 하나님을 믿게 되었고, 새 생명을 얻게 되었습니다. 예수님이 당하신 고통은 인간이 당한 고통 중에서 가장 위대한 고통인 것입니다.

이와 같이 우리도 신앙이 조금씩 자라면서 다른 영혼들을 위해서 고통을 당하게 됩니다. 그런데 그 고통은 견딜 수 있을 만한 고통이 아니라 내 모든 진액을 다 태워 버리는 어마어마한 고통입니다. 우리의 그 고통을 통해서 주위 사람들이 예수를 믿게 되고 하나님의 뜻에 순종해서 사는 것입니다.

우리는 이런 불같은 시험을 통해서 한 영혼의 가치를 깨닫게 됩니다. 물론 우리는 가장 먼저 나 자신의 영혼의 가치를 깨닫게 될 것입니다. 예수님께서는 온 천하보다 한 생명이 더 귀하다고 말씀하셨는데 그 한 생명이 자기 자신인 것입니다. 내가 하나님을 아는 것보다 더 귀한 것은 없습니다. 그리고 자기 자신의 가치를 아는 사람이 다른 사람의 가치도 알게 됩니다.

우리 사회에서 이미 성공해서 높은 자리에 있는 사람들이 부하 직원들을 성추행하고 인격적인 모욕을 주는 이유는 그들이 한 영혼의 가치를 모르기 때문입니다. 그들은 자기 영혼의 가치도 알지 못합니다. 자기 영혼의 가치를 모르는 사람이 다른 사람의 영혼의 가치를 알 리가 없는 것입니다. 그래서 그들은 다른 사람에게 함부로 대합니다.

"너희가 그리스도의 이름으로 치욕을 당하면 복 있는 자로다 영광의 영 곧 하나님의 영이 너희 위에 계심이라"_벧전 4:14

사실 우리가 예수님을 믿기 때문에 다른 사람에게 업신여김을 당하거나 조롱을 당하거나 매를 맞는다면 그것은 치욕스러운 일일 것입니다. 그런데 놀라운 것이, 우리가 예수 그리스도의 이름으로 치욕을 당할 때에 우리 위에 영광의 영, 곧 하나님의 영이 머물러 있다고 말씀하고 있습니다. 도대체 우리 위에 영광의 영, 하나님의 영이 머물러 있는 것은 무엇을 말하는 것일까요?

연극 무대에서는 항상 주인공이 스포트라이트를 받습니다. 주인공의 대화나 연기가 연극이나 드라마 전체를 이끌어 가기 때문입니다. 마찬가지로 이 세상에서 광채가 가장 많이 비취는 곳은 그리스도로 인하여 고통을 당하는 자들이 있는 곳입니다. 왜냐하면 그곳에 영광의 영이 있기 때문입니다.

우리는 이 세상에서 유명해지고 싶어 하고, 인기가 있는 사람이 되기를 바랍니다. 애플사의 스티브 잡스가 살아 있었을 때 그가 신상품을 홍보하기 위해 나오면 온 세상이 이목을 집중했습니다. 그리고 우리나라나 미국의 대통령이나 중국의 국가 주석이 나와서 어떤 발표를 하면 텔레비전이나 신문사 기자들이 몰려들어서 그의 연설 장면을 보도할 것입니다. 그런데 하나님 앞에서 가장 중요한 장면은 신앙 때문에 고통을 받으면서도 참아내는 성도들의 모습입니다. 그러한 사람에게는 영광의 영, 곧 하나님의 영이 그 위에 역사합니다. 하나님의 영은 무에서 유를 만드신 영이며, 모든 황폐한 것들을 아름답게 하시는 영인 것입니다. 그렇기 때문에 이 세상에서 가장 놀라운 능력은 기꺼이 하나님 때문에 고통을 받고 불 시험을 당해도 이기는 사람들에게 나타나는 것입니다.

3. 사람들의 여러 가지 고통

우리 하나님의 백성은 하나님을 믿기 때문에 이유를 알 수 없는 불 시험을 당해서 육체적으로나 정신적으로 아파합니다. 그러면 이 세상 사람들은 전혀 고통이 없이 이 세상을 살아갈 수 있을까요? 그것은 절대로 그렇지 않습니다. 우리는 이 세상에서 믿음의 불 시험을 당하지 않으면 결국 다른 불 시험을 당하게 되는데, 그것은 바로 영원한 멸망입니다.

> "너희 중에 누구든지 살인이나 도둑질이나 악행이나 남의 일을 간섭하는 자로 고난을 받지 말려니와"_벧전 4:15

우리는 이 말씀을 들으면, '설마 예수 믿는 사람이 살인이나 도둑질이나 악행을 할까?' 하고 생각할 것입니다. 그런데 우리가 질그릇을 생각해 보면 이 말씀의 의미를 알 수 있을 것입니다. 질그릇 중에서 어떤 그릇은 비싼 도자기가 되기 위해서 많은 연단을 당합니다. 즉 토기장이는 아주 좋은 흙을 골라 정성껏 반죽해서 그릇을 만듭니다. 그러나 만일 그릇 모양이 마음에 들지 않으면 부수어서 새로 만들 것입니다. 그리고 그릇이 완성된 후에는 유약을 칠해서 가마에 넣어 아주 뜨거운 불로 그릇을 구울 것입니다. 그리고 그렇게 해서 훌륭한 그릇이 만들어지면 집 안에 곱게 간직해서 귀한 일에 사용할 것입니다. 그러나 막 다루어도 되는 그릇들은 쉽게 만들어집니다. 그 그릇에는 술이나 싸구려 음식들을 담는데 그것 자체가 고통일 것입니다. 그리고 이러한 그릇들은 어느 정도 시간이 지나면 금이 가고 깨지는데, 그러면 주인은 이 그릇들을 부수어 버립니다.

마찬가지로 이 세상에서 불 시험을 당하지 않은 자들은 언제나 자기 속에 세상의 정욕이나 탐욕 그리고 분노를 담습니다. 그래서 이런 사람들은 늘 다른 사람들의 나쁜 점과 추잡한 생각을 하며, 사람을 죽이고 망하게 하는 생각을 합니다. 그래서 이들은 늘 다른 사람의 나쁜 점을 가지고 물고 늘어집니다. 이것이 그 사람의 가치를 대변해 줍니다. 즉 사람의 가치는 그 사람의 위치나 신분에 의해 결정되는 것이 아니라 그 사람이 하는 말로써 결정되는 것입니다. 그러나 불 시험을 당한 사람들은 다른 사람의 나쁜 점을 가지고 이야기하는 것 자체를 좋지 않게 생각합니다.

여기에 "남의 일을 간섭하는 자로 고난을 받지 말려니와"라고 했는데, 왜 남의 일에 간섭하는 것이 죄가 될까요? 우리가 남의 일에 간섭하는 것은 자기는 완벽하다는 교만에서 비롯된 것이고, 남을 비판하는 것입니다. 언제나 남을 비판하는 사람은 자기 자신의 모습을 보지 못하는 것이 특징인데 그도 언젠가는 다른 사람에 의해서 비판을 받을 것입니다.

"만일 그리스도인으로 고난을 받으면 부끄러워하지 말고 도리어 그 이름으로 하나님께 영광을 돌리라"_벧전 4:16

사실 우리는 고난을 받으면 수치스럽습니다. 그래서 쥐구멍에라도 숨고 싶어 하고, 죽고 싶다고 생각을 합니다. 그런데 성경은 오히려 그 이름으로 하나님께 영광을 돌리라고 말씀하고 있습니다. 우리가 수치스러울 때 괴로워하지 않고 오히려 기뻐하거나 영광을 돌린다는 것은 보통 어려운 일이 아닙니다. 우리가 고통스럽고 비참한데 어떻게 하나님께 영광을 돌릴 수 있겠습니까? 이때 우리에게 하나님의 말씀이 필요하고 성령의 큰 감동이 필요합니다. 우리에게 하나님의 말씀이 없으면 우리는 계속 인간의 눈으로 자신을 보기 때문에 이 위대한 장면을 보지 못하는 것입니다.

텔레비전 드라마나 영화가 멋있게 보이는 것은 조명과 효과음악 때문입니다. 마찬가지로 우리에게도 진한 감동과 말씀이 필요합니다. 우리가 그 가운데서 자신을 보아야 자신의 고통의 위대함을 알 수 있는 것입니다.

그러면 우리가 어떻게 고난과 고통 중에 부끄러워하지 않을 수 있을까요? 그것은 하나님의 말씀을 듣고 은혜받는 수밖에 없습니다. 우리는 하나님의 말씀을 들어야 믿음의 눈이 열리고, 그때 하나님의 영광의 축복과 천사들의 갈채 소리가 들리는 것입니다.

여기에 보면 우리가 천국에 들어가는 것이 쉬운 일이 아니라고 말씀하고 있습니다.

"하나님의 집에서 심판을 시작할 때가 되었나니 만일 우리에게 먼저 하면 하나님의 복음을 순종하지 아니하는 자들의 그 마지막은 어떠하며"_벧전 4:17

교회가 잘못하면 세상의 혹독한 비난을 받습니다. 요즘은 특히 교회나 목회자가 잘못을 하면 사람들이 엄청나게 비난을 합니다. 그것은 하나님이 교회나 목회자들을 먼저 심판하시는 것입니다. 그러나 그것으로 끝이 아닙니다. 하나님의 심판대 앞에서 교회나 목회자들을 욕했던 사람들도 그들의 죄에 대하여 엄청난 비난을 받는 것입니다. 그런데 그 사람들에게는 더 이상 회개의 기회가 없습니다.

"또 의인이 겨우 구원을 받으면 경건하지 아니한 자와 죄인은 어디에 서리요"_벧전 4:18

우리가 보기에 정말 믿음이 좋고 존경스러운 하나님의 종이라 하더라도 은퇴한 후에 치매나 뇌졸중이나 경제적인 어려움으로 많은 고통을 당하고 천국에 가는 분들이 있습니다. 즉 하나님께서는 우리가 이 세상에서 가지고 있던 혈기나 탐욕을 다 빼내시고 천국에 데려가시는 것입니다.

전에 어떤 교인은 젊었을 때 나쁜 짓도 하고 아내도 괴롭혔는데 나중에 예수님을 영접하고 착실하게 믿었습니다. 그러나 결국에는 무려 40일 동안 음식을 먹지 못하고 고통을 받으면서 회개하고 돌아가셨습니다. 만약 우리가 지금 가지고 있는 성질을 그대로 가지고 천국에 가면 아마 우리는 천국을 엉망으로 만들어 놓을 것입니다. 특히 예수를 믿노라고 하면서 이 세상에서 최고가 되었던 분들은 완전히 낮아진 후에 천국에 갈 것입니다. 그렇기 때문에 이 세상에서 너무 높은 것이나 너무 유명한 것이 좋은 것이 아닙니다. 왜냐하면 우리는 그것들을 다 내어 놓고 천국에 가야 하기 때문입니다. 그러므로 우리는 고난을 통해서 나의 미래나 나의 모든 것을 하나님께 맡기는 법을 배워야 합니다.

"그러므로 하나님의 뜻대로 고난을 받는 자들은 또한 선을 행하는 가운데에 그 영혼을 미쁘신 창조주께 의탁할지어다"_벧전 4:19

우리 믿는 자들이 당하는 고난은 하나님의 뜻대로 당하는 고난입니다. 그렇다면 우리는 선을 행해야 하는데, 그것은 지금까지 믿어 온 그대로 믿는 것을 말합니다. 다시 말해서 우리가 지금까지 믿어 온 것 자체가 선을 행한 것입니다. 단지 우리는 고난을 통해서 더 순수해질 것입니다.

우리는 고난을 통해서 오직 하나님만 바라보아야 합니다. 왜냐하면 사람을 쳐다봐도 위로해 줄 이가 아무도 없기 때문입니다. 사람들은 아무도 내 고통을 이해해 주지 못할 것입니다. 그러므로 내 모든 미래와 나의 최후 순간까지 하나님만 의지하고 하나님께 맡기시기 바랍니다. 그리고 우리 모두 불같은 시험을 통해서 하나님의 영광의 불이 비취는 성도들이 다 되시기를 바랍니다.

기회 19

Chance

벧전 5:1-7

위대한 지도력

얼마 전에 텔레비전에서 시각장애인들과 자원봉사자들이 함께 한라산을 등반하는 데 성공했다는 뉴스가 보도되었습니다. 한라산은 고지가 높고 시간도 많이 걸리기 때문에 비장애인들도 등반하는 것이 보통 어려운 것이 아닌데 어떤 단체가 중심이 되어서 자원봉사자들의 도움으로 시각장애인들이 한라산을 무사히 등반하는 데 성공했다는 것입니다.

우리는 모두 한 번도 살아 본 적이 없는 이 세상에서 살아야 합니다. 그래도 우리 앞에 길이 보일 때에는 나름대로 열심히 노력하기만 하면 되지만 도무지 나아갈 길이 보이지 않을 때는 절망하거나 좌절할 수밖에 없을 것입니다.

우리가 이 세상에서 성공하는 방법이 많이 있지만 그 중에서 가장 좋은 방법은 좋은 선생님을 만나는 것입니다. 예를 들어 우리가 학문적으로 성공을 하려면 실력이 있으면서 나를 이끌어 주고 추천해 줄 수 있는 선생님을 만나는 것이 중요합니다. 그렇지 않으면 혼자서 제자리를 계속 맴돌 수밖에 없습니다. 이것은 연주자나 운동선수도 마찬가지입니다. 자신이 겪은 어려움을 먼저 다 겪어 보았고, 그래서 내가 가야 할 길을 제시해 줄 수 있는 선생님을 만나는 것이 성공의 지름길인 것입니다.

한때 교계에 리더십 붐이 일어난 적이 있습니다. 이렇게 리더십에 대해 관심이 집중되었던 이유는 목회자들이 교인들 한 사람 한 사람이 엄청난 잠재력을 가지고 있다는 것을 알게 되었기 때문입니다. 그래서 목회자가 교인들을 잘 양육하면 그들이 교회 안에서나 사회에서 아주 많은 능력을 발휘할 수 있을 것이라고 생각한 것입니다. 그래서 그 붐을 타고 우리나라나 외국에서 교인들의 양육 프로그램이 많이 개발되었습니다.

특히 우리나라는 작고하신 종교 지도자들에 대해 엄청난 존경심을 가지고 있습니다. 그런데 그분들은 많은 사람들의 작은 분파주의를 이길 수 있는 큰 그릇을 가지고 있었고, 또 생활면에 있어서도 청렴했기 때문에 많은 사람들에게 존경을 받았습니다. 사실 우리나라에 이런 위대한 종교 지도자들이 있었다는 것은 자랑스러운 일임이 틀림이 없습니다. 그러나 오늘 이 시대의 사람들은 이미 돌아가신 분들을 영웅으로 만들어 놓았지만 자신들은 그분들과 전혀 다른 삶을 살아가고 있습니다.

세례 요한은 "당신은 누구요?"라고 묻는 유대 지도자들을 향해서, "나는 광야에서 외치는 소리요"라고 대답했습니다. 즉 자기는 사람들이 광야에서 길을 잃고 방황하고 있을 때 길을 안내해 주는 소리라는 것입니다. 사실 인생을 광야로 보는 것은 매우 적합한 비유라고 할 수 있습니다. 광야에는 많은 길이 있습니다. 왜냐하면 자기가 가고 싶은 대로 가면 되기 때문입니다. 그러나 제대로 된 길을 찾는 사람은 거의 없습니다. 그 길을 정확하게 알고 있는 사람 외에는 아무도 그 길을 알지 못하기 때문입니다. 사람들은 광야나 사막에서 물이 있는 곳을 찾아 텐트를 치거나 혹은 이층집을 지어 놓고 성공했다고 하지만 아직 광야를 벗어나지 못하고 있는 것입니다.

오늘 이 시대에 진정한 영적 지도자는 많은 추종자를 거느린 유명한 종교인도 아니고, 최고로 높은 자리까지 올라간 종교인도 아닙니다. 오늘 우리에게 필요한 영적 지도자는 내가 살 수 있는 길을 제시할 수 있는 지도자입니다. 그리고 그는 우리가 이 세상에서 능히 살아남을 수 있는 능력을 공급받을 수 있게 해 주어야만 합니다. 예수님은 자신이 오신 것은 양으로 생명을 얻게 하고, 더 풍성히 얻게 하기 위함이라고 말씀하셨습니다. 그리고 예수님은 자신을 양 우리의 문이라고 하면서 자기보다 먼저 온 자는 다 절도요 강도라고 말씀하셨습니다.

여기서 우리가 알 수 있는 것은, 내 잠재력을 개발해 주는 영웅적인 지도자들이 예수님 스타일의 지도자가 아니라는 것입니다. 이 세상의 어느 누구도 다른 사람의 인생을 책임져 줄 수 없습니다. 다만 바른길을 가르쳐 주고, 끝까지 갈 수 있도록 격려해 줄 수 있을 뿐입니다. 만일 우리가 바른길을 찾아서 가기만 한다면 우리는 틀림없이 풍성하고 아름다운 삶을 살 수 있을 것입니다.

초대 교회 당시 기독교인들은 정말 목자 없는 양처럼 가난하고 박해받으면서 하루하루를 살아가고 있었습니다. 그런데 베드로 사도는 교인들을 향해서 그들이 바른길을 가고 있으며, 그들에게는 하나님의 영광과 능력이 공급되고 있다고 말하였습니다.

그런데 교회에서도 지도자들이 해야 할 일이 있습니다. 그것은 지도자들이 먼저 하나님의 말씀의 능력을 믿고 끝까지 하나님의 말씀의 가치를 높이 들고 나가는 것입니다. 그러면 모든 양들이 아름답고 풍성한 삶을 살고, 능력 있는 삶을 살게 되는 것입니다. 그러나 교회의 지도자들이 이것을 믿지 못하고 세상을 받아들이거나, 아니면 계급적인 사고방식으로 교회를 끌고 가면 어느 순간 길이 없어집니다. 그래서 예수님은 소경이 소경을 인도하면 둘 다 구렁텅이에 빠지게 된다는 무서운 말씀을 하셨습니다.

1. 하나님의 백성의 특징

요즘 대도시에서 생활하는 많은 기독교인들 중에서 교회에 출석하지 않는 교인들이 많아지고 있습니다. 그분들이 교회에 나가지 않는 가장 큰 이유는, 내가 다니는 교회에서 살아 있는 하나님의 말씀을 들을 수 없다면 굳이 교회에 나갈 필요가 있겠느냐는 것입니다. 사실 그분들은 교회의 사명이나 존재 이유에 대해서 가장 근본적이고 중요한 문제를 제기하고 있는 것입니다. 즉 만일 내가 타고 있는 배가 정상적으로 운항하지 못하고 표류하고 있다면 그래도 이 배를 계속 타고 있어야 하느냐, 아니면 이 배에서 뛰어내려야 하느냐는 문제인 것입니다.

사실 이 문제가 제가 평신도로 있을 때 가장 고민했던 문제였습니다. 사람이 살아가는 데 있어서 영적인 생명이 달린 문제보다 더 중요한 문제는 없는 것입니다. 그런데 많은 사람들은 자기 영혼이 사느냐 죽느냐 하는 문제를 그리 중요하게 생각하지 않습니다.

오늘 우리 크리스천들이 신앙생활을 할 때에 가장 큰 고민거리는 지금 내가 가고 있는 길이 바른길인가, 그리고 이 길을 따라가면 틀림없이 구원을 얻고 축복을 얻을 수 있는가 하는 것입니다.

베드로 사도는 먼저 우리 예수 믿는 사람들은 이스라엘 백성의 영적인 전통과 축복을 이어받은 사람들이라고 말하고 있습니다.

*"너희 중 장로들에게 권하노니 나는 함께 장로 된 자요 그리스도의 고난의 증인이요 나타날 영광에 참여할 자니라"*_벧전 5:1

우리는 하나님의 백성이 되는 순간 하나님의 양으로 변합니다. 물론 우리 안에는 늑대 같은 사나운 본성이 남아 있고, 혀에는 독사의 독이 있고, 외모는 여전히 사나운 야생동물의 모습을 가지고 있지만, 우리는 하나님의 백성이 되는 순간 하나님의 양으로 변합니다. 양은 다른 짐승들에 비해 아주 독특한 삶의 양식을 가지고 있습니다. 다른 동물들은 자기 스스로의 힘으로 살아갈 수 있는 데 비해 양은 절대로 자기 혼자의 힘으로는 살아갈 수가 없습니다. 양은 스스로 풀이나 물이 있는 곳을 찾아갈 수 없고, 맹수로부터 자신을 보호할 수 없습니다. 그래서 양에게는 반드시 목자가 있어야 합니다.

우리의 목자는 오직 한 분, 예수님뿐입니다. 그러나 예수님은 우리의 눈에 보이지 않기 때문에 자신의 보조자로 여러 목자들(장로들)을 세우셨습니다. 예를 들어 목자가 아주 많은 양들을 돌보아야 할 때에는 곳곳에 목동을 세우기도 하고, 특히 개들의 도움을 받기도 합니다. 그러나 전체 양을 책임지고 길을 인도하는 목자는 오직 한 사람입니다. 다른 목자나 개는 그 목자의 지시에 따라서 움직이는 보조자에 불과한 것입니다.

그렇기 때문에 양이나 보조 목자들은 참 목자의 음성을 잘 알아들어야 합니다. 물론 양들 중에는 살진 것도 있을 것이고, 마른 것도 있을 것이며, 흰색도 있고, 검은색도 있을 것입니다. 그런 양들이나 보조 목자들에게 가장 중요한 것은 목자의 음성을 듣고 그 목자의 음성만 따라가는 것입니다. 양이나 보조 목자들은 절대로 다른 소리를 따라가면 안 됩니다. 그렇지 않고 다른 소리를 듣고 따라가다가는 길을 잃게 되고, 결국은 양 도둑이나 맹수에게 죽임을 당하고 말 것입니다. 그래서 양들은 절대로 지방 방송을 믿으면 안 되는 것입니다. 하나님의 백성은 오직 하나의 음성만 들어야 합니다. 이처럼 우리는 꿈이나 환상이나 세상의 유행이나 학식이 아무리 그럴듯하게 들릴지라도 그 소리를 따라가면 길을 잃습니다. 그래서 이스라엘의 장로나 지도자들은 딱 하나, 오직 하나님의 말씀에 모든 것을 다 걸어야 했습니다.

우리는 주님의 음성을 따라갈 때에 때로 사망의 구렁텅이 옆을 지나갈 때도 있고, 어떤 때는 가시밭길이나 진흙탕이나 돌짝밭을 지나갈 때도 있습니다. 그때 우리는 혹시 길을 잘못 든 것이 아닐까 의심을 하게 됩니다. 그러나 끝까지 따라가 보면 그 길이 지름길이고 생명길이라는 것을 알게 됩니다.

그래서 하나님께서 이스라엘의 왕이나 지도자들에게 요구하신 것은 오직 하나뿐이었습니다. 양들을 하나님의 말씀이 있는 곳으로 데리고 가라는 것입니다. 양은 육식동물이 아니기 때문에 다른 짐승의 고기를 먹여서는 안 됩니다. 만일 양들을 튼튼하게 하려고 다른 짐승의 고기를 먹이면 광우병에 걸린 소처럼 미치고 말 것입니다. 또 양들은 개나 말들이 하는 훈련을 시켜서도 안 됩니다. 왜냐하면 목자가 양을 키우는 목적은 털을 얻고 젖을 얻는 것이기 때문에 강한 훈련이 필요하지 않은 것입니다.

그런데 지도자들은 양들을 보면 욕심이 생깁니다. 즉 양들을 이 세상에서 가장 우수한 훈련을 받은 개나 말 같이 만들고 싶어지는 것입니다. 그래서 목자가 양들에게 우수한 훈련 프로그램을 짜 놓고 훈련을 시키면 이 양들은 개가 되든지 늑대가 되어 버리고 말 것입니다. 그런데 하나님의 백성은 일단 하나님의 말씀을 들으면 믿음이 생기고, 믿음이 생기면 기도를 하게 되는데, 그때 부흥이 일어납니다. 하나님의 백성에게 최고의 복은 말씀을 듣는 가운데 부흥이 일어나는 것입니다.

양들은 아직 하나님 나라의 원리를 잘 모르기 때문에 훈련을 받고 싶어 하고, 하나의 소리를 듣는 것보다는 세상의 다양한 소리를 듣기 원합니다. 그래서 이스라엘 백성이 그 길을 택했을 때 그들은 훨씬 똑똑할 수 있었고, 세상적으로 많은 것을 누릴 수 있었습니다. 그러나 이스라엘 백성에게는 부흥의 불이 붙지 않았고, 결국 그들은 부패를 이기지 못하고 죄를 이기지 못해서 망하고 말았습니다. 이스라엘의 지도자들은 양들을 세상적으로 우수하게 훈련시키고 싶어 했고, 세상의 다양한 소리를 따라가고 싶어 했습니다. 그러나 그 결과 이스라엘 백성은 모두 길을 잃었고, 나중에는 맹수들에게 물려서 죽었습니다.

우리가 하나님의 말씀만 따라가면 꼭 죽을 것 같고 길이 없을 것 같습니다. 그런데 이상하게 길이 열리는 것입니다. 그래서 베드로는 교회의 장로들에게 자기도 장로라고 하면서, "그리스도의 고난의 증인이요 나타날 영광에 참여할 자"라고 하였습니다. 기독교는 고난의 종교입니다. 기독교가 고난의 종교인 이유는 자기가 하고 싶은 대로 하지 못하기 때문입니다. 다른 사람들은 모두 자기가 하고 싶은 것을 다 하고, 누리고 싶은 것을 다 누리면서 사는데 우리는 하고 싶은 것을 다 하지 못합니다. 그리고 우리는 하기 싫은 것을 하면서 살아야 합니다. 우리는 세상의 많은 성공의 길이나 출세의 길을 가지 못하고 목자의 말 하나만 따라가야 합니다. 세상 사람들은 사자도 되고 늑대도 되지만 우리는 오직 양이 되어서 물리거나 도망을 다니면서 살아야 합니다. 우리는 내가 가야 하는 길도 정하지 못하고, 앞으로 어떻게 될지도 알지 못합니다. 그런데 알고 보니까 그것이 사는 길인 것입니다.

2. 이스라엘 백성의 경험

우리 중에는 아마 이스라엘 백성이 40년 동안 걸었던 광야길을 걷고자 하는 사람이 없을 것입니다. 이스라엘 백성이 무려 40년 동안 걸었던 그 길에는 물도 없고 양식도 없었으며, 늑대와 독사들이 돌아다녔습니다. 그리고 낮에는 더위가 기승을 부리고 뜨거운 모래 폭풍이 불어왔으며, 밤에는 춥고 무서웠습니다. 그럼에도 하나님은 이스라엘 백성에게 그 길을 걷게 하셨습니다. 그 이유가 무엇일까요? 하나님은 이스라엘 백성에게 사람이 떡으로만 사는 것이 아니라 하나님의 말씀으로 산다는 것을 경험하게 하셨던 것입니다. 그래서 이스라엘 백성은 무려 40년 동안 농사도 짓지 않고, 장사도 하지 않고 40년을 사는 데 성공했습니다. 그러나 이스라엘 백성이 그 40년 동안 겪은 고통은 말로 표현할 수 없는 것이었습니다.

그러면 이스라엘 백성이 40년간 고생을 하고 얻은 것이 무엇일까요? 가장 중요한 것이 하나님의 말씀은 살아 있는 말씀이라는 사실을 깨달은 것입니다. 그래서 이스라엘 백성은 하나님의 말씀이라고 하면 무조건 순종했고, 그 결과는 기적으로 나타났습니다. 이스라엘 백성은 여호수아가 하나님의 말씀이라고 하면서 요단 강을 건너라고 했을 때 무조건 순종했고, 무사히 요단 강을 걸어서 건널 수 있었던 것입니다.

오늘 우리는 이 세상에서 내가 살 수 있는 길을 찾아야 하는데 그 길은 법대에 진학하거나 의사가 되는 길이 아닙니다. 우리는 생생한 하나님의 말씀을 들어야 하는 것입니다. 그리고 그 말씀은 흐리멍덩한 말씀이 아니고 굶어 죽을 위기에 처하더라도 믿을 수 있는 말씀이어야 합니다. 그렇기 때문에 오늘 내가 믿을 수 있고 살아서 역사하는 하나님의 말씀을 찾기 전까지는 아직 길을 찾은 것이 아닙니다.

안타깝게도 이스라엘 백성은 광야에서 자기들을 살리는 하나님의 말씀은 체험하면서 가나안 땅을 정복하는 하나님의 능력은 믿지 못했습니다. 그래서 이스라엘의 열두 족장이 가나안 땅을 정탐하고 난 후에 열 명이 부정적인 보고를 하면서 백성들을 선동했습니다. 그들은 한 가지 기적을 체험하고서도 다른 기적은 믿지 않았던 것입니다. 우리가 지금 능력의 말씀을 듣고 있고, 또 굶어 죽지 않았다면 우리는 사람의 떡으로 살지 않고 하나님의 말씀으로 사는 것을 체험한 것입니다. 그렇다면 우리는 가나안 땅도 정복할 수 있다는 것을 믿어야 합니다.

민수기 앞 부분에는 이스라엘 백성이 40년 동안 돌아다닌 곳의 지명이 나옵니다. 그러면 이스라엘 백성이 광야에서 40년간 돌아다니면서 얻은 것이 무엇이 있을까요? 그것은 하나님의 능력을 가져오는 데 성공한 것입니다. 이스라엘 백성이 보았던 하나님의 능력은 원자폭탄의 수억만 배나 되는 능력이었습니다. 하나님은 애굽에 메뚜기와 흑암 재앙을 내리시고, 불우박을 내리시고, 홍해를 가르셨습니다. 이스라엘 백성은 광야에서 하나님의 말씀에 순종하는 훈련을 받았습니다. 그리고 마침내 능력의 하나님을 성전에 모시는 데 성공했습니다. 그 결과는 손도 대지 않고 여리고 성을 무너뜨린 것과 태양과 달을 기브온 골짜기에 머물게 한 것으로 나타납니다.

오늘 우리도 내가 살고 내가 걸어가야 할 길을 찾는 것이 중요합니다. 그것은 바로 살아 있는 하나님의 말씀을 듣는 것입니다. 우리가 그 말씀을 들을 줄 모른다면 아직 길을 찾지 못한 것입니다. 그리고 우리는 교회에 모여서 실험을 해야 합니다. 그것은 바로 원자폭탄의 수억만 배나 되는 하나님의 능력을 교회에 모시는 것입니다. 우리는 보통 교회를 성전이라고 합니다. 예로부터 성전에는 하나님의 능력, 즉 성령의 능력이 충만했습니다. 우리는 그 실험에 성공해야 이 세상을 능력 있게 살아갈 수 있는 것입니다.

광야에서 이스라엘 백성은 불안했을 것입니다. 이스라엘 백성이 가는 길은 물도 없고, 양식도 없고, 보장된 것이 아무것도 없는 길이었기 때문입니다. 그래서 이스라엘 백성은 자신들의 처지를 애굽에 있을 때와 비교하면서 계속 원망하고 불평했습니다. 그러나 하나님을 원망하고 불평한다고 해서 그들의 처지가 달라지는 것은 아니었습니다. 만일 이스라엘 백성이 기왕 여기까지 왔으니까 죽을 각오를 하고 하나님을 끝까지 믿어 보자고 생각했더라면 그들은 광야에서 매일 하나님의 임재를 체험했을 것이며, 기적을 체험했을 것입니다. 그렇기 때문에 오늘 우리에게 필요한 것은 오직 믿음입니다.

우리가 하나님의 말씀을 듣고 있다면 길을 찾은 것입니다. 우리가 양식이 없고 돈이 없는데 살아남았다면 하나님의 말씀이 살아 있는 것을 체험한 것입니다. 왜냐하면 하나님의 말씀이 죽어 있으면 우리 성도들도 죽어야 마땅하기 때문입니다. 이제 우리가 해야 할 것은 하나님의 능력을 가지는 것입니다. 그래야 우리는 전쟁을 이길 수 있고, 재앙을 이길 수 있고, 미래를 이길 수 있습니다.

3. 교회 지도자의 역할

우선 우리가 알아야 할 것은, 모든 하나님의 백성은 양이기 때문에 목자가 필요하다는 사실입니다. 예수를 믿고 난 후에 자기 혼자의 힘으로 끝까지 믿음을 지킬 수 있는 사람은 아무도 없습니다. 우리는 모두 양과 같고 어린아이와 같기 때문에 어른들의 도움이 필요합니다.

그런데 교회의 지도자들도 인간이기 때문에 자기에게 맡겨진 양들을 잘못된 길로 인도할 수 있습니다. 어떤 지도자는 자신의 성공이나 출세를 위해서 양들을 이용합니다. 특히 요즘은 양들의 수가 많으면 그 능력을 인정하는 세상이기 때문에 수단과 방법을 가리지 않고 양들을 많이 모으고, 큰 예배당을 짓습니다. 우리는 이런 목자를 영웅시하고 위대하다고 말을 하지만 예수님은 이들을 어떻게 부르실지 우리는 알지 못합니다. 왜냐하면 예수님은 양들을 많이 모으는 것이 성공한 목회라고 말씀하지 않으셨기 때문입니다. 목자의 사명은 양들을 잘 먹이는 것이지, 잘 먹이지도 못하면서 양들의 수만 많이 불리는 것은 바른 목회가 아닌 것입니다.

경험적으로 볼 때에 순수한 하나님의 말씀을 선포하는 목자들에게는 양들이 많이 모이지 않습니다. 양들을 많이 모이게 하려면 영웅적인 요소나 세상의 우상을 끌어들여야 합니다. 여기서 '우상'이라고 하는 것은 사람들이 상상하고 기대하는 것인데 사람들은 이런 것을 좋아하는 것입니다. 사람은 자기 상상에 기뻐하고 자기 환상에 만족합니다. 그러나 이것으로 현실이 해결되는 것은 아닌 것입니다.

또 목자들 중에는 뜨거운 열정 하나만 믿고 양들을 이끄는 경우가 많이 있습니다. 목자가 되려면 남다른 열정이 필요한 것은 사실이지만 열정만 가지고는 목양을 할 수 없습니다. 왜냐하면 그 어떤 기계보다 더 복잡한 기계가 인간이고, 이 세상 어떤 진리보다 정교한 진리가 하나님의 말씀이기 때문입니다. 그래서 하나님의 말씀은 모르면서 열정만 가지고 목자가 된 자는 결국 다 같이 길을 잃어버리게 됩니다.

목자들 중에는 세상 이론을 교묘하게 이용하여 사람들의 기대를 충족시켜서 유명하게 되는 경우가 많이 있습니다. 특히 인간의 사상은 우리 인간의 본성과 딱 맞는 것이기 때문에 사람들은 진리가 인간의 사상과 일치할 때 미친 듯이 받아들입니다. 그러나 그것으로는 부흥이 일어나지 않고 죄를 이기지 못해서 망하게 됩니다.

> "너희 중에 있는 하나님의 양 무리를 치되 억지로 하지 말고 하나님의 뜻을 따라 자원함으로 하며 더러운 이득을 위하여 하지 말고 기꺼이 하며 맡은 자들에게 주장하는 자세를 하지 말고 양 무리의 본이 되라"_벧전 5:2-3

교회의 지도자들은 교회의 규모나 자신들의 재력이나 능력을 생각하지 말아야 합니다. 우리는 먼저 교회가 어떤 곳인지를 생각해야 합니다. 교회는 엄청난 하나님의 축복이 있는 곳입니다. 그리고 하나님의 말씀인 성경은 무궁무진한 복이 들어 있는 큰 광산과 같습니다. 성경의 진리가 가장 능력 있게, 가장 풍성하게 펼쳐지는 것은 교회로 모여서 예배드리는 가운데 설교 말씀이 선포될 때입니다.

교회의 지도자들은 교회 안에 있는 복을 세상의 복과 비교하지 말아야 합니다. 만일 교회에서 먼저 된 자들이 교회와 성경 안에 있는 복을 믿지 못하고 세상의 방법이나 인기를 교회 안에 끌어들이면 교인들은 복을 눈앞에 두고 굶게 됩니다.

세상에서 아무리 유명해지고 아무리 인기가 많아도 교회 안에서 우리가 캐내고 있는 진리의 축복에는 비교가 되지 않습니다. 이것을 교회에서 먼저 된 자들이 먼저 믿어야 차분하게 성경을 붙들고 연구하며, 교회를 기쁨으로 섬기게 되는 것입니다.

본문 말씀을 보면 "억지로 하지 말고 하나님의 뜻을 따라 자원함으로 하며"라고 하였습니다. 그런데 왜 우리는 그렇게 하지 못할까요? 그것은 하나님의 일을 한다고 하면서 세상의 야망이나 욕심을 가지고 하는 경우가 많기 때문입니다. 특히 요즘처럼 교회가 커져서 세상적으로도 영향을 미치고, 또 교회의 직책이 큰 명예가 되고 권세가 될 때에는 더 그렇게 하고 싶어집니다. 즉 큰 교회를 세워서 세상도 쩔쩔매는 아주 유명한 목회자가 되고 싶지, 몇 명 안 되는 교인을 섬기는 이름 없는 목회자가 되고 싶지 않은 것입니다. 그러나 교인 한 명 한 명이 하나님의 말씀으로 보석으로 변하는 것은 대기업이나 큰 호텔이나 대교회와 비교가 되지 않는 큰 재산입니다. 특히 교회 안에 하나님의 말씀만 있게 하려면 목회자는 오직 말씀의 종이 되어야 하고, 마치 기술자처럼 얼굴이나 손에 기름을 묻히고 성경 하나만 붙들고 씨름을 해야 하는데 사람들은 그런 것을 알아주지도 않을뿐더러 싫어하고 오히려 욕을 합니다.

그러나 교회는 결코 기업이 될 수 없습니다. 교회는 세상에 빛을 비추는 등대입니다. 등대가 있는 곳에는 반드시 암초가 있습니다. 마찬가지로 교회는 죄의 바다에 빛을 비추어서 파선당한 사람들을 찾아야 하는 것입니다. 교회는 죄인들을 치료하는 병원입니다. 교회는 죄인들을 살려내는 능력이 있어야 하는 것입니다. 그리고 교회는 그리스도의 신부로, 세상의 모든 죄를 다 씻어내고 빛나는 드레스를 입은 신부같이 순결해야 합니다.

그러므로 목회자들은 먼저 하나님 앞에서 정직해야 합니다. 아무리 세상적으로 유능하고 설교를 잘한다 하더라도 목회자가 하나님 앞에서 정직하지 않으면 그의 영적인 생명은 죽은 것입니다. 그런데 놀랍게도 목회자들 중에 기도하지 않고서도 얼마든지 목회를 할 수 있는 사람들이 있습니다. 이때는 결국 평신도들이 중심이 되어 성경을 연구하고 하나님의 말씀을 가지고 외쳐서 타락한 교권주의를 부수어야 합니다.

목회자들은 먼저 교인들이 자기 양이 아니라는 사실을 하나님 앞에서 인정해야 합니다.

"맡은 자들에게 주장하는 자세를 하지 말고 양 무리의 본이 되라"_벧전 5:3

목회자들은 자기가 맡은 교인들이 자기 양이 아니라 주님이 맡겨 주신 양이기 때문에 자기 마음대로 할 수 없습니다. 그는 자기 마음대로 양들을 사랑할 수 없고, 미워할 수도 없습니다. 오직 자기가 맡은 동안 최선을 다해서 양들을 돌볼 뿐인 것입니다. 그리고 목회자들은 양들을 지배하려고 하지 말고 양 떼의 모범이 되어야 합니다. 왜냐하면 하나님의 바른 종들의 공통된 특징이 겸손이기 때문이며, 양들은 자기들이 본 것을 그대로 따라하기 때문입니다. 목자가 하나님의 말씀을 사랑하면 양들도 사랑합니다. 반대로 목자가 공격적이면 양들도 공격적입니다. 목자가 위선적이면 양들도 위선적이 되는 것입니다. 그래서 예수님도 제자들에게 많은 것을 본으로 보여 주셨습니다.

베드로는 자신도 한 교회를 맡고 있는 장로로서 같은 입장에 있는 믿음의 형제들에게 권면하고 있습니다. 그 이유는 그가 다른 영혼을 책임진다는 것이 얼마나 고통스럽고도 영광스러운 일인지 잘 알고 있기 때문입니다. 이 세상에서 가장 고통스럽고 힘든 것이 다른 영혼을 책임지는 일입니다. 베드로는 주님이 자기와 같은 무식한 자들을 먹이시면서 고통을 참으시는 모습을 직접 보았습니다.

우리가 할 수 있는 일 중에서 가장 고통스러운 것은 다른 영혼의 스승이 되는 것이며, 목자가 되는 것입니다. 다른 영혼을 책임지려고 하면 자기를 위해서는 아무것도 할 수 없습니다. 그리고 때로는 자기가 가르치는 자와의 관계가 악화되고, 그 관계가 깨어질 때도 있습니다. 이때의 심정은 마치 아이를 유산한 것과 같고, 다 키운 아이를 잃어버린 것과 같습니다.

목사들끼리 모이면 금방 공감하는 것이 있습니다. 그것은 다른 영혼을 책임지는 데서 오는 스트레스와 부담감입니다. 베드로는 그 고통을 잘 알고 있었습니다. 그리고 그런 자가 주님과 함께 누릴 영광도 잘 알고 있었습니다. 그래서 이 어려운 중에 오히려 기쁨으로 그 일을 감당하라고 했습니다. 왜냐하면 목자장이 오셔서 영원히 썩지 않는 면류관을 주실 것이기 때문입니다.

우리가 가장 영광스러운 상을 받을 때는 다른 영혼을 책임지는 사람이 될 때입니다. 선지자의 일을 하면 선지자의 상을 받게 됩니다. 왜냐하면 그에게 배운 사람들은 모두 선지자가 되기 때문입니다. 그리고 의인을 키우면 의인의 상을 받습니다. 왜냐하면 그에게서 배운 사람들은 모두 의인이 되기 때문입니다.

혼자 믿는 것도 어려운데 다른 영혼의 문제까지 챙기려면 얼마나 어렵습니까? 여기에는 해산하는 수고가 따릅니다. 수많은 실패가 있을 것입니다. 그러나 그 수고를 인하여 우리는 주님의 영광에 참여하고, 주님은 우리에게 영원히 시들지 않는 면류관을 주시는 것입니다.

특히 베드로는 교인들에게 이렇게 권면하고 있습니다.

"젊은 자들아 이와 같이 장로들에게 순종하고 다 서로 겸손으로 허리를 동이라 하나님은 교만한 자를 대적하시되 겸손한 자들에게는 은혜를 주시느니라 그러므로 하나님의 능하신 손 아래에서 겸손하라 때가 되면 너희를 높이시리라"_벧전 5:5-6

여기의 "젊은 자들"은 하나님의 말씀을 배우면서 따라오는 교인들을 말합니다. 그들은 자신을 젊은이라고 생각하지 않고 세상의 지위나 신분을 인정받기를 바랍니다. 그러나 우리는 아직 하나님 나라의 비밀에 대하여 모르는 것이 너무 많습니다. 이것은 오직 겸손하게 하나님의 말씀을 들어야만 하나씩 배울 수 있는 것입니다.

우리는 때로 하나님의 말씀을 들으면서 과연 이 길이 내가 사는 길일까 의심이 생기기도 하고, 지금이라도 다 때려치우고 세상으로 뛰쳐나가고 싶은 생각도 들 것입니다. 그렇지 않으면 성경의 권위를 부정하고 모든 것을 민주적인 방식으로 뜯어 고치고 싶은 생각도 들 것입니다. 그러나 우리는 먼저 하나님의 능하신 손 아래에서 겸손하게 배워야 합니다. 우리는 단숨에 하나님의 진리를 다 배울 수가 없습니다. 우리는 하루 만에 모세가 되고 엘리야가 될 수 없습니다. 우리가 첫걸음으로 하나님의 말씀 앞에 자신을 낮추고 자신을 맡길 때 하나님은 반드시 우리를 큰 믿음의 사람으로 만들어 주실 것입니다.

기회 20

벧전 5:7-14

승리를 위한 결단

세상에서는 큰 시합에서 이기면 우승이라는 큰 명예가 주어지고 상금과 메달이 주어집니다.

지난 2014년 브라질 월드컵에서 독일과 아르헨티나가 결승전에서 맞붙어 연장전까지 가는 치열한 접전을 벌인 끝에 경기가 끝날 때쯤 독일 선수가 한 골을 넣어서 독일이 우승을 차지했습니다. 그때 독일 선수들은 물론이고 독일 수상과 온 국민들이 기뻐했습니다. 그러나 그 팀이 우승을 할 수 있었던 것은 우연이나 기적이 아니라 그들이 월드컵에 대비해서 오래 전부터 준비하고 매일매일 열심히 노력한 결과입니다.

마찬가지로 우리 크리스천은 비록 자기가 인식을 하든 인식을 하지 못하든 모두 위대한 믿음의 경기를 하고 있는 사람들입니다. 그런데 우리가 경기를 하는 것은 이 세상에서 경기를 하는 것과 너무 다르기 때문에 우리는 어떻게 하는 것이 잘 하는 것인지 모를 때가 많습니다. 그래서 어떤 분은 믿음으로 훌륭하게 살았음에도 불구하고 자신이 실패한 삶을 살았다고 생각하고, 어떤 사람은 너무나도 엉터리로 살아서 전혀 상을 받을 수 없는 처지인데도 불구하고 엄청난 명예를 얻은 것처럼 으스대는 경우도 있습니다. 그래서 예수님께서는 제자들에게 말씀하시기를, "나더러 주여 주여 하는 자마다 다 천국에 들어갈 것이 아니요 다만 하늘에 계신 내 아버지의 뜻대로 행하는 자라야 들어가리라"(마 7:21)라고 하셨습니다.

보통 세상에서 성공하는 사람들은 남들보다 더 열심히 노력을 해서 최고로 높은 자리까지 올라간 사람들이고, 또 어려운 경기나 경쟁에서 승리한 사람들입니다. 그러나 우리 크리스천의 성공에 대한 개념은 세상의 개념과는 너무 거리가 멀기 때문에 우리는 어떻게 하는 것이 승리하는 것인지 개념을 잡는 것 자체가 어렵습니다.

우리 크리스천이 승리했다고 말하는 것은 높은 자리까지 올라가는 것이 아니고 어려운 경기나 경쟁에서 이기는 것이 아닙니다. 크리스천의 승리는 우리가 얼마나 하나님을 의지할 수 있는지를 보여 주는 것입니다. 우리 인간이 눈에 보이지 않는 하나님을 믿고 의지하는 것은 여간 어려운 일이 아닌 것입니다. 원래 우리는 하나님을 전혀 닮지 않은 악하고 못된 자들이었습니다. 그런데 우리는 하나님의 은혜를 받아서 하나님의 모습을 조금씩 보여 줄 수 있는데 이것 자체가 엄청난 기적입니다. 하물며 우리가 큰 환난 중에 믿음 위에 온전히 서서 거의 완전한 하나님의 모습을 보여 줄 수 있다면 이것은 대성공입니다. 그리고 그 사람은 하나님 나라에서 가장 유명한 사람이 되고, 그의 기도는 하나님 앞에서 전부 응답이 됩니다.

예를 들어 아브라함은 하나님에게 백 세에 낳은 아들 이삭을 번제물로 바치라는 명령을 받았습니다. 하나님께서 아브라함에게 백 세에 낳은 아들을 죽여서 제물로 바치라는 것은 하나님의 약속과도 맞지 않고, 인간의 상식이나 도덕과도 맞지 않는 말도 되지도 않는 명령이었습니다. 이때 만약 아브라함이 하나님의 말씀에 순종해서 자기 아들을 죽였다면 그는 노망이 든 아버지이고, 가장 악한 아버지가 되었을 것입니다. 이삭이 아버지를 절대적으로 믿고 따라왔는데 그 아버지가 자기를 밧줄로 묶어서 나뭇가지 위에 얹어 놓고 칼로 찌르려고 하는 것을 보았을 때 아마 이삭은 그 후로부터는 하나님이나 그 어느 누구도 믿지 못하게 되었을 것입니다. 그런데 아브라함은 하나님의 말씀에 순종해서 아들에게는 번제에 사용할 장작을 짊어지게 하고 자신은 불과 칼을 들고 하나님이 정하신 산까지 가서 칼을 들고 아들을 죽이려고 하였습니다. 그런데 아브라함의 모습이 바로 사랑하는 아들을 십자가에 못 박는 하나님의 모습이었던 것입니다. 그리고 하나님은 아브라함에게 모든 축복을 허락하셨습니다. 아브라함은 거기서 여호와 이레의 하나님을 체험하였고, 하나님은 아브라함이 대적의 성문을 차지할 것이라고 약속하셨습니다.

1. 하나님께 맡기는 훈련

우리는 이 세상에 태어나서 자신의 인생을 스스로 개척하고 경쟁에서 이겨야 하는 삶을 살아가고 있습니다. 우리가 이 세상을 살면서 배운 것이라고는 남들에게 뒤지지 않는 것이고, 경쟁에서 이기는 것입니다. 그러나 우리가 믿음의 세계에서 승리하려면 하나님께 내 모든 것을 맡기는 훈련을 해야 합니다.

"너희 염려를 다 주께 맡기라 이는 그가 너희를 돌보심이라"_벧전 5:7

이 세상에서 믿음으로 성공한다는 것은 내 모든 역량을 발휘하여 시험에 합격하거나 돈을 많이 벌거나 세상에서 인정을 받는 것이 아닙니다. 우리가 믿음으로 승리하기 위해서는 하나님의 능력을 나에게 가져오는 비결을 배워야 하는데, 그러기 위해서 가장 중요한 것이 하나님께 나의 모든 염려를 맡겨 버리는 것입니다. 여기서 우리는 만일 이 세상에서 내가 해야 할 것을 하나님께 다 맡겨 버리면 결국은 아무것도 안 되지 않느냐고 생각할 수도 있을 것입니다. 바로 이것이 우리가 믿음으로 살아가는 데 가장 이해하기 어려운 일입니다.

우리는 보통 하나님께 모든 것을 맡긴다고 하면 자신은 아무것도 하지 않는 것으로 생각하기 쉽습니다. 그러나 하나님께 내 모든 염려를 맡긴다는 것은 하나님께 모든 것을 다 맡기고 자신은 뒷짐을 지고 아무것도 하지 않는다는 뜻이 아닙니다. 이것은 지금까지 내 삶을 내가 주관해 오던 것에서 나의 삶 가운데 하나님의 주도권을 끌어들이는 것을 말합니다. 즉 나의 삶에 하나님을 코치로 영입하는 것입니다. 내 삶의 주도권을 하나님께 넘겨 드리는 것입니다.

어떤 동네 축구 팀이 있는데 지금까지 내가 단장도 하고, 감독도 하고, 코치도 하면서 게임을 했다고 합시다. 그런데 어느 날 히딩크가 왔기에 그 사람을 우리 팀의 감독으로 모셨습니다. 그러면 그때부터는 선수를 훈련시키는 것이나 경기 운영을 내 마음대로 하지 못하고 그 감독이 시키는 대로 해야 하는 것입니다.

이렇듯 우리가 하나님께 내 모든 염려를 맡긴다는 것은 하나님이 알아서 하시도록 하고 나는 아무것도 하지 않는 것이 아닙니다. 우리는 나에게 맡겨진 여건에서 최선을 다하면서 살아야 합니다. 그러나 이제부터는 모든 것을 하나님께 물어보아야 합니다. 즉 지금 내 형편에서 무엇을 어떻게 하는 것이 하나님이 원하시고 기뻐하시는 뜻인지 자꾸 물어보아야 하는 것입니다. 물론 하나님께 물어본다고 해서 하나님이 바로 우리에게 육성으로 대답하시는 것은 아닙니다. 그러나 우리는 내 삶에서 중요한 결정을 내려야 할 일이 있을 때 스스로 결정하지 말아야 한다는 것을 배워야 하는 것입니다.

우리는 지금까지 훌륭한 신앙을 가졌다는 분들이 일방적으로 정책을 결정하고 불도저처럼 마구 밀어붙이는 것을 보았습니다. 그런 분의 인생의 주인은 여전히 자기 자신인 것입니다. 그리고 그분은 그런 식으로 일을 하는 것이 훨씬 효율적이라고 말을 합니다. 그리고 실제로 그것이 사실일 때가 많습니다. 그러나 하나님은 그렇게 하는 것을 기뻐하지 않으십니다. 우리가 하나님께 물어보고 하나님의 뜻에 따라서 일을 할 때, 처음에는 번거롭기도 하고 일이 잘 되지 않지만 나중에는 엄청난 폭발력이 나타납니다. 그것 때문에 우리는 우리의 삶에 자꾸 하나님을 개입시켜야 하는 것입니다. 그뿐만 아니라 우리는 성숙한 크리스천들이 하나님의 뜻에 순종하는 모습을 본받을 필요가 있습니다.

우리나라는 어떤 일을 할 때에 여전히 권위를 앞세웁니다. 섬기는 자세는 전혀 찾아볼 수 없습니다. 그런데 성숙한 크리스천들을 보면 어떤 중요한 일을 결정할 때 하나님께 기도하고 사람들을 섬기면서도 권위 있게 모든 것을 잘 처리합니다. 우리는 이런 것들을 배울 필요가 있습니다.

예수님은 한평생을 섬기는 자세로 사셨지만 권위가 있으셨습니다. 예수님의 그 권위는 하나님의 말씀의 능력과 전적으로 하나님께 의지하는 믿음에서 나오는 것이었습니다. 그러나 유대인들은 예수님의 그런 모습을 보고 예수님을 업신여겼고, 그의 얼굴에 침을 뱉었습니다. 그러나 예루살렘의 모든 권세와 돈을 가지는 데 성공했다고 생각했던 종교 지도자들은 하나님 앞에서 무참하게 무너졌습니다. 그들은 하나님의 아들을 대면할 자격조차 없는 자들이었던 것입니다. 우리가 우리 삶에 하나님의 능력을 끌어들이면 우리는 아무것도 아닌 자가 되고 맙니다. 우리는 종이고, 좋은 아무것도 아닌 것입니다. 그러나 그렇게 할 때 우리에게서 하나님의 지혜가 나타나고 하나님의 폭발적인 능력이 나타나는 것입니다.

2. 우리의 많은 염려들

예수님께서는 제자들에게 무엇을 먹을까 무엇을 입을까 염려하지 말라고 말씀하셨습니다. 예수님께서 제자들에게 이 말씀을 하신 이유는 제자들의 형편이 그런 것을 염려할 수밖에 없는 가난한 형편이었기 때문입니다. 마찬가지로 오늘 우리도 수많은 것들을 염려할 수밖에 없는 그런 상황 속에서 하루하루를 살아가고 있습니다.

우선 우리는 가진 것이 많지 않기 때문에 하루하루를 염려하면서 살아갑니다. 만일 우리에게 돈이 아주 많다면 염려할 필요가 없을 것입니다. 또 우리는 믿음이 부족하기 때문에 매일 염려하며 살아갑니다. 우리의 믿음이 예수님만큼 좋아서 기도할 때마다 응답이 된다면 우리는 염려할 필요가 없을 것입니다. 그런데 우리는 세상적으로도 유능하지 못하고, 그렇다고 해서 믿음도 대단하지 못하기 때문에 이 세상에서 실패할까 봐, 그리고 생활이 비참해질까 봐 염려할 수밖에 없는 것입니다. 그래서 우리는 모두 너무나도 많은 인생의 무거운 짐을 짊어지고 힘들게 살아가고 있습니다. 예를 들어 학생들은 공부나 진로 문제로 걱정을 하고, 직장인들은 자신이 감당해야 할 많은 일들 때문에 염려하고 있습니다. 주부들은 주부들 나름대로 가정의 모든 걱정을 다 짊어지고 있고, 가장은 가장 나름대로 먹고사는 것을 해결해야 하는 무거운 짐을 짊어지고 살아가고 있습니다.

그런데 우리 크리스천들이 믿음의 능력을 체험하기 위해서는 일단 이 무거운 짐부터 내려놓는 훈련을 해야 합니다. 이는 운동선수들이 경기에 임할 때 무거운 짐을 벗고 유니폼만 입고 경기를 하는 것과 같습니다. 염려의 짐을 너무 많이 지고 있으면 하나님이 말씀하셔도 잘 들리지 않고, 또 하나님이 우리에게 주시는 능력을 잘 받을 수가 없습니다. 그러므로 우리는 일단 짊어지고 있는 무거운 짐들을 벗어 버리는 훈련을 해야 합니다.

첫째로 우리가 생각해야 할 것은 지금 내가 살아 있다는 것입니다. 만약 내가 죽을병에 걸렸다면 나의 염려는 아무 의미가 없을 것입니다. 예를 들어 어떤 차를 사며, 어떤 옷을 입으며, 어떤 일을 하느냐 하는 것은 아무 의미가 없는 것입니다. 그러므로 오늘 내가 살아 있다는 것보다 더 중요한 것은 없습니다. 저도 크게 아파 본 적이 있었는데 그때 제가 할 수 있는 것이라고는 아무것도 없었습니다. 그리고 시시각각 찾아오는 통증이 저를 굉장히 짜증나게 하고 침체되게 만들었습니다. 그때 마음속으로 다시 통증을 느끼지 않고 걸을 수 있다면 정말 행복할 것이라고 생각했습니다. 그리고 회복이 되면 아무도 없는 조용한 곳에서 마음껏 걷고 싶었습니다. 그래서 아직 완쾌되지 않았는데도 조용한 곳에 가서 걷기도 하고 뛰기도 하였습니다. 그때 얼마나 행복했는지, 혼자 울면서 뛰었습니다. 그러고는 집에 와서 다시 드러누웠지만 걷고 뛸 때의 기쁨은 최고였습니다.

오늘 이 세상에서 내가 하나님을 믿으며 살아 있다는 존재감보다 더 중요한 것은 없습니다. 그것도 모르고 사람들은 멋있는 옷이나 몸매나 성공을 욕심내지만 예수 믿으며 살아 있는 것보다 더 신기하고 축복된 것은 없습니다.

그리고 둘째는, 내가 이렇게 고난을 받는 것은 나에 대한 하나님의 계획이 있다는 것입니다. 즉 내 인생이 나의 의지와 상관없이 흘러가는 것은 하나님이 나를 최고급 도자기로 만드는 과정인 것입니다. 그래서 우리는 혹시 하나님이 나를 만들다가 집어던지거나 혹은 실수로 떨어뜨리지 않을까 염려하지만 하나님은 절대로 실수하지 않으십니다. 그렇기 때문에 우리는 많은 것을 가지려고 욕심을 낼 필요가 없습니다. 왜냐하면 나에게 필요한 것은 하나님이 다 주시기 때문입니다. 그래서 우리는 하나님이 주시지 않은 것을 버리는 훈련만 하면 됩니다. 예를 들어 우리 집을 새 물건으로 채우려면 오래된 것들은 남에게 주거나 버려야 하는 것입니다. 하나님은 엄청난 부자이시기 때문에 나에게 필요하고 좋은 것은 주시고 또 주실 것입니다. 그러므로 우리는 많이 가지지 못한 것을 두려워할 필요가 없는 것입니다.

그러면 우리는 도대체 어떤 염려의 짐을 지고 살아가고 있을까요? 우리의 무거운 짐들을 가만히 분석해 보면 현재의 짐만 짊어지고 있는 것이 아닙니다. 우리는 모두 과거의 무거운 짐을 짊어지고 있습니다. 즉 지금까지 살아오면서 경험했던 그 비참하고 불행한 기억들을 다 짊어지고 마음속으로 아파하면서 살아가고 있는 것입니다. 사람의 마음은 병과 같아서 과거에 경험했던 것들이 없어지지 않고 모두 마음속에 다 쌓여 있습니다. 바로 이 실패하고 불행하고 비참했던 기억들이 우리를 비참하게 하기도 하고, 무기력하게 하기도 합니다. 즉 사람들은 모두 과거의 상처를 가지고 아파하면서 살아가고 있는 것입니다.

그리고 또 자세히 보면 우리는 모두 미래의 무거운 짐들을 짊어지고 살아가고 있습니다. 우리는 모두 앞으로 내 인생이 어떻게 될지 모르고, 또 길이 열리지 않아서 염려하고 걱정하면서 살아가고 있습니다.

그런데 오늘 본문은 우리의 모든 짐을 다 벗어 버리라고 말씀하고 있습니다. 이것이 가장 중요한 것입니다. 우리의 죄짐은 반드시 예수님의 십자가에서만 벗을 수 있습니다. 우리가 예수님의 십자가를 믿는다는 것은 예수님과 바꿔치기하는 것입니다. 우리는 죽었기 때문에 더 이상 사탄의 공격을 받지 않아도 됩니다.

그런데 우리에게는 과거의 상처로 인한 짐이 있습니다. 우리는 모두 나름대로 상처가 있고 부끄러운 기억들이 있습니다. 우리는 이것조차도 예수님 앞에서 다 벗어 버려야 합니다. 우리가 입술로 하나님 앞에서 고백을 하기만 하면 이 모든 짐들이 다 벗겨지게 되어 있습니다. 사실 이것은 쉬운 일이 아닙니다. 만일 이것이 쉬운 일이라면 이 세상에 우울증 환자는 한 명도 없어야 할 것입니다. 그러할지라도 우리는 하나님 앞에 과거의 상처를 하나씩 하나씩 고백함으로써 치료를 받아야 합니다.

그리고 우리는 미래를 준비해야 합니다. 요즘은 무엇 하나 제대로 하려고 해도 2년 이상은 준비해야 하는데 어떻게 미래에 대비해야 합니까? 우선 우리는 우리의 미래에 대하여 아무것도 모른다는 사실을 인정해야 합니다. 우리는 우리의 미래에 대하여 아는 것이 아무것도 없습니다. 그렇기 때문에 우리는 죽어라고 하나님 앞에 나와서 기도를 하는 것입니다. 그런데 놀라운 것이, 미래가 안정된 사람보다도 미래가 안정되지 않은 사람이 하나님과 더 가깝고 유연하다는 것입니다. 미래가 보장된 사람은 뻣뻣하고 오만하며, 하나님 앞에서 마음이 가난하지 않습니다.

그런데 예수님은 말씀하시기를, "심령이 가난한 자는 복이 있나니 천국이 그들의 것임이요"(마 5:3)라고 하셨습니다. 우리가 하나님의 말씀을 붙들고 나가면 하나님께서 우리의 미래를 책임져 주실 것입니다. 하나님은 안정된 직장도, 결혼할 배우자도 책임져 주실 것입니다. 그런데 만일 하나님께 내 미래를 맡겼는데 하나님이 길을 열어 주시지 않으면 망하고 마는 것이 아닐까요? 우리는 세상의 기준을 가지고 내 인생을 생각해서는 안 됩니다. 즉 세상의 행복의 조건들을 다 충족하려고 생각한다면 예수 믿는 것이 손해일지 모릅니다. 그런데 하나님은 그런 것을 뛰어넘어서 우리를 축복하실 준비를 하고 계시는 것입니다. 그러므로 우리는 내 인생이 평범하지 않을 것이라는 사실을 각오하는 것이 좋을 것입니다. 왜냐하면 하나님은 세상의 기준으로는 생각할 수 없는 높은 수준의 복을 우리에게 주려고 하시기 때문입니다.

하나님은 우리 인생의 밑그림을 그리시는 분입니다. 우리의 인생은 마치 거대한 모자이크 그림을 그리는 것과 같습니다. 짧은 순간에 보면 내가 왜 여기에 있어야 하고, 왜 이 일을 해야 하는지 모르지만 나중에 그림이 완성된 후에 보면 그것이 모나리자의 눈이고, 입이었던 것을 알 수 있습니다. 우리가 믿음으로 살아가다 보면 내 인생의 그림이 그려집니다. 그런데 우리가 자꾸 의심하고 세상과 하나님 사이에서 왔다 갔다 하면 그림은 실패작이 되고 맙니다.

우리 크리스천에게 어려움이 닥쳤을 때 가장 위험한 것은 하나님을 원망하고 불신하는 것입니다. 이때 원망하고 싶은 유혹에 넘어가지만 않아도 시련을 이겨낼 수 있습니다. 우리가 어려운 시련을 통해서 깨닫는 것은 역시 이 세상에 나의 것이라고는 아무것도 없다는 것입니다.

3. 영적인 부흥의 능력

쇠나 유리로 된 제품을 녹여서 새로운 물건을 만들려면 반드시 불이 있어야 합니다. 주부들이 집에서 음식을 만들 때에도 불이 필요합니다. 마찬가지로 우리의 인생이 능력 있고 창조적인 삶이 되려면 반드시 부흥의 불을 일으켜야 합니다. 많은 크리스천들이 신앙 생활에 실패하는 까닭은 이 부흥의 불을 일으키는 법을 모르기 때문입니다.

"너희는 믿음을 굳건하게 하여 그를 대적하라 이는 세상에 있는 너희 형제들도 동일한 고난을 당하는 줄을 앎이라"_벧전 5:9

사람들이 어떤 일에 성공하기 위해서는 그 일을 열정적으로 할 수 있는 동기 부여가 있어야 합니다. 예를 들어 학생들이 밤에 자지 않고 열심히 공부하는 것은 좋은 대학에 다니고 싶은 욕심이 있기 때문입니다. 또 운동선수들이 고통을 참아 가면서 죽어라고 훈련을 받는 이유는 유명해지고 싶은 욕심이 있기 때문입니다.

물론 우리 크리스천도 같은 인간이기 때문에 세상에서 성공하고 싶고 인정받고 싶은 욕망이 있을 것입니다. 그러나 우리는 이런 것으로는 성공하기 어렵습니다. 왜냐하면 세상 사람들은 이런 일에 더 재능이 있고 열심이 많기 때문입니다. 그러므로 우리가 이 세상에서 성공하기 위해서는 더 강한 에너지를 공급받아야 합니다. 그것이 바로 성령이고 하나님의 능력입니다. 우리가 이 세상에서 성공하는 원리는 세상 사람들과 다른 것입니다.

이스라엘 백성이 망한 것은 그들이 세상과 구별된 하나님의 백성이라는 사실을 인정하지 못했기 때문입니다. 즉 하나님의 백성은 하나님이 주시는 힘으로 살아야 하는데 세상 사람들처럼 이기려고 했기 때문에 망한 것입니다. 하나님의 백성은 반드시 하나님이 주시는 힘으로 살아야 합니다. 우리는 함께 모여서 예배드리는 가운데 하나님의 능력을 공급받아야 하며, 마귀를 이길 수 있는 지혜를 얻어야 합니다. 그 비결은 바로 하나님의 말씀에 사생결단을 하는 것입니다. 그러나 우리는 이 세상에 그렇게 많은 지식과 능력이 있는데 써먹지도 못할 하나님의 말씀에 목숨을 거는 것을 미련하고 어리석다고 생각합니다. 그러다가 위기에 빠졌을 때에야 하나님의 말씀만이 우리의 위로가 된다는 것을 알게 됩니다. 즉 우리가 절망에 빠졌을 때 우리를 살리는 것은 하나님의 말씀밖에 없는 것입니다.

우리는 이 경험이 있기 때문에 하나님의 말씀에 사생결단을 하게 됩니다. 그런 사람들이 모이면 예배가 뜨거워지고 기도가 응답되면서 눈물을 흘리는 사람도 생깁니다. 그때 우리 안에 성령의 불이 붙는 것입니다. 우리 안에 불이 붙어 있으면 마귀가 아무리 틈을 타서 들어오려고 해도 들어올 수 없습니다. 그리고 우리 안에 쌓여 있던 인생 쓰레기들이 녹고 타면서 새로운 인생이 만들어집니다. 그래서 가장 놀라운 기도 응답과 하나님의 가장 좋은 선물은 모두 부흥이 일어날 때 임합니다.

우리는 그리스도인으로서 은혜받기 위하여 하나님 앞에 모였습니다. 우리는 여기서 세상을 이길 힘과 능력과 지혜를 얻게 됩니다. 우리가 모여 예배드리는 가운데 은혜를 받으면 이미 마귀는 패배한 것입니다. 그래서 마귀는 할 수 있는 대로 우리가 모여서 은혜받지 못하게 하려고 방해합니다. 마귀는 우리가 하나님을 믿고 의지하는 것을 가장 싫어합니다. 왜냐하면 우리가 하나님을 굳게 붙들고 의지하는 동안 마귀는 아무것도 할 수 없기 때문입니다. 우리 인간에게 가장 위대한 것은 하나님을 믿고 의지하는 것입니다. 우리가 어떤 형편에 있든지 하나님을 의지할 수 있다면 이것은 성공한 것입니다.

우리는 이 세상에 우리의 성공을 시기하고 넘어지게 하는 마귀가 있다는 것을 인정해야 합니다. 마귀는 하나님의 아들인 예수님조차도 시험을 해서 넘어지게 하려고 했습니다. 마귀는 심지어 예수님의 제자인 가룟 유다로 하여금 예수님을 배신하게 만들었고, 베드로의 마음속에 들어가서 예수님에게 십자가를 지면 안 된다고 책망까지 하게 했던 것입니다. 우리가 끝까지 승리를 지키기 위해서는 마귀의 속임수에 넘어가지 말아야 합니다. 사람들이 잘 나가다가 실패하는 것은 바로 마귀의 속임수로부터 자기 자신을 지키지 않았기 때문입니다.

"근신하라 깨어라 너희 대적 마귀가 우는 사자 같이 두루 다니며 삼킬 자를 찾나니"_벧전 5:8

동물원에 가면 사자가 우리 안에서 어슬렁거리면서 돌아다니는 것을 볼 수 있습니다. 그런데 만일 그 사자가 우리를 탈출해서 동네를 돌아다니고 있다면 이것은 보통 심각한 문제가 아닙니다.

어거스틴은 마귀가 세 가지 모양으로 나타나는데, 처음에는 속이는 뱀처럼 나타난다고 했습니다. 마귀가 우리에게 죄를 짓도록 충동질을 할 때에는 그렇게 부드러울 수가 없습니다. 그래서 딱 한 번만 죄를 짓고 손을 씻으라고 하거나, 아니면 아무도 보지 않을 때 몰래 죄를 지으라는 식으로 유혹을 합니다. 삼손에게 마귀는 들릴라라는 연약한 여성의 모습으로 나타났습니다. 우리는 이렇게 연약한 모습으로 나타나서 유혹하는 것을 경계해야 합니다. 왜냐하면 일단 이 유혹에 걸려들면 빠져나갈 길이 없기 때문입니다. 그래서 "악은 어떤 모양이라도 버리라"(살전 5:22)라고 했습니다.

둘째로, 마귀는 광명의 천사의 모양으로 나타난다고 했습니다. 마귀는 주로 말씀을 믿지 않고 체험을 절대적 믿음의 근거로 삼는 자나 신비주의자에게 이러한 모습으로 나타납니다. 그래서 사람들은 그 겉모습만 보고 사탄을 좋아하게 됩니다. 그러나 그것은 자기 영혼을 도둑질당하는 것입니다. 예수님께서는 양의 우리에 들어갈 때에 문으로 들어가지 않고 다른 곳으로 넘어 들어가는 자들은 모두 절도요, 강도라고 하셨습니다. 거짓 선지자가 반드시 나쁜 사람이 아닙니다. 오히려 너무 사람을 좋아한 나머지 죄에 대한 설교를 하지 못하는 사람들입니다. 그러니까 얼마나 인정이 많고 사랑이 많은 사람들입니까? 그러나 그들은 사람을 속이고 있는 것입니다.

그리고 셋째로, 마귀는 우는 사자같이 돌아다닙니다. 그래서 교만한 자들은 자기가 너무 잘났다고 생각한 나머지 약한 자들을 물어뜯어서 심한 상처를 입히거나 죽입니다. 하나님의 백성이 가장 조심해야 하는 사람들이 이런 교만한 자들입니다. 본문은 사탄을 대적하라고 말씀하였습니다. 즉 사탄을 두려워하지 말고 하나님의 말씀을 가지고 물리치라는 것입니다.

으르렁거리며 돌아다니는 사자를 결박하려면 먼저 마취총으로 쏘아야 하는 것처럼 마귀를 잡을 수 있는 것은 하나님의 말씀밖에 없습니다. 그리고 마귀를 풀어서 돌아다니게 한 것도 교회가 하나님의 말씀을 제대로 선포하지 않았기 때문입니다. 교회가 하나님의 말씀을 중심으로 모이면 눈에 보이지 않는 하나님의 능력이 지켜 주시기 때문에 사탄의 세력이 절대로 이길 수가 없습니다.

"모든 은혜의 하나님 곧 그리스도 안에서 너희를 부르사 자기의 영원한 영

> 광에 들어가게 하신 이가 잠깐 고난을 당한 너희를 친히 온전하게 하시며 굳건하게 하시며 강하게 하시며 터를 견고하게 하시리라"_벧전 5:10

우리가 이 세상에서 당하는 고난은 아주 잠깐입니다. 하나님은 고난을 통해서 우리를 더 강하고 더 견고하게 하실 것입니다. 고난이 우리에게는 영광으로 들어가는 문이기 때문입니다. 어떤 좋은 시설에 들어가려면 몸을 깨끗이 씻고 단정한 차림새로 들어가야 하듯이 고난은 우리를 영광에 들어가도록 준비시키는 과정인 것입니다. 그러나 주님은 고난을 통해서 우리를 온전케 하시며, 강하게 하시고, 터를 굳게 한다고 하셨기 때문에 우리는 아무것도 손해 볼 것이 없습니다. 우리는 단지 주님만 붙들고 있으면 되는 것입니다.

하나님께서 우리에게 고난을 주시는 것은 미워서 주시는 것이 아닙니다. 하나님은 고난을 통해서 우리가 믿음으로 승리하기를 원하시는 것입니다. 그러므로 우리 모두 오직 하나님의 말씀만 붙들어서 믿음으로 승리하는 성도들이 다 되시기 바랍니다.

기회 21 Chance

벧후 1:1-3

아무도 모르는 보물

경상남도 언양과 울주군 일대에는 일제시대부터 자수정 광산이 있었는데 지금도 세계적인 자수정 생산지로 유명합니다. 일제시대 때 누군가가 바위 한쪽에 자수정이 튀어나와 있는 것을 발견하고 땅을 파고 들어갔는데 엄청난 양의 자수정이 매장되어 있어서 그것을 캐내어 엄청난 부자가 되었다고 합니다. 이렇듯 땅속에는 엄청난 보물들이 감추어져 있습니다. 사람들이 보물이 매장되어 있는 곳을 혼자만 알고 있으면 그 사람은 큰 부자가 될 수 있을 것입니다. 그런데 이 세상에는 우리가 생각하는 것보다 훨씬 많은 보물이 있습니다. 어떤 사람은 기술이라는 보물을 가지고 있고, 어떤 사람은 지식이라는 보물을 가지고 있는 것입니다.

저는 청년 시절에 어떻게 사는 것이 가장 바람직한 인생인지 생각을 많이 했습니다. 그래서 대학원에 다닐 때에도 수업이 끝나면 혼자 교실에 앉아서 아름다운 인생을 살려면 앞으로 어떻게 해야 하는지 생각을 많이 했습니다. 그 결과 저는 공부만이 제 인생을 가장 가치 있게 만들어 줄 것이라고 생각해서 어떻게 해서든지 공부를 계속 하려고 생각했습니다. 그런데 다른 한편으로는 한 사람의 영혼이 온 천하보다 더 귀하다는 생각이 머리를 떠나지 않았습니다. 그 무렵 저는 대학생들과 성경 공부를 하고 청년들에게 말씀을 전했는데 그때마다 놀라운 변화와 감동이 일어나곤 했습니다. 하나님의 말씀을 들으면서 청년들이 행복해하고 좋아했던 것입니다.

그러던 어느 날 하나님은 저에게 무엇을 먹을까 무엇을 입을까 염려하지 말고 그 나라와 그 의를 구하라고 말씀하셨습니다. 그래서 저는 그렇게 하기로 하고 직장에 사표를 내고 학위 공부도 때려치웠습니다. 그러고는 극빈자가 되고 말았습니다. 저는 그때 하나님의 말씀에 순종한 결과가 가난과 비참함요, 다른 사람들에게는 혐오스러운 존재가 된 것이라는 사실에 놀랐습니다. 그래서 저는 그런 상태에서 벗어나 보려고 애를 썼지만 소용이 없었습니다.

그런데 어느 날 보물 창고를 발견하게 되었습니다. 성경이 어마어마한 보물을 간직하고 있는 창고라는 것을 알게 된 것입니다. 옛날에는 정말 성경을 강해하는 것이 어려웠습니다. 그때는 참고할 만한 책도 없었고, 성경을 강해할 실력도 되지 못했습니다. 그런데 조금씩 성경을 파 들어가면서 보물을 얻게 되었고, 하나님의 말씀을 먹은 사람들이 보석처럼 변하는 것을 보았습니다. 이 세상에는 많은 보석이 있지만 진짜 보석은 사람이었던 것입니다. 사람이 없으면 지식이나 집이나 인기가 아무 소용이 없는 것입니다. 그런데 사람이 보석이 되는 비밀은 인기나 지식이나 돈이 아니라 하나님의 말씀에 있었습니다.

그래서 성경은 종종 우리의 믿음을 보물에 비유합니다. 예수님께서는 우리가 믿음을 가지게 되는 것을 감추인 보물을 찾는 것으로 말씀하기도 하시고, 진주 장사가 아주 비싼 진주를 찾은 후에 자기 재산을 다 팔아서 그 진주를 사는 것으로 말씀하기도 하셨습니다. 만일 누군가가 땅속에 감추어져 있던 보물을 찾아낸다면 그는 엄청난 부자가 될 수 있을 것입니다. 예를 들어 땅속에 있는 금광을 찾아낸다거나 혹은 유전을 찾아내는 사람은 엄청난 부자가 될 것입니다.

베드로전서는 짧은 내용에 기독교의 거의 모든 진리를 담고 있기 때문에 사람들은 초대 교회 때 이것을 교리문답서로 사용했을 것이라고 생각했습니다. 그래서 옛날 신학자들은 베드로전서를 초대 교회의 카테키무스(교리문답서)라고 생각했습니다. 반면에 베드로후서는 초대 교회 당시 유행하던 거짓 교훈들에 대하여 경고하면서 최종적인 심판과 종말에 대하여 말씀하고 있습니다. 여기에 보면 '하나님에게는 하루가 천 년 같고 천 년이 하루 같다' 는 말씀도 나오고(3:8), 이 세상 마지막 날에 불로 심판하실 것이라는 말씀도 나옵니다(3:12).

1. 보배로운 믿음

우리는 하나님 앞에 나올 때 하나님께 무엇을 받을 것인지를 생각해야 합니다. 우리가 백화점에 갈 때에도 구매하고자 하는 물건의 목록이나 생각이 없이 간다면 아마 구경만 하고 오거나, 아니면 충동적으로 물건을 구입할 것입니다. 마찬가지로 하나님 앞에 나아올 때에도 하나님께 어떤 은혜를 받고, 어떤 축복을 받을 것인지를 생각해야 합니다. 그렇지 않으면 우리는 그 많은 하나님의 축복들을 구경만 하고 빈손으로 돌아올 것입니다.

> "예수 그리스도의 종이며 사도인 시몬 베드로는 우리 하나님과 구주 예수 그리스도의 의를 힘입어 동일하게 보배로운 믿음을 우리와 함께 받은 자들에게 편지하노니"_벧후 1:1

베드로는 먼저 자신이 예수 그리스도의 종이며 사도라고 밝히면서 우리 예수 믿는 사람들을 자기와 똑같은 "보배로운 믿음을 우리와 함께 받은 자들"이라고 부르고 있습니다. 여기서 '보배로운 믿음' 이라는 것은 보배같이 가치 있는 믿음이라는 뜻입니다. 예를 들어 우리에게 엄청난 가치가 있는 보물이 있다면 그 보물은 우리 인생을 가치 있게 만들어 줄 것입니다. 그리고 어떤 사람에게 뛰어난 지식이나 기술이 있다면 혹은 어떤 사람에게 어마어마한 돈이나 보석이 있다면 그는 그 돈이나 보석을 가지고 부유한 삶을 살 수 있을 것입니다. 그런데 베드로 사도는 우리 예수 믿는 사람들을 향해서 동일하게 보배로운 믿음을 가진 자들이라고 말하고 있습니다.

어떤 의미에서 이 세상 사람들은 모두 보물을 찾는 사람들이라고 볼 수 있습니다. 어떤 사람은 지식이라는 보물을 캐고, 어떤 사람은 돈이라는 보물을 캐고, 어떤 사람은 권력이라는 보물을 캐고 있습니다. 그런데 우리는 하나님 앞에서 어떤 보물을 캐는 사람들일까요? 우리가 도대체 하나님으로부터 얻을 수 있는 것은 무엇일까요? 우리는 이것을 분명히 알지 못하면 결국 엉뚱한 짓만 실컷 할 것입니다.

이 세상의 보물들은 전부 하나의 상징이라고 볼 수 있습니다. 즉 이 세상에서 돈이나 기술이나 지식이나 권력을 가진 사람들은 그렇지 못한 사람들에 비하여 훨씬 가치 있는 삶을 살 수 있을 것입니다. 그런데 이 세상의 보물들은 진짜 보물이 아닙니다. 왜냐하면 이 세상의 보물들은 우리가 이 세상을 사는 동안 유리하게 해 주고 안전하게 해 주지만 우리 자신을 변화시키지는 못하기 때문입니다. 이 세상의 진짜 보물은 하나님 자신입니다. 하나님은 온 세상을 만드신 분이고 우리에게 생명을 주신 분이기 때문에 우리가 몰라서 그렇지 하나님께 가는 길을 알기만 한다면 우리는 대박을 터뜨리는 것입니다. 그런데 놀랍게도 하나님은 보잘것없는 피조물인 우리 인간에게 하나님에게 나아갈 수 있는 길을 열어 주셨습니다. 그것이 바로 예수 그리스도를 믿는 것입니다. 예수님은 우리가 하나님을 바로 알 수 있고 믿을 수 있는 열쇠로서 이 세상에 오셨습니다. 그래서 우리가 이 세상에 살면서 누릴 수 있는 최고의 축복은 예수 그리스도를 바로 알고 바로 믿는 것입니다. 왜냐하면 우리는 예수 그리스도를 믿는 믿음 안에서 가장 온전하게 하나님께 나아갈 수 있기 때문입니다.

하나님은 온 천하보다 크시고 태양보다 더 뜨거운 분이기 때문에 우리 인간의 힘으로는 절대로 하나님께 나아갈 수가 없습니다. 그러나 예수님은 우주를 뚫고, 태양을 뚫고 하나님의 모든 능력과 지혜를 가지고 이 세상에 오셨기 때문에 하나님과 우리를 연결시킬 수 있습니다. 그러므로 우리가 이 세상에서 가장 가치 있는 우리의 영혼을 살리기 위해서는 예수를 믿어야 합니다.

우리가 예수를 믿을 때 우리는 모두 하나님 앞에 나아가서 하나님의 모든 축복을 가질 수 있는 기회를 얻게 됩니다. 그런데 믿음이라는 것은 그럴 수 있는 기회를 얻는 것일 뿐 자동적으로 모든 축복을 받는 것은 아닙니다. 예를 들어 땅속에 있는 기름이나 물을 퍼올릴 때에 똑같은 파이프를 사용하지만 파이프의 길이나 파이프의 상태 혹은 파이프를 묻은 위치에 따라서 뽑아낼 수 있는 기름이나 물의 양이나 질에 큰 차이가 있습니다. 무조건 땅속에 파이프를 박는다고 해서 기름이 나오거나 물이 나오는 것은 아니기 때문입니다. 이처럼 우리가 예수를 믿는다는 것은 모두 똑같이 하나님의 보물을 캐낼 수 있는 기회를 얻는 것입니다. 그러나 모두 똑같이 믿는다고 해서 같은 복을 받을 수 있는 것은 아닙니다. 어떤 사람은 모세나 엘리야같이 어마어마한 능력을 받아서 기적을 일으키는 사람이 있는가 하면, 늘 의심하고 넘어지던 이스라엘 백성처럼 하나님을 원망하고 대적하다가 뱀에게 물려 죽든지, 아니면 40년 내내 광야를 돌아다녀야 하는 사람도 있는 것입니다.

그렇기 때문에 하나님으로부터 무한정의 보물을 받으려고 하면 엄청난 노력과 희생이 있어야 합니다. 그 중에서 가장 중요한 것이 예수 그리스도를 바로 알고 믿는 것입니다. 이것이 참으로 어려운 이유는, 하나님은 우리가 예수님을 하나님의 아들로 믿기를 원하시기 때문입니다. 우리가 아무리 예수를 믿는다고 말을 해도 예수님을 하나님의 아들로 믿지 않는다면 우리는 성령을 받을 수 없고 하나님의 축복 안에 들어갈 수 없습니다. 그런데 예수를 하나님의 아들로 믿는 것이 어려운 이유는 대다수의 사람들이 예수님을 하나님의 아들이라고 하면 조롱을 하고 비웃고 대적하기 때문입니다. 그들이 보기에 예수는 틀림없는 인간인데 왜 하나님의 아들이라고 하느냐는 것입니다. 그리고 예수님은 지식이나 군사적인 능력이 뛰어난 것도 아니고, 세상을 다 정복하지도 않았습니다. 오히려 예수님은 모든 인간의 죄를 대신해서 십자가 위에서 죽으셨는데 인간들은 그 예수님을 멸시하고 있는 것입니다. 그러나 우리가 예수님을 나의 주 나의 하나님으로 믿을 때 보배로운 믿음을 가지게 되고, 하나님께 믿음의 파이프를 박게 됩니다.

그리고 둘째로 우리는 예수를 믿는다고 해서 모든 것이 다 된 것이 아닙니다. 성경을 파고들어 가서 그 안에 있는 어마어마한 진리를 캐내어 내 것으로 만들어야 하는 것입니다. 즉 성경은 하나님의 모든 축복이 들어 있는 거대한 광산과 같습니다. 우리가 오직 성경을 파고들어 가서 그 안에 있는 진리를 해석해 낼 때 우리는 하나님의 능력을 가지게 됩니다. 그러나 이것이 어려운 이유는 일단 세상에 있는 것들이 너무 좋기 때문입니다. 우리는 세상에 있는 돈이나 권력이나 지식이 너무 좋아서 오직 하나님의 말씀만 파고들어 갈 수가 없는 것입니다. 그러나 우리가 이 세상에서 사용하고 있는 복들이 이미 땅에서 캐낸 석유를 가공해서 쓰고 있는 것이라면 우리가 하나님의 진리를 캐내는 것은 원유를 퍼 올리는 것과 같습니다. 즉 우리는 이 세상의 복만 가지고는 금방 고갈되어서 살 수가 없는 것입니다.

하나님의 진리는 우리의 인생 자체를 고상하게 만들어 줍니다. 그러나 이 세상의 복은 우리의 외모를 멋있게 꾸며 줄 수 있지만 우리의 속사람에는 영향을 주지 못합니다. 돈을 아무리 많이 벌어도 동그라미 이상의 의미를 가지지 못하는 것입니다. 그런데 하나님의 진리는 우리의 내면 전체를 보석으로 만들고, 내 인생 전체를 존귀하게 만들어 줍니다. 결국 하나님의 진리는 이 땅에 하나님의 복이 내리게 합니다.

그러므로 우리는 이 세상의 복에 마음을 빼앗겨서는 안 됩니다. 물론 우리가 살기 위해서는 이 세상의 복도 있어야 합니다. 그러나 예수님은 우리가 그 나라의 의를 구하면 이 모든 것을 더하여 주실 것이라고 말씀하셨습니다. 만약 우리가 예배를 드리러 왔는데 그곳이 무한정의 보물이 나오는 곳이라면 우리는 다른 것은 다 제쳐놓고 그 보물을 캐기에 바쁠 것입니다. 예를 들어 할머니들이 어느 곳에 소풍을 갔는데 그 주위에 쑥이 지천으로 널려 있다면 아무 소리도 하지 않고 쑥만 뜯을 것입니다.

우리가 하나님 앞에서 하나님의 말씀을 들을 때 그 한 말씀 한 말씀은 우리의 인생을 바꾸는 보물입니다. 그러나 하나님의 말씀은 재미가 없고 딱딱해서 아무 도움이 되지 않는 것 같습니다. 하지만 그 말씀이 내 영혼을 살리고 나를 성공하게 해 주면 능력의 말씀인 것입니다. 그러므로 우리는 하나님의 말씀을 들을 때 아예 호미나 곡괭이 같은 것을 들고 하나하나를 파내어서 내 것으로 만들어야 합니다.

그리고 우리는 이 작업을 끝까지 해야 합니다. 대개 사람들은 어느 정도 성공을 하고 나면 싫증을 느껴서 다른 일에 관심을 가집니다. 왜냐하면 이미 성공하고 나면 주위에 자신을 더 지혜롭게 하고 더 똑똑하게 해 줄 것 같은 복들이 너무나도 많기 때문입니다. 그뿐만 아니라 사람들은 끊임없이 변화를 추구하기 때문에 하나님의 말씀 하나만 끝까지 파고들어 가는 것은 너무 융통성이 없는 일이라고 생각합니다. 그러나 우리가 아무리 하나님의 말씀을 잘 알고 많이 안다고 하지만 그것은 수박 겉핥기에 불과합니다. 하나님의 말씀은 하나하나가 엄청난 폭발력을 가지고 있는 축복의 말씀인데 우리는 아주 조금밖에 알지 못합니다. 하지만 사람들은 이미 다 안다고 생각해서 더 세련되고 더 유익한 지식을 배우려고 하는 것입니다. 그러나 결국 끝까지 하나님의 말씀을 파고들어 가는 사람이 진리의 부자가 됩니다.

2. 하나님을 아는 지식

우리 인간에게 가장 중요한 것은 지금 나 자신이 어디에 있으며, 어디로 가고 있는지를 바로 아는 것입니다. 우리 인간은 대개 부유하고 지체가 높은 집에 태어나서 부귀영화를 누리며 살다가 죽거나 가난하고 보잘것없는 집에서 태어나 비참하게 살다가 죽는다고 생각합니다. 그러나 이런 생각보다 더 무지한 생각은 없습니다. 왜냐하면 우리 모든 인간은 분명히 어떤 상태에 있고, 무엇인가를 향해서 가고 있기 때문입니다. 그런데 우리 인간들 중에는 이것을 분명하게 가르쳐 줄 수 있는 사람이 아무도 없었습니다.

왜냐하면 우리는 모두 똑같은 사람들이기 때문입니다. 그런데 예수님은 우리에게 우리가 어디에 있으며 어디로 가고 있는지 분명히 말씀해 주셨습니다.

"하나님과 우리 주 예수를 앎으로 은혜와 평강이 너희에게 더욱 많을지어다"_벧후 1:2

우리는 어디에 있을까요? 그리고 우리는 어디를 향해서 가고 있을까요? 어떤 사람들은 자기가 잘사는 나라에 태어난 것을 다행으로 알고 있고, 어떤 사람들은 우리 인류가 더 많은 자유를 향해서 가야 한다고 주장합니다. 그러나 우리 인간은 분명히 어떤 상태에 있습니다. 그리고 우리는 모두 어디를 향해서 가고 있습니다. 우리 인간은 지금 어떤 상태에 있습니까? 우리는 모두 하나님과 원수 된 상태에 있습니다. 인간들은 하나님이 있느냐 없느냐 하는 문제를 놓고 토의를 합니다. 그리고 하나님이 있다면 어느 하나님이 진짜이고 어느 종교가 진짜냐고 토의를 합니다. 그러나 그것은 여유를 부리는 생각들입니다. 우리 인간은 자신들이 모르는 가운데 하나님과 원수 된 상태에서 태어나서 살고 있고, 모두 하나님의 심판을 향해서 가고 있기 때문입니다. 그런데 인간들은 이러한 사실을 전혀 알지 못하고, 눈에 보이는 돈이나 성공을 놓고 서로 싸우고 경쟁하고 있습니다.

지금 우리 인간이 해야 할 것은 돈을 조금 더 벌거나 조금 더 좋은 집에 사는 것이 아니라 자신의 운명을 바꾸는 것입니다. 만일 우리가 지금 멸망을 향하여 가고 있다면 방향 전환을 하는 것보다 더 중요한 것은 없을 것입니다. 예를 들어 아무리 좋은 호텔에서 무료로 숙박을 하라고 하고 좋은 비행기를 타라고 한다 해도, 그 호텔에 불이 나서 모두 죽고 그 비행기가 추락할 것이라는 사실을 안다면 절대로 거기에 있으려고 하지 않을 것입니다. 사람들은 아직 시간이 있는 동안 자신의 운명을 바꾸려고 할 것입니다.

그러면 왜 하나님은 이 멸망할 세상을 이렇게 좋게 만드셔서 사람들로 하여금 헷갈리게 하시는 것일까요? 하나님이 온 세상에 있는 화산이 폭발하게 하거나 지진이 계속되게 하시면 모든 사람들이 하나님을 믿지 않을까요? 물론 이 세상에는 지진도 일어나고, 태풍도 몰려오고, 전쟁도 터집니다. 그러나 하나님은 사람들에게 위협만 주려고 하시는 것이 아닙니다. 하나님은 인간들이 스스로 가치 있는 것을 깨달아서 하나님을 바로 알고 믿기를 원하시는 것입니다.

우리가 아직 시간이 있을 때 가장 먼저 해야 할 것은 멸망으로 가는 자신의 운명을 바꾸는 것입니다. 우리가 예수를 믿는다는 것은 멸망으로 가는 기차에서 영생으로 가는 기차로 갈아타는 것입니다. 아무리 멸망으로 가는 기차가 호화판이고 빈자리가 많다 해도 멸망당하는 것이 확실하다면 거기에서 뛰어내려야 하는 것입니다.

우리가 이 세상에서 운명을 바꿀 수 있는 유일한 방법은 예수 그리스도를 믿는 것입니다. 즉 나는 지금까지 하나님을 인정하지 않고 살아온 죄인이라는 것을 인정하고, 십자가에 달려 죽으신 예수가 하나님의 아들이라는 것을 믿는 것입니다. 그렇게 하기만 하면 하나님은 내 모든 죄를 예수님의 십자가에서 다 청산해 버리십니다.

그래서 사도 바울은 지금까지 자기가 자랑하고 있던 모든 것을 배설물로 여기는 것이 예수 그리스도를 아는 지식이 가장 고상하기 때문이라고 했습니다. 우리는 갓난아기만 보아도 신비와 경이로움을 느낍니다. 그런데 하나님의 아들이 사람으로 태어나셨습니다. 그가 이 세상에 사셨고, 그가 우리 인간의 말씀으로 가르치셨습니다. 하나님의 아들은 사람들이 불신하고 무시해도 화내지 않으셨습니다. 그리고 그는 우리를 대신해서 죽으셨습니다. 우리가 이것을 깨달을 때 우리 마음은 하나님을 향해서 열리고, 메마른 눈에서 눈물이 흐르고, 하나님의 사랑에 감격하게 됩니다. 즉 죄인인 우리가 하나님의 사랑에 감격할 수 있다는 것은 최고의 복인 것입니다.

그런데 우리가 하나님을 바로 알 수 있는 유일한 길이 하나님의 아들을 믿는 것입니다. 인간들은 그동안 하나님을 그렇게 알고 싶어 했지만 성공하지 못했습니다. 하나님은 너무 크시고 너무 광대하시기 때문입니다. 예를 들어 동네 꼬마들은 경찰청장이나 군대 참모총장을 알려고 해도 알 수가 없을 것입니다. 그런데 만일 경찰청장의 아들이 자기의 친구라면 친구의 생일에 그 집에 초대를 받아 갈 수 있을 것입니다. 그리고 운이 좋으면 그 친구의 부모님과 함께 식사를 할 수도 있을 것입니다. 그때 이 꼬마는 그 경찰청장이나 참모총장이 무서운 분이 아니라는 것을 알게 될 것입니다. 더욱이 그 총장 아들과 생명을 같이 나눈 친구라면 아마 친아들같이 그 집에서 사랑을 받을 수 있을 것입니다.

마찬가지로 인간들이 하나님을 아는 방법이 많이 있지만 그것은 전부 하나님을 바로 아는 방법이 아닙니다. 오직 하나님의 아들 예수 그리스도를 믿을 때 우리는 사랑의 하나님을 만날 수 있습니다. 저도 예수님을 믿는다고 하면서도 바로 하나님을 만나려고 했습니다. 그러나 그때마다 하나님은 너무 멀리 계셨고, 세상을 심판하시는 무서운 모습의 하나님이었습니다. 그러다가 예수님의 십자가를 통해서 하나님을 만났을 때에야 사랑의 하나님, 내 아버지 되시는 하나님, 내 모든 것을 아시고 책임지시는 하나님을 만날 수 있었습니다.

하나님은 우리 마음속에 존귀함을 불어넣으십니다. 그래서 어느 누구 앞에서도 부끄럽지 않은 당당한 모습을 가지게 하십니다. 예수 믿지 않는 사람들은 그 정도로 당당하려면 한평생 돈을 모아야 하고, 한평생 비굴하게 아부해서 정치적인 명성을 쌓아야 합니다. 그러나 예수 믿는 사람들은 한순간에 천사보다 더 존귀한 하나님의 아들이라는 신분을 가지게 됩니다. 그 이유가 무엇입니까? 우리는 우리의 문제를 너무 과소평가하기 때문입니다. 우리 인간은 모든 부분이 아주 정교하고 복잡하게 만들어졌습니다. 그래서 영혼이나 마음이 고장이 나면 이 세상에 있는 것으로는 절대로 고칠 수가 없습니다. 이것은 오직 하나님 앞에 나아가서 하나님의 말씀과 능력만으로 고칠 수가 있는 것입니다. 그럼에도 인간들은 이 세상의 지식이나 돈이나 명예로 고장 난 영혼을 고칠 수 있으리라고 생각하는데 그것은 불가능한 일입니다. 예수님의 보혈은 우리 안에 하나님의 능력을 주입시킵니다. 그래서 한순간에 존귀해지는 것입니다.

그러므로 이 세상의 최고의 보물은 돈이나 권력이 아니라 하나님을 아는 내 영혼이고 내 인생이며 내 육체입니다. 그러나 사람들은 모두 자기 안에 보물이 있는 줄도 모르고 엉뚱한 데서 보물을 찾습니다.

우리 안에는 어마어마한 가능성이 잠재되어 있습니다. 이것은 다른 것으로는 절대로 현실화되지 않습니다. 반드시 우리 안에 하나님의 말씀의 능력이 들어와야 하는 것입니다.

우리가 하나님을 알게 되고 그리스도를 알게 될 때 지금까지 풀리지 않던 모든 의문이 다 풀리게 됩니다. 그리고 지금까지는 방황하면서 살아왔지만 이제는 길이 보이는 것입니다. 우리가 하나님을 아는 것이 중요한 이유는, 하나님을 안다는 것은 내 영혼이 살고 영생을 누리며 하나님의 아들의 자격을 얻는 것이기 때문입니다. 우리가 하나님의 아들이라면 우리는 굳이 돈이나 권력을 많이 가질 필요가 없습니다. 왜냐하면 이 세상 모든 것이 다 하나님의 것이기 때문입니다.

3. 생명의 모든 것

이 세상에 좋은 것이 많이 있지만 그 모든 것의 가장 치명적인 문제는 오래가지 않는다는 것입니다. 즉 모든 것이 부패하게 되어 있는 것입니다. 주부들이 음식을 아무리 맛있게 장만해도 며칠 동안 그대로 두면 결국 부패해서 버리게 됩니다. 그리고 공휴일이 되어서 가족들과 함께 유원지에 가 보면 사람들이 함부로 버린 음식물 쓰레기로 악취가 나고 파리들이 들끓어서 괴로울 때가 많습니다. 먹다 남은 음식만 썩는 것이 아닙니다. 우리 주위에 있는 모든 것이 썩는 성질을 가지고 있습니다. 그런데 그 어떤 것보다 가장 무서운 것이 우리의 정신이 썩고 감정이 부패하는 것입니다. 사실 가장 무섭게 부패하는 것이 사람의 마음입니다. 사람의 마음은 썩으면 썩을수록 더욱더 화려하게 자신의 외모를 꾸미기 때문에 사람들은 그것을 느끼지 못합니다. 이것은 사회가 썩으면 썩을수록 더 화려하고 더 발전하는 것과 같습니다. 그러나 이 세상은 죄의 쓰레기장인 것입니다.

오늘 우리 사회나 각 개인은 너무 빨리 부패해 가고 있습니다. 하나님께서 가장 싫어하시는 것이 썩은 것들입니다. 결국 하나님께서 이 쓰레기들을 치우시는 것이 전쟁이고 심판인 것입니다. 그래서 이 세상에서 가장 중요한 사람들이 이 세상을 썩지 않도록 만드는 사람들입니다. 하나님께서는 우리 믿는 사람들에게 이 세상을 썩지 않게 하는 능력을 주셨습니다.

"그의 신기한 능력으로 생명과 경건에 속한 모든 것을 우리에게 주셨으니 이는 자기의 영광과 덕으로써 우리를 부르신 이를 앎으로 말미암음이라"_ 벧후 1:3

하나님께서는 우리에게 너무나도 신기한 능력을 주셨습니다. 그것은 돈을 많이 버는 능력도 아니고, 공부를 잘하는 능력도 아닙니다. 하나님께서는 우리에게 '생명과 경건의 능력'을 주신 것입니다.

'생명'은 '죽음'의 반의어입니다. 생명이 없는 것은 모두 썩습니다. 아무리 애완견이 귀여워도 죽으면 썩어 버립니다. 이 세상 모든 것은 죽으면 경직되고, 결국 썩어서 악취를 풍깁니다. 그런데 하나님께서는 예수 믿는 우리에게 썩지 않도록 생명과 경건을 주십니다.

사도 바울은 자기가 사망에 속해 있다는 사실을 발견하고는, "이 사망의 몸에서 누가 나를 건져내랴"(롬 7:24)라고 소리를 질렀습니다. 사도 바울은 자기가 살아 있다고 생각했는데 알고 보니까 죽어서 온몸에서 악취를 풍기고 있었던 것입니다. 그런데 사도 바울이 예수님을 만났을 때 예수님은 십자가 위에서 흘리신 그 피로 그의 몸에 흐르고 있는 모든 오물들을 깨끗이 닦아 가셨습니다. 예수님의 십자가는 우리의 더러운 고름을 빨아가는 진공청소기입니다.

하나님께서 우리에게 주시는 것은 영적 생명이고, 경건의 능력입니다. 즉 우리에게는 하나님의 생명이 계속 공급됩니다. 마치 우리가 호흡을 해야 살 수 있듯이 하나님은 성령의 새 호흡을 주십니다. 그리고 경건은 죄의 세력을 몰아내는 능력입니다. 우리 몸에는 면역력이 있어서 병균이 들어

오면 다 몰아냅니다. 마찬가지로 하나님은 우리에게 경건의 능력을 주셔서 죄가 들어오면 다 몰아냅니다. 물론 어떤 때에는 감기 증세가 나타날 때도 있고, 몸살에 걸릴 때도 있습니다. 그러나 강력한 하나님의 말씀의 주사를 맞으면 열이 떨어지면서 자리를 훌훌 털고 거뜬하게 일어서는 것입니다. 그래서 이제 우리는 죽어서 악취만 풍기는 시체가 아니라 체온이 있고 움직이기도 하는 산 사람이 된 것입니다.

더욱이 하나님께서는 영광과 덕을 주셨다고 하셨습니다. 우리는 이 세상에서 영광스럽게 됩니다. 그것은 먼저 우리의 내면이 존귀해지기 때문입니다. 그러므로 우리는 이 세상에서 참으로 고상하고 존귀한 사람들이 됩니다. 우리는 속이 꽉 찬 사람들이 됩니다.

하나님의 백성은 이 세상이 썩는 것을 막는 능력을 가지고 있습니다. 이 세상의 철학이나 도덕은 썩은 것을 막거나 치우지 못하고 신문지로 대충 덮어 놓을 뿐입니다. 사람들은 썩은 것들을 사람의 눈에 띄지 않게 한쪽 구석으로 밀어 놓고 깨끗해졌다고 말을 합니다. 그러나 하나님의 백성에게는 죄를 거부하는 본능이 있어서 죄가 몸 안에 들어오면, 음식을 잘못 먹으면 체하듯이 체하게 되어 있습니다. 하나님의 백성은 지은 죄를 토해 내기 전까지는 절대로 마음에 평안이 없습니다.

우리 사회가 불안하고 위기로 치닫는 것은 이 사회가 썩어 가고 있기 때문입니다. 썩은 사회는 하나님의 심판을 부르게 되어 있습니다. 정치가들이 개혁의 기치를 높이 들고 썩은 세상을 바로잡으려고 하지만 오늘 우리 사회를 살릴 수 있는 것은 하나님의 백성의 기도밖에 없습니다. 우리가 기도와 부흥의 능력으로 온 세상 구석구석을 씻어서 악취를 없앨 때 하나님께서 다시 한 번 우리를 축복하셔서 부흥을 주실 것입니다.

오늘 우리는 하나님 앞에서 어떤 보물을 달라고 하겠습니까? 우리는 이미 보물이 되어 있는 것입니다. 오늘 하나님의 진리가 우리를 더 영광스럽게 만들고, 우리의 기도가 더 뜨거워지며, 세상에 있는 것들을 부러워하지 아니하고 영원히 썩지 않는 축복을 모두 받을 수 있기를 바랍니다.

기회 22

Chance

벧후 1:4-7

최고의 지혜

얼마 전에 미국의 천재 수학자 존 내쉬가 교통사고로 죽었습니다. 그의 생애를 영화화한 것이 "뷰티풀 마인드"인데 그 영화를 보면 프린스턴 대학 수학과 교수가 풀지 못하는 문제를 학생인 내쉬가 아무도 없는 시간에 장난치듯이 칠판에 슬슬 푸는 장면이 나옵니다. 그는 젊은 나이에 프린스턴 대학 수학과에서 게임 이론으로 박사학위를 받았는데 그의 논문을 심사한 교수가 그 논문은 마치 신이 불러 준 것처럼 전혀 고생한 흔적이 없었다고 말을 했습니다. 그러나 존 내쉬는 얼마 있지 않아서 정신분열증에 걸렸고, 한평생 그로 인해 고통을 받다가 자기 통제 의지로 극복하고 노벨 경제학상을 받게 됩니다. 그는 병이 완치된 후 이혼한 아내와 재혼을 하고 살았는데 노르웨이에서 수학계 노벨상으로 불리는 아벨상을 받고 귀국해 집으로 돌아오다가 교통사고로 사망했습니다.

우리 인간은 전성기 때에는 신의 능력에 의해서 움직이는 것처럼 보통 사람은 상상할 수 없는 지혜나 능력이나 재주로 일을 합니다. 그러다가 시간이 지나면서 그런 능력이나 힘이 없어지고 평범한 인간이 되거나, 아니면 전성기의 후유증을 극복하지 못해서 빨리 죽는 사람들이 많습니다. 우리 인간은 절대적인 경지 혹은 최고의 경지를 향하여 끊임없이 나아갑니다. 그런데 우리 인간들 중에는 보통 사람들은 가질 수 없는 지혜나 능력으로 세상을 놀라게 하는 사람들이 있습니다. 우리는 보통 그런 사람들을 가리켜 신의 경지에 오른 사람들이라고 말을 합니다.

우리는 보통 세 가지 면에서 신의 경지에 오른 것 같은 사람들을 볼 수 있습니다. 그 중에 하나가 재주가 보통 사람들보다 아주 탁월한 사람들입니다. 예를 들어 보통 사람들은 도저히 따라갈 수 없는 재주를 가진 연주자나 아주 뛰어난 능력을 가진 운동선수들을 보면 사람들은 신의 능력을 가졌다고 말을 합니다. 그리고 예지력이 아주 뛰어난 사람이 있다면 사람들은 그를 가리켜 신의 지혜를 가진 자라고 말할 것입니다. 즉 요셉처럼 미래에 닥칠 흉년을 예언한다든지, 로마 시대 때 요세푸스같이 베스파니우스나 그 아들 티투스가 로마 황제가 될 것을 예언하는 것입니다. 그리고 또 하나는 독재자들이 권력을 이용해서 많은 사람들을 지배하고, 많은 나라를 정복해서 큰 나라를 만들고, 그다음에는 자기 집이나 무덤을 어마어마한 규모로 만들어서 많은 사람들에게 숭배를 받으려고 하는 것입니다.

그런데 확실히 보통 사람은 흉내 낼 수 없을 정도로 뛰어난 재주나 능력을 가진 사람들이 있습니다. 이것은 하나님께서 이 세상을 아름답고 재미있게 하기 위해서 자신의 능력의 일부를 빌려 주시는 것입니다. 그런데 사람들은 그런 능력을 가지고 명예를 높이려고 하고, 권력을 가지고 많은 사람들에게 숭배를 받으려고 합니다. 그런데 그러한 삶은 전부 실패한 삶입니다. 하나님이 보시기에 가장 중요한 것은 우리 인간에게 신의 능력이나 재능이 나타나는 것이 아니라 신의 성품이 나타나는 것입니다. 이것이 우리의 생각과 하나님의 생각이 근본적으로 다른 것입니다. 우리가 위대하다고 생각하는 것은 나 자신이나 다른 사람에게 신의 능력이나 재주가 나타나서 마치 어두운 세상에 섬광을 비추듯이 번쩍하면서 능력을 나타내는 것입니다. 그러면 이 세상은 갑자기 환하고 아름다운 세상이 될 것입니다. 그리고 그 신의 성품을 가진 자는 전 세계적으로 유명해질 것입니다. 그러나 하나님은 우리가 그런 한순간의 재주나 능력을 가진 자가 아니라 두고두고 하나님의 성품을 나타내는 자들이 되기를 원하십니다.

도시에서 큰 축제를 할 때에는 마지막 날에 하늘에 불꽃을 쏘아 올립니다. 하늘에 불꽃을 쏘아 올리면 펑 하는 소리와 함께 어두운 밤하늘이 아름다운 빛으로 수놓아집니다. 그러나 불꽃놀이가 끝나면 그 불빛은 사그라지고 온 천지는 다시 캄캄해집니다. 하지만 시간이 걸리더라도 공사를 해서 전기 시설을 하면 두고두고 아름다운 빛을 볼 수 있을 것입니다. 세상 사람들이 좋아하고 박수치는 것은 화려한 불꽃놀이이지만 하나님이 기뻐하시고 모든 사람들에게 유익한 것은 우리가 지속적으로 하나님의 성품을 나타내는 것입니다.

1. 어마어마하게 큰 약속

우리가 사는 이 세상은 철저하게 능력 위주의 사회입니다. 이 세상에서는 성적이 뛰어나고 실력이 있는 사람들을 높이 평가하고 인정해 줍니다. 더욱이 이 세상에서 신의 능력에 가까운 재주와 힘을 가진 자들은 일약 영웅이 되고, 많은 사람들의 찬사를 받으면서 멋진 인생을 살 수 있습니다. 그런데 하나님께서는 우리에게 더 위대한 약속을 하셨습니다. 하나님은 만일 우리가 우리의 인격 속에 하나님의 성품을 꽃피울 수 있다면 이런 영웅들의 삶과 비교되지 않는 어마어마한 복을 주겠다고 하신 것입니다.

> "이로써 그 보배롭고 지극히 큰 약속을 우리에게 주사 이 약속으로 말미암아 너희가 정욕 때문에 세상에서 썩어질 것을 피하여 신성한 성품에 참여하는 자가 되게 하려 하셨느니라"_벧후 1:4

요즘 대기업은 우수한 인재들을 직원으로 채용하는데, 일단 대기업의 직원이 되면 해외 출장도 다녀오고, 연수도 다녀오고, 다른 회사보다 높은 보수도 받고, 세상적으로도 인정을 받습니다. 그래서 젊은이들에게는 대기업에 취직했다는 것 자체가 성공의 길에 들어선 것이라고 말할 수 있습니다.

그런데 그것보다 더 빠른 출세의 길이 있는데, 그것은 이런 기업체 회장의 아들이 되는 것입니다. 이 아들들은 일단 외국의 대학에서 경영학 석사나 박사 학위를 받은 후에 부모님 회사에 입사하여 초고속으로 승진을 하고, 나중에는 기업을 경영하게 됩니다. 그런데 이런 재벌 2세 중에서 위기관리 능력이 있고 부모 못지않은 경영 능력이 있는 사람은 기업을 더 크게 성장시키지만 그렇지 않고 겉멋만 부리고 다른 사람을 부려먹으려고 하는 사람은 잘못된 결정을 내려서 회사를 망하게 합니다.

우리는 예수를 믿고 하나님을 믿지만 이 세상에서 능력 있는 삶을 살기를 원합니다. 그런데 우리가 이 세상에서 능력 있는 삶을 살기 위해서는 믿지 않는 사람을 이길 수 있는 능력을 가지는 것이 필요합니다. 그러나 하나님은 우리가 이 세상에서 빨리 성공하고 출세하는 것보다 더 크고 위대한 약속을 주셨습니다. "그 보배롭고 지극히 큰 약속을" 우리에게 주신 것입니다. 여기서 '보배롭다' 는 것은 무엇을 의미합니까? 하나님이 우리에게 주시는 약속은 지금 우리가 찾는 보물보다 더 어마어마한 보물이라는 것입니다. 그리고 이 약속은 '지극히 큰 약속' 이라고 말씀하셨습니다. 즉 하나님께서 우리 믿는 자들에게 주시려는 것은 남들보다 조금 더 나은 출세나 영광이 아닌 그야말로 어마어마한 복인 것입니다.

사실 하나님께서 우리에게 다른 사람들이 가지지 않은 능력이나 재주를 주신다면 우리는 당장이라도 유명한 사람이 될 수 있습니다. 예를 들어 하나님이 우리에게 탁월한 수학적인 능력을 주셔서 내로라하는 수학자들도 풀지 못하는 "페르마의 정리" 같은 것을 술술 풀 수 있고, 또 남들이 생각하지 못하는 경제 이론을 내세울 수 있다면 노벨상은 물론, 한순간에 전 세계적으로 유명한 학자가 될 수 있을 것입니다. 그리고 하나님께서 우리에게 바이올린이나 피아노 같은 악기를 천재적으로 연주할 수 있는 재주만 주신다면 우리는 세계적으로 유명한 연주가가 될 수 있고, 돈도 많이 벌 수 있을 것입니다. 그러나 하나님은 우리에게 그런 재주나 능력을 주지 않으시고 오로지 '하나님의 신성한 성품'을 가지게 하셨습니다. 그래서 본문에 '신성한 성품에 참여하는 자가 되게 하려 하셨다' 고 하였는데 이것을 개역한글 성경에서는 '신의 성품에 참예하는 자가 되게 하려 하셨다' 고 하였습니다. 즉 우리는 하나님의 재주나 능력을 받기를 원하는데 하나님은 우리가 하나님의 성품을 가지기를 원하시는 것입니다. 그러면서 "세상에서 썩어질 것을 피하여"라고 말씀하고 있습니다. 도대체 하나님의 성품이 어떤 것이기에 하나님은 우리가 하나님의 성품을 가지기를 원하시는 것일까요?

일단 우리 모든 인간은 하나님의 형상으로 만들어졌기 때문에 마음속에 최고의 경지에 오르고 싶고 완전한 자가 되고 싶은 욕망이 있습니다. 즉 공부를 하는 학생들은 일등을 하고 싶어 하고, 대학도 최고로 좋은 대학에 가기를 원합니다. 그리고 세상에서도 최고로 높은 자리까지 올라가기를 원합니다.

그러나 그 고생을 해서 최고의 자리까지 올라갔을 때 사람들은 말할 수 없는 허무감과 외로움을 느낍니다. 일단 주위에 친구가 될 만한 사람이 아무도 없기 때문에 외롭습니다. 그리고 최고로 높은 자리에 올라가면 좋은 것이 아주 많을 줄 알았는데 아무것도 없는 것입니다. 그래서 사람들은 최고의 자리에서 견딜 수 없는 불안과 외로움을 느끼는데, 그것을 달래 주는 것이 쾌락이고, 술이고, 살인인 것입니다. 그래서 사람들 중에는 최고의 자리에 오른 후에 다른 사람을 죽이고, 음란하고 방탕한 삶을 살다가 미쳐서 죽는 사람들이 있습니다.

하나님은 이 세상을 아름답게 하고 인간들을 행복하게 하기 위해서 신의 능력을 빌려 주시는데 이것이 인간들에게는 밤하늘을 수놓는 불꽃놀이밖에 되지 않습니다. 인간들은 그 아름다운 불꽃 아래서 소리 지르고 웃고 박수치지만 잠시 후에 다시 세상은 캄캄해지는 것입니다. 즉 사람들은 젊었을 때에는 순수한 열정으로 무엇인가 하려고 열심히 공부하고, 운동을 하고, 헌신을 하지만 조금 지나면 결국 타락하고 마는 것입니다.

그래서 하나님께서는 예수 믿는 사람들에게는 그 찬란한 세상의 성공을 주시지 않고 다른 것을 주십니다. 그것은 우리에게서 하나님의 성품이 나타나게 하는 것입니다. 하나님의 성품 중에서 가장 중요한 성품은 무엇일까요? 두말할 것도 없이 겸손입니다. 그런데 이 세상에는 겸손한 사람을 알아주거나 인정해 주는 사람이 아무도 없습니다.

한때 어떤 유명인사가 텔레비전에서 『논어』를 강의하면서 공자에 대한 관심이 전국적으로 비등한 적이 있습니다. 그런데 공자의 가르침 중에서 가장 중요한 것이 예의였습니다. 그러나 텔레비전에서 공자를 강의하는 그분에게서는 예의라는 것을 찾아볼 수가 없었습니다. 결국 그분의 가르침은 엉터리인 것입니다.

마찬가지로 예수님이 자신의 제자들에게 강조하신 것 중에서 가장 중요한 것이 겸손입니다. 그런데 개중에는 예수님의 제자라고 하고, 예수를 잘 믿는다고 하면서도 전혀 겸손하지 않은 사람들이 있는데 그런 사람들의 주장이나 사상은 모두 엉터리인 것입니다. 예수님을 닮지 않은 예수님의 제자는 엉터리 제자일 수밖에 없는 것입니다.

하나님께서는 우리 인간이 그렇게 지식이 있고 능력이 뛰어남에도 불구하고 악해질 수밖에 없는 이유가 우리의 성품이 하나님의 성품과 완전히 다르기 때문이라고 말씀하고 있습니다. 예를 들어 사자나 호랑이는 언제나 사납고 공격적입니다. 사자가 아무리 지식이 있고 아무리 능력이 있어도 여전히 공격적이고 사나울 수밖에 없는 이유는, 사자는 사나운 성품을 지니고 태어났기 때문입니다. 마찬가지로 사람이 아무리 뛰어난 재능을 가지고 있고 기술을 가지고 있어도 행복할 수 없는 이유는 원래부터 사납고 타락한 본성을 가지고 태어났기 때문입니다.

그런데 하나님은 우리 예수 믿는 사람들에게 너무나도 놀라운 일을 행하셨습니다. 그것은 우리에게 신의 재주나 능력을 주신 것이 아니라 하나님의 성품, 즉 하나님을 닮은 마음을 주신 것입니다. 그래서 하나님은 우리를 사납지 않은 사람이 되게 하셨고, 깨끗한 것을 사모하는 마음을 주셨고, 다른 사람을 이해하고 축복하는 마음을 주셨습니다. 이것이 바로 우리가 신의 성품에 참예하는 자가 되는 것입니다. 성경은 이것이 보배롭고 지극히 큰 약속이라고 말씀하고 있습니다. 즉 우리가 하나님의 성품을 가질 때 우리는 천국에서 이 세상의 성공과는 비교할 수 없는 엄청나게 복 있고 권세 있고 중요한 사람이 되는 것입니다.

그런데 우리가 바라는 것은 죽은 후에 천국에서 복이나 상급을 많이 받는 것이 아니라 지금 이 세상에 살면서 많은 복을 누리는 것입니다. 이에 대하여 본문은 우리가 이 세상에서도 남들과 비교할 수 없는 어마어마한 축복과 능력을 받게 된다고 말씀하고 있습니다. 그러므로 우리는 이 비밀을 알고 그것을 내 것으로 만들어야 할 것입니다.

2. 하나님의 성품의 특징

그러면 '하나님의 성품'은 무엇이고, 우리는 왜 그런 성품을 가져야 하는 것일까요? 여기서 우리는 하나님의 생각과 우리의 생각이 다르다는 것을 알아야 합니다. 예수님께서는 제자들을 세상으로 보내시면서, "내가 너희를 보냄이 양을 이리 가운데로 보냄과 같도다"(마 10:16)라고 말씀하셨습니다. 아마 성경에서 예수님의 이 말씀보다 더 우리의 변화를 보여 주는 말씀은 없을 것입니다. 즉 예수님은 옛날에는 우리도 이리였다는 것을 전제로 하고 이 말씀을 하신 것입니다.

하나님께서 하신 위대한 일 중의 하나가 이리와 같이 사납고 공격적이고 하나님을 불신하던 우리를 하나님을 절대적으로 신뢰하고 의지하며 유순한 사람으로 바꾸신 것입니다. 그런데 만일 이리 가운데 양을 보내면 양은 아주 불리할 것입니다. 왜냐하면 양은 자신을 지킬 수 있는 능력이 전혀 없기 때문입니다. 그러나 하나님에게는 그것이 너무나도 위대한 일이고, 큰 자랑이 될 것입니다. 왜냐하면 하나님은 이리를 양으로 바꾸셨기 때문입니다. 그래서 우리가 이 세상에서의 나 자신을 생각하면 이리로 남는 것이 성공이고, 사자가 되고 이리의 왕이 되는 것은 더 큰 성공이겠지만 하나님의 입장에서 볼 때는 우리가 힘이 없는 양이 되는 것이 성공입니다. 하나님은 이 세상에 이리가 양이 된 것을 보여 주고 싶으신 것입니다. 그러므로 우리가 하나님의 백성이 된 증거는 성경 지식이 많거나 말을 잘하거나 재능이 있는 것이 아니라 다른 사람에게 공격을 받고 상처를 입었지만 복수하지 않는 것입니다.

그러면 우리가 진짜 양이 되고 복수하지 않는 것이 하나님 앞에서 어떤 의미를 가지는 것일까요? 그것은 하나님의 퍼스트레이디가 되는 것과 같은 것입니다. 예를 들어 어떤 사람이 대통령 부인이나 황태자비가 되면 그 자신은 권력이 없지만 남편이 최고의 능력을 가지고 있기 때문에 아무도 무시할 수 없을 것입니다. 마찬가지로 하나님은 신의 성품을 가진 자는 하나님과 결혼한 자와 같다고 말씀하셨습니다.

하나님은 호세아 선지를 통해서 이렇게 말씀하셨습니다.

"내가 네게 장가 들어 영원히 살되 공의와 정의와 은총과 긍휼히 여김으로 네게 장가 들며 진실함으로 네게 장가 들리니 네가 여호와를 알리라"_호 2:19-20

하나님께서 이스라엘 백성에게 장가를 드실 때에 많은 돈이나 세상의 큰 권세를 주시면서 장가를 드시는 것이 아니라 공의와 정의와 은총과 긍휼히 여김 같은 성품을 가지고 장가를 들 것이라고 말씀하고 있습니다. 즉 우리가 하나님을 바로 믿을 때 가장 먼저 변하는 것이 우리의 성품이고, 이때 우리는 하나님 나라의 이인자가 되는 것입니다.

이인자는 자기가 직접 권력을 휘두르거나 힘을 행사하는 것은 아닙니다. 그러나 그는 최고 권력자와 가장 가까운 위치에 있기 때문에 얼마든지 큰 영향을 미칠 수 있습니다. 예를 들어 대통령 비서실장은 대통령을 보좌할 뿐이지 자기가 권력을 가지고 있는 것은 아닙니다. 그러나 비서실장은 대통령과 가장 가까운 위치에서 보좌하면서 많은 조언을 하기 때문에 아주 중요한 영향을 미칠 수 있습니다. 여기서 우리는 우리가 하나님의 성품을 많이 가질수록 하나님과 가까워질 수 있다는 사실을 알 수 있습니다.

그러므로 우리가 이 세상에서 성공하는 비결은 두 가지입니다. 하나는 내가 신의 능력을 가져서 세상에서 최고가 되고 세상을 움직이는 자가 되는 것이고, 또 하나는 하나님과 가까이 있어서 하나님을 통하여 세상을 살리고 세상을 축복하는 것입니다. 그런데 전자는 불꽃놀이를 하는 것처럼 일시적인 것이라면, 내가 하나님을 움직이는 것은 지속적인 것이며 사람들을 살리고 사람들의 가치를 되찾게 하는 방법입니다. 즉 내가 하나님을 가까이하면 나는 유명해지지 않지만 하나님은 영광을 받으시고 나는 굉장히 거룩한 사람이 되는 것입니다.

3. 믿음이 자라는 비결

우리가 처음 예수를 믿을 때 하나님께 받은 신의 성품은 아주 작은 씨앗과 같기 때문에 계속적으로 자라야 할 필요가 있습니다. 그래서 예수님께서는 우리의 믿음을 식물에 비유하여 설명하실 때가 많았습니다. 예수님은 제자들에게 너희의 믿음이 겨자씨와 같다고 하면서 그것을 땅에 심을 때에는 세상에 있는 어떤 씨보다 작지만 그것이 자라면 새들이 그 그늘에 깃든다고 말씀하셨습니다. 또 어떤 사람이 밭에 씨를 뿌릴 때에 그 씨가 제각기 길가나 돌짝밭이나 가시덤불이나 좋은 땅에 떨어졌는데, 좋은 땅에 떨어진 것은 삼십 배, 육십 배, 백 배의 열매를 맺는다고 했습니다. 이것이 바로 부흥입니다. 씨가 땅에 떨어지면 그냥 그대로 있는 것 같고 오히려 썩어서 없어질 것 같은데 비가 오고 온도가 적당히 올라가면 싹이 나서 자라는데 놀라울 정도로 빨리 자라고 열매까지 주렁주렁 열리는 것입니다. 마찬가지로 우리가 예수를 믿고 난 뒤에는 부흥이 필요합니다. 여기서 부흥이라는 것은 하나님과 우리 사이에 막힌 것이 없이 하나님의 말씀과 성령이 강같이 우리에게 부어지는 것을 말합니다.

본문 말씀 5절에 "그러므로 너희가 더욱 힘써"라고 하였습니다. 즉 하나님께서는 우리에게 신의 성품을 주셨는데 우리는 이것을 그냥 그대로 두어서는 안 되고 땅에 심고 물을 주어서 열매를 맺게 해야 하는 것입니다. 그래서 우리가 예수 믿고 난 후에는 가만히 있으면 안 되고 더 풍성한 하나님의 말씀과 기도로 뜨거운 부흥을 일으켜야 합니다. 그런데 처음 예수 믿을 때 이런 부흥이 없었던 사람은 아무리 오래 예수를 믿어도 능력이 생기지 않습니다. 하나님은 우리에게 다 만들어진 열매를 주시지 않고 믿음의 씨를 주셔서 스스로 농사를 짓게 하시는 것입니다. 그래서 8절 끝에 보면, "우리 주 예수 그리스도를 알기에 게으르지 않고 열매 없는 자가 되지 않게 하려니와"라고 하였습니다. 즉 우리는 믿음의 농사를 지어야 하고, 하나님의 성품의 열매를 많이 맺어야 하는 것입니다.

만일 하나님께서 우리에게 다 된 믿음을 주셨으면 우리는 스스로 다 된 사람인 줄 알고 교만해서 세상의 썩어질 것을 위해서 살았을 것입니다. 그런데 하나님께서는 우리에게 믿음이라고 하는 씨를 주셨습니다. 그래서 우리는 이 씨를 땅에 뿌려야 하고, 물을 주고 가꾸어서 많은 열매를 맺어야 합니다.

> "그러므로 너희가 더욱 힘써 너희 믿음에 덕을, 덕에 지식을, 지식에 절제를, 절제에 인내를, 인내에 경건을, 경건에 형제 우애를, 형제 우애에 사랑을 더하라"_벧후 1:5-7

본문 말씀은 우리의 믿음이 어떤 과정에 의해서 더 풍성해지고 더 많은 열매를 맺는지 설명해 주고 있습니다. 처음 출발은 믿음입니다. 우리가 하나님의 말씀을 들으면 하나님에 대한 믿음이 생깁니다. 믿음이라는 것은 신앙의 출발점입니다. 믿음은 우리와 하나님의 관계가 열려서 우리에게 하나님의 생명과 능력이 공급되는 것을 말합니다. 즉 우리가 예수를 믿으면 그때부터 우리에게 하나님의 생명이 공급되고, 하나님의 거룩하심을 따라가게 됩니다.

그런데 아기가 태어났다고 해서 모든 것이 다 된 것이 아닌 것처럼 예수를 믿었다고 해서 모든 것이 다 된 것이 아닙니다. 우리는 이때부터 하나님의 말씀을 먹고 열심히 자라야 합니다. 이때 중요한 것이 '덕'이 공급되는 것입니다. 여기서 '덕'은 다른 사람을 보살펴 주는 것을 말합니다. 즉 사람이 어렸을 때에는 누군가가 보살펴 주고 도와주어야 합니다. 그런데 '덕'이라는 단어가 옛날에는 '힘'이라는 뜻으로 사용되었습니다. 즉 사람은 자라면서 힘이 생겨야 하는 것입니다. 아이들이 어렸을 때에는 별로 도움이 되지 않지만 청소년 정도만 되어도 제법 무거운 것을 들기도 하고, 어려운 심부름도 감당합니다. 그래서 어렸을 때는 너무 무리하게 일을 시키지 않습니다. 왜냐하면 아직 힘이 부족한데 너무 많은 일을 시키면 탈진해서 나중에는 아무것도 하지 않으려고 하기 때문입니다. 어렸을 때는 좀 아껴 두었다가 나중에 좀 더 큰 인물이 될 수 있도록 해 주어야 합니다.

예를 들어 야구 선수 중에는 어렸을 때 너무 혹독한 훈련을 받아서 정작 프로 팀에 입단해서는 어깨가 고장이 나는 바람에 피치 못하게 은퇴를 하는 선수들이 있습니다. 그래서 어렸을 때에는 너무 빨리 유명해지지 않고 너무 한쪽으로만 치우치지 않도록 보호해 주어야 합니다.

영화 "나 홀로 집에" 시리즈로 유명해진 아역 배우 맥컬리 컬킨은 많은 돈을 벌고 큰 인기를 얻었지만 나중에 마약과 알코올 중독자가 되어서 비참한 생활을 했다고 합니다. 사람이 너무 일찍 유명해지면 세상 사는 것이 우습게 보이기 때문에 얼마 가지 않아서 실패하는 것입니다. 그렇기 때문에 어린 신자들은 혹사당하지 않고 너무 인기를 끌지 않도록 보호해 주어야 합니다. 그러면서 지속적으로 하나님의 복을 받을 수 있는 비결을 배워야 하는데 그것이 바로 지식입니다. 즉 우리는 한순간 반짝하는 성공보다는 하나님의 말씀 속에 있는 비밀을 캐내는 법을 배워야 합니다. 이때 중요한 것이 진리를 잘 가르쳐 주는 선생 밑에서 착실하게 배워야 하는 것입니다. 성경에는 어마어마한 보물이 들어 있는데 특히 성경의 교리는 전부 반짝이는 보물들입니다. 더욱이 하나님의 말씀은 예리한 검과 같기 때문에 하나님의 말씀을 가지는 것은 예리한 검을 가지는 것과 같고, 많은 보물을 가지는 것과 같습니다.

그런데 성경은 하나님의 성품에 대하여 열거하지 않고 하나님의 진리에 가까이 갈 수 있는 방법을 가르쳐 주고 있습니다. 즉 우리가 하나님의 말씀을 가까이하는 것이 하나님의 성품을 가지는 것인데 하나님의 말씀은 마치 이마아마하게 큰 광산에 매장되어 있는 보물과 같아서 그 산을 파 들어가는 것이 얼마나 어려운 일인지 모릅니다. 그리고 우리가 그 보물을 캐내려면 세상 것을 손해 봐야 합니다. 결국 그것이 절제인 것입니다.

우리는 내가 하고 싶은 것을 다 하고, 누리고 싶은 것을 다 누리면서 하나님의 보물을 캐낼 수는 없습니다. 그래서 세상과 하나님의 보물을 같이 가지려고 하는 자들은 스스로 속게 될 것입니다. 왜냐하면 이들은 세상도 가지고 하나님의 나라도 가졌다고 자만을 하는데 결국 하나님의 비밀을 가진 것이 아니기 때문입니다. 우리 인생에서 가장 중요한 순간은 물론 예수를 믿는 순간이지만 예수를 믿고 난 후에 하나님의 말씀의 맛을 알고 그 가치를 아는 것이 중요합니다. 하나님 나라의 능력은 여기서 결판이 나는 것입니다.

그런데 우리가 절제를 한다고 해서 당장 하나님의 보물이 쏟아지는 것은 아닙니다. 하나님의 말씀은 요술 방망이가 아닌 것입니다. 우리가 많은 손해를 보면서 하나님의 말씀을 듣고 파고들어 갈 때 처음에는 별로 변화가 없는 것 같습니다. 즉 하나님의 능력도 임하지 않고, 세상의 성공도 오지 않습니다. 이때가 우리 신앙의 가장 큰 위기입니다. 즉 우리가 아예 세상으로 나갔더라면 세상의 성공이라도 가질 수 있었을 텐데 말씀 때문에 성공하지도 못하고, 그렇다고 해서 하나님의 능력도 오지 않는 것입니다. 이때 우리에게 인내가 필요합니다. 우리가 끝까지 인내할 때, 즉 거의 소망이 없는 상태에서 죽음이 오는 순간까지 인내할 때 어느 순간 조금씩 마음이 뜨거워지면서 눈물이 나오고 기도가 터져 나오는데 이것이 부흥입니다. 즉 우리는 돈이나 세상의 성공을 원하는데 하나님은 부흥의 불을 주시는 것입니다.

이때 우리는 더 경건에 힘써야 합니다. 즉 부흥이 일어났다고 해서 방탕하면 부흥의 불이 꺼지고 맙니다. 즉 부흥이 일어났을 때 신비주의에 빠져서 교회도 무시하고 설교도 듣지 않고 제멋대로 나가면 열광주의에 빠지면서 부흥이 없어집니다. 그래서 부흥이 일어났을 때 더 교회 중심으로, 설교 중심으로, 목회자 중심으로 하나가 되어야 합니다. 이때 교회에서 지속적으로 하나님의 말씀을 전하면서 영적인 성전이 지어지는데, 이것이 바로 핵발전소와 같은 위력을 나타냅니다. 그래서 부흥이 일어날 때 형제간에 우애하라고 했는데 이것은 형제가 하나로 연합을 하는 것입니다. 하나님의 백성은 개성이 강해서 연합하기가 쉽지 않습니다. 그런데 지속적으로 함께 예배드리고 말씀을 들을 때 교회가 극장이 아니라 성전으로 변하는데, 이때 우리 안에 성령이 차올라 옵니다. 이때 병든 자들의 병이 낫고, 하나님이 가난한 자들에게 물질을 주시고, 성도들이 사랑으로 끈끈하게 맺어지는데, 그 가운데 하나님이 계시는 것입니다.

이때 사랑을 더하라고 했습니다. 사랑은 상호 우애에 최고의 법입니다. 즉 자기 주장을 하지 않고, 잘못한 형제를 용서하며, 남을 나보다 낫게 여기고, 서로를 축복하는 것입니다. 그러면 우리의 축복이 교회 안에 충만할 뿐 아니라 밖으로도 넘치게 됩니다.

> "이런 것이 너희에게 있어 흡족한즉 너희로 우리 주 예수 그리스도를 알기에 게으르지 않고 열매 없는 자가 되지 않게 하려니와"_벧후 1:8

우리가 이런 것을 풍성하게 갖추고 있으면 우리는 얼마든지 하나님의 축복을 받고 능력을 나타낼 준비가 되어 있는 것입니다. 우리는 지금 우리 안에 있는 축복을 파내어서 능력을 나타낼 수 있어야 하겠습니다. 우리는 지금 하나님께 가까이 와 있습니다. 그러므로 이제 우리는 하나님께 더 가까이 가서 이 땅의 백성들을 용서해 주시고, 우리 가운데 병을 치료하시며, 어려움에 처한 자들을 살려내는 역사가 불같이 일어나도록 기도해야 할 것입니다.

기회 23

벧후 1:8-11

멀리 보는 능력

옛날에 배를 타는 사람들에게는 망원경이 필수품이었습니다. 뱃사람들은 망원경을 통해서 먼 곳에 있는 육지를 발견하기도 하고, 다른 배들이 해적선인지 상선인지 알아내기도 했습니다. 이렇듯 우리가 다른 사람보다 멀리 볼 수 있는 눈을 가지고 있으면 인생을 살아가는 데 얼마나 유리한지 모릅니다.

얼마 전에 인천 영종대교에서 106대의 차량이 추돌하여 많은 사람이 다치거나 죽고, 차들이 부서졌습니다. 이 사고의 원인은 안개였는데 차들이 안개 지역을 통과하다가 안개가 걷히니까 속도를 올렸고, 그 상태에서 다시 안개 지역이 나오는 바람에 속도를 줄이지 못하고 달리다가 앞에 있는 차를 추돌해서 대량 추돌사고로 이어진 것입니다.

우리가 먼 길을 안전하게 가려면 당장 눈앞에 있는 편의만 생각해서는 안 되고 좀 더 멀리 볼 수 있는 안목이 있어야 합니다. 만일 바로 앞에 있는 길이 좋아 보여서 그 길로 들어섰는데 얼마 안 가서 공사를 하고 있거나 그 길 끝이 낭떠러지라면 오히려 더 위험하고 다시 돌아가려면 시간도 오래 걸릴 것입니다.

　더욱이 전쟁을 할 때에는 눈앞에 있는 적들만 보아서는 안 됩니다. 더 먼 곳에 있는 적들을 보고, 더 먼 곳에 있는 배나 화기를 보아야 죽지 않습니다. 제2차 세계대전 때에 일본이 패망한 것도 미국이 레이더를 먼저 개발해서 눈에 보이지 않는 곳에서 공격했기 때문입니다. 마찬가지로 우리가 하나님의 축복을 향해서 나아갈 때 우리 눈앞에 있는 세상의 복들에 욕심을 내서 주저앉아 버리면 우리는 하나님의 복을 받지 못할 것입니다. 그러나 눈앞에 아무리 좋은 것이 많이 있어도 그런 것들에 마음을 빼앗기지 아니하고 먼 곳에 있는 하나님의 축복을 향해서 나아갈 수 있다면 우리는 성공할 수 있는 것입니다.

　그래서 9절에 보면, "이런 것이 없는 자는 맹인이라 멀리 보지 못하고 그의 옛 죄가 깨끗하게 된 것을 잊었느니라"라고 말씀하고 있습니다. 즉 맹인처럼 앞을 제대로 보지 못하는 사람이 있는가 하면, 아주 먼 데 있는 것을 볼 수 있는 눈을 가진 사람이 있는 것입니다. 사람들 중에는 목욕탕 안에도 안경을 쓰고 들어오는 분들이 있습니다. 이런 분들은 지독한 근시인 것입니다.

　그런데 눈이 좋아서 먼 곳을 볼 수 있으면 유리한 점이 많습니다. 즉 먼 데 있는 좋은 것을 먼저 보면 남들이 여유를 부리면서 놀고 있을 때 부지런히 노력해서 그 열매를 딸 수 있을 것입니다. 또 어떤 사람이 멀리 볼 수 있는 안목을 가져서 머지않아 틀림없이 큰 열매나 축복이 있다는 것을 안다면 다른 사람들은 당장 좋은 결과가 나타나지 않는다고 실망하고 있을 때 그는 실망하지 않고 끝까지 인내할 수 있을 것입니다. 그리고 만일 먼 미래를 볼 수 있는 눈을 가지고 있으면 미래에 좋지 않은 일이 기다리고 있을지라도 그것을 예측하고 조심할 것입니다. 그래서 베드로 사도는 당장 눈앞에 있는 이익이나 성공을 보고 기뻐하거나 슬퍼할 것이 아니라 조금 더 멀리 보아서 하나님이 우리를 어떻게 보고 계시는지를 알 수 있어야 한다고 말하고 있습니다.

1. 성공의 두 가지 기준

우리는 모두 이 세상에서 성공하고 멋진 삶을 살기를 원합니다. 그런데 우리는 성공의 기준을 대개 돈을 많이 벌었거나 남들보다 높은 지위에 있는 것으로 생각합니다. 그리고 우리는 어떤 위대한 업적을 남긴 사람을 성공한 사람이라고 말합니다. 그러나 우리의 인생을 긴 안목으로 내다보면 한때 부자였다가 어느 순간 몰락하여 가난하게 되는 사람들도 많이 있습니다. 그리고 한때는 큰 업적을 남겨서 유명해졌지만 나중에는 실패한 삶을 사는 사람들도 많이 있는 것입니다.

얼마 전에 서울의 어느 지하철역에서 어떤 사람이 철로에 뛰어내려서 자살을 기도했습니다. 그런데 다행히도 지하철이 그 사람 위를 스치듯이 지나가서 죽지 않고 살았는데 나중에 알고 보니까 자살을 기도한 사람이 한때 아주 유명했던 영화감독이었습니다. 그는 다음 작품을 준비하면서 수개월간 심한 절망과 좌절에 빠져 있다가 자살을 기도했다는 것입니다. 또 어떤 분은 한때 돈을 많이 벌어서 그 돈으로 교향악단을 만들어 문화 사업도 하고 대학도 세웠는데 사업이 망하는 바람에 그가 이루어 놓은 것들이 다른 사람의 소유로 넘어가서 그 사람의 업적은 남지 않게 되었습니다.

우리가 이런 것을 보면 당장 눈앞에 있는 것을 볼 것이 아니라 인생을 조금 더 멀리 보아야 아름답고 성공적인 삶을 살 수 있다는 것을 알 수 있습니다. 그렇게 하면 인생 초반에는 고생을 하기도 하고 힘이 들기도 하지만 후반에 가서는 자기 길을 찾아서 능력 있는 삶을 삶으로 진정으로 성공하는 것입니다.

그래서 본문은 이렇게 말씀하고 있습니다.

"이런 것이 없는 자는 맹인이라 멀리 보지 못하고 그의 옛 죄가 깨끗하게 된 것을 잊었느니라"_벧후 1:9

여기의 "맹인"은 완전히 앞을 보지 못하는 사람은 아닌 것 같습니다. 그는 심한 근시이기 때문에 멀리 있는 것을 잘 보지 못하는 것입니다. 거기에 비해서 본문 말씀 5-6절에 있는 여러 가지 조건을 갖추고 있는 사람은 먼 곳까지 볼 수 있기 때문에 결국 많은 열매를 얻게 됩니다.

그래서 본문에서는 인생의 성공을 두 가지로 비유하고 있습니다. 그 하나는 농사짓는 사람들의 열매입니다. 그리고 다른 하나는 마라톤 선수들이 골인 지점까지 완주하는 것입니다.

"이런 것이 너희에게 있어 흡족한즉 너희로 우리 주 예수 그리스도를 알기에 게으르지 않고 열매 없는 자가 되지 않게 하려니와"_벧후 1:8

여기에 보면 '이런 것이 너희에게 있어 흡족하다'는 말씀이 나오고, '열매 없는 자가 되지 않게 하려 한다'고 말씀하고 있습니다. 이 말씀은 농사짓는 것에 비유한 것입니다. 농사는 절대로 서두른다고 해서 결실을 빨리 보거나 많이 거두어들이는 것이 아닙니다. 열매를 빨리, 그리고 많이 수확하고 싶다고 해서 때가 되지도 않았는데 씨를 뿌려 봐야 싹이 나지 않습니다. 농사는 때가 있는 법이고, 열심히 한 만큼 열매를 얻는 것입니다. 농사를 지어서 많은 열매를 수확하려고 결심을 했으면 때에 따라 물도 주고 잡초도 뽑아 주어야지 그렇지 않고 다른 일을 한다고 돌아다니다 보면 너무나도 보잘것없는 열매를 거두는 것입니다.

그래서 보통 사람들은 높은 자리에 올라가거나 돈을 많이 버는 것을 성공이라고 생각하지만 성경은 나중에 열매를 많이 거두는 자가 인생에 성공한 사람이라고 말씀하고 있습니다. 최후에 웃는 자가 성공한 사람인 것입니다.

모든 조건이 좋을 때에는 머리가 뛰어나고 순발력이 있는 사람이 남들보다 높은 자리에 올라가고 사람들에게 영향력을 나타냅니다. 그러나 위기의 순간에 능력을 나타내는 사람은 머리가 좋거나 돈이 있는 사람이 아니라 하나님과 소통할 수 있는 능력을 가진 사람입니다. 즉 세상에 위기의 순간이 왔을 때 하나님께 기도해서 하나님의 뜻을 알아내고 기도 응답을 받을 수 있는 사람이 능력 있는 사람인 것입니다.

사도 바울이 죄수의 신분으로 로마로 압송될 때 그 배에는 선장이나 선주도 있었고, 로마 장교도 있었고, 장사하는 사람들도 있었습니다. 그러나 배가 폭풍을 만나서 침몰하게 되었을 때 영향력을 나타낼 수 있는 사람은 하나님과 소통할 수 있는 사도 바울 한 사람밖에 없었습니다. 이런 경우에 성경은 "그것을 네 손에 넘겨주었느니라"(삿 7:9)라고 말씀하십니다. 즉 하나님은 그 배에 있는 수백 명의 목숨을 사도 바울 한 사람의 손에 맡겨서 살리기도 하시고 죽이기도 하신다는 것입니다. 그런데 만일 그 배에 사도 바울이 타지 않았더라면 그 배에 탄 사람들은 다 죽었을 것입니다. 즉 사도 바울이 그 배에 타고 있었기 때문에 그 배에 탄 사람들은 사도 바울의 의지나 노력에 따라서 살 수도 있고 죽을 수도 있는 처지로 업그레이드되는 것입니다.

그런데 여기에 보면, "이런 것이 너희에게 있어 흡족한즉"이라고 말씀하고 있습니다. 여기서 '흡족하다'는 것은 농사를 짓는 개념에서 나온 것입니다. 즉 논이나 밭에 물을 넉넉하게 주면 식물은 무럭무럭 자랍니다. 마찬가지로 우리 신앙에도 믿음에 덕을, 덕에 지식을, 지식에 절제를, 절제에 인내를, 인내에 경건을, 경건에 형제 우애를, 형제 우애에 사랑을 계속 공급하는 것입니다. 농사를 짓는 사람들에게 물이 충분히 공급되는 것보다 더 중요한 것은 없는 것처럼 우리 신앙에 있어서도 하나님의 영양분이 충분히 공급되는 것보다 더 중요한 것은 없는 것입니다.

밭이나 논에는 농수로가 있습니다. 즉 아무리 논이나 밭이 많아도 수로가 없으면 그 논밭은 황폐하게 되어서 농사를 지을 수가 없습니다. 마찬가지로 우리는 부지런히 하나님의 능력과 지식을 공급받는 수로를 만들어야 하고, 하나님의 능력이 계속 공급되어야 합니다. 그래서 농사짓는 사람들은 농사만큼 정직한 것이 없다고 합니다. 즉 씨만 뿌려 놓고 물도 주지 않고 풀도 뽑지 않고 거름도 주지 않으면서 놀러 다니기만 하면 가을에 아주 초라한 열매를 맺지만, 물도 부지런히 주고 잡초도 뽑고 거름도 넉넉하게 주면 가을에 몇십 배의 열매를 얻는 것입니다.

그런데 이 세상의 성공은 우리 눈에 보이지만 믿음의 열매는 눈에 보이지 않기 때문에 사람들은 믿음의 농사를 소홀히 할 때가 많습니다. 이것은 마음에는 잡초가 가득하면서 겉만 번지르르하게 꾸미는 것과 같습니다. 그래서 예수님은 바리새인들에게, "잔과 대접의 겉은 깨끗이 하되 그 안에는 탐욕과 방탕으로 가득하게 하는도다"(마 23:25)라고 말씀하셨습니다. 즉 이들의 마음은 청소가 되어 있지 않고 하나님의 능력이 전혀 공급되지 않아서 완전히 쓰레기장이요, 시궁창이 되어 있었던 것입니다. 결국 이 세상의 성공은 우리가 얼마나 하나님으로부터 말씀과 능력을 가지고 와서 사람들을 살리고 변화시켰느냐 하는 것으로 결판이 나는 것입니다.

사람을 살리고 변화시키는 것에 있어서 가장 중요한 밭은 교회입니다. 교회를 통해서 얼마나 많은 사람들이 변화되었느냐 하는 것이 승패를 가르는 중요한 기준이 됩니다. 교회에 아무 열매가 없는데 세상에서 성공했다는 것은 큰 의미가 없는 것입니다. 교회에서 기도의 응답이 없고 부흥의 열매가 없는데 세상에서 큰 축복의 열매를 거둘 수 없는 것입니다. 그렇기 때문에 우리는 평소에 부지런히 하나님의 능력을 받는 연습을 해야 합니다.

2. 그리스도를 아는 신비

베드로 사도는 우리가 이 세상에서 가장 성공적인 삶을 살 수 있는 비결은 예수 그리스도를 아는 지식에 있다고 말하고 있습니다.

"이런 것이 너희에게 있어 흡족한즉 너희로 우리 주 예수 그리스도를 알기에 게으르지 않고 열매 없는 자가 되지 않게 하려니와"_벧후 1:8

여기에 보면 신앙의 열매를 많이 맺는 비결이 예수 그리스도를 아는 데 있다고 말씀하고 있습니다. 우리는 이 세상에서 성공하기 위해서는 가능한 한 내 안에 있는 능력을 다 계발해야 한다고 생각합니다. 사실 사람들은 대개 자기 안에 있는 능력을 계발하지 못한 채 살아갑니다. 만일 우리가 교육을 많이 받아서 내 안에 있는 모든 능력을 계발하면 우리는 훨씬 능력 있고 성공적인 삶을 살 수 있지 않을까요? 사실 사람들은 높은 수준의 교육을 받을수록 더 유능해지고 더 넓은 시각을 가지고 살아갑니다. 그러나 성경은 꼭 그런 것은 아니라고 말씀하고 있습니다. 즉 인생을 근시안적으로 볼 때에는 교육이 성공에 큰 역할을 하는 것이 사실이지만 멀리 내다보면 교육을 많이 받는다고 해서 꼭 성공하는 것은 아닌 것입니다.

또 우리는 세상에서 성공하기 위해서는 시대의 필요를 잘 알아야 한다고 생각합니다. 사실 세상을 보면 확실히 시대의 흐름이라는 것이 있습니다. 특히 정치인이나 경영자들은 이런 시대의 흐름을 읽지 못하면 낙오할 수밖에 없습니다. 예를 들어 2G폰 시대가 끝나고 스마트폰 시대가 왔는데도 옛날 기술을 고집하면 망하는 것입니다. 또한 정치인들은 이제 이념 대결의 시대가 끝났기 때문에 새롭고 역동적인 것을 찾아야 하는데 자꾸 옛날 이념만 가지고 대결을 하려고 하면 실패하고 말 것입니다. 그런데 본문은 우리가 진정으로 성공하기 위해서는 게으르지 말고 부지런히 예수 그리스도를 알아 가야 한다고 말씀하고 있습니다.

사도 바울은 회심하기 전에 당대 최고의 율법학자인 가말리엘의 문하에서 율법에 대하여 엄격한 교육을 받았습니다. 그러나 그리스도를 알고 난 후에 그는 그리스도 때문에 모든 것을 잃었고, 그것들을 배설물로 여긴다고 말을 했습니다. 왜냐하면 예수 그리스도를 아는 지식이 가장 고상하기 때문이라는 것입니다. 예수님께서는 말씀하시기를, "나는 포도나무요 너희는 가지라 그가 내 안에, 내가 그 안에 거하면 사람이 열매를 많이 맺나니"(요 15:5)라고 하셨습니다. 이 세상에는 매우 많은 성공의 조건들이 있는데 왜 성경은 예수 그리스도를 아는 것이 성공의 조건이라고 말씀하고 있는 것입니까? 이 세상에 있는 그 많은 복들은 진정한 복이 아니기 때문입니다. 예를 들어 이 세상에서 큰 금광을 발견한 사람은 한평생 걱정 없이 살 수 있을 것입니다. 사실 이 세상에는 한순간에 크게 히트해서 그것으로 한평생 먹고사는 사람들이 있습니다. 그러나 그것은 성공이 아닙니다. 왜냐하면 이런 것들은 하나님 앞에서 인정을 받을 수 없는 것이기 때문입니다.

이 세상의 성공은 이 세상에서나 통하는 것이지 하나님 앞에서는 전혀 인정을 받지 못합니다. 그러나 하나님 앞에서 예수님의 이름은 권세가 있습니다. 그래서 우리가 예수의 이름을 믿고 하나님께 나아가면 하나님은 언제나 우리를 받아 주십니다. 만약 우리가 예수님이 이 세상에서 하신 말씀을 깨닫고 하나님 앞에 나아가면 하나님은 언제나 그 믿음대로 복을 주십니다. 우리가 하나님 앞에서 예수의 이름으로 기도하면 하나님은 반드시 들어주십니다. 더욱이 하나님은 하늘의 모든 권세와 축복을 예수님에게 다 주셨습니다. 그러므로 우리가 진정으로 성공하는 비결은 예수 안에 있는 비밀을 깨닫는 것입니다.

우선 우리는 예수 그리스도에 대하여 기본적으로 알아야 할 것이 있습니다. 그 중에서 가장 기본적인 것이 예수님의 죽으심은 나를 대신한 대속의 죽음이라는 사실입니다. 예수님께서 죽으신 것은 내 죄를 대신해서 죽으신 것이며, 나에게 필요한 것은 오직 믿음밖에 없습니다. 예수님이 나를 대신하여 죽으신 것을 믿을 때 하나님은 나의 옛사람은 죽고 내 안에 예수님이 살아 계시게 하셔서 나로 하여금 예수님 행세를 하면서 살게 하십니다. 그래서 이제는 내가 더 이상 내가 아닙니다. 나는 죽었고 예수님이 내 안에 살아 계셔서 나를 인도하시는 것입니다.

그리고 우리가 예수님에 대하여 알아야 할 것은, 예수님은 하나님이시면서 또 사람이라는 것입니다. 즉 예수님은 신격과 인격을 가지고 계신 분인 것입니다. 예수님은 하나님이시면서 사람의 몸을 입으셨습니다. 예수님이 하나님의 아들이 아니라면 내 죄를 대신할 수가 없고, 가장 중요한 성령을 우리에게 주실 수가 없습니다. 이단들은 모두 이 부분에서 실패했습니다. 이단들은 예수님을 하나님의 아들로 믿지 않습니다. 그들은 죄 용서를 믿지 못해서 자신들의 공로로 구원을 얻으려고 하는 것입니다. 그러나 하나님의 구원을 자기 공로로 얻으려고 할 때 천국 문은 닫히고 맙니다. 천국은 절대로 우리 인간의 공로로 들어갈 수 없습니다. 예수님이 하나님의 아들이 아니라면 우리에게 성령을 주실 수가 없습니다. 그래서 이단에게는 성령의 역사가 한 번도 없었습니다.

우리는 또 예수님의 지위를 알아야 합니다. 예수님은 우리의 죄를 짊어지고 지옥의 고통을 다 받으셨습니다. 예수님의 십자가는 우리의 모든 죄와 더러운 것과 추악한 것을 다 빨아 가는 진공청소기인 것입니다. 그리고 예수님은 부활하시고 하늘로 들려 올라가셔서 하나님의 보좌 우편에 앉아 계시면서 온 세상을 통치하시는데, 특히 우리 믿는 자들에게 성령을 주시고 능력을 주셔서 죄를 이기고, 마귀를 이기고, 거짓 진리를 이기게 하십니다. 우리가 이런 예수님을 배울 때 능력이 임하면서 모든 마귀의 세력을 이기고 신앙의 열매를 맺는 것입니다.

그래서 베드로와 요한은 성전 문에서 구걸하는 장애인에게, "은과 금은 내게 없거니와 내게 있는 이것을 네게 주노니 나사렛 예수 그리스도의 이름으로 일어나 걸으라"(행 3:6)라고 했습니다. 베드로와 요한은 은과 금 대신에 예수님의 이름을 사용하는 법을 알고 있었습니다.

그뿐만 아니라 성경 전체가 예수 그리스도의 진리를 가지고 있습니다. 그런데 성경은 마치 어마어마한 바위와 같아서 그 안에 있는 진리를 캐내어 내 것으로 만드는 것이 너무나도 어렵습니다. 성경의 진리를 캐내는 것은 바위 속에서 석유나 금이나 보석을 캐내는 것보다 더 어려운 일인 것입니다. 그런데 우리가 성경 진리를 캐낼수록 하나님의 능력과 축복이 나타납니다. 즉 하나님의 진리를 캐내어서 그것을 가지고 뜨겁게 기도할 때 하늘 문이 열리고 부흥이 일어나는데 이것이 최고의 축복이고 성공인 것입니다. 그래서 이 세상에서 진정으로 성공한 사람은 하늘 문을 여는 데 성공한 사람이고, 부흥을 일으키는 데 성공한 사람이며, 기도 응답의 비밀을 알고 영혼을 살리는 진리를 가지는 데 성공한 사람입니다.

그러나 이런 진리 없이 믿는 사람들이 있습니다. 본문에서 이런 사람들은 영적인 맹인이라고 했습니다.

"이런 것이 없는 자는 맹인이라 멀리 보지 못하고 그의 옛 죄가 깨끗하게 된 것을 잊었느니라"_벧후 1:9

예수 그리스도를 제대로 알지 못하는 자는 멀리 보는 신앙을 가진 자가 아닙니다. 그래서 이런 사람은 예수님의 십자가 보혈로 우리의 모든 죄가 씻음 받은 것을 알지 못하고 처음부터 다시 믿으려고 합니다. 이들은 신앙의 기초에서 한 걸음도 더 나아가지 못하는 것입니다.

3. 최종적인 성공

마라톤 경기를 하는 사람들 중에는 처음에 전력질주를 해서 맨 앞에서 달리다가 점점 뒤로 처져서 나중에는 경기를 포기해 버리는 사람들이 있습니다. 이런 사람들은 마라톤 훈련을 충분히 하지 않은 사람들입니다. 뿐만 아니라 어떤 사람들은 출발점에서 다른 사람들과 함께 출발하지 않고 갑자기 중간에 나타나서 결승점을 향하여 뛰는 사람도 있습니다. 그러나 이런 사람들은 모두 결승점에서 실격 처리가 됩니다.

이와 마찬가지로 우리 신앙의 경기에도 단거리 경기가 있고, 장거리 경기가 있습니다. 신앙의 단거리 경기는 시험을 당했을 때 시험을 이기기 위해 거의 숨도 쉬지 않고 달리는 것을 말합니다. 하나님은 우리에게 감당하지 못할 시험은 주시지 않고, 시험당할 때에는 반드시 피할 길을 주신다고 말씀하셨습니다. 그런데 막상 우리가 시험을 당하면 거의 숨을 쉴 수 없을 정도로 어려움이 계속됩니다. 즉 경제적인 어려움이나 정신적인 어려움이 오고, 도저히 살 수 없을 것 같은 위기가 계속되는데 하나님의 도움은 오지 않는 것입니다. 이때 우리는 숨을 쉴 수 없을 것 같은 어려움을 참아내야 합니다. 이것은 마치 육상 단거리 선수들이 숨도 쉬지 않고 결승점을 향해서 달리는 것과 같습니다. 우리는 거의 죽을 것 같은 답답함을 참으면서 달려야 시험을 이길 수 있습니다. 이때 갑자기 죽는 것을 두려워하거나 간사한 사람의 말을 듣고 흔들리면 실패하고 맙니다. 그러나 우리에게는 또 장거리 경기가 있습니다. 이것은 우리가 바른길을 찾은 후에도 좌로나 우로나 치우치지 아니하고 끝까지 생명의 길을 달려야 하는 것입니다.

결국 우리가 이 세상에서 성공하기 위해서는 하나님의 말씀의 가치를 알아야 하고, 그 진리를 찾아내야 합니다. 그러고 난 후에 절대로 방심하지 않고 끝까지 말씀의 길을 가야 하는 것입니다. 그런데 유다나 이스라엘의 왕 중에서 끝까지 이 길을 간 왕은 많지 않습니다. 왜냐하면 그만큼 이 말씀의 길은 모호하고 세상의 성공과 출세의 약속은 확실하고 화려하게 보이기 때문입니다.

세상에는 이 믿음의 길에 걸려서 넘어지게 하는 장애물이 많이 있습니다.

"그러므로 형제들아 더욱 힘써 너희 부르심과 택하심을 굳게 하라 너희가 이것을 행한즉 언제든지 실족하지 아니하리라"_벧후 1:10

여기에 보면 믿음의 길에서 실족하는 일이 많이 있을 수 있다고 말씀하고 있습니다. 즉 우리가 목표로 하는 축복과 성공은 눈에 보이는 것이 아닙니다. 그래서 사람들은 종종 길을 가다가 좋은 것이 있으면 거기에 현혹되어서 그 뒤에 있는 목표를 포기합니다. 예를 들어 어떤 학생이 좋은 대학에 들어가는 것을 목표로 공부하는 중에 눈앞에 있는 게임이나 친구들과 노는 데 빠져 버리면 당장은 좋을지 몰라도 결국 목표를 이루지 못할 것입니다. 이처럼 이스라엘 백성은 가나안 땅을 목표로 하고 가다가 눈앞에 모압 여인들이 섹시한 모습으로 우상과 맛있는 술을 가지고 유혹을 하자 방향을 바꾸어서 그쪽으로 갔다가 죽임을 당했습니다. 그렇기 때문에 우리는 항상 하나님은 무엇 때문에 나를 부르셨으며, 하나님이 나에게 주신 지위가 무엇인지를 늘 확인해야 합니다. 즉 아이들이 심부름을 할 때 엄마가 사오라고 적어 준 것을 가슴에 품고 계속 확인을 해야 하는데 PC방에 들어가서 정신없이 게임을 한다든지 혹은 친구들과 노는 데 정신이 팔려서 자기가 무엇을 해야 하는지를 잊어버리면 안 되는 것입니다.

그런데 우리는 너무나도 자주 눈앞에 있는 화려한 성공 때문에 하나님의 부르심과 축복을 잊어버립니다. 목회자들은 하나님의 말씀을 가지고 성도들을 깨우치고 영혼들을 살려야 하는데 많은 목회자들이 성공이라는 가짜 상표에 정신이 빠지고 정치라는 가짜 성공에 빠져 있습니다. 그래서 일부목회자들이 총회에서 높은 자리를 차지하고 존경받기를 원하는 것입니다.

예수님께서는 "나더러 주여 주여 하는 자마다 다 천국에 들어갈 것이 아니요 다만 하늘에 계신 내 아버지의 뜻대로 행하는 자라야 들어가리라"(마 7:21)라고 말씀하셨습니다. 우리가 이 세상에서 실컷 하나님의 일을 했는데 천국 문에서 하나님이 "내가 도무지 너를 알지 못한다. 이 불법을 행한 자야, 당장 여기를 떠나 지옥으로 가거라"라고 하시면 망하는 것입니다.

누가복음에 나오는 부자 유대인은 자기는 틀림없이 천국에 들어갈 것이라고 생각했습니다. 그러나 부자는 죽어서 지옥에 갔고, 고통 중에 눈을 들어 보니 천국에서 거지 나사로가 아브라함의 품에 안겨 있는 것이 보였습니다. 그래서 그는 아브라함에게 나사로를 보내서 그 손가락 끝에 물을 찍어서 내 혀를 시원하게 해 달라고 부탁했지만 거절당했습니다. 결국 우리의 성공은 천국에 들어가느냐 들어가지 못하느냐로 판가름이 나는데 그냥 가만히 있는다고 해서 천국에 들어가는 것이 아니라 하나님이 기뻐하시는 모습으로 만들어져야 하는 것입니다.

"이같이 하면 우리 주 곧 구주 예수 그리스도의 영원한 나라에 들어감을 넉넉히 너희에게 주시리라"_벧후 1:11

일단 천국에 들어가려면 교만하지 말고, 거짓되지 말고, 음탕하지 말아야 합니다. 그런데 예수 믿는다고 하면서 여전히 교만하고 거짓되고 탐욕스럽다면 천국에 들어가기가 어려울 것입니다. 결국 우리가 천국에 들어갈 수 있는 길은 죽을 때까지 하나님의 말씀 붙들고, 진리를 붙들고 사는 길밖에 없습니다. 그렇게 할 때 우리는 천국에 아슬아슬하게 들어가는 것이 아니라 넉넉하게 들어갈 수 있을 것입니다. 예수님은 부자가 천국에 들어가기가 얼마나 어려운지, 낙타가 바늘귀에 들어가는 것보다 더 어렵다고 하셨습니다. 그러나 하나님은 낙타가 바늘귀를 통과하게 하실 수 있습니다. 우리는 세상 자랑 다 버리고 납작하고 가느다랗게 되어 하나님이 주신 길을 끝까지 가면 넉넉하게 성공할 줄 믿습니다.

기회 24

Chance

벧후 1:12-21

행복한 삶의 비결

우리 인간은 젊은 시절에 집이 부유하고 좋은 학교에 다니고 있다면 그렇지 않은 사람들보다 행복한 삶을 살 수 있을 것입니다. 즉 학생 신분으로 해외여행을 하거나 높은 산을 등반하거나 혹은 도서관에서 밤늦도록 책을 보면서 공부할 수 있다는 것이 얼마나 행복한지 모릅니다. 그러나 요즘은 젊은이들이 경제적인 어려움으로 비참하게 생활을 하는 경우가 많고, 공부를 많이 한 사람들 중에도 직장을 잃는 바람에 무료급식을 하는 곳에서 줄을 서서 배식을 받아 끼니를 때우는 사람들이 있습니다. 이때 우리는 과연 어떻게 하면 우리의 인생이 행복할 수 있을까 하는 생각을 하게 됩니다.

그러나 평상시에는 좋은 대학을 졸업하고 집안 형편이 좋은 것이 행복의 조건이 될 수 있지만 지진이나 쓰나미 같은 큰 불행이 닥쳤을 때에는 학벌이나 집안 형편보다는 개인의 판단력이나 믿음이 더 중요합니다.

예를 들어 집이나 다리나 큰 건물을 지을 때 외관만 멋있게 지었다고 해서 훌륭한 건축물이 되는 것은 아닙니다. 외관은 볼품이 없지만 큰 지진이

났을 때 무너지지 않는 건물이 훌륭한 건축물인 것입니다. 또 사람들이 도로를 멋있게 만들고 개통식을 했는데 큰비가 와서 침수되거나 떠내려가 버리면 있으나 마나 한 도로가 될 것입니다.

마찬가지로 만일 우리가 보는 이 세상이 전부라고 하면 공부를 많이 하든지 혹은 안정된 직장에서 높은 자리에 올라가는 것이 최고로 행복한 인생이 될 것입니다. 그래서 사람들은 우리나라나 외국에서 최고로 유명한 대학을 졸업하고 대법관이 되거나 장관이 되거나 대학자가 되는 것을 최고로 생각할 것입니다. 그런데 만일 우리 눈에 보이는 세상 외에 또 다른 세상이 있다면, 다시 말해서 우리 눈에 보이지 않는 하나님의 세계가 진짜로 있다면 그때는 이야기가 완전히 달라집니다.

그러면 과연 우리가 보지 못하는 영광의 세계가 틀림없이 있느냐 하는 것입니다. 그것에 대해서 베드로 사도는, 자기는 이 세상에서 영원한 세계를 두 눈으로 분명히 보았다고 말하고 있습니다. 베드로는 예수님과 함께 높은 산에 올라갔을 때 예수님이 영광스럽게 변화되시고, 또 그곳에 모세와 엘리야가 나타난 것을 통해서 영원한 영광의 나라를 두 눈으로 똑똑히 보았다는 것입니다.

지금도 북한 당국은 주민들에게 미디어나 교육을 통해서 귀에 못이 박히도록 남한은 못사는 나라이고 굶어 죽는 사람들이 수두룩하다고 주입을 시킵니다. 그러나 최근에 텔레비전이나 스마트폰의 보급을 통해서 남한이 자유롭고 잘사는 나라라는 것을 알고는 목숨을 걸고 북한을 탈출해서 남한으로 오는 탈북민들이 많이 생기고 있습니다. 마찬가지로 천국이 분명히 있고 우리가 지금 사는 이 세상이 지옥으로 가는 멸망의 길이라는 것을 안다면 사람들은 무슨 수를 써서라도 천국에 가려고 할 것입니다. 오늘 우리에게 중요한 질문은 우리가 지금 이 세상에서 성공하고 행복하게 사는 것이 정말로 행복한 삶인가, 아니면 우리에게 더 영광스러운 하나님의 나라가 있는가 하는 것입니다.

1. 행복한 삶은 어디에 있는가?

우리가 만일 이 세상에 사는 것이 전부라고 한다면 우리는 너무나도 멋진 세상에 사는 것이 틀림없을 것입니다. 이 세상에는 경치가 좋은 곳도 많고, 돈이 많으면 가질 수 있는 것도 많이 있습니다. 그래서 이 세상에서 행복하게 살 수 있는 조건은 두 가지로 나누어질 수 있을 것입니다. 그 하나는 이 세상에서 아름답고 멋진 경험을 많이 하는 것입니다. 예를 들어 경치가 좋은 곳을 여행한다든지, 아니면 새로운 지식을 많이 배운다든지, 아니면 새로운 사람들을 많이 사귀는 것도 큰 행복이 될 수 있을 것입니다. 중국의 현장 스님은 불교를 연구하러 인도에 갔다가 17년 만에 귀국했는데 이때 많은 불경을 가지고 와서 번역을 하였습니다. 또 어떤 사람은 세계에서 가장 높은 산인 에베레스트 세계 최고령 등정 신기록을 세우기도 했습니다.

그렇지 않으면 이 세상에서 많은 것을 가지는 것을 행복의 조건으로 삼을 수도 있을 것입니다. 예를 들면 사업에 성공해서 돈을 많이 번다든지 혹은 땅을 많이 소유한다든지 혹은 권력을 가지는 것입니다. 그런데 우리가 조금만 생각을 해 보면 이 세상의 행복이 그렇게 간단하지 않다는 것을 알 수 있습니다. 왜냐하면 이 세상의 자연은 그대로 있거나 혹은 순환을 하는데 비해 인간은 딱 한 번 살다가 죽는데 그것이 보통 일이 아닌 것입니다.

그리고 더 심각한 것은, 인간은 아무리 이 세상에서 잘 살았거나 못살았거나 모두 죽고, 사람이 죽으면 썩어서 없어진다는 것입니다. 그럼에도 인간들은 한 번 살다 가는 것이 너무 아쉬워서 사후 세계를 생각합니다. 그렇지만 인간의 능력으로는 우리가 살고 있는 이 세상 외에는 보지 못할 뿐 아니라 일단 죽으면 다시 살 수 없기 때문에 죽은 후의 세계에 대하여 아무도 분명히 말할 수 없습니다. 그래서 모든 사람들은 이 세상에 사는 것이 전부라고 믿고 살아가고 있습니다. 그런데 사람이 사는 세상이 어떻게 되어 있으며, 죽은 후에는 어떻게 되는지 성경은 너무나도 분명하게 말씀하고 있습니다.

> "그러므로 너희가 이것을 알고 이미 있는 진리에 서 있으나 내가 항상 너희에게 생각나게 하려 하노라"_벧후 1:12

성경은 우리가 살고 있는 이 세상이 전부가 아니라고 말씀하고 있습니다. 즉 우리가 살고 있는 이 세상 옆에 어마어마한 하나님의 세계가 있으며, 이 세상의 모든 축복이 하나님으로부터 온다는 것입니다. 그리고 우리 인간은 죽는다고 해서 모든 것이 끝나는 것이 아니라 영원한 영광의 나라와 영원한 멸망의 나라로 그 운명이 갈라집니다.

그러면 우리가 이 세상에 산다는 것은 무엇을 의미하는 것일까요? 그것은 우리가 이 세상에서 하나님의 능력을 가지고 믿음의 삶을 연주하고 공연을 하는 것입니다. 즉 우리가 살고 있는 이 세상은 우리의 삶을 받쳐 주는 무대 배경과 같습니다. 연극이나 드라마에서는 배경이 아주 중요합니다. 그래서 드라마 촬영장에 가 보면 거액을 들여서 세트장을 만들어 놓은 것을 볼 수 있습니다. 그런데 드라마에서 중요한 것은 무대 세트가 아닙니다. 드라마에서 중요한 것은 주인공이 펼치는 연기력이고 카리스마인 것입니다.

그리고 이 세상에는 많은 직업이나 직책들이 있는데 이것은 드라마의 주인공들이 사용하는 소품과 같은 것입니다. 영화나 드라마에서 주인공은 의사일 수도 있고, 교수일 수도 있고, 사업가일 수도 있습니다. 그런데 주인공이 교수이고 의사이고 사업가라고 해서 드라마가 성공하는 것은 아닙니다. 중요한 것은 주인공이 그런 신분이나 소품을 사용해서 얼마나 감동적인 연기력으로 스토리를 끌고 나가느냐 하는 것입니다.

따라서 우리가 이 세상에 하나님의 나라가 있다는 것을 전제로 한다면 세상에 사는 기본 자세가 완전히 달라집니다. 우리가 하나님의 나라가 있다는 것을 모른다면 이 세상에서 많은 것을 가지고 부자로 사는 것을 행복이라고 생각하지만, 만일 하나님의 나라가 있다면 그 모든 행복의 기초들은 다 허물어지고 마는 것입니다. 즉 우리 인간이 보기에는 이 세상에 있는 것들이 아무리 아름답고 가치 있게 보인다 할지라도 하나님의 입장에서는 가건물이나 무대 세트에 불과하기 때문입니다. 이 세상에 있는 모든 것들은 다 뜯길 것이고 부서질 것들이기 때문에 영원하지 않습니다.

만일 우리가 이 세상에서 진정으로 의미 있고 가치 있는 인생을 살려면 그 출발점이 하나님의 말씀을 믿는 것이어야 합니다. 그래서 12절에 "그러므로 너희가 이것을 알고 이미 있는 진리에 서 있으나"라고 하였습니다. 이것은 우리 믿는 자들이 어디에 서 있는지 말씀하고 있는 것입니다. 그것은 '이미 있는 진리' 입니다. 이것은 우리가 아주 튼튼한 바위 위에 서 있는 것을 연상하게 하는 말씀입니다. 다시 말해서 이 세상의 다른 기초들은 완전하지 못하기 때문에 홍수가 나거나 지진이 일어나면 우리를 지켜 주지 못하는 것입니다.

얼마 전에 걸그룹 공연장 인근 환풍구에서 걸그룹의 공연을 관람하던 시민들이 환풍구가 무너지는 바람에 모두 떨어져 크게 다치거나 죽는 사고가 발생했습니다. 그리고 만일 어느 곳에 무시무시한 쓰나미가 밀려오는데 사람들이 작은 다리 밑에 몰려 있다면 그들은 살지 못할 것입니다. 또한 어느 곳에 강도 8의 지진이 발생했는데 사람들이 작은 집 안에서 기둥을 붙들고 있다면 살아남지 못할 것입니다.

우리가 이 세상에서 절대로 멸망하지 않는 아름다운 삶을 살려면 우리 삶의 기초를 직장이나 지식이나 좋은 집에 두어서는 안 됩니다. 이 세상에 있는 것을 기초로 삼아서 인생을 건설하는 사람들은 위기가 왔을 때 전부 떠내려가고 말 것입니다. 그러나 하나님의 말씀 위에 인생을 세우는 사람들은 절대로 실패하지 않는 인생을 살 것입니다.

그러나 문제가 없는 것은 아닙니다. 즉 우리가 하나님의 말씀 위에 인생의 기초를 세울 때 우리는 이 세상에서 떠내려가는 인생처럼 보이는 것입니다. 하지만 우리가 하나님의 말씀 위에 인생의 기초를 세우면 우리의 삶은 하나님 앞에서 의미를 가지게 되고, 지진이나 쓰나미, 심지어는 죽음이 오더라도 무너지지 않는 인생이 될 것입니다.

이 세상에서 유명한 인생을 산 분들은 다른 데 기초를 둔 사람들입니다. 예를 들어 소크라테스는 지혜를 사랑하는 데 기초를 두었고, 공자는 인간의 도리에 그 기초를 두었습니다. 데카르트는 모든 것을 다 의심했지만 지금 자기가 생각한다는 것 위에 모든 기초를 두기로 했습니다. 물론 이런 기초들도 약간의 빛은 되었지만 완전한 기초는 되지 못했습니다.

이 세상에서 영원히 멸망하지 않는 인생을 사는 길은 이 세상에서 뿌리를 내리지 못하고 떠내려가는 것처럼 보이는 하나님의 말씀에 기초를 두는 것입니다. 그래서 인간들은 하나님의 말씀의 가치를 발견하기 전까지는 방황하며 길을 찾지 못합니다. 그러나 우리는 하나님의 말씀의 가치를 찾고 그 위에 내 인생을 세워야 영원한 행복을 찾을 수 있습니다.

2. 나그네 같은 인생

베드로 사도는, 우리가 이 세상을 사는 것은 임시로 텐트를 쳤다가 철거하는 것과 같다고 말하고 있습니다.

"내가 이 장막에 있을 동안에 너희를 일깨워 생각나게 함이 옳은 줄로 여기노니 이는 우리 주 예수 그리스도께서 내게 지시하신 것 같이 나도 나의 장막을 벗어날 것이 임박한 줄을 앎이라"_벧후 1:13-14

사람들이 영구적으로 거주할 목적으로 집을 지을 때에는 벽돌이나 시멘트로 집을 짓습니다. 이런 집은 다른 곳으로 옮기는 것이 불가능하기 때문에 한번 지으면 계속 그 집에서 살게 됩니다. 오늘 우리는 모두 이렇게 벽돌이나 시멘트로 집을 짓습니다. 그러나 어떤 경우에는 장막을 세울 때도 있습니다. 이런 경우는 대개 물난리가 나거나 지진이 나서 잠시 바람이나 비를 피하기 위해 장막을 세우는 것입니다.

그러나 요즘은 지진이나 홍수가 나면 장막 대신에 학교의 강당이나 대형 체육관 같은 곳에 스티로폼을 깔아서 불편을 최소화하여 피난 생활을 합니다. 하지만 아프리카나 시리아같이 정말 가난한 나라에서 피난을 나온 사람들은 아무 데나 장막을 쳐서 난민촌을 이루고 살다가 전쟁이 끝나면 장막을 걷어 치우고 집으로 돌아갑니다.

또 옛날에는 떠돌이 장사치들이 각 도시의 장날에 맞추어 떠돌아 다니면서 장막을 치고 물건을 팔다가 장날이 끝나면 장막을 걷고 다른 곳으로 옮겨 가서 물건을 팔았습니다. 그리고 옛날에 각 도시를 순회하면서 공연을 하는 서커스단이 있었는데 새로운 도시로 옮겨 갈 때마다 대형 텐트를 세우고 말이나 코끼리 같은 짐승을 끌고 다니면서 사람들을 몰아온 후에 서커스를 하고, 돈을 어느 정도 번 다음에는 대형 텐트를 걷어서 다른 곳으로 이동했습니다.

베드로 사도는 우리가 이 세상에 사는 것이 잠시 장막을 치는 것과 같다고 하였습니다. 즉 우리는 이 세상에서 돌집을 지어서 오래오래 사는 것이 아니라 잠시 장막을 치고 살다가 때가 되면 장막을 걷고 어디론가 떠나야 하는 운명인 것입니다. 예를 들어 고속도로를 달리다 보면 중간에 휴게소가 나오는데 휴게소가 아무리 멋있어도 급한 볼일을 다 보거나 허기를 채우고 난 후에는 목적지를 향해 다시 출발해야 합니다. 다시 말해서 우리가 이 세상에 사는 것은 잠시 머물러 있는 것이지, 여기가 우리의 영원한 정착지가 아닌 것입니다. 사람들은 모두 이 세상에 잠시 어울려 살다가 어떤 사람들은 영원한 지옥의 멸망으로, 또 어떤 사람들은 영원한 천국으로 이동하는 것입니다.

그러면 우리는 이 세상에서 도대체 무엇을 해야 하는 것일까요? 적어도 우리는 이 세상에서 돈 벌고 부자 되고 성공하는 것이 목적이 되어서는 안 됩니다. 우리는 이 세상에 살면서 가장 먼저 우리의 운명을 바꾸어야 합니다. 즉 영원한 지옥으로 갈 수밖에 없는 운명을 천국으로 향하도록 바꾸는 것입니다. 이것은 우리가 하나님과 화해함으로써 이루어집니다. 우리 모든 인간은 하나님과 원수 된 상태에서 죽어라고 미워하면서 멸망으로 가고 있습니다. 그러나 예수를 믿고 하나님과 화해할 때 우리의 운명이 바뀌는 것입니다.

그리고 둘째는 우리의 가치를 업그레이드하는 것입니다. 사람들은 모두 자신의 가치를 높이기 위해서 공부를 하고, 높은 자리에 올라가려고 합니다. 그러나 그것은 전부 자신의 외모를 도금하는 것밖에 되지 않습니다. 우리는 하나님의 말씀을 찾아서 내 속을 채울 때 정금으로 변합니다. 우리의 속사람을 하나님의 말씀으로 채우는 것이 우리가 가장 존귀해지는 비결이요, 부자가 되는 비결인 것입니다.

그리고 우리는 이 세상에서 멋진 믿음의 연기나 연주를 해야 합니다. 연주자들이나 운동선수들은 구경꾼이 아니라 운동장이나 공연장에서 멋진 연주나 경기를 하는 사람들입니다. 마찬가지로 우리가 하나님의 말씀으로 속사람이 뜨거워져서 여러 가지 시험 속에서 원망하거나 불평하지 않고 믿음으로 승리할 때 우리는 멋진 경기를 하고 연주를 하는 것입니다. 그리고 무엇보다 중요한 것은 이 세상에 하나님의 능력이 나타나게 하는 것입니다. 그렇게 하기 위해서 우리는 성전을 지어야 합니다. 즉 성도들이 하나님의 말씀으로 하나가 될 때 우리 안에 하나님의 영광과 능력이 나타나는데 이것이 최고의 승리인 것입니다.

3. 또 다른 인생이 있는 증거

백화점이나 큰 빌딩은 안에서는 밖이 보이지만 밖에서는 건물 안이 전혀 보이지 않게 되어 있습니다. 더욱이 요즘은 자동차도 새카맣게 선팅을 해서 차 안에서는 밖이 보이지만 밖에서는 차 안에 있는 사람이 전혀 보이지 않는 경우가 많습니다. 마찬가지로 지금 우리 옆에는 어마어마한 능력과 축복을 누릴 수 있는 하나님 나라가 열려 있지만 사람들의 눈에는 보이지 않아서 사람들은 죽어라고 이 세상에 있는 것만 가지려고 애를 쓰고 있습니다. 그래서 예수님은 복음을 전하면서, "회개하라 천국이 가까이 왔느니라" (마 4:17)라고 말씀하셨습니다.

그러나 예수님은 놀라운 일을 행하셨는데, 그것은 하나님의 나라가 이 세상에 가까이 오게 하셨을 뿐 아니라 이 세상 안에 임하게 하신 것입니다.

그래서 누구든지 하나님의 나라 안으로 달려가서 좋은 것들을 차지할 수 있게 되었습니다. 그러나 이것은 욕심으로는 안 되고 믿음으로만 가능한 것입니다.

베드로는 자기가 하나님의 나라가 있는 것을 직접 체험했다고 고백했습니다.

"우리 주 예수 그리스도의 능력과 강림하심을 너희에게 알게 한 것이 교묘히 만든 이야기를 따른 것이 아니요 우리는 그의 크신 위엄을 친히 본 자라 지극히 큰 영광 중에서 이러한 소리가 그에게 나기를 이는 내 사랑하는 아들이요 내 기뻐하는 자라 하실 때에 그가 하나님 아버지께 존귀와 영광을 받으셨느니라"_벧후 1:16-17

이 세상에서 천국을 본 사람은 아무도 없습니다. 사람들 중에는 가끔 꿈속에서 천국에 다녀왔다고 하는 사람들이 있는데 그것은 거의 천국에 대하여 상상한 것이 꿈으로 나타난 것입니다. 그런데 베드로는 천국을 경험했습니다. 그가 예수님과 함께 변화산에 올라갔을 때 갑자기 예수님이 영광스럽게 변화되고 모세와 엘리야가 나타나 예수님과 이야기를 나누는 것을 보면서 베드로는 천국의 존재를 보았습니다. 그때 베드로는 '정말 천국은 있구나! 천국의 영광은 이런 것이구나! 사람이 죽으면 천국에 가는구나!' 하는 것을 아주 분명히 알게 되었던 것입니다.

예수님의 제자나 선지자들 중에도 천국을 경험한 자들이 있었습니다. 사도 바울은 예수를 믿기 전에 예수 믿는 사람들을 잡으러 다메섹으로 가다가 태양보다 더 눈부신 빛 가운데서 예수님을 만났습니다. 예수님은 사울에게, "사울아 사울아 네가 어찌하여 나를 박해하느냐"(행 26:14)라고 말씀하셨고, "주님 누구시니이까"라고 여쭙는 사울에게, "나는 네가 박해하는 예수라"라고 하셨습니다.

이사야 선지는 성전에서 기도하던 중에 하나님의 영광의 옷자락이 온 성전을 덮는 것을 보았습니다. 그리고 이사야는 자기의 입이 너무나도 더러운 것을 알고, "화로다 나여 망하게 되었도다 나는 입술이 부정한 사람이요"(사 6:5)라고 고백을 합니다. 다니엘의 세 친구 사드락과 메삭과 아벳느고는 우상에게 절하라는 느부갓네살의 명령을 거역하여 불구덩이에 들어갔을 때 천사 같은 분이 자기들과 함께 있는 것을 체험했습니다. 스데반 집사는 돌에 맞아 순교할 때 하나님의 아들이 보좌 우편에 서 계신 것을 보았습니다.

지금 우리는 보지 못하고 있지만 이 세상과 비교할 수 없을 정도로 빛나고 강력한 나라가 우리 옆에 있습니다. 그렇다면 그 나라가 있다는 것을 증명할 만한 것이 무엇이 있을까요? 우리가 해외 출장이나 해외여행을 가도 그 나라에 갔다 왔다는 증거로 기념품을 사 가지고 오는데 하나님의 나라에서는 무엇을 가져올 수 있을까요?

하나님의 나라가 있는 것의 가장 강력한 증거는 예수님이 이 세상에 오신 것입니다. 예수님의 인격과 능력이야말로 하나님의 나라가 존재하는 가장 강력한 증거인 것입니다. 그래서 16절에 "우리 주 예수 그리스도의 능력과 강림하심"이라고 말씀하고 있습니다. 그러므로 누구든지 예수님의 말씀과 능력을 믿으면 하나님의 나라에 들어갑니다. 그리고 또 한가지 증거는 하나님의 말씀입니다. 예수님이 높은 산에서 변화되셨을 때에도 구름 속에서 소리가 나서, "너희는 그의 말을 들으라"라고 하셨습니다.

하나님의 나라가 존재하고 우리가 그 나라에 있는 가장 강력한 증거는 하나님의 말씀이 우리에게 선포되고 있는 것입니다.

> "예언은 언제든지 사람의 뜻으로 낸 것이 아니요 오직 성령의 감동하심을 받은 사람들이 하나님께 받아 말한 것임이라"_벧후 1:21

성경은 아무나 자기의 생각이나 깨달음을 기록한 것이 아닙니다. 성경은 "오직 성령의 감동하심을 받은 사람들이 하나님께 받아 말한 것"이라고 하였습니다. 즉 성경의 저자는 하나님이신 것입니다. 여기서 '성령의 감동'이라는 것은 성경의 모든 사상을 하나님이 성경 저자의 마음에 불어넣어 주셨다는 뜻입니다.

하나님께서는 모든 축복을 사람의 언어에 녹여서 성경 속에 다 넣으셨습니다. 그래서 누구든지 성경에 들어 있는 축복을 캐내어서 자기 것으로 만들기만 하면 언제든지 하나님의 능력이 나타나게 되어 있습니다. 우리는 성경에 기록된 대로 믿고 살면 반드시 멸망하지 않고 하나님이 주시는 풍성한 삶을 누릴 수가 있습니다.

그러므로 우리는 모두 삶의 기초를 하나님의 말씀에 세워야 합니다. 우리가 하나님의 말씀에 삶의 기초를 세울 때 세상에서는 뿌리가 없는 것 같고 힘이 없는 것 같이 보이지만 우리는 가장 강력한 기초 위에 우리의 인생을 세운 것입니다.

기회 25

벧후 2:1-9

거짓에 속으면 안 된다

　불과 몇 달 전에 우리나라에 한때 메르스라는 급성 전염병이 발생하여 온 국민을 공포에 떨게 했습니다. 그런데 이 병이 급속히 확산되어서 수많은 사람을 죽음으로 몰아넣은 것은 우리가 이 병에 대하여 너무 무지하고, 또 대비가 되어 있지 않았기 때문입니다. 만일 보건당국이 메르스 첫 환자가 발생했을 때 재빨리 격리 치료를 했더라면 메르스가 확산되는 것을 충분히 막을 수 있었을 텐데 메르스에 대한 지식을 가진 사람이 아무도 없었기 때문에 환자가 병원을 전전하다가 병을 전염시킨 것입니다. 그 결과 많은 사람들이 감염되고, 나라 전체가 공포로 벌벌 떨었습니다.

　그런데 우리에게는 메르스보다 더 무서운 것들이 있습니다. 그 중에서 가장 위험한 것이 거짓 진리입니다. 즉 가짜 진리는 메르스보다 수십 배 수백 배 무서운 것인데, 이것은 수많은 사람들을 지옥에 빠지게 합니다. 그리고 또 무서운 것은 동성애자들의 난동입니다. 요즘 우리나라에서도 동성애자들이 자신들의 적법성을 인정받겠다고 난리를 치는데 이런 동성애자들의 난동은 하나님의 불심판을 가져오게 합니다.

그런데 지금 우리 사회에는 이단들이 날뛰고 있고, 동성애자들이 난리를 치고 있습니다. 거기에다가 바른 하나님의 진리를 믿는 주의 백성들은 진리에 대한 확신을 잃어버리고 달콤한 세상 이야기를 해 주는 거짓 선생들을 교회 안에 받아들이고 교회를 좋지 않은 누룩으로 부풀려서 도저히 하나님 앞에 바칠 수 없게 합니다. 밀가루 반죽으로 빵을 만들 때 누룩을 넣으면 적당하게 부풀어서 먹기 좋은 빵이 됩니다. 그러나 무조건 크게 부풀면 좋다고 생각해서 썩은 곰팡이를 넣으면 아무리 떡이나 빵이 크게 부풀어 올라도 먹을 수 없게 됩니다.

여름에는 생선이나 조개류가 쉽게 상하기 때문에 날것으로 먹으면 탈이 나는 경우가 있습니다. 그런데 겉으로 보기에는 전혀 문제가 없는 것 같고 싱싱한 것 같아도 개중에 부패한 것이 섞여 있을 수 있는데 그러한 것을 먹으면 복통과 토사로 고통을 당합니다. 마찬가지로 이 세상에서 가장 위험한 것은 거짓 진리인데 사람들은 이런 거짓 진리를 겁도 없이 좋아해서 배우고 받아들입니다. 그뿐만 아니라 이 세상에서 가장 상하기 쉬운 것이 하나님의 진리인데 사람들은 겁도 없이 하나님의 진리를 자기 멋대로 요리해서 먹고 있는 것입니다.

1. 거짓 선생의 출현

이 세상에는 가짜가 많이 있는데 물건이 비싸고 좋을수록 가짜가 많습니다. 그 중에는 가짜 시계도 있고, 가짜 술도 있고, 가짜 학위도 있고, 가짜 돈도 있습니다. 세상에 이런 가짜들이 등장하는 이유는, 진짜는 많은 힘을 들이고 노력을 들여야 얻을 수 있기 때문입니다. 그래서 별로 힘들이지 않고 진짜 같은 기분을 내려다 보니까 가짜가 생기는 것입니다. 예를 들어 롤렉스 시계는 아주 고가인데 가짜를 사면 얼마 되지 않는 돈으로 진짜 같은 기분을 낼 수 있습니다. 마찬가지로 박사학위를 받으려면 엄청나게 많은 시간과 돈을 들여서 공부를 하고 논문을 써야 하는데 가짜 학위는 이력서

나 서류 몇 가지만 조작을 하면 박사 행세를 할 수 있기 때문에 가짜가 등장하는 것입니다.

그런데 이런 가짜는 진짜에 비하여 품질이 형편없을 뿐만 아니라 그것이 가짜라는 것을 모르고 속아서 산 사람은 엄청난 물질적, 정신적 피해를 입게 됩니다. 즉 가짜를 진짜인 줄 알고 산 사람은 돈만 손해 보는 것이 아니라 그것을 진짜라고 믿었던 좋은 마음과 사람에 대한 신뢰까지 잃게 됩니다. 그런데 이 세상에 하나님의 말씀이 아닌 거짓 진리가 나타나서 많은 추종자들을 모으고 있는 것입니다.

"그러나 백성 가운데 또한 거짓 선지자들이 일어났었나니 이와 같이 너희 중에도 거짓 선생들이 있으리라 그들은 멸망하게 할 이단을 가만히 끌어들여 자기들을 사신 주를 부인하고 임박한 멸망을 스스로 취하는 자들이라"_벧후 2:1

본문에 보면 "백성 가운데 또한 거짓 선지자들이 일어났었나니"라고 말씀하고 있습니다. 여기서 '백성'은 두 가지로 볼 수 있는데, 하나는 교회 밖을 의미한다고 보는 것입니다. 이 세상에는 거짓 선지자들, 즉 거짓 종교 지도자들이 많이 나와서 사람들로 하여금 자기의 종교를 추종하게 하고 있습니다. 그리고 또 하나는 여기의 '백성'을 이스라엘 백성으로 해석하는 것입니다. 구약성경을 보면 거짓 선지자들이 나타나서 이스라엘 백성을 망하게 하는 내용이 나옵니다.

그런데 거짓 선지자들은 왜 엉터리 진리를 만들어서 사람들을 미혹하려고 하는 것일까요? 여기에는 정말 중요한 의미가 있습니다.

우선 모든 사람들에게는 영원한 세계를 알고 싶어 하는 마음이 있고, 신의 세계에 들어가서 세상의 모든 연약한 것들을 벗어 버리고 싶어 하는 욕망이 있습니다. 그래서 사람들 중에는 이 세상에서 먹고사는 문제를 다 제쳐두고 나름대로 영원한 진리를 찾기 위해서 수련을 하기도 하고 생각을 많이 하는 사람들이 있습니다. 그런데 이들은 정말로 어느 시점에 이르러서는(자신들은 이것을 경지라고 말을 하는데) 갑자기 마음이 시원해지고 지금까지 집착하던 것들에서 놓여나는 체험을 하게 됩니다. 어떤 때는 몸이 진동을 하기도 하고, 또 환상을 보는 것 같은 체험을 하는데, 그때 본인은 자기 스스로 진리를 터득했다고 믿고 제자들을 모아서 가르치는 것입니다.

그러나 이런 체험은 진정으로 해탈을 한 것도 아니고, 신의 경지에 오른 것도 아닙니다. 이러한 현상은 누구든지 경험할 수 있는 종교적인 체험 중의 하나인 것입니다. 즉 사람은 누구든지 오랫동안 금식을 하거나 금욕을 하면서 명상을 하면 마음이 비워지면서 편안한 상태가 되는 것입니다. 그러나 결코 이런 것으로 진리를 터득할 수 있는 것이 아닙니다. 즉 모든 종교는 나름대로 신비성과 도덕성을 가지고 있는 것입니다.

그런데 왜 유독 기독교, 즉 하나님의 종교에 거짓 선생이나 거짓 선지자들이 나오는 것일까요? 가장 큰 이유는 사탄의 시기입니다. 사탄은 우리 예수 믿는 자들이 모두 자기에게 복종하다가 어느 날 하나님의 복음을 듣고 지극히 높은 하나님의 자녀들이 되는 것을 보고서는 배가 아파서 견딜 수가 없는 것입니다. 그래서 사탄은 하나님의 진리에 거짓된 진리를 집어넣어서 할 수 있으면 하나님의 백성들로 하여금 타락하게 하려고 합니다. 그리고 마귀는 이 가짜 진리에 사탕발림을 해서 더 맛있게 보이게 합니다. 그러므로 우리는 하나님의 진리를 들을 때에 사탕발림을 한 엉터리 진리는 절대로 받아들여서도 안 되고 따라가서도 안 됩니다. 우리는 죽자 살자 하나님이 주신 진리만 붙들어야 하는 것입니다.

그리고 하나님의 종교에서 거짓 선지자들이 나오는 또 다른 이유가 있습니다. 우리가 하나님의 진리의 세계에 들어가려면 예수님의 십자가 위에서 내 모든 자랑과 내 모든 욕심을 못 박아야 합니다. 즉 우리는 주님과 함께 죽지 않고는 살 수가 없고, 주님과 함께 낮아지지 않고서는 높아질 수가 없는 것입니다. 그래서 우리는 하나님이 사도들에게 주신 성경 말씀만 죽도록 붙잡아야 하는데 세상에는 너무나도 좋은 이론과 학식이 많습니다. 그래서 목회자나 교인들이 세상의 것을 버리지 않고 오히려 세상에서 높아지고 인정받으려고 하니까 가짜가 좋은 것입니다. 즉 기독교에는 인간의 타락과 죄 그리고 하나님의 진노의 심판과 예수님의 십자가의 보혈이 있는데 이런 것은 너무 골치가 아프고 재미가 없으니까 다 집어치우고 학교에서 하듯이 진리를 지식으로만 배우면서 구원의 축복을 누리려고 하는 것입니다. 이런 사람들은 세상의 성공과 하나님의 구원을 동시에 가지니까 너무나도 좋은 것입니다.

그뿐만 아니라 이 세상에서 가장 가치 있는 것이 종교적인 열정과 헌신이고, 또한 영혼입니다. 결국 거짓 선생들은 그리스도 밖에서 사람들의 종교적인 헌신과 영혼의 가치를 자기 것으로 만들려고 하니까 거짓 진리를 가르쳐서 추종자를 만드는 것입니다. 이 세상에서 가치 있는 것 중의 하나가 사람들의 종교적인 존경과 신뢰인데 거짓 선생이나 거짓 선지자들은 자기 속에는 그런 진리가 없으면서도 사람들에게 존경을 받고 신뢰를 받으려고 하니까 가짜 진리를 포기하지 못하는 것입니다.

그런데 구약 시대에도 이런 거짓 선지자들이 많았습니다. 왜냐하면 당시의 이스라엘 백성도 순수한 하나님의 말씀을 너무 딱딱하고 재미없다고 생각했고, 그 대신 사탕발림 같은 세상의 성공이나 복을 좋아했기 때문입니다. 그러나 이스라엘 백성이 이런 거짓 선지자들의 말을 받아들인 결과는 비참한 멸망이었습니다. 사람들은 거짓 진리가 재미있고 거짓 진리를 따라간다고 하더라도 당장 망하는 것이 아니기 때문에 겁도 없이 받아들였던 것입니다.

그런데 본문 말씀을 보면 거짓 진리에는 몇 가지 특징이 있습니다. 그 하나는 파멸로 이끄는 이단을 몰래 끌어들여서 자기들을 값 주고 사신 주님을 부인한다는 것입니다. 즉 이들은 하나님보다는 당장의 이익과 세상의 성공을 더 사랑했던 것입니다. 그러므로 하나님을 사랑하지 않고 세상의 성공을 좋아하면 이런 거짓 선생에게 속게 됩니다. 따라서 우리가 이런 거짓 선생에게 속지 않으려면 자기 영혼이 얼마나 비싸고 가치가 있는지를 생각해야 합니다. 이 세상의 어떤 성공과 인정보다 더 비싸고 가치 있는 것이 바로 자신의 영혼입니다. 우리 영혼은 이 세상의 어떤 성공이나 칭찬과 바꿀 수 없는 것입니다. 그러므로 우리는 오직 하나님의 순수한 진리만으로 만족해야 합니다. 그렇지 않고 이런 거짓된 진리를 받아들이는 자는 망할 수밖에 없습니다.

"임박한 멸망을 스스로 취하는 자들이라"_벧후 2:1 하

여기의 "임박한 멸망"은 시간적인 의미도 있지만 그만큼 확실하다는 뜻입니다. 즉 무당이나 점쟁이의 말을 듣거나 자기에게 아첨하는 예언자를 추종하는 자는 지금 당장은 아니라 하더라도 언젠가는 반드시 멸망할 것입니다. 우리나라의 큰 기업체 회장이나 정치인들 중에는 무당이나 점쟁이들의 말을 신뢰하는 분들이 있는데 결국에는 망하고 말 것입니다. 왜냐하면 사람들은 누구의 말을 듣느냐에 따라서 가치가 달라지는데 이들은 가짜의 말을 듣고 따라가기 때문입니다.

그리고 이런 가짜는 당장은 돈을 벌고 성공할 수 있을지 몰라도 인간의 부패는 막을 수 없습니다. 그래서 결국 돈으로 썩고 성적으로 망하게 되어 있습니다.

"여럿이 그들의 호색하는 것을 따르리니 이로 말미암아 진리의 도가 비방을 받을 것이요"_벧후 2:2

사람이 절대적인 존재가 되면 결국 성적으로 타락하게 되어 있습니다. 이런 종교인들은 별로 고생하지도 않고 돈을 엄청나게 버는데 돈으로는 만족하지 못하니까 결국 성적인 쾌락을 추구하는 것입니다. 이때 세상 사람들은 그들의 행태를 보고 하나님을 욕합니다. 왜냐하면 이들이 겉으로는 하나님의 종으로 행세를 하기 때문입니다. 이때 우리는 진리가 썩을 대로 썩었다는 것을 알아야 합니다. 이 세상에서 가장 막을 수 없는 것이 썩지 않는 것인데 하나님의 진리가 아니고서는 부패를 막지 못합니다. 즉 소금을 엄청나게 뿌리지 않고서는 썩는 것을 막을 수 없는 것입니다.

2. 거짓 진리가 가져온 결과

이 세상은 가짜가 진짜로 행세하고 거짓이 진실로 둔갑하여 활기치는 세상이기 때문에 사람들은 그런 것에 속아서 인생을 망치지 않도록 조심해야 합니다. 그러나 만일 이 사회에 콜레라나 페스트 같은 전염병이 퍼지면 개인적인 차원에서 치료할 것이 아니라 정부가 나서서 적극적으로 대처해야 할 것입니다. 그렇지 않으면 많은 사람들이 병에 걸려서 죽든지, 아니면 전멸을 당할 것입니다.

마찬가지로 이 세상에서 가장 위험한 것은 거짓 진리와 성적인 타락인데 이 두 가지는 전체적인 멸망을 가져올 수 있는 위험한 것입니다.

"그들이 탐심으로써 지어낸 말을 가지고 너희로 이득을 삼으니 그들의 심판은 옛적부터 지체하지 아니하며 그들의 멸망은 잠들지 아니하느니라"_ 벧후 2:3

거짓 선생들이 엉터리 진리를 가르치는 이유는 두 가지입니다. 하나는 그들의 마음속에 탐심이 가득하기 때문입니다. 즉 그들은 이 세상에서 종교를 가지고 성공하고 싶고 유명해지고 싶은 것입니다. 그리고 또 하나는 그래서 사람을 가지고 이득을 보려고 생각하기 때문입니다. 즉 이들은 많은 사람들을 이용해서 자신의 인기나 실력을 인정받으려고 하고, 그들이 바친 헌금을 가지고 부를 축적하려고 하는 것입니다. 그런데 이들은 자기들 앞에 무서운 하나님의 심판이 준비되어 있다는 것을 모르고 있습니다. 하나님께서는 이렇게 탐욕을 가지고 목회를 하거나 종교적으로 성공한 자들을 오래전에 이미 단죄하셨고, 그들은 멸망했습니다. 그래서 종교를 가지고 성공하려고 하고, 헌금을 받아서 부자가 되려고 하는 자들은 자기 스스로도 망할 뿐 아니라 세상을 다 망하게 하는 자들입니다. 결국 종교인들 때문에 하나님의 진리가 비방을 받을 때는 무서운 심판의 때이고, 곧 하나님의 무서운 심판이 임한다는 사실을 알아야 합니다.

성경은 거짓 진리를 따라감으로써 멸망한 것의 세 가지 예를 들고 있습니다. 그 첫 번째가 마귀 자신입니다.

"하나님이 범죄한 천사들을 용서하지 아니하시고 지옥에 던져 어두운 구덩이에 두어 심판 때까지 지키게 하셨으며"_벧후 2:4

하나님의 진리의 중요한 내용 중에 하나님의 무서운 진노와 심판이 있습니다. 그러나 마귀는 그렇게 자비하신 하나님이 우리가 죄를 지었다고 해서 심판하실 리가 없다고 생각했습니다. 그래서 마귀는 하나님 앞에서 죄를 지었습니다. 원래 마귀는 하나님의 천사 중 하나였는데 너무 교만해지고 마음이 악해져서 우리가 죄를 지어도 하나님은 우리를 심판하지 못하신다고 생각하고 자신의 분수를 지키지 않았던 것입니다. 즉 마귀는 피조물로서 하나님 행세를 하고, 하나님의 영광을 빼앗으려고 했던 것입니다.

하나님은 죄를 지은 마귀를 용서하지 아니하셨습니다. 그래서 하나님은 마귀를 지옥 구덩이에 던져 넣어서 최후 심판 때까지 거기에 있게 하셨습니다. 그런데 문제는 마귀가 그 구덩이에서 기어 올라올 때가 있다는 것입니다. 그때는 주로 교회가 영적으로 잠들거나 진리가 어두워졌을 때입니다. 그때 마귀는 이 세상에 끔찍한 재앙을 일으켜서 수많은 사람들을 죽게 만듭니다. 그렇기 때문에 교회는 늘 깨어 있어야 하고, 잠시도 기도를 게을리 해서는 안 됩니다. 그렇지 않으면 지옥에 있어야 할 마귀가 스물스물 기어 올라와서 이 세상에 말할 수 없는 피해를 끼칩니다.

둘째는 노아 때 전 세계 사람들이 홍수로 멸망한 예입니다.

"옛 세상을 용서하지 아니하시고 오직 의를 전파하는 노아와 그 일곱 식구를 보존하시고 경건하지 아니한 자들의 세상에 홍수를 내리셨으며"_벧후 2:5

여기의 "옛 세상"은 노아 이전의 세상을 말합니다. 노아 홍수 이전의 사람들은 상당한 수준의 문화를 누리며 살았습니다. 당시 사람들은 나름대로 악기나 여러 가지 도구들을 발명해서 문명의 꽃을 피웠고, 영웅이나 미인도 많이 있었습니다. 그럼에도 그때 사람들은 하나님의 심판에 대해서 전혀 생각이 없었습니다. 그들은 오직 이 세상에서 먹고 마시고 쾌락을 즐기고 돈만 많이 벌면 된다고 생각했습니다. 그래서 하나님께서는 전혀 아낌없이 그 찬란한 문명 세계와 사람들을 홍수로 심판하셨습니다. 하나님께서 아끼신 것은 오직 의의 선포자 노아와 그를 포함한 여덟 식구뿐이었습니다. 우리는 이러한 사실을 통하여 하나님께서 가장 아끼시는 것이 무엇인지 알 수 있습니다. 하나님께서는 그 어떠한 학문이나 예술보다 경건한 자들을 더 사랑하시고 아끼시는 것입니다.

우리가 하나님 앞에서 소중하게 보존되는 이유는 우리가 똑똑하고 재능이 있기 때문이 아닙니다. 우리가 하나님의 말씀을 붙들고 있기 때문에 가치가 있는 것입니다. 그리고 하나님의 말씀이 있는 곳에는 심판이 임하지 않습니다.

셋째 예는 소돔과 고모라입니다.

*"소돔과 고모라 성을 멸망하기로 정하여 재가 되게 하사 후세에 경건하지 아니할 자들에게 본을 삼으셨으며"*_벧후 2:6

소돔과 고모라는 매우 아름답고 비옥한 곳이었습니다. 그러나 그곳 사람들은 성적으로 타락할 대로 타락해서 동성애가 극심했습니다. 아마도 소돔 사람들은 지성적이고 잘생겼을 것입니다. 그러나 하나님께서는 소돔 사람들을 아끼지 아니하시고 불로 심판해서 재가 되게 하셨습니다.

하나님께서 싫어하시는 것 중의 하나가 우리 인간이 마땅히 지켜야 할 선을 지키지 않고 방종하면서 사는 것입니다. 이것은 하나님 앞에서 겸손하지 않은 것입니다. 그래서 하나님께서는 아무리 재능과 능력이 있는 자라 할지라도, 아무리 잘생기고 똑똑한 사람이라 하더라도 아끼지 아니하고 심판하셨습니다.

오늘 우리는 인류 최고 수준의 문명을 누리며 살아가고 있습니다. 그러나 하나님의 말씀이 없는 자들은 하나님 앞에 쓰레기 이상의 가치가 없습니다. 그들은 하나님이 진노하시는 순간에 다 불에 타서 없어지고 마는 것입니다.

3. 하나님 앞에 가치 있는 자들

모든 사람이 멸망의 길을 달려갈 때 믿음을 지킨 자들이 있습니다. 그런데 하나님 앞에서 자신의 믿음을 지킨 자들은 극히 적은 수였습니다. 노아 때 전 세계 인구는 적어도 몇 천만 명은 되었을 것입니다. 그러나 그들은 하나님이 진노하시는 날에 모두 망하고 말았습니다.

우리는 먼저 마귀의 타락을 생각할 필요가 있습니다. 마귀는 사탄이라고도 하는데 천사장 중의 하나였습니다. 그리고 사탄은 어떤 의미에서 하나님보다 더 똑똑한 것 같았습니다. 사탄은 정말 아는 것도 많고 유능하고 멋있고 능력 있는 천사였습니다. 이런 천사가 타락하니까 얼마나 많은 천사들이 속아서 넘어갔겠습니까? 그래서 사탄의 나라에도 하나의 나라를 이룰 정도로 많은 귀신들, 즉 악령들이 있습니다. 반면에 끝까지 믿음을 지킨 천사들도 많이 있습니다. 우리는 옳고 그른 것을 판단할 때 똑똑하고 유능한 것을 기준으로 삼으면 마귀에게 속게 됩니다. 우리의 기준은 하나님이 되어야 하고, 하나님의 말씀이 되어야 하는 것입니다.

마귀는 하나님의 말씀을 교묘하게 꾸며서 하나님의 말씀을 상대화시키는 데 명수입니다. 그래서 마귀는 첫 인간들에게도 "하나님이 참으로 너희에게 동산 모든 나무의 열매를 먹지 말라 하시더냐"(창 3:1)라고 하면서 그 나무 열매를 먹어도 절대로 죽지 않는다고 속였습니다. 그런데 첫 인간들이 그 열매를 먹었을 때 하나님의 말씀대로 되는 것이 아니라 뱀의 말대로 되는 것 같았습니다. 즉 인간이 선과 악을 알게 하는 나무 열매를 먹었을 때 즉시 죽는 것이 아니라 오히려 눈이 밝아졌던 것입니다. 그러나 마귀는 자기의 말에 절대로 책임을 지지 않습니다. 그래서 우리 인간이 그 말을 들으면 결국 망하게 됩니다. 그런데 이 세상에서 마귀는 교묘한 말로 사람들을 속이고 있습니다. 하나님의 말씀을 따르는 사람의 특징은 우직한 것입니다. 그러나 마귀의 말은 사람을 교묘하고 똑똑하게 만듭니다. 오늘 우리 사회에는 똑똑하고 교묘한 말을 하는 사람들이 많습니다. 그러나 그들은 뱀의 자식인 것입니다.

그런데 노아는 하나님의 말씀을 끝까지 믿었습니다. 하나님은 노아에 대하여 "오직 의를 전파하는 노아와 그 일곱 식구"라고 하셨습니다. 노아가 의를 전파했다는 것입니다. 우선 노아는 심판의 기미가 조금도 보이지 않는 그 시대에 하나님의 심판의 말씀을 믿었습니다. 하나님께서는 노아에게 홍수로 세상을 심판하겠다고 말씀하셨는데 당시에는 홍수의 조짐이 없었던 것입니다. 그러나 노아는 사람들의 말이나 기대를 믿지 않고 하나님의 말씀을 믿었습니다. 그리고 하나님은 노아에게 큰 배를 지으라고 하셨는데 그것은 참으로 귀찮고 시간이 오래 걸리는 일이었습니다. 게다가 노아는 자기와 아무 상관이 없는 수많은 짐승과 새가 탈 수 있는 배를 만들어야 했습니다. 그래서 노아는 다른 일은 전혀 할 수 없었습니다.

노아는 하나님의 말씀에 순종했습니다. 그래서 노아는 살았습니다. 그만큼 하나님의 말씀을 믿고 순종하는 사람의 생명은 가치가 있는 것입니다.

그리고 하나님의 말씀을 끝까지 믿은 또 한 사람이 있는데 그는 바로 소돔 성에 살던 아브라함의 조카 롯입니다.

"무법한 자들의 음란한 행실로 말미암아 고통 당하는 의로운 롯을 건지셨으니 이는 이 의인이 그들 중에 거하여 날마다 저 불법한 행실을 보고 들음으로 그 의로운 심령이 상함이라"_벧후 2:7-8

여기서 우리는 다시 한 번 소돔 사람들이 얼마나 하나님을 두려워하지 않고 음란한 생활을 했는지 알 수 있습니다. 우리는 보통 롯을 세상을 따라간 믿음이 없는 사람으로 알고 있는데 여기서는 롯을 의인이라고 칭하고 있습니다. 아마 롯은 마음속으로는 하나님을 믿고 소돔 사람들처럼 살아서는 안 된다고 생각하고 있었던 것 같습니다. 그러나 롯은 소돔에서 보고 듣는 모든 것이 죄인 줄 알았고, 그의 심령이 매일 상했으면서도 그것을 틀렸다고 말하지 않았습니다. 롯은 속으로는 아닌 줄 알면서도 침묵으로 동의했던 것입니다. 그래서 롯은 소돔에서 거의 죽을 뻔했습니다. 하나님의 천사는 아브라함의 기도를 들으시고 롯을 건지기 위해서 왔지만 롯은 밤새도록 우왕좌왕했고, 결국 롯과 두 딸만 억지로 끌어냈습니다. 그리고 소돔과 고모라 사람들은 모두 유황불에 타 죽은 것입니다.

여기서 우리는 노아와 롯의 중요한 차이점을 보게 됩니다. 즉 노아는 의의 설교자였고, 배를 만들었습니다. 그러나 롯은 침묵했고, 아무것도 건지지 못했습니다. 우리는 하나님의 심판을 믿어야 합니다. 그리고 우리는 하나님의 말씀으로 배를 만들어야 합니다. 이 배는 오늘날 믿음의 공동체입니다. 하나님께서는 믿음은 심판을 이기고 승리한다고 말씀하셨습니다. 그러므로 우리 모두 믿음으로 승리하는 성도들이 다 되시기 바랍니다.

기회 26 Chance

벧후 2:10-16

정욕대로 산 인생

우리의 인생에서 떼려야 뗄 수 없는 것 중의 하나가 육체의 정욕이고, 육체의 정욕 중에서도 완전히 뗄 수 없는 것이 성욕입니다. 십여 년 전에 "성 프란치스코"라는 영화가 상영된 적이 있는데 천주교에서 성자로 추앙받는 아시시의 성 프란치스코에 대한 영화였습니다. 프란치스코는 원래 부유한 상인의 아들이었는데 사치한 생활에 회의를 느끼고 청빈을 신조로 해서 '작은 형제회'라는 수도회를 조직했습니다. 그리고 그는 수도회의 원칙을 정했는데 그것은 재산을 다 팔아서 가난한 자에게 주고, 옷도 한 벌만 가져야 하며, 책도 가져서는 안 된다는 것이었습니다.

그는 고향 근처의 다미아노 성당의 폐허 위에서 기도하는 중에 하나님의 음성을 듣고 반쯤 허물어진 다미아노 성당을 재건했고, 지독한 감기에 걸려 기침을 하면서도 명상과 기도에 힘썼습니다. 그러던 어느 날 그는 성욕에 사로잡혀 스스로 매질을 했지만 그래도 성욕이 사라지지 않자 알몸으로 눈 위를 뒹굴었습니다. 그리고 나서 차가운 눈을 뭉쳐서 아내와 자식들을 만듭니다.

요즘 텔레비전을 보면 정말 다양한 영화나 드라마들을 볼 수 있는데 성을 다루지 않는 영화나 드라마는 깨끗하고 아름다운 데 반해 성적인 내용을 다루는 것은 배경음악 자체가 음울하고 조명도 야릇하고 분위기도 극히 음탕합니다. 이런 분위기에서는 눈빛이나 말이나 행동이 지극히 음탕해집니다. 그런데 오늘날은 이 성에 대한 문제가 아주 심각합니다.

성은 원래 저속한 것이 아니라 하나님이 주신 아주 좋은 사랑의 선물이었습니다. 그런데 그것이 너무 예민하고 그 효과가 폭발적이어서 인간들이 그것을 정상적으로 사용하기가 어려워졌습니다. 즉 인간들이 타락하고 난 후에는 성욕을 바르고 아름답게 사용하는 것이 거의 불가능해진 것입니다. 성은 한순간 잘못 다루면 감당할 수 없는 타락의 늪에 빠지는 것입니다. 그런데 하나님의 말씀은 이 성욕을 바르게 사용하게 할 뿐 아니라 남녀 간의 사랑을 더 아름답고 풍성하게 만듭니다. 그래서 사람들이 성욕을 어떻게 사용하는지를 보면 그가 멸망당할 짐승 같은 사람인지, 아니면 존귀한 하나님의 백성인지 구별할 수 있다고 말씀하고 있습니다.

예를 들어 폐차장에는 수없이 많은 자동차들이 버려져 있습니다. 그 중에는 멀쩡한 것도 있지만 그것들은 모두 버려진 것입니다. 마찬가지로 사람들 중에서 성적으로 문란하고 통제가 되지 않는 사람은 그가 지도자이든 일반 백성이든 전부 버려진 차와 같습니다. 그렇기 때문에 우리는 수도승처럼 너무 지나치게 금욕적이어도 안 되지만 조금이라도 성적으로 문란해지는 것은 완전히 자신을 폐차시키는 것이라는 사실을 알고 두려워해야 합니다.

1. 지나친 인간의 정욕

모든 인간에게는 육체의 정욕이 있습니다. 이 정욕은 다양한 모습으로 나타나는데, 이 세상에서 가장 맛있는 음식을 먹고 싶은 식욕에서부터 멋진 옷을 입고 싶은 욕망 그리고 좋은 것을 구경하고 싶은 욕망, 좋은 학교를 졸업해서 똑똑한 사람이라고 인정받고 싶은 욕망 등으로 나타납니다. 그래서 사도 요한은 정욕에 대하여, "이는 세상에 있는 모든 것이 육신의 정욕과 안목의 정욕과 이생의 자랑이니 다 아버지께로부터 온 것이 아니요 세상으로부터 온 것이라"(요일 2:16)라고 하였습니다.

사람들은 정욕을 채우면 기분이 아주 좋아지기 때문에 기회만 있으면 정욕을 채우려고 애를 씁니다. 그러나 정욕이 지나치면 사치나 방탕이나 인간성의 상실을 가져오기 때문에 절제해야 합니다. 그런데 인간의 이런 정욕 중에서 성욕은 아주 특별한 성질을 가지고 있습니다. 즉 인간의 모든 정욕은 채우면 기분이 좋아지는 데 비해 성욕은 욕망을 느낄 때 마치 불이 붙는 것처럼 흥분이 됩니다. 그래서 성욕을 바르게 사용하면 상대방을 정말 내 몸 같이 사랑하게 되고, 사랑의 감정이 이 세상 어떤 행복과도 비교가 안 되는 황홀한 것임을 깨닫게 됩니다. 그런데 이 성욕이 문제인 것이, 사랑과는 관계없이 외모만 멋이 있으면 흥분을 하는 것입니다. 그래서 나중에는 욕망의 노예가 되어서 이성적인 판단을 잃어버리고 폐인이 되고 맙니다.

인간을 가장 짧은 시간 안에 행복하게 하고 만족감을 주는 것 세 가지를 들라고 하면 술과 도박과 성이라고 말할 수 있는데, 이 세 가지 모두 무서운 중독성이 있고 인간성을 상실하게 합니다. 그런데 사람들은 도박이나 술 중독은 나쁜 것인 줄 알지만 성 중독은 사람들 몰래 은밀하게 행하기 때문에 그것이 나쁜 것인 줄 모르는 경우가 많습니다. 그러나 인간이 성 중독에 빠지는 것은 차로 비유하자면 폐차가 되는 것입니다.

최근에 사회적으로 지위가 있는 분들 중에서 성추행으로 물의를 일으키고 난 후에 자기는 성 중독 치료를 받고 있다는 식으로 변명을 하는 분들이 있는데 이것은 자기가 바로 폐차 수준이라는 것을 인정하는 것입니다. 그런 사람은 사회와 가정을 떠나서 폐차장으로 가야 하는 것입니다. 그런데 사람들이 이렇게 된 이유는 성이 얼마나 예민하고 무서운 것인지 잘 모르고 세상에서 성공하기만 하면 된다는 생각으로 이중생활을 해 온 결과입니다. 즉 겉으로는 공부도 잘하고 사회생활도 잘하는 것처럼 행동하지만 다른 한편으로는 타락한 습관을 계속 유지하고 있었던 것입니다. 그래서 성경은 성적으로 타락한 행동을 하는 사람들에 대하여 이렇게 말씀하고 있습니다.

"특별히 육체를 따라 더러운 정욕 가운데서 행하며 주관하는 이를 멸시하는 자들에게는 형벌할 줄 아시느니라 이들은 당돌하고 자긍하며 떨지 않고 영광 있는 자들을 비방하거니와"_벧후 2:10

성적으로 타락한 생활을 하고 있는 사람들의 특징은 '더러운 정욕 가운데서 행한다'는 것입니다. 이것은 다른 말로 표현하면 더러운 정욕에 빠져서 살고 있다는 것입니다. 즉 인간의 성욕은 아주 예민하고 엄청난 폭발력을 가지고 있기 때문에 조금만 잘못 사용하면 낭패를 당합니다. 그런데 사람은 누구나 성인이 되면서 성욕이 왕성해지기 때문에 자칫하면 성욕의 포로가 될 가능성이 아주 높습니다. 그래서 사람들 중에는 하루 종일 성욕에 사로잡혀서 사는 사람도 있습니다. 이것은 굉장히 위험한 것인데 현대인들 중에는 이런 상태에 빠져 사는 사람들이 많이 있습니다. 아무리 유명한 대학 교수이고, 성공한 목회자이고, 정치인이고, 의사라 하더라도 성 중독에 빠지면 인생을 망치고 맙니다. 그런데 하나님의 말씀은 성 중독을 치료하는 능력이 있습니다. 결국 우리는 이런 욕망 때문에 하나님의 도움을 더 절실히 원하게 됩니다.

더욱이 성적으로 방종하는 사람은 본인은 인식하지 못하고 있을지 모르지만 하나님을 멸시하고 있는 것입니다. 본문에 보면 '주관하는 이를 멸시하는 자들에게는 형벌이 있다'고 말씀하고 있습니다. 성적인 욕망을 절제하지 못하는 자는 결국 인간을 아름답게 만드신 하나님을 멸시하는 것이고, 그의 최후는 영원히 지옥에서 고통을 당하는 형벌인 것입니다. 인간들이 돈이 있고 힘이 있어서 마음껏 정욕을 즐길 수 있을 것 같지만 그 대가는 영원한 지옥의 고통이고 저주인 것입니다. 그래서 자기의 정욕을 제어할 수 있느냐 없느냐 하는 것이 인간의 가치를 분별하는 가장 중요한 요소입니다.

그리고 이런 성욕에 빠진 자들은 '당돌하고 자긍하며 떨지 않고 영광 있는 자들을 비방한다' 고 말씀하고 있습니다. 이 사람들은 처음에는 수치심을 느끼지만 시간이 조금 지나면 자기들은 사랑을 하는 것이라고 당당하게 주장하면서 싸우려고 합니다. 그리고 자기들은 남들이 하지 못하는 사랑을 한다고 하면서 대단하게 생각합니다. 그들은 떨지 않습니다. 왜냐하면 이미 뻔뻔스러워질 대로 뻔뻔스러워졌기 때문입니다. 그리고 그들은 그렇게 살지 않는 성도들을 비방합니다.

그리고 본문 말씀에서 '영광 있는 자들을 비방한다' 고 했는데 여기의 '영광 있는 자들' 은 하나님의 뜻대로 사랑하는 자들을 말합니다. 이것을 보면 남녀 간의 사랑의 감정이 절대로 나쁜 것이 아님을 알 수 있습니다. 남녀 간에 사랑을 느끼고 결혼 생활을 하는 것은 아름다운 것이며 영광스러운 것입니다. 그런데 정욕에 빠져서 잘못된 사랑을 하는 자들은 자기를 버린 자들입니다. 그렇기 때문에 사람은 누가 뭐라고 하기 전에 스스로 정욕에 차꼬를 채워서 정욕대로 행하지 않아야 영광을 지킬 수 있습니다. 그렇지 않고 정욕에 굴복해서 잘못된 사랑에 빠지면 영광은 사라져 버리고 수치와 더러운 굴욕만 남는 것입니다.

2. 정욕에 빠진 자의 비참한 현실

대개 이 세상에서 육체의 정욕에 따라 사는 사람들은 돈이 있고 권력이 있는 사람들입니다. 왜냐하면 돈이 없고 권력이 없으면 정욕을 채우고 싶어도 채울 수가 없기 때문입니다. 그러나 힘이 있고 돈이 있는 사람들은 오만해서 내 돈을 가지고 내 정욕을 채우는 것이 뭐가 잘못이냐고 큰소리를 칩니다.

그러나 사실 이 세상에서 가장 비참한 처지에 있는 사람들이 바로 정욕에 빠진 사람들입니다. 그들을 정욕의 구덩이에서 건져낼 사람은 아무도 없는 것입니다.

> "더 큰 힘과 능력을 가진 천사들도 주 앞에서 그들을 거슬러 비방하는 고발을 하지 아니하느니라"_벧후 2:11

본문 말씀은 성욕에 빠져서 사는 자들이 하나님 앞에서 어떤 형편에 있는지 보여 주고 있습니다. 그들보다 더 큰 힘과 능력을 가진 천사들이 이렇게 방탕하게 사는 자에 대하여 고발을 하지 못한다는 것입니다. 이것은 두 가지 의미로 생각할 수 있습니다. 그 하나는 본문의 "더 큰 힘과 능력을 가진 천사"를 마귀로 보는 것입니다. 그들은 이미 마귀의 종이 되었기 때문에 하나님 앞에서 고발을 하지 않는다는 것입니다. 그리고 또 하나는 아무리 큰 힘과 능력을 가진 천사라 할지라도 육체적으로 방탕한 생활을 하는 자는 하나님 앞에서 고발을 해도 끄집어낼 수 없다고 보는 것입니다. 즉 인간들은 이 세상에 살면서 많은 방탕의 구렁텅이에 빠지는데 그 중에서 가장 끄집어내기 어려운 구렁텅이가 성욕의 구렁텅이인 것입니다.

옛날 사람들은 우스갯소리로 마귀 중에는 졸음 마귀도 있고, 술 마귀도 있고, 여러 가지 마귀가 있는데 그 중에서 음란 마귀가 가장 무섭다고 말을 하곤 했습니다. 사실 사람들이 더러운 육체의 정욕에 빠지기 전에는 정욕이 너무 환상적으로 보이고 자기를 행복하게 해 줄 것 같아서 뭣도 모르고 덤벼들지만 한번 걸려들면 물고기가 낚싯바늘에 걸린 것과 같아서 힘이 센 천사도 건져내지 못합니다.

그래서 구약 시대의 인물 중에 가장 힘이 세었던 삼손도 음란한 행실로 말미암아 머리털이 밀리고 노예가 된 후에야 비로소 자신의 실체를 보고 하나님께 부르짖었던 것입니다. 그리고 수없이 많은 시를 쓰고 수많은 전쟁에서 이긴 다윗도 음란의 구렁텅이에 빠졌는데 침상이 다 썩도록 회개하고서야 겨우 음행에서 벗어날 수가 있었습니다. 아무리 힘센 천사라도 함부로 빼 주기 어려운 함정이 바로 육체의 정욕인 것입니다.

그런데 요즘은 젊은이나 어른들이 너무 겁도 없이 이 정욕의 구렁텅이로 뛰어들고 있습니다. 그런데 그들이 뛰어들려고 하는 구렁텅이가 멸망의 구렁텅이라고 가르쳐 주는 데는 기독교밖에 없습니다. 심지어는 기독교의 목회자들조차도 정욕을 이기지 못해서 포르노의 종이 되거나 성 중독의 노예가 됩니다.

성경은 성 중독에 빠져서 정욕대로 사는 사람의 가치는 그야말로 잡혀 죽을 짐승과 다를 바가 없다고 말씀하고 있습니다.

"그러나 이 사람들은 본래 잡혀 죽기 위하여 난 이성 없는 짐승 같아서 그 알지 못하는 것을 비방하고 그들의 멸망 가운데서 멸망을 당하며"_벧후 2:12

사람들은 동성애자도 인격을 존중해 주어야 하고, 비록 성적으로 타락한 생활을 하는 사람일지라도 인격을 존중해 주어야 한다고 말을 합니다. 이것은 틀림없는 사실입니다. 우리 모든 인간은 소중한 존재이고, 우리의 영혼은 가치가 있습니다. 그럼에도 불구하고 성욕에 빠진 인간들의 가치는 이성 없는 짐승과 다를 바가 없다고 말씀하고 있습니다.

옛날에 농촌에서는 집집마다 돼지를 키웠는데 보통 때에는 돼지가 잘 먹고 잘 자라서 평안한 것처럼 보이지만 잔칫날처럼 큰일이 있을 때에는 아무 영문도 모른 채 끌려가서 도살을 당했습니다. 개나 닭도 돼지와 비슷한 처지였습니다.

얼마 전에 변두리로 산책을 나갔다가 개장사에게 팔려서 억지로 끌려가는 개를 본 적이 있습니다. 아직도 그 개의 공포에 질린 눈빛이 잊히지가 않습니다. 그때 마음속으로 절대로 개고기를 먹지 못하게 해야겠다는 생각이 들었지만 아무 소용이 없는 생각이었습니다. 그런데 인간이 바르지 않은 사랑에 빠져서 성욕의 노예가 된 순간 그는 자신의 가치를 개나 돼지밖에 안 되는 존재로 만들어 버리는 것입니다. 이때 사람들이 자신들의 비참한 처지를 깨닫고 예수를 믿으면 인생을 살릴 수 있지만 그대로 있으면 더러운 지옥의 구렁텅이에 빠질 수밖에 없습니다.

12절 하반절에 '그 알지 못하는 것을 비방하고 그들의 멸망 가운데서 멸망을 당한다'고 했습니다. 즉 이들은 짐승과 같아서 알지도 못하는 일들을 비방하다가 짐승들이 멸망하는 것 같이 멸망을 당한다는 것입니다. 결국 우리에게 예수님의 도움이 절실한 이유는 내 안에 있는 더러운 정욕 때문입니다. 우리 모든 인간은 겉으로는 정상적으로 보일지 몰라도 마음속으로는 너무나도 많은 죄를 짓기 때문에 그대로 두면 대형 사고를 저지를 수밖에 없는 것입니다. 그래서 우리는 십자가에 못 박히신 예수를 믿고 이 정욕을 버리는 것입니다.

3. 인간의 진정한 가치

우리 인간이 진정으로 아름답고 가치가 있으려면 무한정으로 주어지는 사랑의 감정을 잘 사용해야 합니다. 성경을 보면 예수님처럼 감정을 아름답게 쓰신 분이 없습니다. 예수님은 방탕한 생활을 해 왔던 수가 성 여인을 만났을 때에도 경멸하지 아니하고 진지하게 대하셔서 그 영혼을 무서운 수렁에서 건지셨습니다. 예수님은 일곱 귀신 들린 막달라 마리아도 고치셔서 아름답게 하셨습니다. 예수님에게서는 금욕적인 모습이나 탐욕적인 모습은 찾아볼 수 없었습니다.

예수님은 때때로 분노의 감정도 아름답게 사용하셨습니다. 예수님은 대제사장이나 서기관들이 성전에서 장사할 때 노끈으로 채찍을 만들어서 장사하는 자들을 내어 쫓으셨습니다. 예수님은 분노하셨지만 도에 지나치지 아니하셨습니다. 결국 사람이 존귀하게 되려면 분노나 사랑의 감정을 바르고 아름답게 사용할 수 있어야 하는데 인간의 힘으로는 불가능합니다. 그래서 옛날에는 존귀해지기 위해서 나름대로 금욕적으로 사는 사람들이 있었습니다. 그들은 무조건 육체의 쾌락을 절제해야 한다고 생각했습니다. 즉 사람이 순수하게 되기 위해서는, 가능한 한 자기 안에 있는 욕구를 죽여야 한다는 것입니다. 그래서 중세 시대에 많은 사람들이 수도원에 들어가서 금식이나 명상이나 채식을 하면서 자신의 욕망을 죽였습니다. 지금도 특정 종교인들은 한평생 결혼을 하지 않고 수도원에서 살거나 채식만 하면서 정욕을 죽이는 삶을 살고 있습니다.

그런데 당시에 아주 위험한 사상이 교회 안에 흘러들어 왔습니다. 당시에 활동하던 이단인 영지주의자들이 한편으로는 이성의 중요성을 가르치면서 다른 한편으로는 욕망을 마음껏 채워도 된다는 식으로 가르친 것입니다. 이들은 인간의 가장 어려운 문제를 이원론적인 방식으로 해결해 버렸습니다. 사람에게 가장 큰 숙제가 영혼은 거룩한 것을 추구하는데 육체는 더러운 욕망을 원하는 것입니다. 이것에 대하여 당시 엉터리 선생들은 영혼과 육체를 분리해서 영혼만이 선한 것이며 영혼만 구원받으면 된다고 가르치면서 육체는 어떻게 되든 상관없다고 가르쳤습니다. 즉 그들은 종교 생활을 할 때에는 가장 영적인 사람이 되었다가 일상적인 생활을 할 때에는 육체적 욕망에 따라 살았던 것입니다. 그들은 종교 생활은 종교 생활대로 거룩하게 하고, 세속적인 생활은 세속적인 생활대로 해도 영혼이 더럽혀지지 않는다고 생각했습니다.

한때 한국 교회 안에서도 '이원론적인 신앙'에 대한 비판이 많이 있었습니다. 즉 어떤 성도들은 교회 안에서의 생활은 매우 훌륭한데 가정이나 직장에서는 너무 이기적이고 자기밖에 모르는 탐욕스러운 사람이 된다는 것입니다. 결국 인간의 정욕은 도를 닦는다거나 이원론적으로 쉽게 해결할 수 있는 것이 아닙니다. 이것은 우리 인간에게 가장 어려운 문제입니다. 이것은 고행을 해도 해결되지 않고, 머리를 깎아도 해결되지 않고, 독신으로 살아도 해결되지 않는 문제인 것입니다.

그런데 이것을 하나님의 아들이 해결하셨습니다. 그것은 예수님이 핏값으로 우리를 사신 것입니다. 그리고 예수님께서는 우리 인격과 몸 안에 하나님의 성령이 들어오게 하셨습니다. 우리 마음에 성령이 오시고 하나님의 말씀이 들어오면서 우리는 죄가 더럽고 추악하다는 것을 깨닫게 되었습니다. 그런데도 불구하고 우리 몸은 내 마음대로 되지 않습니다. 그때 우리는 사도 바울처럼 "오호라 나는 곤고한 사람이로다 이 사망의 몸에서 누가 나를 건져내랴"(롬 7:24)라고 부르짖게 되는 것입니다.

그런데 놀라운 것이, 우리가 하나님의 말씀을 듣고 부르짖으면 우리 힘으로 되지 않던 것들이 하나님의 능력으로 이루어집니다. 즉 어느 순간부터 마음이 차분해지면서 정욕에 관심이 없어지고 거룩한 생활을 추구하게 되는 것입니다. 이것이 바로 우리가 사막이나 산꼭대기에 있는 수도원에 가지 않아도 되는 비결이며, 머리를 깎거나 굳이 독신주의로 살지 않아도 되는 비결입니다. 우리의 내면을 말씀으로 채우고 성령으로 채우면 말씀과 성령이 나의 삶을 책임져 주시는 것입니다. 이때 우리에게 놀라운 기적이 일어나는데 마음에 원하는 것과 육체의 행하는 것이 거의 일치합니다. 그때에는 마음에 원하는 것이 이상적인 것이 아니라 구체적인 것이 되고 몸도 그렇게 됩니다. 이것이 인간으로서 가장 고귀하고 아름다운 상태입니다. 그러므로 우리는 우리의 죄성과 모순에 대하여 너무 고민하거나 자기 자신을 학대하려고 할 것이 아니라 내 속을 하나님의 말씀과 성령으로 채우면 됩니다.

우리의 내면이 성령으로 채워지고 말씀으로 채워지면 더러운 욕망이 아름다운 사랑으로 변합니다. 그리고 남의 것을 빼앗고 내 욕망을 채우기 위하여 돈을 버는 것이 아니라 다른 사람을 섬기고 사랑하기 위하여 일을 합니다. 먹는 것도 탐욕스럽게 배를 채우기 위하여 먹는 것이 아니라 사랑의 교제를 나누기 위하여 음식을 먹습니다. 이성 간에도 무분별하게 욕망을 채우는 것이 아니라 상대방을 진심으로 사랑할 수 있습니다. 우리는 마귀가 변질시킨 모든 것을 아름답게 회복시킬 것입니다.

그런데 우리는 아무리 예수를 믿는다고 해도 더러운 정욕의 샘물은 그대로 살아 있다는 사실을 알아야 합니다. 단지 예수를 믿음으로 성령의 샘물이 생긴 것입니다. 우리는 이 정욕의 샘물은 막아 버리고 성령의 샘물로 내 마음을 채워야 합니다. 더러운 생각과 악한 충동으로 내 마음이 더러워졌을 때 즉시 회개하면 다시 성령의 생수가 내 마음에 채워지는 것입니다.

그런데 이 세상에는 악의 교사들이 있어서 죄를 짓도록 가르칩니다. 이스라엘 백성을 타락시키는 데 지대한 공헌을 한 사람이 있는데 그 사람은 바로 발람이라는 선지자였습니다.

> "불의의 값으로 불의를 당하며 낮에 즐기고 노는 것을 기쁘게 여기는 자들이니 점과 흠이라 너희와 함께 연회할 때에 그들의 속임수로 즐기고 놀며 음심이 가득한 눈을 가지고 범죄하기를 그치지 아니하고 굳세지 못한 영혼들을 유혹하며 탐욕에 연단된 마음을 가진 자들이니 저주의 자식이라"_벧후 2:13-14

발람이라는 사람은 이방인으로서 하나님의 말씀을 예언하고 능력도 행하는 자였습니다. 그러나 그는 하나님의 말씀을 전하는 것만으로는 만족할 수 없어서 돈을 받고 이스라엘 백성을 저주하기 위해 이스라엘이 진을 치고 있는 모압 땅에 왔습니다. 그러나 하나님께서 사탄의 역사를 막아 주셨습니다. 이것이 바로 하나님의 능력입니다. 즉 다른 사람들이 이스라엘 백성을 시기해서 꼬투리를 잡아 저주하고 싶은데 그렇게 하지 못하는 것입니다. 발람이 이스라엘 백성을 저주하러 갈 때 하나님은 나귀의 입을 열어서 발람을 책망하셨습니다. 하나님의 종은 이 세상의 왕이나 지식인들이 불의의 길을 갈 때 책망할 수 있는 사람인데 자기가 돈에 팔려 이스라엘 백성을 저주하러 갔기 때문에 나귀의 책망을 들은 것입니다.

그런데 본문에 보면 발람이 지혜가 있고 능력이 뛰어났는지는 몰라도 순수하지 않았다고 말씀하고 있습니다. 즉 그의 눈빛은 음란했고, 현란한 말로 마음이 굳세지 못한 자들을 유혹해서 넘어지게 하려고 했던 것입니다. 결국 발람은 이스라엘 백성을 저주하려는 계획을 이루지 못하자 이스라엘 백성이 지나가는 길목에 모압 여인들을 세워서 그들과 음행을 하게 하고, 우상의 음식을 먹게 한 후 망하게 했는데, 그때 많은 이스라엘 백성이 염병으로 죽었습니다. 이러한 사실에 대하여 성경은 "이 선지자의 미친 행동"이라고 말씀하고 있습니다. 즉 선지자라고 해서 다 옳은 것이 아니라 돈에 미치고 정욕에 미치면 많은 사람들을 멸망으로 몰아넣을 수도 있는 것입니다.

지금 이 시대에도 목회자가 돈에 미치고 정욕에 미쳐서 이상한 짓을 하는데도 그 설교가 좋다고 따라가는 자들이 많습니다. 이런 목회자들에게 미혹되면 넘어질 수밖에 없고 멸망에 빠질 수 밖에 없습니다. 성경에 "선 줄로 생각하는 자는 넘어질까 조심하라"(고전 10:12)라고 했습니다. 우리가 아름다움을 지킬 수 있고 안전할 수 있을 때는 예수님이 밧줄을 우리의 몸에 감아 놓을 때입니다. 우리 모두 끝까지 넘어지지 말고 믿음의 길을 잘 가는 성도들이 되시기 바랍니다.

기회 27

벧후 2:17-22

함정에 빠지는 자

　이집트에서 예루살렘 쪽으로 성지 순례를 하는 사람들에게 가장 중요한 코스는 바로 시내 산을 올라가는 코스입니다. 그런데 얼마 전에 우리나라의 어느 교회 성도들이 시내 산을 다녀온 후 이스라엘 입국 절차를 기다리던 중에 자살 폭탄 테러를 당하는 바람에 죽거나 다친 사건이 있었습니다. 그 후에 그 여행 코스는 폐쇄되었습니다. 단체로 여행을 하는 사람들은 가이드만 믿고 따라가는데 가이드가 현지 사정을 전혀 알지 못하거나 사람들을 위험한 곳으로 데리고 가면 납치범에게 끌려가 인질이 될 수도 있고 사고를 당할 수도 있습니다.

　그런데 우리는 또 다른 위험을 한국 교회 안에서 보게 됩니다. 그것은 한국 교회에 교인 수가 수만 명에 이르는 교회들이 수두룩한데 그러한 교회의 목회자들 중에는 도덕적으로 문제가 있는 분들이 많다는 것입니다. 이런 대형 교회는 많은 사람들이 모이고, 또 헌금 액수도 많기 때문에 교회 건물도 화려하고 프로그램도 잘 되어 있습니다. 그러나 이러한 교회의 목회자들 중에는 성적으로 타락하거나 혹은 돈 문제에 있어서 정직하지 않거나 혹은 논문을 표절해서 사회적으로 지탄을 받고 있는 분들이 많은 것입니다.

그런데 이런 문제에 대하여 어떤 사람들은 이분들이 지금까지 행한 좋은 일에 비하면 아주 작은 문제라고 하면서 덮고 넘어가려고 하는 사람들이 있는가 하면, 목회자들의 이러한 행태는 교회가 심각하게 부패한 증거라고 하면서 그 목회자들을 비난하고 몰아내려고 하는 사람들도 있습니다. 여기서 우리는 지금 나 자신은 어디를 향하여 가고 있으며, 나는 바른길을 가고 있는지 스스로 질문해 봐야 합니다.

예를 들어 어떤 사람들이 눈이 덮인 높은 산을 등산하는데 길을 안내하는 사람이 자기가 산꼭대기까지 잘 안내할 테니 자기만 믿고 따라오라고 해서 그를 따라가고 있다고 합시다. 그런데 만일 그의 말이 허풍이라고 생각될 때에는 다시 한 번 생각해 봐야 합니다. 왜냐하면 그의 말과는 달리 그가 전혀 길도 모르고 위험에 대비할 능력도 없는 사람이라면 그를 따라가는 것은 너무 위험한 일이기 때문입니다. 이때는 그 사람의 외모나 그럴듯한 말을 믿을 것이 아니라 그의 진실성과 도덕성을 보아야 합니다. 만일 자기를 안내하는 사람이 말도 아주 잘하고 생긴 것도 잘생겼는데 진실하지 않거나 도덕적으로 깨끗하지 않으면 이 사람은 가짜 안내자인 것입니다. 이런 사람을 따라가다가 만약 위기가 발생하면 안내자 자신은 물론, 다른 사람들도 위험에 처할 것입니다.

그럼에도 우리 한국 교회는 교회의 규모만 보고 이미 도덕적으로 타락한 지도자를 맹목적으로 믿고 따라가고 있습니다. 아마 초대 교회 때에도 말도 아주 번드르르하게 하고 생긴 것도 아주 준수하게 생겼지만 도덕적으로 문제가 있는 지도자들이 많이 있었던 것 같습니다. 그래서 베드로 사도는 이런 지도자들은 위기 때에 전혀 도움이 되지 않을 것이라고 말하면서 절대로 따라가지 말라고 조언을 하고 있습니다.

1. 신앙의 함정

존 번연이 쓴 『천로역정』을 보면 크리스천이 장망성을 떠나 천성을 향해 길을 가던 중에 좁은 문으로 들어가 성도들의 집에서 그들과 교제하면서 많은 도움을 얻고 다시 길을 가다가 아볼루온이라는 마귀를 만나 죽을힘을 다해 싸워서 물리칩니다. 그러고 나서 크리스천은 사망의 음침한 골짜기에 들어서는데 한쪽은 절벽이고 다른 쪽은 늪으로 되어 있는 아주 좁은 길을 통과합니다. 그리고 허영의 도시에서는 죽을 뻔하기도 하고, 나중에는 길을 잘못 드는 바람에 절망의 거인에게 붙들려서 매일 죽도록 두들겨 맞습니다.

이것은 우리가 예수를 믿음으로 구원의 길에 들어서기는 했지만 모두 완전한 구원을 얻은 것은 아닌 것을 보여 줍니다. 우리는 믿음의 길을 가는 중간에 우리의 신앙을 빼앗고 우리를 멸망에 빠뜨리려고 하는 많은 원수들을 만나게 되는 것입니다.

우리는 예수를 믿음으로 구원의 길에 들어선 것은 틀림이 없지만 그렇다고 해서 완전히 구원을 얻은 것은 아닙니다. 이때 우리는 잘못된 길로 갈 가능성이 많은데 그 중의 하나가 우리 눈에는 여전히 아름답고 멋있게 보이는 세상의 길로 가고 싶은 것입니다. 즉 우리가 교회 안을 보면 하나님의 말씀이 있고 은혜가 있는 것은 사실이지만 이런 것들이 내 기대나 욕망을 채워 주지 못하기 때문에 세상으로 뛰쳐나가 버릴 가능성이 많이 있는 것입니다. 교회 안에서 신앙생활을 잘 해 봐야 늘 가난을 면하지 못하고, 사람들이 알아주지도 않는데 세상적인 성공은 명예롭고 힘이 있고 확실하게 보이는 것입니다. 그래서 말씀을 버리고 세상으로 달려가는 사람은 마치 큰 홍수 때에 물에 떠내려가면서도 줄을 끊어 버리는 것과 같습니다. 결국 이런 사람들은 세상에서 양심을 다 팔아먹고, 그렇다고 해서 세상에서 성공하지도 못하고 버림을 받게 됩니다.

그런데 이것보다 더 위험한 것이 있는데 그것은 교회의 지도자 자신이 세상의 영광이나 명예나 성공에 마음을 빼앗겨서 교회를 그런 쪽으로 이끌어 가는 것입니다. 이런 지도자는 세상에서 성공하는 것을 하나님의 축복이라고 생각하고, 교회 안을 세상의 자랑과 성공과 명예로 가득 채웁니다. 이런 목회자들은 교인 전체를 세상으로 끌고 가는 아주 위험한 목회자들인 것입니다. 예수님께서는 맹인이 맹인을 인도하면 둘 다 구덩이에 빠진다고 말씀하셨는데 이런 사람은 맹인이 아닙니다. 맹인은 남을 인도하려고 하지 않습니다. 그런데 이런 사람들은 자기가 세상을 잘 본다고 큰소리를 치고, 자기 자신이 바로 그 세상에서 성공한 사람이라고 하면서 자랑을 늘어놓습니다. 그러나 이런 목회자가 교인 수만 명을 멸망의 구렁텅이로 빠뜨리는 자인 것입니다.

베드로 사도는 이스라엘 백성이 광야 생활을 할 때에 그들이 처했던 위험에 대하여 말하고 있습니다. 당시 이스라엘 백성에게 가장 위험했던 것은 광야 그 자체가 아니었습니다. 이스라엘 백성은 광야를 생존을 위협하는 위기 상황으로 인식했지만 이스라엘 백성이 가는 길에는 하늘에 만나가 쌓여 있었고 땅 속에는 끊임없이 솟아나는 물이 있었기 때문에 광야는 위험한 곳이 아니었습니다. 광야에서 이스라엘 백성을 가장 위험한 지경으로 몰아넣은 것은 하나님에 대한 불신이었습니다. 그래서 이스라엘 백성은 최소한의 안정된 삶을 위해서 틈만 나면 애굽으로 돌아가려고 했습니다. 이스라엘 백성이 일단 애굽을 떠났으면 하나님을 믿고 가나안 땅을 향해서 가야 하는데 그들은 자꾸 애굽으로 돌아가려고 했습니다. 이것이 늘 이스라엘 백성을 위험하게 만들었습니다. 그들은 미래가 두려웠고 하나님의 말씀에 대한 믿음이 없었던 것입니다.

그런데 또 위험한 것이 있었는데 그것은 발람이라는 선지자의 무서운 속임수였습니다. 발람은 하나님의 능력도 임하고 사술도 부릴 줄 아는 아주 강력한 능력을 가진 사람이었습니다. 그래서 발람은 모압 왕 발락의 사주를 받고 하나님의 말씀으로 이스라엘 백성을 저주하려고 했습니다. 발람의 거짓 말씀은 이스라엘 백성이 정체성을 잃어버리게 만들고, 축복의 백성을 불쌍한 백성이 되게 하는 거짓 설교였던 것입니다.

아마 이스라엘 백성이 발람의 거짓 설교를 들었더라면 모압 백성의 성공이 부러워서 전부 믿음을 버리고 모압의 종이 되려고 했을지도 모릅니다. 그러나 하나님은 이 거짓 설교를 막으셨습니다. 그러자 발람은 다른 방법을 써서 이스라엘 백성을 넘어지게 했는데 그것은 모압 여인들을 시켜서 이스라엘 백성을 성적으로 유혹하게 한 것입니다. 그래서 모압 여인들은 이스라엘 백성에게 하나님도 믿고 모압 신도 믿으면 더 잘될 것이라는 식으로 유혹을 했고, 결국 그 유혹에 수많은 이스라엘 백성이 넘어가서 하나님의 징계로 죽었습니다.

우리가 끝까지 믿음으로 승리하기 위해서는 모세가 여호수아에게 말한 것처럼 좌로나 우로나 치우치지 말고 하나님의 말씀대로 똑바로 가야 합니다(수 1:7). 여기서 '우'는 지나친 것을 의미합니다. 즉 하나님의 말씀 외에 다른 것들을 많이 덧붙여서 너무 똑똑해지려고 하는 것입니다. 거기에 비해서 '좌'는 하나님의 말씀을 다 빼 버리고 자기가 믿고 싶은 것만 믿는 것을 말합니다. 그러므로 우리가 좌로나 우로 치우치면 무서운 함정에 빠지고 말 것입니다.

베드로 사도는 하나님의 말씀이 아닌 세상의 야망과 성공을 설교하는 목회자들이 얼마나 엉터리인지 말하고 있습니다.

"이 사람들은 물 없는 샘이요 광풍에 밀려 가는 안개니 그들을 위하여 캄캄한 어둠이 예비되어 있나니"_벧후 2:17

하나님께서는 세상에서 우리를 고난의 길로 인도하실 때가 많습니다. 이때 우리는 왜 하나님께서 나를 이렇게 고생하게 하시는지 이해가 되지 않습니다. 그런데 이때 세상의 성공에 대하여 설교하고 성공의 길을 가야 한다고 가르치는 목회자들을 만나면 귀가 솔깃해집니다. 왜냐하면 이 사람들 자신이 목회에 큰 성공을 거둔 사람들이고 말을 너무 잘하기 때문입니다. 그러나 베드로 사도는 이런 선생들에 대하여 "물 없는 샘이요 광풍에 밀려가는 안개"라고 말하였습니다. 뜨거운 여름에 광야를 여행하는 자들에게 가장 필요한 것은 시원한 생수입니다. 만약 어떤 곳에 물이 있는 줄 알고 고생하면서 찾아갔는데 그 우물이 말라 버려서 물이 한 방울도 없으면 사람들은 목마르고 지쳐서 죽게 될 것입니다.

이 세상에는 좋은 것들이 아주 많습니다. 세상에는 돈도 있고, 지식도 있고, 권력도 있습니다. 그러나 이 세상에서 구할 수 없는 것이 있는데 그것이 바로 하나님의 말씀의 생수입니다. 그런데 때로 하나님의 백성도 세상의 성공이나 행복에 목마를 때가 있습니다. 그래서 사람들은 세상의 성공이나 세상의 행복에 대하여 설교하는 목회자들을 열심히 따라가는데 결정적으로 거기에 물이 없는 것입니다. 하나님의 백성은 하나님의 말씀이 없으면 결국 목말라 죽게 됩니다. 물론 처음에는 자기 열심이나 봉사를 통해서 버틸 수 있지만 말씀이 공급되지 않으면 영혼이 말라서 병들고 무서운 영적인 침체가 오게 됩니다. 우리에게 가장 중요한 것은 우리 영혼이 사는 것입니다. 그것을 위해서 우리는 언제나 말씀의 우물을 파는 일을 해야 합니다.

또 더운 날씨에 안개가 잔뜩 끼어서, '아, 소나기라도 실컷 퍼부으려는가 보다' 하고 기대하고 있었는데 갑자기 광풍이 불면서 안개가 걷히고 불볕더위가 계속된다면 결국 여행자들은 더위를 이기지 못하고 쓰러져 죽고 말 것입니다. 우리가 신앙생활을 열정적으로 하는 것은 성령의 부흥이 일어나게 하기 위해서입니다. 그러나 우리가 아무리 소리를 지르고 떠들어대도 성령이 오시지 않으면 아무 소용이 없습니다.

출애굽 당시 이스라엘 백성은 전 세계에서 가장 유명하고 가장 인기 있는 사람들이었습니다. 이스라엘 백성은 열 가지 재앙으로 애굽 왕과 신하들의 항복을 받아내고, 그 기세를 몰아 홍해를 가르고 바다를 건너서 애굽을 떠났습니다. 그런데 하나님께서는 이스라엘 백성에게 아주 긴 고난의 길을 준비해 놓으셨습니다. 이스라엘 백성은 애굽을 떠난 후 바로 젖과 꿀이 흐르는 가나안 땅으로 들어간 것이 아니라 무려 40년 동안이나 아무것도 없는 광야에서 훈련을 받아야만 했던 것입니다.

광야는 돈이 있어도 쓸 수가 없는 곳입니다. 광야에는 술집도 없고, 미인도 없고, 텔레비전도 없고, 인터넷도 안 되고, 스타벅스도 없습니다. 그런데 하나님께서 그렇게 하신 이유가 무엇일까요? 이스라엘 백성이 진정으로 능력 있는 사람들이 되기 위해서는 하나님의 말씀만 붙들고 살아나는 훈련을 받아야 하는 것입니다. 즉 이스라엘 백성이 스스로 유혹을 이기고 교만을 이기는 믿음이 있어야 하는 것입니다.

그러나 이스라엘 백성은 광야에서 안정된 삶을 기대했습니다. 이스라엘 백성이 애굽에 있을 때에는 최소한 먹을 것은 있었는데 광야에는 먹을 것조차도 없었던 것입니다. 그래서 이스라엘 백성은 하나님의 말씀과 인도하심을 늘 의심했습니다. 그 결과 이스라엘 백성의 광야 생활은 더 연장되었고, 더 많은 위기를 만나게 되었습니다. 결국 이스라엘 백성의 성공 비결은 세상의 유혹을 이기고 하나님의 말씀을 믿은 것이었습니다.

이스라엘 백성이 가나안 땅에 들어갔을 때에도 하나님께서는 이스라엘 백성으로 하여금 가나안 땅의 축복을 충분히 누릴 수 있게 하셨습니다. 그러나 이스라엘 백성은 가나안의 우상을 숭배하고, 가나안 족속들과 결혼을 했으며, 가나안의 풍습을 따랐습니다. 이스라엘 백성은 가나안 사람들이 자기들보다 아무리 잘살고 아무리 행복해 보여도 절대로 우상을 받아들여서는 안 되었습니다. 그러나 이스라엘 백성은 너무나도 가나안 사람들의 생활을 흉내 내고 싶어서 하나님의 말씀의 길에서 멀어지고 말았습니다. 우리는 구원을 받기 위해서는 바보같이 우직하게 믿어야 합니다.

2. 거짓된 목회자의 특성

"그들이 허탄한 자랑의 말을 토하며 그릇되게 행하는 사람들에게서 겨우 피한 자들을 음란으로써 육체의 정욕 중에서 유혹하는도다"_벧후 2:18

우리가 인생을 살아가는 데 있어서 조심해야 할 것이 있는데 그것은 바로 잘못된 인도자를 따라가지 않는 것입니다. 그래서 신학이 중요하고 교단이 중요한 것입니다. 그러나 이제는 목회자의 신학 사상이나 교회의 교단을 거의 상관하지 않을 정도로 모든 교회가 다 같아져 버렸습니다. 즉 안 좋은 누룩이 한국 교회를 변질시켜 버린 것입니다. 이런 사람들은 허탄한 말을 잘 합니다. 여기서 '허탄한 말'은 세상의 성공에 대하여 아주 쉽고 그럴듯하게 잘 가르치는 것을 말합니다. 더욱이 이 사람들은 자기 자신이 목회에 성공하기를 간절히 원하는 자들이고, 또 어느 정도 성공을 거둔 자들입니다. 그런데 사실 이들이 그렇게 자랑하는 성공은 허탄한 것입니다. 왜냐하면 목회의 궁극적인 목표는 단 한 명이라도 멸망의 길에서 건져내서 바른길을 가게 하는 것이기 때문입니다.

예를 들어 인명 구조대원의 임무는 바다나 강에 빠진 사람들의 생명을 구하는 것입니다. 그런데 만일 인명 구조대원이 물에 빠진 사람들을 건지는 데는 관심이 없고 자신의 성공담을 자랑하는 데 정신을 다 빼앗기고 있다면 이 사람은 실제로 사람이 물에 빠졌을 때 건져내지 못할 것입니다. 왜냐하면 적어도 인명 구조대원이라고 하면 사람을 살리기 위해서 부지런히 연구하고 노력해야 하기 때문입니다.

그런데 문제는 이런 거짓 목회자들이 그릇된 생활을 하는 자들로부터 가까스로 빠져나온 사람들을 다시 음란의 소굴로 잡아넣고 있다는 것입니다.

"그릇되게 행하는 사람들에게서 겨우 피한 자들을 음란으로써 육체의 정욕 중에서 유혹하는도다"_벧후 2:18 하

이 말씀은 우리가 육체의 정욕을 이기고 바른 믿음의 길을 가는 것이 목회자나 교인들에게 결코 쉬운 일이 아니라는 것입니다. 왜냐하면 모든 사람들의 마음속에는 정욕이 끓어오르고 있고, 우리 안에는 이미 지옥불이 타오르고 있기 때문입니다. 그런 상태에서 우리가 믿음의 길을 가려면 오직 예수님의 십자가와 말씀만 붙들어야 합니다. 그런데 이런 목회자들은 이미 예수 믿는 사람들에게 하나님의 말씀을 죽기 살기로 가르치지 않음으로 다시 지옥으로 밀어 넣고 있는 것입니다. 목회자나 교인들이 항상 하나

님의 말씀을 붙들지 않으면 지옥불을 이기기 어렵기 때문에 목회자는 일체 다른 것은 쳐다보지 말고 하나님의 말씀만 붙들고 가르쳐야 하는데 그렇게 하지 않기 때문에 교인들을 다시 유혹과 죄에 집어넣는 것입니다.

어떤 사람이 불이 난 건물 안에 갇혀 있다가 가까스로 불을 피해서 밖으로 나왔다고 합시다. 그런데 그 사람이 자기가 아끼는 물건을 두고 나왔다고 하면서 불이 활활 타오르고 있는 건물 안으로 들어간다면 그것처럼 어리석은 행동은 없을 것입니다. 이 사람은 큰 것과 작은 것을 구별하지 못하는 것입니다. 이 세상에서 자기 목숨보다 더 귀한 것은 없습니다. 그러므로 우리는 목숨 하나를 위해서 돈이나 물건을 다 포기해야 합니다. 왜냐하면 다른 것들은 나중에 얼마든지 다시 살 수 있기 때문입니다.

그런데 우리는 이 세상에서 죄가 끄는 힘이 너무 강하고 지옥불도 너무 세기 때문에 죄에서 겨우 빠져나온 후에 다시 죄 가운데로 들어갈 때가 많이 있습니다. 이것은 어떤 사람이 다이어트를 해서 비만을 고쳤다고 하여 방심을 한 사이에 다시 살이 찌는 것과 같습니다. 술이나 담배를 끊었던 사람들도 방심을 하면 다시 담배를 피우거나 술을 마시게 됩니다. 마찬가지로 우리는 하나님의 말씀을 믿고 구원을 얻은 후 다시 세상에 빠져들 때가 있습니다. 지금 우리나라의 교회는 실컷 구원받은 후 다시 세상에 빠져들고 있는 것입니다. 우리나라의 교인들은 파선하는 배에서 건짐을 받아서 큰 배에 탔으나 그 배에도 물이 들어오는데도 이것을 전혀 느끼지 못하고 있는 것입니다. 그래서 우리는 예수 믿고 난 후에 안심하면 안 됩니다. 우리는 다시 허탄한 말에 속아서는 안 되는 것입니다.

그런데 이 사람들은 자기가 교인들에게 자유를 준다고 말을 하고 있습니다.

"그들에게 자유를 준다 하여도 자신들은 멸망의 종들이니 누구든지 진 자는 이긴 자의 종이 됨이라"_벧후 2:19

이 사람들은 복음을 가지고 우리를 율법에서 자유롭게 하고 미신에서 자유롭게 한다고 가르칩니다. 사람들은 이 말을 듣고 얼마나 기뻐하고 좋아하는지 모릅니다. 그런데 나중에 보니까 이런 목회자들 자신이 정욕의 종이 되어 있는 것입니다. 즉 이들이 육체의 정욕에 사로잡혀서 성적인 죄를 범하고, 부정 축재를 하고, 명예를 위해서 거짓을 행하는 것입니다. 그렇다면 과연 이 사람은 자유로운 사람일까요? 그는 절대로 자유롭지 못합니다. 왜냐하면 자유인은 죄를 이기고 정욕을 이겨야 하는데 말로만 자유롭다고 하고 실제로 유혹을 이기지 못하면 이 사람은 멸망의 종인 것입니다. 이 사람들은 성공에 대한 욕심 때문에 멸망의 종이 되었습니다. 성공을 향한 욕심이 그들을 다시 죄의 종이 되게 만든 것입니다.

옛날에는 전쟁에서 지면 모든 것을 빼앗겼습니다. 이것은 오늘날도 마찬가지입니다. 경기에서 이긴 자가 모든 명예를 차지하는 것입니다. 마찬가지로 정욕에 지는 자는 아무리 잘생기고 아무리 말을 잘 해도 그는 죄의 종이기 때문에 아무것도 행할 능력이 없습니다. 결국 이 사람은 죽을 때까지 죄가 시키는 대로 할 것입니다.

하나님의 종은 죄를 이기고 유혹을 이기는 승리자가 되어야 하는데 그러려면 오직 하나님의 말씀을 붙들어야 합니다. 아무리 훌륭하고 성공한 사람이라 하더라도 죄에 지고 유혹에 지면 죄의 종이 되고 마는 것입니다. 그러므로 우리는 하나님을 바로 믿는 것으로 만족해야 합니다. 그리고 세상에 아무리 좋은 것이 있다 하더라도 그것을 내 신앙보다 더 중요하게 생각해서는 안 됩니다. 그 모든 것은 다 부스러기에 불과합니다. 우리의 성공은 하나님의 말씀을 들음으로 정욕과 야망의 종이 되지 않는 것입니다. 우리는 결코 본질적인 것과 주변적인 것을 바꾸지 말아야 합니다. 우리는 다른 사람들이 성공하고 출세하는 것에 대하여 시기할 필요가 없습니다. 그리고 우리는 내가 부족하고 별 볼 일 없는 것도 비참하게 생각하지 말아야 합니다.

3. 멸망하는 종이 되는 이유

오늘 우리 주위에는 성공한 목회자들이 많이 있습니다. 그런데 그러한 목회자들 중에 도덕성에 문제가 있는 사람들이 많습니다. 사실 이것은 우리가 믿음 생활을 하는 데 있어서 가장 무서운 유혹과 함정입니다.

"만일 그들이 우리 주 되신 구주 예수 그리스도를 앎으로 세상의 더러움을 피한 후에 다시 그 중에 얽매이고 지면 그 나중 형편이 처음보다 더 심하리니 의의 도를 안 후에 받은 거룩한 명령을 저버리는 것보다 알지 못하는 것이 도리어 그들에게 나으니라"_벧후 2:20-21

여기서 우리는 허탄한 자랑을 하는 목회자들이 하나님의 은혜를 받지 못한 것이 아니라는 것을 알 수 있습니다. 이들은 예전에 하나님의 영광을 맛보았고, 엄청난 부흥을 체험한 사람들입니다. 이 사람들 중에는 설교의 영광이나 찬양의 기쁨을 맛본 사람들이 많습니다. 그리고 이 사람들은 성도들이 말씀으로 은혜받아서 변하는 것이 얼마나 영광스러우며, 진리 안에서 기뻐하는 것이 얼마나 엄청난 복인지 알고 그것을 위해 헌신한 사람들입니다. 그런데 이들은 하나님의 나라가 주는 기쁨과 영광은 좋아했지만 그것을 얻기 위해서 자신의 모든 것을 부인하고 죽도록 십자가를 져야 하는 것은 배우지 못한 것입니다.

한국 교회에서 목회에 성공했다고 하는 분들도 처음에는 설교의 영광이나 부흥의 기쁨 그리고 청년 사역이나 기도의 축복을 맛본 사람들입니다. 그래서 이들은 목회자가 되기로 했고, 뜨거운 열정으로 자신의 삶을 다 바쳐서 큰 교회를 만들고 많은 사람들을 모으는 데 성공했습니다. 그런데 그들이 말씀의 영광과 부흥의 축복을 알았다면 그 후에는 모든 것을 다 버리고 끝까지 오직 하나님의 말씀만 붙들어야 하는데 그들은 그렇게 하지 않았습니다. 그들은 성공에 대한 야망과 욕심이 너무 컸기 때문에 인간적인 열정을 다 퍼부어서 하나님의 일을 성공시킨 것입니다. 그 결과 그들은 세상의 더러움을 피한 후에 다시 그 더러움에 빠지게 되었는데 나중 형편이 처음 형편보다 훨씬 비참한 것입니다.

이들은 하나님의 말씀의 영광을 맛보고 부흥의 기쁨을 알았다면 그 후에는 끝까지 하나님의 말씀 하나만 가지고 나가야 자기 자신도 죄에 안 빠지고 다른 사람들도 죄에 빠뜨리지 않는데 오직 성공을 향해서 달림으로 자신과 다른 사람들을 모두 죄에 빠뜨리고 만 것입니다. 이들은 결국 '의의 도를 안 후에 받은 거룩한 명령을 저버린 것' 입니다. 차라리 이들이 이 영광을 몰랐더라면 이렇게 많은 사람을 멸망으로 이끌지는 않았을 텐데 오히려 하나님의 영광의 맛을 보았기 때문에 발람 같은 사람이 되고 만 것입니다.

베드로 사도는 이렇게 야망에 빠진 목회자들을 개와 돼지에 비유하고 있습니다.

*"참된 속담에 이르기를 개가 그 토하였던 것에 돌아가고 돼지가 씻었다가 더러운 구덩이에 도로 누웠다 하는 말이 그들에게 응하였도다"*_벧후 2:22

요즘 집 안에서 키우는 개들은 목욕도 시키고 미용도 시켜서 깨끗한 것 같지만 밖으로 데리고 나가면 더러운 곳에서 뒹굴기도 하고, 쓰레기 더미를 뒤지면서 먹을 것을 찾습니다. 그리고 돼지는 아무리 씻어 주어도 진흙탕에 도로 드러눕습니다. 왜냐하면 돼지는 진흙탕에서 뒹굴며 목욕하는 것을 좋아하기 때문입니다.

우리가 예수를 믿는 것은 매우 고상하고 아름다운 것입니다. 사실 우리 같은 죄인들이 하나님의 백성이 되는 것은 애당초 불가능한 것이었습니다. 그러나 하나님의 말씀을 믿고 붙들 때 우리 안은 거룩한 영으로 채워집니다. 처음에는 한편으로는 더러운 것과 음란한 것을 싫어하면서도 좋아하는 이중성을 가지게 됩니다. 그러나 나중에는 이런 것들을 가까이하면 토하여 내게 되고 결국에는 완전히 떨쳐버리는데 이것이 위대한 믿음의 승리인 것입니다.

하나님은 우리가 아무것이나 주워 먹는 개가 아니라 아름다운 아이가 되어서 신령한 젖을 먹게 하십니다. 하나님은 우리가 아무 데나 뒹구는 돼지가 아니라 바르게 앉아서 하나님을 찬양하는 믿음의 자녀가 되게 하시는 것입니다. 그래서 처음에는 우리 자신도 죄를 이기지 못할 것처럼 위태위태하게 보이는데 나중에는 결국 죄의 물결을 이기고 앞으로 나아가게 됩니다. 그렇지만 죄와 유혹을 이기지 못한 자는 제자리에서 빙빙 돌다가 파선해서 침몰하고 맙니다.

하나님의 말씀은 배에 비유하자면 기관의 엔진과 같은 것입니다. 배가 외관은 볼품이 없어도 엔진이 좋으면 큰 바다도 건너갈 수 있습니다. 그러나 엔진이 시원찮으면 얼마 가지 못해서 기관 고장을 일으키고, 그러다가 큰 파도를 만나거나 암초에 부딪히면 바다에 가라앉아 버립니다. 그러므로 우리는 하나님의 말씀을 듣고 믿음에 부요해지는 것을 가장 중요한 것으로 생각해야 합니다. 배가 가라앉는다면 일등석이나 많은 재산이 아무 소용이 없습니다. 배가 가라앉지 않고 끝까지 가는 것이 중요한 것입니다.

지금 이 시대는 죄의 물결과 음란의 물결이 세상을 삼키려고 하고 있습니다. 우리는 이때 하나님의 말씀을 붙들면 절대로 파선하지 않습니다. 하나님께서 나를 위해 예비해 놓으신 복은 다른 사람이 빼앗아 갈 수 없습니다. 우리는 눈에 보이는 성공에 속아서 큰 축복을 놓쳐 버리면 너무나도 억울할 것입니다. 그러므로 끝까지 말씀을 붙들어서 승리하는 성도들이 다 되시기 바랍니다.

기회 28

벧후 3:1-7

최후에 일어날 일들

"폼페이의 최후"라는 영화를 보면 베수비오 화산이 폭발하면서 한순간에 폼페이 시가 불바다가 되어서 사람들이 불에 타 죽는 장면이 나옵니다. 그런데 잠시 후에 화산이 폭발할 것이라는 사실을 모르는 사람들은 검투사들에게 경기를 시켜 놓고 즐기다가 화산이 폭발하는 바람에 화산재에 파묻혀서 죽습니다. 이처럼 우리 인간은 잠시 후에 자신에게 일어날 일을 알지 못하기 때문에 전혀 대비가 되어 있지 않은 무방비 상태에서 살아가고 있습니다.

지금으로부터 백 년 전만 해도 우리나라 사람들이 이렇게 잘살게 될 줄은 아무도 몰랐을 것입니다. 당시에 남자들은 머리에 상투를 하고 바지저고리를 입고 다녔고, 주로 농사를 지어서 먹고살았으며, 외출을 할 때도 걸어서 다녔습니다. 그러나 지금은 대다수의 사람들이 승용차를 가지고 있고, 하늘에는 비행기가 날아다니고 있으며, 기찻길에서는 KTX가 시속 300km로 달리고 있습니다. 아마 백 년 전 사람이 요즘 서울 같은 도시에 나타난다면 옷이나 머리 스타일 때문에 사람들에게 구경거리가 되고 말 것입니다.

그런데 옛날에는 사람들이 일 년을 사는 것이 보통 어려운 일이 아니었습니다. 특히 농사짓는 사람들에게는 가뭄이나 태풍이 아주 큰 어려움이었고, 추운 겨울을 나는 것은 어느 누구에게나 곤욕이었습니다. 또 어떤 때에는 전염병이 돌아서 많은 사람들이 죽기도 했습니다. 옛날에 미국에서는 인디언들이 몇십 년 만에 무시무시한 추위나 가뭄이 오려고 할 때에 그것을 미리 감지하고 겨울이 오기 전에 집의 벽을 두껍게 덧바르거나 혹은 양식을 미리 준비해서 추위나 가뭄으로 인해 죽는 것을 면했다고 합니다. 그런데 지금 인류는 옛날에 비하여 자연을 많이 알게 되었고, 또 자연을 많이 컨트롤할 수 있게 되었습니다.

그런데 이제는 인류에게 무서운 것이 인간 자신이 되었습니다. 즉 서로 아등바등 싸우고, 지하자원을 흥청망청 써서 고갈시켜 버립니다. 그리고 쓰레기를 너무 많이 버려서 지구 자체가 썩어서 인류가 망하지 않을까 두려워하고 있는 것입니다. 그래서 공상과학 영화 중에 미래에 인류가 멸망하는 내용을 다룬 영화들이 많은데 대개는 기계가 너무 발달해서 인류를 지배하고 죽이든지, 아니면 엄청난 쓰나미나 혜성과 충돌하는 등의 자연재해로 인류가 망하는 내용의 영화들입니다. 그런데 그런 영화를 보면 어김없이 영웅이 등장해서 위기 가운데서 인간들을 구합니다. 그러나 영화와 현실에는 너무나도 엄청난 차이가 있는 것입니다. 예를 들어 배가 침몰하는 영화에 영웅이 나타나서 사람들을 구해내는데 실제로는 배가 생각보다 너무 빨리 침몰하는 데다가 사람들이 우왕좌왕하는 바람에 많은 사람들이 죽습니다.

그런데 우리 인간이 알지 못하고 있는 한 가지 사실이 있는데 그것은 이 지구라는 땅 덩어리 안에 기계나 톱니바퀴 같은 것은 없지만 인간의 머리로 상상할 수 없는 정교한 장치에 의해서 움직이고 있다는 것입니다. 우리 인간이 생각하기에는 이 지구라는 거대한 땅 덩어리가 아무렇게나 돌아가는 것 같지만 실제로는 엄청나게 정밀한 장치인 것입니다. 그런데 인간들이 이 지구를 망쳐 놓았습니다. 인간들의 죄와 욕심이 지구를 고장

내어서 상당히 위험하게 된 것입니다. 그러나 지구는 순화시키는 장치를 가지고 있어서 인간들이 웬만큼 고장을 내고 더럽게 만들어도 복원이 가능합니다.

그럼에도 인류의 미래가 어떻게 될 것인지 우리 인간은 생각하지 않을 수 없습니다. 인간의 미래에 대하여 많은 사람들이 생각하고 있는 것 중 하나는, 어차피 자신은 미래에 존재하지 않기 때문에 아무렇게나 살아도 상관이 없다고 생각하는 것입니다. 즉 미래에 지구가 멸망하더라도 그때 나는 이 세상에 없을 것이기 때문에 그것은 내가 신경 쓸 일이 아니라는 것입니다. 그러나 정말 후손들을 사랑하는 사람이라면 가능한 한 안전하고 아름다운 세상을 물려주어야 후손들이 감사할 것입니다.

예를 들어 우리는 페니실린을 발명하고 백신을 만든 사람들에게 두고두고 감사하고 있습니다. 한글을 만든 세종대왕이나 우리나라를 안전하게 지켜 준 이순신 장군 같은 분들에게도 두고두고 감사하고 있습니다. 반면에 수많은 사람들을 죽이고 자연을 파괴한 사람들은 후손들이 두고두고 욕을 하거나 원망을 할 것입니다. 그런데 앞으로 이 세상의 미래가 어떻게 되느냐도 중요하지만 우리에게 더 중요한 것은 이 세상에 대한 전체적인 그림입니다. 즉 이 세상은 어떻게 그 많은 위기에서도 존재하는 것일까, 그리고 이 수많은 사람들이 이 세상에 사는 목적이 무엇일까 하는 것입니다. 그리고 이 세상의 최후는 어떻게 되며, 무엇이 살아남느냐는 것입니다.

1. 가장 중요한 미래

우리가 사는 이 세상은 매우 아름답고, 우리 인간에게 꼭 필요한 환경입니다. 그뿐만 아니라 이 땅은 아주 오래 전부터 있어 왔고, 앞으로도 계속 존재할 것처럼 견고합니다. 즉 백 년 전과 비교해 보면 사람들의 옷차림이나 건물들은 엄청나게 변했지만 산이나 강은 그대로 있습니다. 그래서 인간들은 모두 이 세상에서 자기 땅과 자기 집을 가지고 오래오래 살기를 바랍니다. 그런데 인간들은 예외 없이 나이가 들면 다 늙게 되어 있고, 또 세월이 지나면 죽어서 없어집니다.

바닷가에 가 보면 젊은 남녀들이 놀러와서 장난도 치고 사진도 찍으면서 노는 것을 볼 수 있습니다. 그런데 사진을 찍을 때 청년들은 온갖 포즈를 취하고 찍는 데 비해 나이 드신 분들은 한결같이 차렷 자세로 사진을 찍습니다. 그런데 세월이 더 지나면 자신이나 나이 드신 분들은 이 세상에서 없어지고 새로운 세대들이 자라서 그 바닷가에서 사진을 찍으면서 데이트를 하겠구나 하는 생각을 하게 됩니다.

그런데 이 세상만 바라보고 땅만 영원히 붙들고 살려고 하는 인간들에게 청천벽력 같은 소리가 있습니다. 그것은 바로 미래의 어느 한 시점에 주님이 이 세상에 다시 오신다는 것입니다. 즉 인류 역사는 우리의 기대처럼 영원히 지속되는 것도 아니고, 중간에 어떤 미친 인간의 광기로 전쟁이나 폭탄 테러로 멸망하는 것도 아니고, 주님이 이 세상에 다시 오셔서 모든 인간을 심판하신다는 것입니다. 그때 비로소 인류 역사는 끝이 나는 것입니다.

"사랑하는 자들아 내가 이제 이 둘째 편지를 너희에게 쓰노니 이 두 편지로 너희의 진실한 마음을 일깨워 생각나게 하여"_벧후 3:1

여기에 보면 '이 두 번째 편지를 너희에게 보내어 너희의 진실한 마음을 일깨우려고 한다'고 말씀하고 있습니다. 첫 번째 편지는 아마도 베드로전서를 말하는 것 같습니다. 그런데 베드로 사도가 이 두 번째 편지를 또 써서 보내는 이유는 교회에서나 세상에서 자꾸 하나님의 말씀이 아닌 것을 가르쳐서 믿는 자들의 정신을 흐리게 만들고 있었기 때문입니다.

그래서 베드로 사도는 이 두 개의 편지로 교인들의 진실한 마음을 일깨우려고 한다고 말하고 있습니다. 여기서 '일깨우다'라는 말은 '각성'이라는 말과 같은 것입니다. 즉 사람이 정신을 차리지 못해서 흐리멍덩하고 몽롱한 자세로 허우적거리고 있을 때 누군가가 따끔한 소리를 해서 정신이 번쩍 들게 하는 것이 일깨우는 것입니다.

우리는 예수 믿고 난 후에도 바로 천국에 올라가는 것이 아니라 여전히 이 세상에서 살아가게 됩니다. 그런데 이 세상에 살아 보니까 이 세상에는 우리가 좋아하고 우리를 행복하게 해 주는 것이 다 있는 것입니다. 이 세상에는 돈이 있고, 권력이 있고, 명예가 있고, 쾌락이 있습니다. 그래서 우리 예수 믿는 사람들도 이 세상이 점점 좋아지고, 더 성공하고 더 잘살기 위해서 시간이나 노력을 투자하면서 살아갑니다. 그러나 이러한 우리의 노력은 자신도 모르게 점점 사망의 잠 속으로 빠져들고 있고, 점점 세상을 향해서 떠내려가고 있는 것입니다.

예를 들어 어떤 젊은이들이 여름에 계곡에 가서 텐트를 치고 잠을 자고 있는데 비가 와서 강물이 점점 붇고 있다고 합시다. 그런데 낮에 너무 재미있게 놀고, 또 내일 재미있게 놀기 위해서 잠을 자느라고 정신이 없다면, 그래서 이미 물이 불어서 텐트가 물에 떠내려가려고 하는데도 모르고 있다면 누군가가 큰 소리로 빨리 대피하라고 알려 주어야 합니다. 또 마찬가지로 동네 사람들이 깊이 잠을 자고 있는데 제방의 둑이 무너지고 있거나 혹은 불이 나서 집이 타 들어가고 있다면 사람들을 다 깨워서 대피시켜야 합니다.

마찬가지로 사람들은 이 세상이 안전하고 좋기 때문에 세상만 붙들고 열심히 살아가고 있습니다. 그런데 이 세상의 주인이신 주님의 말씀에 의하면 이 세상은 절대로 안전하지 않습니다. 그렇기 때문에 만일 우리가 이 세상만 붙들고 산다면 이 세상이 불에 타거나 침수될 때 우리는 모두 죽게 됩니다. 그래서 예수님은 이 세상 사람들을 깨우기 위해서 우리 믿는 사람들을 이 세상에 보내셨는데 문제는 우리 예수 믿는 사람들이 세상에 취해서 잠에 빠져 있는 것입니다. 이것을 본 베드로 사도는 두 개의 편지를 보내어서 세상에 취하여 자는 성도들을 일깨우려고 한 것입니다.

*"먼저 이것을 알지니 말세에 조롱하는 자들이 와서 자기의 정욕을 따라 행하며 조롱하여 이르되 주께서 강림하신다는 약속이 어디 있느냐 조상들이 잔 후로부터 만물이 처음 창조될 때와 같이 그냥 있다 하니"*_벧후 3:3-4

여기서 "말세"는 교회의 시대, 곧 복음의 시대를 말합니다. 즉 주님께서는 인간의 역사 가운데 한 기간을 정해 주셨는데 그때는 모든 권세를 교회에 주시고 우리 성도들이 복음을 가지고 마음껏 사람들을 구원하게 하셨습니다. 이때 세상은 모든 것이 옛날 그대로 있는 것 같습니다. 그래서 사람들은 열심히 이 세상에서 권력을 가지고 부를 쌓기 위해 온 힘을 다해서 노력을 하고 투쟁을 합니다. 이때 교회는 하나님의 말씀을 가지고 사람들을 건져내야 하는 것입니다.

그런데 이때 조롱하는 자들이 등장합니다. 여기의 "조롱하는 자들"은 자기 생각이 하나님의 말씀보다 더 옳다고 생각하는 사람들을 말합니다. 이들은 믿음을 가지고 살면 되는 것이지 굳이 심판이나 내세가 있다고 해서 사람들에게 불필요한 공포심을 줄 필요가 없다고 주장합니다. 이 조롱하는 자들은 입으로는 하나님을 믿는다고 하지만 하나님의 말씀 전체를 믿지 않고 자기 생각이나 이성을 믿는 사람들인 것입니다. 이들은 기독교가 더 이성적인 종교가 되기를 바라고, 하나님의 말씀을 가지고 세상을 더 살기 좋은 곳으로 만들어야 한다고 생각합니다. 그래서 이 사람들은 주님이 다시 오신다는 사상을 부정하고 조롱하는 것입니다. 즉 이 세상 모든 것은 옛날부터 있던 그대로 있고, 앞으로도 그대로 있을 것이기 때문에 이 세상에서 성공하고 축복받으면 된다는 것입니다.

그런데 이 사람들이 잘못 알고 있는 것이 있습니다, 그것은 이 세상은 결코 영원히 존재하지 않는다는 사실입니다. 즉 지금 우리가 보는 이 세상은 너무 멋있고 아름답습니다. 그러나 안타깝게도 이 세상은 영원하지 않고 언젠가는 멸망할 것인데 이 세상을 붙들고 산 사람들도 같이 망하는 것입니다. 즉 사람들은 망하지 않으려면 없어질 이 세상이 아닌 다른 것을 붙들어야 하는 것입니다.

예를 들어 아주 큰 배가 침몰하려고 할 때 이 사실을 아는 사람들은 배가 침몰할 것이라는 사실을 다른 사람들에게 알리고, 시간이 있는 동안 대피하는 방법을 강구해야 할 것입니다. 물론 사람들은 배가 크고 안전하고 배 안에서 하는 행사들이 너무 좋기 때문에 그 사실을 믿으려고 하지 않겠지만 오히려 차분하고 성실한 자세로 그들의 신뢰를 받아서 한 명이라도 더 대피하게 해야 하는 것입니다. 그런데 하나님의 말씀을 믿지 않는 자들은 이 세상이 너무 좋기 때문에 우리는 이 세상에서 더 성공해야 하고, 더 많은 것을 가져야 한다고 사람들에게 가르치고 있는 것입니다.

　9절에 보면, "주의 약속은 어떤 이들이 더디다고 생각하는 것 같이 더딘 것이 아니라 오직 주께서는 너희를 대하여 오래 참으사 아무도 멸망하지 아니하고 다 회개하기에 이르기를 원하시느니라"라고 하였습니다. 즉 하나님은 단 한 명이라도 더 건지시기 위하여 이 세상이 당장 무너지거나 망하지 않도록 붙들고 계신 것이지 이 세상이 안전한 것은 아닌 것입니다.

　그러면 우리는 광신자들이 하는 것처럼 당장 세상의 종말이 온다고 떠들면서 하늘에 올라갈 준비를 해야 할까요? 그렇지는 않습니다. 그렇게 하면 사람들은 더 예수 믿는 사람들이 미쳤다고 하면서 진리를 조롱하고 불신할 것입니다. 그러므로 우리는 이 세상에서 정상적으로 생활할 필요가 있습니다. 즉 우리는 최후의 순간까지 학교도 다니고 직장도 다니고 결혼 생활도 하고 돈도 벌면서 하나님의 말씀을 믿어야 하고, 성실한 자세로 한 명이라도 더 예수 믿게 해야 하는 것입니다. 즉 우리는 이 세상에 살지만 이 세상을 믿어서도 안 되고, 세상에 빠져서도 안 되고, 세상의 잠에 빠져서도 안 되는 것입니다.

2. 이 세상의 본질

　우리가 사는 이 세상은 매우 편리하고, 아름답고, 살아가는 데 필요한 것이 다 있습니다. 그리고 이 세상은 아주 오래 전부터 있었고, 또 앞으로도 계속 있을 것 같습니다. 또한 이 세상에서는 땅이나 권력이나 돈을 많이 가진 사람들이 성공한 사람들이고, 그들은 풍족하고 여유로운 삶을 살아가고 있습니다. 그래서 하나님을 믿는다고 하지만 세상에 빠진 자들은 세상에서 많은 복을 누리는 것이 하나님의 축복이라고 가르치는 것입니다.

> "이르되 주께서 강림하신다는 약속이 어디 있느냐 조상들이 잔 후로부터 만물이 처음 창조될 때와 같이 그냥 있다 하니"_벧후 3:4

예수님은 부활하신 후에 제자들에게 하나님의 나라에 대하여 40일 동안 가르치시고 제자들이 보는 앞에서 하늘로 올리워 가셨습니다. 그때 어떤 천사가 제자들에게 말하기를, "갈릴리 사람들아 어찌하여 서서 하늘을 쳐다보느냐 너희 가운데서 하늘로 올려지신 이 예수는 하늘로 가심을 본 그대로 오시리라"(행 1:11)라고 하였습니다. 우리 인간이 이 사실을 믿든지 믿지 않든지 하나님이 우리 인류 전체를 향하여 하신 약속은 '하늘로 올라가신 예수님이 올라가신 모습 그대로 다시 이 세상에 오신다' 는 것입니다. 즉 인류 역사나 인간들의 삶은 영원히 지속되는 것처럼 보이지만 하나님의 아들이 다시 이 세상에 오셔서 모든 인간의 삶을 심판하시는 것입니다.

만약 예수님이 다시 이 세상에 오시지 않으면 우리는 굳이 예수 믿을 필요도 없고, 전도할 필요도 없고, 하고 싶은 대로 하면서 살면 될 것입니다. 그러나 하나님은 하나님의 아들이 다시 이 세상에 오셔서 이 세상의 모든 인간들의 삶을 심판하신다고 하셨습니다. 심지어는 그들의 농담 한 마디까지도 심판할 것이라고 하셨습니다.

국회 청문회나 혹은 법원에서 재판하는 것을 보면 사람들이 한 말이나 행동 하나하나에 대하여 심문을 합니다. 이처럼 하나님의 아들은 다시 이 세상에 오셔서 우리 한 사람 한 사람이 이 세상에서 어떻게 살았는지 낱낱이 심판하십니다. 그때에는 이 세상의 권력이나 돈이나 지식이나 명성 같은 것은 아무 소용이 없습니다. 하나님의 아들은 오직 각자의 믿음과 삶을 가지고 영원한 생명과 멸망을 심판하시는 것입니다. 우리는 그때 사람들이 얼마나 많은데 그 사람들이 한평생 살아온 것을 일일이 심판하겠느냐고 의문을 가지는데 그것은 걱정할 필요가 없습니다. 왜냐하면 그때는 이미 각자의 죽었던 양심이 살아나서 자기의 죄에 대하여 부끄러움을 느끼고 보좌에 앉으신 하나님의 아들 어린양의 진노를 감당하지 못하기 때문입니다.

그러면 왜 하나님은 우리 인간을 이렇게 무섭게 심판하려고 하시는 것일까요? 그것은 바로 우리가 인간이기 때문입니다. 하나님이 우리 인간을 너무 뛰어나게 만드셨기 때문에 우리는 그 좋은 머리와 열정을 가지고 당연히 하나님을 찾고 하나님께 영광을 돌려 드려야 하는 것입니다. 그리고 인생에 만족하지 못해서 답답해하고 방황하고 있다면 하나님을 찾아와서 마음의 안식을 얻어야 하는 것입니다. 어거스틴은 『고백록』에서 말하기를, "내가 주님께 돌아오기 전에는 마음에 안식이 없었다"라고 하였습니다. 즉 주님께 돌아오기 전에 만족하고, 주님께 돌아오지 않고 행복한 것은 참된 만족과 참된 행복이 아닌 것입니다.

우리가 사는 이 세상은 우리 인간의 머리로는 상상할 수 없을 정도로 정교하게 만들어졌습니다. 그리고 이 세상은 놀라운 복원력과 정화 장치가 있어서 인간들이 웬만큼 고장을 내고 어지럽혀 놓아도 회복되게 되어 있습니다. 그런데 우리 인간이 타락하고 범죄함으로 이 세상을 회복할 수 없을 정도로 고장을 내고 말았습니다.

"이는 하늘이 옛적부터 있는 것과 땅이 물에서 나와 물로 성립된 것도 하나님의 말씀으로 된 것을 그들이 일부러 잊으려 함이로다 이로 말미암아 그 때에 세상은 물이 넘침으로 멸망하였으되"_벧후 3:5-6

우주의 많은 행성 중에서 지구에 사람이 살 수 있는 것은 물이 있기 때문입니다. 지금 이 시간에도 인간들이 쏘아올린 우주선이 행성에서 물의 흔적을 찾고 있습니다. 그러나 최근에 화성에 물이 존재한다는 발표가 있기는 했지만 달이나 목성은 모두 먼지가 푸석푸석한 돌 덩어리뿐입니다. 그런데 오직 지구는 처음 만들어질 때부터 물 천지였습니다. 지구 전체가 물에 빠져 있었습니다. 그러다가 육지가 물에서 솟아남으로 땅이 만들어졌는데 이 능력이 하나님의 말씀에 있는 것입니다. 그래서 만일 하나님의 말씀이 없어지면 육지는 없어지게 되어 있습니다.

이스라엘의 운명도 이와 똑같았습니다. 이스라엘 백성이 가나안 땅을 차지하는 조건은 하나님의 율법을 붙드는 것이었습니다. 하나님의 율법을 버리는 순간 그들은 가나안 땅에 살 자격이 없어지는 것입니다. 그런데 놀라운 것이, 하나님께서 이 말씀의 능력을 인간들에게 맡겨 주신 것입니다. 그래서 인간들이 모두 하나님의 말씀을 버릴 때 지구는 망하게 되어 있습니다. 그 대표적인 예가 노아 홍수입니다. 노아 당시 전 세계 사람들은 하나님의 말씀을 버렸고, 땅이 다시 물에 빠져서 인류가 멸망하고 말았습니다.

여기서 우리는 하나님의 말씀을 붙들고 있는 한 멸망하지 않는다는 것을 깨달아야 합니다. 그래서 우리는 다른 사람들이 아무리 하나님의 말씀을 무시하고 세상에서 성공하고 유명하게 되어도 그것이 멸망을 재촉하는 것이라는 사실을 알아야 합니다. 그러나 만일 우리마저도 하나님의 말씀의 가치를 무시하고 눈에 보이는 것을 쫓아갈 때 세상에는 멸망의 징조가 많이 나타날 것입니다.

3. 불을 이길 수 있는 능력

그러면 앞으로 이 세상은 노아 홍수 때처럼 다시 물에 빠져서 멸망하게 될까요? 만일 그렇게 된다면 인간들은 잠수함이나 항공모함 같은 것을 많이 만들어야 할 것입니다. 그러나 유감스럽게도 이 세상은 물로 멸망하지 않습니다. 성경은 이 세상이 불로 망할 것이라고 예언한 것입니다. 앞으로 이 세상은 불로 심판을 받을 것입니다. 그래서 하나님 앞에서 망하지 않으려면 불을 이길 만한 것을 준비해 놓아야 합니다.

> "이제 하늘과 땅은 그 동일한 말씀으로 불사르기 위하여 보호하신 바 되어 경건하지 아니한 사람들의 심판과 멸망의 날까지 보존하여 두신 것이니라"
> _벧후 3:7

하나님은 마지막 때에 이 세상을 불로 심판하실 것입니다. 이때 불을 이기지 못하는 믿음은 모두 멸망할 것입니다. 요즘 집을 지을 때 큰 건물들은 지진에 대비해서 내진 설계를 하게 되어 있습니다. 그러나 지진만 대비할 것이 아니라 불이 날 것에 대비하여 불에 잘 타지 않는 내장재를 사용해서 건물을 지어야 합니다. 그런데 이 세상에서 불에 타 죽지 않을 사람이 있을까요? 물론 있습니다. 우리가 지금 준비해야 할 것은 불에 타지 않는 믿음인 것입니다.

옛날 바벨론의 느부갓네살 왕은 금으로 신상을 만들어 놓고 누구든지 그 앞에 절을 하지 않는 사람은 맹렬히 불타는 풀무불에 던져 넣을 것이라고 했습니다. 그러나 다니엘의 세 친구 사드락과 메삭과 아벳느고는 우상에게 절을 하지 않았고, 느부갓네살 왕은 분이 가득하여 그들을 풀무불에 던져넣게 했습니다. 그러나 그들은 머리털 하나 상하지 않고 살아서 나왔습니다. 사드락, 메삭, 아벳느고는 불을 이긴 자들인 것입니다. 그런데 그들이 불 가운데 있을 때 느부갓네살 왕이 보니까 하나님의 아들 같은 분이 그들과 함께 있었다고 했습니다. 이것이 바로 불을 이기는 신앙인 것입니다.

사도 바울은 사람들이 집을 지을 때 어떤 사람은 나무나 풀이나 짚으로 짓고, 어떤 사람은 금이나 은이나 보석으로 짓는데 불로 시험할 때 나무나 풀이나 짚으로 지은 집은 불에 타서 없어지지만, 금과 은과 보석으로 지은 집은 그대로 남아 있을 것이라고 했습니다. 이것이 바로 하나님의 말씀으로 지어진 교회인 것입니다. 하나님의 말씀으로 지어진 교회는 불 시험을 이길 수 있습니다.

그리고 베드로 사도는, "너희 믿음의 확실함은 불로 연단하여도 없어질 금보다 더 귀하여"(벧전 1:7)라고 했습니다. 즉 우리의 믿음이 불 시험을 통과해서 불순물이 전혀 없는 순수한 정금이 되면 우리는 불을 이길 수 있는 것입니다.

그러므로 우리가 앞으로 하나님의 무서운 불 시험을 이기려면 적당하게 믿어서는 안 됩니다. 우리는 불순물이 조금도 섞이지 않은 순도 백 퍼센트의 정금 같은 믿음을 가져야 하고, 나무나 풀이나 짚으로 교회를 세워서는 안 됩니다. 사드락과 메삭과 아벳느고 같은 믿음을 가져야 하는 것입니다.

그리고 또 한 가지, 이스라엘 백성이 광야에서 40년 동안 살아남은 것도 불구덩이에서 살아남은 것과 같은 것이었습니다. 이들은 모두 떡으로 산 것이 아니요, 하나님의 말씀으로 산 믿음을 가진 자들이었습니다. 오늘 우리 성도들이나 청년들은 이 광야 같은 세상에서 이처럼 하나님의 말씀으로 살아남아야 하는 것입니다.

"사랑하는 자들아 주께는 하루가 천 년 같고 천 년이 하루 같다는 이 한 가지를 잊지 말라"_벧후 3:8

우리는 예수님이 하늘에 올리워 가신 지 2천 년이 지나도 오시지 않으니까 재림이 없는 것이 아닌가 하고 생각하기 쉽습니다. 그러나 하나님과 우리의 시간은 다릅니다. 우리에게 천 년이 하나님에게는 하루나 마찬가지입니다. 왜냐하면 하나님은 인류 역사의 창조자이시기 때문입니다.

예를 들어 문학 작품의 저자는 하루 만에 몇십 년의 역사를 창조해서 작품 속에 집어넣을 수 있습니다. 우리는 소설을 하루 만에 다 읽지만 그 소설은 몇십 년 혹은 몇백 년의 역사일 수 있는 것입니다. 이처럼 하나님은 우리 모두를 알고 계시며, 우리는 모두 하나님의 작품의 등장인물입니다. 그러므로 우리는 모두 악역을 맡은 등장인물이 되지 말고 끝까지 선을 행하는 성도들이 다 되시기 바랍니다.

기회 29 Chance

벧후 3:8-18

최후의 영광

4년 만에 한 번씩 열리는 올림픽 대회는 운동선수들만이 아니라 전 세계인들이 열광하는 인류의 대축제로 발전했습니다. 올림픽 대회에서 금메달을 따면 전 세계에서 일등을 했다는 명예가 따라오고, 그의 나라에서는 그 사람에게 영웅 대접을 합니다. 그러나 세계에서 일등을 한다는 것은 결코 쉬운 일이 아닙니다. 자기 나라에서 최고로 운동을 잘한다고 인정을 받고 있는 선수도 세계 무대에 나가면 좀처럼 우승하기가 쉽지 않습니다. 세계의 각 나라에서 최고 실력을 가진 선수들이 경합을 벌이기 때문입니다. 그래서 올림픽 같은 세계 대회에서 우승을 하려면 세계적인 코치 밑에서 훈련을 받아야 합니다.

얼마 전에 우리나라에서 하계 유니버시아드 대회가 열렸습니다. 그 대회에서 우리나라의 여자 체조선수가 리본과 공 체조로 아름다운 경기를 해서 우승을 했습니다. 그런데 나중에 누군가가 그 선수가 리본 체조를 할 때 리본 끝이 약간 꼬인 것 같은데 그렇다면 감점을 주어야 한다고 이의를 제기했습니다. 요즘은 관객들 수준이 전문가 못지않아서 옛날같이 대충대충 넘어가는 것이 통하지 않습니다. 즉 사람들은 완전한 경기, 완전한 연기를 해서 일등을 해야 인정해 주겠다는 것입니다. 그런데 바로 이런 일이 우리가 인생길을 다 간 후에 하나님 앞에서 벌어집니다. 즉 우리는 인생을 다 산 후에 그냥 늙어서 죽어 없어지는 것이 아니라 하나님 앞에서 우리가 이 세상에서 산 것에 대한 평가를 받는 것입니다. 본문 말씀은 그때 우리가 하나님 앞에서 흠도 없고 점도 없는 완전한 미인으로 나타나야 한다고 말씀하고 있습니다.

우리나라는 한때 엄청나게 성공하고 발전하는 것 같았는데 어느 순간부터 앞으로 나아가지 못하고 제자리에서 맴돌고 있습니다. 이것은 우리나라만 그런 것이 아니라 개인적으로도 많은 사람들이 새로운 미래를 향하여 나아가지 못하고 표류하고 있습니다. 그 이유는 엔진에 문제가 있어서 그런 것입니다. 즉 하나님의 말씀이 아닌 다른 것을 붙잡으면 잠깐 동안은 신나게 나가는 것 같다가 어느 시점에 이르러서는 더 이상 나아가지 못하고 제자리걸음을 하는 것입니다. 그러다가 큰 시련이나 도전이 오면 그것을 넘지 못하고 침몰해 버릴 수밖에 없습니다.

본문은 우리의 최종적인 인생 목표가 무엇인지 말씀하고 있습니다. 즉 우리 인생의 최종 목표는 이 세상에서 가장 높은 자리까지 올라갔다가 은퇴해서 연금으로 편안하게 살다가 죽는 것도 아니고, 돈을 많이 벌어서 그 돈을 가지고 떵떵거리며 사는 것도 아니고, 인기를 누리며 살아가는 것도 아닙니다. 우리는 어느 날 이 세상의 모든 자랑이나 돈이나 명예가 다 없어진 상태에서 나 자신의 순수한 모습을 가지고 하나님의 불꽃같은 눈앞에서 내가 살아온 인생을 판단받을 때가 옵니다. 그때 하나님 앞에서 최고 점수를 받아야 우리 인생은 성공적으로 끝이 나는 것입니다.

1. 하나님의 시간과 우리의 시간

우리의 인생은 어떻게 보면 너무 긴 것 같고, 어떻게 보면 너무 짧은 것 같습니다. 아마 청년이나 청소년들은 자신이 늙어서 어른이 되고 노인이 된다는 사실이 상상이 되지 않을 것입니다. 왜냐하면 청년이나 청소년들에게는 아직 인생을 살 시간이 많이 남아 있기 때문입니다. 그런데 이미 노인이 된 분들은 거울을 바라볼 때에 옛날의 그 젊고 패기만만하던 청년은 어디에 가고 이제는 얼굴에 주름이 가득한 노인이 거울 속에 있는 것을 보고 세월의 빠름을 한탄할 것입니다. 그리고 이제 자신에게는 시간이 얼마 남지 않았다는 사실이 굉장히 아쉽고 안타깝게 느껴질 것입니다.

이것은 모든 사람들이 똑같습니다. 즉 이 세상에는 아무리 유능하다고 해도 늙지 않을 사람이 없고, 죽지 않을 인생이 없는 것입니다. 인간이 살아 있을 때는 마치 자기가 신이나 되는 것처럼 모든 것을 결정하기도 하고, 또 엄청난 업적을 남기기도 합니다. 그러나 일단 사람이 죽으면 나무토막과 같고 아무것도 아닙니다. 그래서 사람들은 죽기 전에 하나라도 더 즐거운 일을 하고 더 많은 것을 누리려고 하는데 인간에게 주어진 시간은 한정되어 있는 것입니다. 우리는 모두 하나님의 시간이 되면 하던 일을 내려놓고 어디론가 떠나야 하는 것입니다.

그런데 놀라운 것은, 하나님의 시간과 우리의 시간이 다르다는 것입니다.

"사랑하는 자들아 주께는 하루가 천 년 같고 천 년이 하루 같다는 이 한 가지를 잊지 말라"_벧후 3:8

본문에서는 하나님 앞에서는 하루가 천 년 같고 천 년이 하루 같다고 말씀하고 있습니다. 도대체 이 말씀은 무슨 뜻일까요? 그것은 우리의 시간과 하나님의 시간이 다르다는 뜻입니다. 즉 우리 인간은 모두 시간의 제약을 받지만 하나님은 시간을 창조하신 분인 것입니다.

예를 들어 『토지』라는 대하소설에서 작가 박경리 씨는 경남 하동의 평사리에서 최참판댁과 그 부인, 그 딸 서희 그리고 나중에 서희가 낳은 아들에 이르기까지 수십 년의 세월을 다루고 있습니다. 이 기간은 동학혁명 때부터 일본이 망할 때까지입니다. 그러나 그 책을 읽는 사람은 며칠 만에 읽을 수 있습니다. 사실 평사리에는 최참판도 없고, 서희도 없고, 길상이도 없고, 조준구도 없습니다. 전부 작가가 머릿속에서 만들어 낸 것입니다. 아마 작가는 몇 분 동안에 그 많은 스토리를 구상했을 수도 있습니다. 그래서 작가의 시간과 소설 속에 나오는 인물들의 시간은 다른 것입니다.

어떤 작가는 천 년의 역사를 몇 권의 책으로 만들어 낼 수도 있습니다. 마찬가지로 어떤 사람은 자신의 인생이 너무 길고 지루하다고 말하는가 하면, 어떤 사람은 자신의 인생이 너무 짧고 비극적이라고 말을 합니다. 그러나 우리 모든 인생은 하나님의 대하소설의 극중 인물들인 것입니다.

그런데 하나님을 믿지 않는 사람들은 인류 역사는 앞으로 계속된다고 믿기 때문에 가능한 한 이 세상에서 자기 것을 많이 가지려고 합니다. 그러나 성경은 분명히 이 세상은 마지막 순간이 오고, 그때 하나님은 모든 인간을 심판하신다고 말씀하셨습니다. 아마 초대 교회 성도들은 모두 자신들이 살아 있을 때 주님이 다시 오실 것이라고 믿은 것 같습니다. 그러나 주님은 다시 오겠다고 약속하고 하늘에 올라가신 지 2천 년이 지나도 오시지 않고 있습니다. 그 이유가 무엇일까요?

"주의 약속은 어떤 이들이 더디다고 생각하는 것 같이 더딘 것이 아니라 오직 주께서는 너희를 대하여 오래 참으사 아무도 멸망하지 아니하고 다 회개하기에 이르기를 원하시느니라"_벧후 3:9

소설을 읽을 때 남자와 여자는 읽는 방법이 많이 다르다고 합니다. 대개 남자들은 스토리의 결말을 빨리 알려고 하기 때문에 주인공이 살았는지 죽었는지 그것만 알면 된다고 생각합니다. 그래서 어떤 분은 책을 읽을 때 아예 중간 부분은 읽지 않고 끝 부분부터 읽는 분도 있습니다. 그러나 여자분들은 그 과정이나 인물 묘사 같은 것을 더 중요하게 생각하기 때문에 처음부터 끝까지 정독을 합니다. 마찬가지로 우리는 이 세상에 좋은 것이 있으면 화끈하게 다 가지든지, 주님이 오시려면 빨리 오셔서 결판을 내시는 것을 바라는데 하나님은 그렇지 않으신 것입니다. 하나님은 우리로서는 상상할 수 없는 인내심을 가지고 우리 한 사람 한 사람이 하나님께 돌아오고, 또 하나님 앞에서 흠도 없는 완전한 사람이 되기를 원하시는 것입니다.

그래서 우리 인간의 삶을 볼 때 크게 두 부류가 있습니다. 그 하나는 하나님과 적대적인 인생이고, 또 하나는 하나님께 돌아온 인생입니다. 자연 상태에서 보면 야생동물과 가축은 완전히 구별이 됩니다. 마찬가지로 사람들은 대다수가 야생동물 같은 본성을 가지고 하나님이 만드신 이 세상에 살면서도 자기가 왕인 인생을 살게 됩니다. 그래서 이런 사람들은 자기가 하고 싶은 대로 다 하고, 세상에서 최고로 좋은 것은 다 가지고 욕망과 정욕에 따라 살다가 죽는 것입니다. 이런 인생은 백 퍼센트 실패한 인생입니다.

그런데 하나님은 이런 야생의 본성을 가진 인간들 중에서 어떤 사람들을 하나님의 말씀으로 아주 정교하게 변화시켜서 하나님께 돌아오게 하십니다. 이렇게 하나님께 돌아온 인생은 기적의 인생이요, 성공한 인생입니다. 우리 인간이 하나님을 믿고 하나님께 돌아온다는 것은 결코 쉬운 일이 아닙니다. 이것은 하나님이 하시는 일 중에서 가장 어렵고 놀라운 일에 속하는 것입니다. 그래서 하나님이 온 천지를 만드실 때에는 6일이 걸렸지만 우리를 변화시켜서 하나님을 믿게 하시는 데는 수천 년의 시간이 걸리는 것입니다.

본문에서 "멸망하지 아니하고 다 회개하기에 이르기를 원하시느니라"라고 하셨는데 사람들이 하나님을 믿지 않고 사는 것 자체가 멸망의 인생입니다. 그 멸망의 인생에서 하나님께 돌아오는 것이 회개입니다. 이 회개의 과정이 얼마나 정교하고 어려운 과정인지 모릅니다. 그런데 우리는 하나님을 믿고 난 후에 어떻게 살아야 하는지에 대하여 많은 어려움을 겪고 있습니다. 그 이유는 우리가 하나님을 믿은 후에도 믿지 않는 사람들의 인생을 따라가려고 하기 때문입니다. 그러나 우리는 하나님을 믿지 않고 세상에서 모든 것을 다 누리는 인생이 성공한 인생이 아니라 멸망의 인생이라는 것을 알아야 합니다. 일단 하나님께 돌아와서 하나님을 믿고 사는 것이 엄청난 성공인 것입니다. 그리고 난 후에 우리는 다시 세상적으로 성공하려고 할 것이 아니라 그리스도 안에서 더 정교하게 다듬어지고 하나님과 더 가까워지는 법을 배워야 합니다.

그래서 우리 인생은 두 부분으로 구성됩니다. 그 첫 번째는 생명의 길을 온 마음과 목숨을 다해서 찾는 것입니다. 그러므로 우리는 이 세상에서 빨리 안정되고 편하게 성공하는 것으로 만족해서는 안 됩니다. 우리가 길을 찾을 때에는 모든 것을 다 버리고 목숨을 걸고 찾아야 합니다. 그리고 하나님께 돌아오고 난 후에는 세상의 성공은 하나님께 맡기고 하나님 안에 있는 비밀들을 오래오래 찾아서 내 속을 아름답게 만들어야 합니다. 이때 우리는 인내심을 가지고 우리 인생을 끝까지 아름답게 만들어 가야 하는 것입니다. 그래서 하나님께 돌아온 사람들에게 가장 필요한 것은 인내심입니다. 즉 우리는 마치 올림픽 같은 큰 대회를 준비하는 선수처럼 자기 자신을 더 완벽한 하나님의 사람으로 만들어 가서 최종적인 하나님의 심판 앞에서 최고 점수를 받도록 해야 하는 것입니다.

2. 모든 것이 해체되는 세상

사람들은 평소에는 많은 옷을 입고 많은 보석을 걸치지만, 큰 시합을 할 때에는 옷이나 액세서리를 다 벗어 놓고 대결을 합니다. 마찬가지로 사람들은 이 세상에서 할 수 있는 대로 감투를 쓰고, 돈을 많이 모으고, 권력을 누려야 성공했다고 생각을 합니다. 그러나 하나님이 온 세상을 심판하시는 날이 되면 인간들은 자기가 걸치고 있던 모든 감투나 재물을 다 내려놓아야 하고, 세상도 완전히 해체되고, 오직 사람들의 믿음과 자신의 삶을 가지고 판단을 받게 됩니다.

"그러나 주의 날이 도둑같이 오리니 그날에는 하늘이 큰 소리로 떠나가고 물질이 뜨거운 불에 풀어지고 땅과 그 중에 있는 모든 일이 드러나리로다"
_벧후 3:10

　여기에 보면 인류의 모든 역사를 끝내는 주의 날이 있다고 말씀하고 있습니다. 즉 지금 지구나 인간 세상은 많은 옷이나 감투를 걸치고 화려하게 살아가고 있습니다. 그런데 어느 날 주님이 세상에 오시는 순간, 사람들은 그때까지 걸치고 있던 모든 감투나 학벌이나 재물들을 다 벗어 놓고 완전히 맨몸으로 하나님의 심판을 받게 됩니다. 그런데 그날은 도둑이 남의 집에 침입하듯이 전혀 예고 없이 찾아온다고 했습니다.
　도둑은 어떤 집에서 물건을 훔치려고 할 때 예고를 하고 오지 않습니다. 도둑은 호시탐탐 그 집을 노리고 있다가 아무도 없는 틈을 타서 도둑질을 하는 것입니다. 그런데 주님도 다시 오실 때 도둑같이 오실 것이라고 했습니다. 주님은 우리의 평소의 생활을 보려고 하시는 것입니다. 즉 인간들은 주님이 언제 오신다는 것을 알면 실컷 놀다가 바로 전날부터 준비한다고 난리를 칠 것입니다. 그리고 모두 주님 앞에서 지금까지 아주 잘 믿은 것처럼 행세할 것입니다. 그러나 주님은 사람들이 전혀 오지 않을 것이라고 생각할 때 갑자기 오시기 때문에 사람들의 평소 생활이 전부 드러납니다.
　이때는 하늘이 큰 소리로 떠나갈 것이라고 했습니다. 마치 큰 태풍이 불면 지붕이 날아가 버리듯이 주님이 오시면 우리 인간을 덮고 있던 지붕들이 다 날아가서 우리의 생활이 그대로 주님 앞에 노출되는 것입니다. 하늘이 없어지니까 태양이나 달, 별 같은 것들도 해체되어 버립니다. 그리고 인간들의 모든 비밀도 다 드러납니다. 인간들은 더 이상 자신의 행동을 감출 수가 없게 되는 것입니다.
　요즘은 스마트폰이 발달해서 사람들이 뭣도 모르고 말하거나 행동한 것이 전부 스마트폰을 통해 전파되기 때문에 사람들의 은밀한 대화까지 다 알게 됩니다. 그때에는 이처럼 주님 앞에서 이 세상 사람들이 했던 대화나 행동이 전부 공개될 것입니다. 그러나 예수 믿는 사람의 모든 죄는 예수님의 보혈로 씻겨 있습니다. 세상에 이것보다 더 큰 복은 없을 것입니다.

베드로 사도는 앞으로 일어날 이 모든 일에 대하여 말한 후 성도들에게 스스로 생각해 보도록 질문을 던지고 있습니다.

> "이 모든 것이 이렇게 풀어지리니 너희가 어떠한 사람이 되어야 마땅하냐 거룩한 행실과 경건함으로 하나님의 날이 임하기를 바라보고 간절히 사모하라"_벧후 3:11-12 상

여기에 보면 "너희가 어떠한 사람이 되어야 마땅하냐"라고 하였습니다. 결국 하나님 앞에서는 그 사람이 세상에서 얼마나 많은 성공을 거두었느냐가 아니라 그가 하나님 앞에서 어떤 사람이냐 하는 것으로 판단을 받는 것입니다. 즉 하나님의 심판 때에는 사람의 인격과 됨됨이를 가지고 판단을 받게 되는 것입니다. 그때 하나님을 믿지 않는 사람들은 아예 이런 선한 대결의 대상조차 되지 못합니다. 이런 사람들은 부자처럼 뜨거운 지옥에서 혀에 물 한 방울 묻히지 못해서 고통스러워할 것입니다. 그러나 하나님의 사랑받는 자들은 그날에 도대체 그가 어떤 사람으로 만들어졌느냐 하는 것을 가지고 판단을 받게 됩니다.

예를 들어 육체미를 하는 사람들은 물론 평소에도 근육 운동을 많이 하지만 대회를 앞두고는 엄청나게 운동을 하고, 또 식사 조절도 하고, 근육을 강화시키는 약까지 먹으면서 근육을 키운다고 합니다. 그런데 아무리 근육을 키운다고 하지만 근육이 미처 만들어지지 못한 부분이 있으면 감점을 당해서 상을 타지 못합니다. 마찬가지로 우리 성도들은 하나님의 말씀 속에 있는 그 엄청난 영양소를 먹고 자신을 연단해서 하나님 앞에서 빈틈이 없는 자신을 만들어 가야 합니다. 더욱이 우리는 그날을 사모하고 열렬히 기다려야 합니다. 왜냐하면 하나님의 백성이라 할지라도 조금만 방심하면 금방 영적인 근육이 다 풀어져서 물렁하게 되어 버리기 때문입니다.

> "그날에 하늘이 불에 타서 풀어지고 물질이 뜨거운 불에 녹아지려니와 우

리는 그의 약속대로 의가 있는 곳인 새 하늘과 새 땅을 바라보도다"_벧후 3:12 하-13

주님이 온 세상을 심판하실 때에는 일단 하늘부터 녹아서 없어집니다. 일단 하늘이 없어지면 인간의 모든 일은 다 끝나게 됩니다. 인간들이 공부하고, 장사하고, 전쟁하고, 정치하는 것은 하늘 아래에서 이루어진 것들입니다. 그런데 하늘이 없어져 버리면 인간 세상은 완전히 없어지고, 모든 것이 하나님의 영광 앞에 다 드러나게 됩니다. 즉 인간 세상에서 비밀이 없어집니다. 그동안 인간들은 비밀이 많았고, 수수께끼가 많았고, 풀지 못한 숙제가 많았으며, 드러나지 않은 죄들이 많이 있었습니다. 그런데 하늘이 녹으면서 이 세상에 비밀이 없어지고 모든 것이 하나님과 사람들 앞에 다 드러납니다. 그때 인간들의 그 엄청난 위선과 거짓과 이중인격이 다 드러나게 됩니다. 그런데 그때 '물질들이 뜨거운 불에 녹게' 됩니다. 즉 그날에 인간의 최고의 업적이라고 자랑하던 100층짜리 건물들이 녹아내리고, 그 유명한 대학들이 녹아내리며, 그 유명한 정치권력들이 전부 녹아서 없어집니다. 그리고 사람들이 위대한 업적이라고 찬양하던 궁들과 오래된 성과 건물들이 전부 녹아 버립니다.

그때 우리가 보게 되는 것은 하나님이 만드신 완전한 새 하늘과 새 땅입니다. 하나님은 어느새 새로운 우주를 창조해 놓고 우리를 기다리고 계셨던 것입니다. 하늘도 완전히 새 하늘입니다. 하늘의 색깔도 다르고, 공기도 다른 것입니다. 우리는 그 새 하늘의 공기를 마시는 순간 정신이 번쩍 들고 새 힘으로 충만해질 것입니다. 거기에는 새 땅이 있습니다. 그 땅은 전혀 오염되지 않고 모든 것이 살아 있는 완전한 새 땅인데 엄청나게 넓은 땅입니다.

그런데 거기에는 불의가 조금도 없습니다. 본문에 "의가 있는 곳"이라고 한 것은 다른 말로 하면 불의가 조금도 없는 땅이라는 뜻입니다. 즉 우리는 이 세상에서 건물이나 집이나 물건을 가지고 갈 수가 없습니다. 왜냐하면 이 세상에 있는 물건이나 건물은 불의가 있기 때문입니다. 그래서 이 세상에서 죽어라고 땅을 사고, 죽어라고 예배당을 크게 지어 봐야 아무 소용이 없습니다. 왜냐하면 우리가 살아야 할 곳은 새 하늘과 새 땅이기 때문입니다. 거기에는 새 찬양이 있습니다. 거기에는 새로운 기쁨이 있습니다.

3. 하나님의 백성의 준비

사람들의 인생 목표는 두 가지로 나누어집니다. 즉 하나님을 믿지 않는 사람들은 인생 목표를 이 세상에서 높아지고 이 세상에서 많은 것을 누리는 것에 둡니다. 이 사람들은 이 세상은 해체될 것이고, 앞으로 새 하늘과 새 땅이 있다는 사실을 알지 못하는 사람들입니다. 하나님을 믿지 않는 사람들의 인생은 이 세상이 해체됨과 동시에 모두 멸망하고 말 것입니다. 반면에 하나님의 백성의 인생 목표는 하나님 앞에서 흠도 티도 없는 완전한 모습으로 나타나는 것입니다. 이것이 진정한 승리의 인생입니다.

> "그러므로 사랑하는 자들아 너희가 이것을 바라보나니 주 앞에서 점도 없고 흠도 없이 평강 가운데서 나타나기를 힘쓰라"_벧후 3:14

우리의 인생 목표는 이 세상에서 유명해지고 최고로 높은 자리까지 올라가는 것이 아니라 주님이 나타나실 그날에 주님 앞에서 점도 흠도 없이 완전한 모습으로 나타나는 것입니다.

어떤 분은 얼굴에 점이 많이 있기 때문에 자신은 그리스도 앞에 점이 없이 나타나는 것이 불가능하다고 생각할지도 모르겠습니다. 그러나 여기서 점이나 흠은 도덕적인 결함을 의미합니다. 그런데 우리는 모두 도덕적인 흠이 많이 있고, 점도 많이 가지고 있습니다. 이것은 화장품을 바른다고 해서 없어지지 않습니다. 우리에게 가장 중요한 것은 하나님의 말씀으로 우리 속을 채우는 것입니다. 그러면 우리 안에 있는 하나님의 말씀이 우리의 점을 밀어내고 흠을 지워서 깨끗하게 만듭니다. 그래서 우리가 지나간 과거를 생각해 볼 때 점이 없고 흠이 없는 사람은 아무도 없습니다. 중요한 것은 하나님의 바른 말씀을 지속적으로 듣고 우리 속을 아름답게 하는 것입니다. 특히 하나님의 말씀은 예리한 검과 같아서 우리의 관절과 골수를 찔러 쪼개는데 이 말씀이 우리 안에 있는 점도 파내고 흠도 파내어서 깨끗하게 만듭니다.

그리고 우리는 사람들 앞에서 나 자신을 생각하기보다는 하나님 앞에서 기도하고 묵상하는 시간을 많이 가져야 합니다. 우리가 하나님의 말씀을 가지고 기도하고 묵상하는 시간은 하나님 앞에서 나 자신을 아름답게 단장하는 시간입니다. 우리는 세상에서 성공을 거두려고 하기보다는 하나님 앞에서 나 자신을 아름답게 만드는 데 시간을 많이 들여야 합니다.

베드로 사도는 당시 하나님의 백성에게 아주 중요했던 말씀이 바울이 보낸 서신들인데 이 귀한 말씀들을 엉터리로 받아들여서 망하는 자들이 많이 있다고 말하고 있습니다.

> "또 우리 주의 오래 참으심이 구원이 될 줄로 여기라 우리 사랑하는 형제 바울도 그 받은 지혜대로 너희에게 이같이 썼고 또 그 모든 편지에도 이런 일에 관하여 말하였으되 그 중에 알기 어려운 것이 더러 있으니 무식한 자들과 굳세지 못한 자들이 다른 성경과 같이 그것도 억지로 풀다가 스스로 멸망에 이르느니라"_벧후 3:15-16

우리가 하나님 앞에 끝까지 가는 데 가장 중요한 것은 바른 하나님의 말씀을 지속적으로 듣는 것입니다. 이스라엘 백성이 광야 40년을 견디고 가나안 땅에 들어갈 수 있었던 것은 모세의 신명기 말씀이 있었기 때문입니다. 이처럼 당시 교인들에게는 이미 사랑하는 형제 바울의 편지가 회람되면서 많은 도움을 주고 있었습니다. 특히 바울의 로마서라든지 에베소서나 갈라디아서 같은 여러 서신들은 하나님의 백성의 신앙을 굳게 하는 데 큰 도움이 되었습니다.

그런데 그 중에서 무식한 자들과 굳세지 못한 자들이 있었습니다. 이 사람들은 성경을 전체적으로 알지 못하는 자들이고, 또 세상 지식에 귀가 얇은 자들이었습니다. 이들은 바울의 편지 일부분만 보고 억지로 해석하고 받아들여서 우리는 하나님의 은혜로 구원받기 때문에 더 이상 말씀을 들을 필요도 없고 말씀을 지킬 필요도 없다고 주장했습니다. 우리나라에도 이미 예수 믿고 구원받았기 때문에 성경 전체를 배우려고 하지 않고 사회봉사나 하고 사회 정의나 실현하고 선교나 하면 된다고 생각하는 사람들이 아주 많습니다. 이런 사람들은 무식한 자들이고 굳세지 못한 자들입니다. 우리는 하나님의 말씀에 무식해서도 안 되고 세상의 지식에 흔들려서도 안 됩니다.

"그러므로 사랑하는 자들아 너희가 이것을 미리 알았은즉 무법한 자들의 미혹에 이끌려 너희가 굳센 데서 떨어질까 삼가라 오직 우리 주 곧 구주 예수 그리스도의 은혜와 그를 아는 지식에서 자라 가라"_벧후 3:17-18 상

여기서 "무법한 자"는 율법이 없는 자를 말합니다. 우리에게는 하나님의 말씀의 법이 있고, 이 안에 모든 원리와 비밀이 다 있습니다. 우리는 이것을 성경에서 배워야 강할 수 있습니다. 우리는 성경의 진리를 파내어서 우리 영혼을 보석으로 만들어야 하고, 부흥의 비밀을 배워야 하고, 기도 응답이나 능력의 비결을 배워서 굳센 자들이 되어야 하는 것입니다. 아무리 믿음이 좋은 자라 하더라도 오랫동안 하나님의 말씀을 먹지 못하면 굶어서 맥을 추지 못합니다. 그리고 하나님의 말씀을 오래 듣지 못하면 독선과 아집으로 꽉 차서 더 이상 대화가 되지 않습니다. 이것은 굳센 것이 아니고 무법한 것이고, 무식한 것이고, 굳센 데서 굴러 떨어진 것입니다.

우리는 바른 복음을 찾는 데 사력을 다해야 합니다. 그리고 만일 바른 복음을 찾아서 붙들고 있다면 다른 소리에 귀를 기울여서는 안 됩니다. 우리는 오래 인내해서 이제부터는 초인적인 인내를 가지고 오래오래 자기 자신을 아름답게 만들어 가야 합니다. 우리는 이 세상 사는 날 동안 좌로나 우로나 치우치지 아니하고 말씀만 붙들고 나가면 모두 예수 그리스도의 날에

수치를 당하지 않을 것이며, 넉넉히 그 영광의 나라에 들어갈 수 있을 것입니다.

우리가 하나님의 말씀을 붙들고 가면 처음에는 어리석은 사람처럼 보이고 무능한 사람처럼 보일지 몰라도 말씀 안에 있는 엄청난 능력과 축복을 가지게 됩니다. 이것이야말로 우리의 이 짧은 인생을 허비하지 않는 길입니다. 우리는 절대로 인생을 허비하지 말고 오직 하나님의 말씀만 붙들어서 영원히 가치 있는 인생을 사는 성도들이 되시기 바랍니다.